富媒体 智能化

高等教育财经类核心课程系列教材

高等院校应用技能型精品规划教材

高等院校教育教学改革融合创新型教材

国际商法

INTERNATIONAL BUSINESS LAW

（第三版）

理论·实务·案例·实训

李 贺◎主 编

视频版·课程思政

上海财经大学出版社
SHANGHAI UNIVERSITY OF FINANCE & ECONOMICS PRESS
上海学术·经济学出版中心

图书在版编目(CIP)数据

国际商法：理论·实务·案例·实训 / 李贺主编. 3 版. -- 上海：上海财经大学出版社, 2024.10.
(高等教育财经类核心课程系列教材) (高等院校应用技能型精品规划教材) (高等院校教育教学改革融合创新型教材).-- ISBN 978-7-5642-4467-5

Ⅰ.D996.1

中国国家版本馆 CIP 数据核字第 2024V44E28 号

□ 责任编辑　汝　涛
□ 封面设计　贺加贝

国 际 商 法

——理论·实务·案例·实训

(第三版)

李　贺　主编

上海财经大学出版社出版发行
(上海市中山北一路 369 号　邮编 200083)
网　　址：http://www.sufep.com
电子邮箱：webmaster@sufep.com
全国新华书店经销
上海新文印刷厂有限公司印刷装订
2024 年 10 月第 3 版　2024 年 10 月第 1 次印刷

787mm×1092mm　1/16　16.75 印张　461 千字
印数：9 001—12 000　　定价：56.00 元

第三版前言

为落实党的教育方针和二十大精神，深化外经贸应用技能型人才教育教学改革融合创新，推进中国式现代化法治建设，编者根据习近平总书记对高校思政课建设作出的重要指示精神，以最新的国际经贸法律法规对本教材进行了修订，为新时代大学生知法、守法、懂法、学法发挥积极作用，夯实学生可持续发展基础，从而提高学生开展职业活动和职业生涯所需要的个人综合能力。第三版教材以习近平新时代中国特色社会主义思想为指导思想，贯彻习近平总书记的重要论述和重要指示、批示精神，以教育部《关于印发〈高等学校课程思政建设指导纲要〉的通知》(教高〔2020〕3 号)为指导依据，把知识要素、技能要素、素质要素和思政要素落实到具体内容中，激发学生的学习兴趣，有意识地培养学生法治意识、诚信观念、社会责任和职业伦理，提升学生运用国际商法知识分析和解决国际经贸问题的能力，实现了课堂教学与实践应用的零距离对接，并将二十大精神中的新思想、新观点、新论断融入教材，以习近平法治思想启智润心。

国际商法作为调整国际商事关系的法律规范的总称，有自己特有的调整对象，即国际商事关系。所谓国际商事关系，是以营利为目的的国际商事主体参与的商品流转关系。其主体不论是个人、法人，还是国家或国际组织，只要这种商事关系的当事人分属于两个以上不同的国家或国际组织，或其所涉及的商事问题超越一国国界的范围，这种关系就可称为国际商事关系。国际商法的调整对象不仅在空间上超越了一个国家的国界，而且在内容上也以“商事”为质的规定性，从而决定了国际商法既不同于以主权国家地域内的社会关系为调整对象的国内法体系，也与以国家之间非商事关系为调整对象的国际法不同。第三版教材将爱国、法治、诚信等社会主义核心价值观元素融入课程内容，使学生清楚认识自身作为社会公民应尽的公民责任，作为商人应尽的社会责任，作为外贸工作者负有的国家责任，同时培养高度敏感的风险意识、遵纪守法的规则意识、诚实守信的道德准则、奉献担当的社会责任感和爱国守法的家国情怀。

第三版教材共涵盖九章内容，在结构安排上，尽可能考虑到财经商贸类专业的不同层次和专业需求，每章设有：知识目标、技能目标、素质目标、思政目标、课程引例；内容上有“同步案例”“案例精析”“做中学”“学中做”“提示”“注意”“学思践悟”“悟有所得”；课后编排了“关键术语”“本章练习”(包括单项选择题、多项选择题、判断题、简答题、案例分析题、实训题等)。这样使读者在学习每章内容时做到有的放矢，增强学习效果。“本章练习”对学生所学习知识的巩固和加深大有裨益，同时案例、实训使学生加深对商法的理解，学会将基本理论和实务应用技巧付诸实践。

本书作为高等教育财经类核心课程系列教材，力求体现以下特色：

1. 结构合理，体系规范。本书针对应用技能型高等院校财经商贸类课程的特点，将商法基础知识“必需”“够用”的系统性呈现出来，利用数字二维码技术呈现相关视频，使之具备数字化富媒体特色，活泼了本书形式，拓展了本书载体，力求做到体系科学规范、内容简明实用，帮助学生为今后从事相关工作打下基础。

2. 学练结合，学以致用。本书从应用技能型院校的教学规律出发，与实际接轨，在注重商法必要理论的同时，强化学生将理论知识转化为解决实际问题的能力，有助于培养学生的创新思维和职业竞争力，主要引导学生“学中做”和“做中学”，以学促做，做学合一，将理论知识付诸实践应用，使教材适用于以学生为本位的高质量教材体系建设。

3. 与时俱进，紧跟动态。本次改版使得内容进一步充实，更能解决司法实践的具体问题，主要结合《中华人民共和国民法典》(2020)、《中华人民共和国公司法》(2023)、Incoterms® 2020、《中华人民共和国民事诉讼法》(2023)、《中国国际经济贸易仲裁委员会仲裁规则》(2024)等，比较全面系统地反映了国际商法的最新动态。

4. 栏目丰富，形式生动。本书栏目形式丰富多样，含有同步案例、做中学、学中做、学思践悟、悟有所得等，丰富了教材内容与知识体系，也为教师教学和学生更好地掌握知识内容提供了首尾呼应、层层递进的可操作性教学方法。

5. 职业素养，素能共育。为体现应用技能型教育的特色，我们力求在内容上有所突破，以课程思政贯穿全过程，营造全员育人环境，全面提升人文素养，强化职业道德素质，激发学生的学习兴趣和学习热情，设计适合学生了解、熟悉、掌握的考核要点，并配备相应的配套习题，以培养和提高学生在特定业务情境中分析问题、解决问题的能力。

6. 教辅资源，配备齐全。为了配合课堂教学，我们精心设计制作了教师课件、教师教案、参考答案、课程标准、教学大纲、配套习题、模拟试卷等，为学生学成技能配备了以“纸质教材为主体，线上学习平台为载体”、多种教学资源混合的立体化数字教学资源体系。详情请登录上海财经大学出版社“上财云津”数字教材服务平台查阅。

本书由李贺主编。赵昂、李虹、武岩、王海涛、王玉春、李洪福负责全书教学资源包的制作。本书在编写过程中，参阅了参考文献中所涉及作者的教材、著作等资料，同时得到了上海财经大学出版社的大力支持，谨此一并表示衷心的感谢！由于编写时间仓促，加之编者水平有限，本书难免存在一些不足之处，恳请专家、学者批评指正，以便改进与完善。

动漫视频

一部民法典到底有多重要

内容更新与修订

编　者

2024 年 10 月

目　录

第一章　国际商法绪论

● 知识目标

了解：国际商法的历史发展和两大法系的发展趋势。

熟悉：国际商法的概念、渊源；国际商法的主要内容；国际商法体系的构成。

掌握：大陆法的结构、渊源及其特点；英美法的结构、渊源及其特点。

● 技能目标

依据国际商法的基本内容与特点，掌握国际商法在国际商事实践中形成的规律；理解两大法系不同商事规定的成因。

● 素质目标

培养学生具有识别不同法系国家商法的优缺点，并根据不同的情况选择适用的具体法律规则的能力。同时，具备正确的世界观、人生观和价值观，做到学思用贯通、知信行统一；培养学生具备正确的政治方向、高尚的爱国情怀和过硬的政治素质。

● 思政目标

能够形成关于国际商法的知识体系和架构，为后续学习打下基础，牢固树立法治观念和法治思维；培育和践行社会主义核心价值观，坚定"四个自信"，增强价值认同；理解我国社会主义民事、商事法律体系的必然性及合理性，增强道路自信、制度自信和文化自信，坚定社会主义依法治国的政治理念。

● 课程引例

国际商事交往过程中的法律问题

加拿大有不少人喜爱中国的红木家具。加拿大A公司看到了这一商机，准备向中国购买能够体现明清特色的红木家具。加拿大A公司想与大连B公司合作来完成这一商事贸易。它首先向大连B公司发出欲订立合同的要约，在大连B公司做出积极回应后，双方正式订立这一合同。在合同签订后，大连B公司按照国际商事法律规则完成交货的义务，在遇到对方违反合同的情况下，欲采用最有利的法律救济方式维护自己的权利。在这一国际商事交往过程中，大连B公司的相关活动涉及了合同法、代理法、买卖法、票据法、商事争议解决等一系列法律问题。大连B公司发现加拿大A公司对于合同是否已经有效成立、是否构成违约等一系列问题与其得出的结论不同。

请问：为什么两大法系会有这些差别，其各自的历史渊源与结构特点又是如何的呢？

● 知识支撑

第一节 国际商法概述

一、国际商法的概念与特征

（一）国际商法的概念

国际商法（International Commercial Law 或 International Business Law）是指调整国际商事交易和商事组织各种关系的法律规范的总称。国际商法的调整对象是国际商事关系，这种关系是各国商事组织在跨国经营中所形成的商事关系，属于涉外民事关系。国际商事关系是指人们在实施商事行为的过程中产生的各种社会关系。“商事”并不仅限于商业活动，也包括买卖、代理、租赁、咨询、工程、许可证交易、投资、银行、保险、项目开发、广告、娱乐、合营和其他形式的工商业合作、货运或旅客运输等经济活动。

由于国际上从事国际商事交易活动的主体大多是公司等商事组织而不是国家，它们之间的交易属于不同国家的商事组织之间的交易，而不是不同国家之间的交易。因此，国际商法中的“国际”一词的含义并不是指“国家与国家之间”的意思，而是指“跨越国家”的意思，涉及的是私法主体跨越国家进行的商事行为，而不包括公法意义上的国际关系。具体而言，商事关系具有下列情形之一，则视为具有国际性：①当事人的营业地分处不同国家（或地区）；②当事人具有不同的国籍；③商事关系的行为发生在当事人一方或多方所在国以外的国家（或地区）；④商事关系的对象位于当事人一方或多方所在国以外的国家（或地区）。

做中学 1－1　跨国商务活动是否属于国际商法调整范围的辨析

法国A公司与中国B公司签订合同，合同规定：“B公司供应A公司50台大型拖拉机，每台100马力，总价格50万美元。合同订立后3个月装船，凭不可撤销即期信用证付款。”

请问：A公司和B公司签订的合同属于国际商法的调整范围吗？为什么？

【解析】 属于。因为此合同为法国A公司与中国B公司所签订，当事人的营业地分处不同的国家且当事人具有不同的国籍，所以属于国际商事合同。

现代国际商法的调整范围是非常广泛的，已经从传统国际商法所涵盖的商事组织、合同、代理、买卖、海商、保险、票据等领域，拓展到技术贸易、服务贸易、投资、金融、产品责任等众多国际经济领域。根据合理适用的原则，本书只选择对财经商贸类专业的学生而言最基本的国际商法内容进行介绍，包括商事组织法、商事代理法、商事合同法、国际货物买卖法、国际海上货物运输与保险法、票据法、产品责任法、国际商事仲裁法等。

（二）国际商法的特征

1. 商主体的私人性

在传统商法中尤其是商事立法中，一般将商主体称为商人。而商主体的私人性是指具有营利目的的自然人、法人以及其他经济组织。

2. 商事关系的国际性

国际商法的最本质特点在于其调整对象是国际商事关系。所谓国际商事关系，是指商主体的跨国商事交易关系，表现为国际商事关系的主体、客体以及产生、变更或消灭商事关系的法律事实含有涉外因素。

3.法律规范的私法性

虽然国际商事关系纠纷的解决，既要依赖国际法规范也要遵从国内法规范，但是鉴于国内商法的考量，我们认为，国际商法的法律渊源主要限于国际商事条约和国际商事惯例。这些国际商事关系的法律规范应当具有私法性质。

同步案例 1－1　自然人的跨国商务活动是否属于国际商法的调整范畴

一个19岁的西班牙留学生A在中国的某商场购买了一块价格昂贵的瑞士名表。其父母听说后，坚决表示不同意，要求退货，理由是根据西班牙法律，21岁才能成为完全民事行为能力人，A只有19岁，未达到法定年龄，属于限制民事行为能力人，其所进行的超出其能力范围的行为应征得监护人的同意，否则无效。

请问：本案适用国际商法吗？

【案例精析】 本案不适用国际商法。国际商法是调整国际商事交易和商事组织各种关系的法律规范的总称。国际商法中的“国际性”是以当事人的营业地处于不同国家为标准，即跨越国界。按照《联合国国际货物销售合同公约》的相关规定，如果合同当事人的营业地设在同一国家，则即使他们具有不同的国籍，他们之间达成的合同和进行的交易也不属于国际性的商事合同。因此，当事人的国籍不是衡量国际性的标准。对于商事组织的认定，各国法律规定不尽相同，但对商事组织的要求基本相同：须有自己的名称（商号）；有固定的场所；有一定的资本；以营利为目的；有一定的组织形式，设立程序须符合法律规定。根据多数国家的规定，商事组织主要有公司、合伙和独资企业。本案中A不属于商事组织，其购买行为也不属于国际商事交易，因此不适用国际商法。

二、国际商法体系的构成

（一）国际商事主体资格的法律规范

国际商事主体资格的法律规范主要包括各国的公司法，如《中华人民共和国公司法》《中华人民共和国合伙企业法》《中华人民共和国个人独资企业法》等，主要涉及公司的设立组织、经营、变更、解散和清算等法律制度。

（二）国际商事活动的法律规范

国际商事活动的法律规范主要包括相关国际组织制定的《海牙规则》，以及相关常用公约，如《国际货物销售代理公约》《联合国国际货物销售合同公约》《巴黎公约》《统一汇票本票法公约》，也包括各国制定的法律法规，如《中华人民共和国著作权法》《中华人民共和国民用航空法》《伦敦保险业协会货物保险条款》《中华人民共和国对外贸易法》《中华人民共和国货物进出口管理条例》《中华人民共和国海关法》《中华人民共和国进出口商品检验法》《中华人民共和国票据法》等，主要涉及代理、货物买卖、知识产权、国际货物运输、国际货物运输保险、进出口货物监管和国际结算等法律制度。

（三）国际商事救济的法律规范

国际商事救济的法律规范主要包括《联合国国际贸易法委员会仲裁规则》《中华人民共和国民事诉讼法》等，主要涉及商事仲裁和民事诉讼的程序、内容和要求等法律制度。

三、国际商法的渊源

国际商法的渊源是指国际商法产生的依据及其表现形式，主要包括国际条约（或公约）、国际商事惯例和各国的国内立法，三者之间互相依赖、互相补充、互相转化、互相作用。

（一）国际条约（或公约）

国际条约（或公约），是指具有缔约主体资格的国家与国家之间、国家与国际组织之间缔结的，用以调整国际商事活动的条约。国际条约（或公约）是国际商法的最主要渊源。双边性质的称为条约，多边性质的则称为公约。

由于不同国家的商法存在诸多差异，而这些差异往往会阻碍国际商事活动的顺利进行，为了统一国际商事规则，各国政府之间或国际组织达成了国际条约。根据国际法的基本原则，国际条约的效力优于国内法。

各国缔结的有关国际商业和贸易的国际条约（或公约）是统一国际商法的重要渊源。其中，一种是属于统一实体法规则的国际条约。实体法是指国际条约中直接规定当事人权利和义务的关系，不需要借助其他法律规定来确定当事人的权利和义务关系的规范，如《联合国国际货物买卖合同公约》《国际海上货物运输公约》《联合国国际汇票和国际本票公约》等。另一种是属于冲突法规则的国际公约。冲突法是指在有关的国内法或者国际条约中规定何种情况适用何种法律来确定涉外民事法律中当事人的权利和义务，而不直接指出当事人权利和义务关系的规范，如《国际货物买卖合同法律适用公约》《产品责任法律适用公约》等。

国际条约（或公约）对缔约国具有法律约束力。实践中，各国为了奉行条约必须信守的古老法律原则，一般将其相关的内容在国内法中予以体现。但是，国际商法在本质上属于私法范畴，当事人的意思自治原则在一定程度上会减损国际公约（或条约）的效力，由此致使其不具有绝对的强制执行力。例如，各国国情不同，在加入公约（或条约）时，可声明保留条款，表明其不遵守该条款所规定的内容。

【提示】虽然国际条约（或公约）对非缔约国一般不具有约束力，但是由于它的具体规定往往反映了市场经济的客观规律，因此，在实践中也常会得到非缔约国商人或商事组织的遵守。

（二）国际商事惯例

国际商事惯例也称为国际贸易惯例，是指在长期的国际贸易实践活动中形成的、由某些国际组织或某些商业团体整理编纂成文的、为广大国际商事当事人所普遍接受的贸易规则和习惯做法。国际商事惯例是国际商法的另一个重要渊源，在国际贸易中起着十分重要的作用。国际商事惯例的主要表现形式有示范法、统一惯例、统一规则、标准合同等。

一般认为，国际商事惯例应具备以下三个条件：①具有确定的内容，即具体包含确定国际商事主体的权利和义务的规则；②已成为国际商事活动中长期反复使用的习惯；③被普遍承认并具有约束力的通例。

【注意】国际商事惯例本身虽然不是法律，不具有普遍的约束力，但是，按照各国的法律，一旦当事人双方在合同中采用了某项惯例，则该项惯例对合同双方当事人就具有法律约束力。有些国家的法律还规定，法院有权按照有关的贸易惯例来解释双方当事人的合同。

国际商事惯例一旦明示或者默示地适用于商事活动中某一行业的商人，就对他们产生了相当于法律的效力。一般认为除非在合同中明确排除适用某一国际商事惯例，国际商事例可以明示或默示地约束合同当事人。

可见，国际商事惯例是任意性的，当事人可以选择，也可以不选择，并且可以通过约定的方式变更国际贸易惯例的内容。

目前，受到全球普遍承认或在一定的重要区域内普遍接受的国际商事惯例主要有：国际商会制定的《国际贸易术语解释通则 2020》（Incoterms 2020）、《1995 年托收统一规则》（URC522）、《跟单信用证统一惯例》（UCP600），美国对外贸易协会编纂的《1990 年美国对外贸易定义修订本》，国际海事协会制定的《2004 年约克-安特卫普规则》。

(三)国内立法

国内立法作为国际商法的渊源，是指各国制定的关于调整涉外商事交易关系的法律、法令、条例、规定等规范性文件。例如，大陆法系有法国《商法典》和德国《商法典》；英美法系有美国的《统一买卖法》《统一商法典》，英国的《货物买卖法》等。

尽管已有大量国际商事条约或惯例，各国仍然在很多商事领域中保留独立的立法权。因此，各国的国内法也是国际商法的重要渊源，其范围涵盖了实体法、程序法和冲突法。一方面，国际商事条约和国际商事惯例的适用及其效力皆源自国内立法的规定。至今仍然有不少国际商事条约未被一些国家接受，有的国家虽然加入某一条约，却对其中某些条款作出保留。另一方面，国内法也直接调整国际商事关系，如当事人的行为能力、合同的效力基本由国内法规定。此外，当事人从事国际经济贸易活动时，也可能选择国内法作为准据法。

总体来说，发达的资本主义国家一般很少区分国内商事活动与涉外或国际商事活动，因此，这些国家的国内商法也对涉外或国际商事活动适用。当然，对涉外或国际商事活动中的特殊问题如外国人的待遇、市场准入等，发达国家中也有另作规定的。大多数发展中国家和某些实行计划经济的国家对内外商事活动分别适用不同的法律，但就这些国家的国际商事法规而言，它们也或多或少地参照或吸收其他国家的普遍做法。

学中做 1—1 法的渊源

在代理一件国际货物买卖合同纠纷的诉讼中，邓律师为支持自己的观点在法庭上提出了以下三个依据：①去年，本省高级人民法院在处理一件类似的国际货物买卖合同纠纷案件时所作出的判决，其结果与自己的观点一致；②最高人民法院在一个关于国际货物买卖合同纠纷案件处理的司法解释中作出的规定，可以支持自己的观点；③某著名学者在其著作中的论点与自己的观点一致，该论点已经被我国法律界广泛接受。

请问：什么是法的渊源？邓律师提出的三个依据，是否可能被法庭在审判中所采纳？

【解析】 首先，任何法都必须以一定的形式表现出来，法的渊源是指法的这种表现形式。“法的渊源”一词来自拉丁文“fontes juris”。由于这是一种比喻，因此法学家们对“渊源”一词的解释往往因人而异，各国的做法也存在差别。例如，大陆法系国家以法律(成文法)为主要渊源，英美法系国家以判例法为主要渊源，而在我国，法的渊源通常被认为包括宪法、法律、行政法规和地方性法规、司法解释、国际条约或协定。其次，邓律师提出的三个依据中，只有第②个可能被法庭在审判中所采纳。因为第①个属于判例，判例在我国不属于法的渊源，不是法的组成部分；第③个属于学理解释或者称为专家的看法，可以起到参考作用，但不能作为司法审判的依据也不属于法的渊源；第②个属于最高人民法院的司法解释，属于我国法的渊源的组成部分，可以被用来作为司法审判的依据。

第二节 国际商法的发展历史

国际商法是随着国际商事交往的产生、发展而产生、发展起来的。从历史上看，早在古代罗马法中就出现了关于代理、借贷、海运赔偿等调整涉外商事关系的法律，但当时还没有制定专门的商事法，商事法只是作为私法的内容之一。国际商法的发展主要经历了以下三个阶段。

一、商人习惯法阶段

公元 10—15 世纪，欧洲地中海沿岸是世界各国贸易的中心，意大利的威尼斯、热那亚等一些城市则是这一贸易中心的"中心"。当时的法律不能为商业交易提供必要的保护，这显然不能适应商业发展的需要。为了方便并促进商业交往，商人行会组织——商人基尔特(Merchant Guild)便制定和编纂了习惯规则，组织了商事法庭，通过行使商事裁判权等职能来解决商事纠纷。这些习惯规则逐渐形成了中世纪的所谓"商人习惯法"。它包括货物买卖合同的标准条款、两合公司、商事合伙制度、商事代理制度、票据制度、海商制度、保险制度、破产制度等，其中尤以海商法最为发达。这种商人习惯法后来随着航海贸易的发展逐步扩及西班牙、法国、荷兰、德国和英国。

商人习惯法的特征是：①它具有跨国性和统一性，普遍适用于各国从事商业交易的商人；②它的解释和运用不是由一般法院的专职法官来掌握的，而是由商人自己组织的法院来执掌的，其性质类似于现代的国际仲裁或调解；③其程序简易、审理迅速，不拘泥于形式；④它强调按公平、合理的原则来处理案件。

二、国内法阶段

17 世纪以后，随着欧洲中央集权国家的强大，欧洲各国采用各种方式把商法纳入本国的国内法，使之成为国内法的一部分，从而使商法失去了它原有的国际性。例如，大陆法系的法国制定了《商事条例》(1673 年)、《海商条例》(1681 年)和《商法典》(1807 年)，德国制定了《商法典》(1897 年)，日本制定了《商法典》(1899 年)，瑞士制定了《瑞士债务法典》(1881 年)。英美法系的英国于 18 世纪中叶，由当时担任大法官的曼斯菲尔特将商人习惯法吸收到普通法中，使之成为普通法的一部分。此外，英国还陆续在商品买卖、票据、保险、海商、破产等方面制定了单行商事法律，如《货物买卖法》(1893 年)、《汇票法》(1882 年)，但判例仍然为法源。美国于 1952 年通过了一部由各州自由采纳的《统一商法典》，现在已经被大多数州所采纳。

三、现代国际商法阶段

第二次世界大战后，特别是 20 世纪 60 年代以后，随着世界生产力的增长，各国之间的经济联系日益密切，经济生活越来越国际化，互相依赖的程度也大大增强。为了减少法律冲突，为国际经济交往提供一个良好的法律环境，西方国家掀起了国际商法国际化和统一化的浪潮。国际商法进入了一个新的发展阶段，其主要特点是恢复了国际商法的国际性和统一性。目前，许多政府间或民间的国际组织，如联合国国际贸易法委员会、国际统一私法协会、国际商会、国际法协会等都在积极地研究和制定统一的国际商法或编纂统一的国际商事惯例。其中，最具影响力的是联合国国际贸易法委员会和国际商会。国际商会在统一国际商事惯例方面起着重要作用，由其负责制定的国际商事惯例有《国际贸易术语解释通则》《跟单信用证统一惯例》《托收统一规则》等。一个新的统一的国际商法正在形成之中。

综上所述，国际商法在经历了"国际—国内—国际"的历程之后，其统一化已成为必然的趋势。当然，由于受各国的经济发展水平以及历史、文化差异等因素的影响，国际商法的全面统一之路将是十分漫长的。

第三节 西方国家的两大法系

法系(Legal Genealogy 或 Law System)是指按照各国法律的特点和历史传统对法律进行的分类，通常是把具有一定特点的某一国的法律同承袭或效仿这一法律的其他国家的法律划为同一法系。当今世界最具影响力的两大法系是以法国、德国为代表的大陆法系和以英国、美国为代表的英美法系。

一、大陆法系

（一）大陆法系的概念

动漫视频

大陆法系

大陆法系（Civil Law System）又称罗马法系、民法法系、法典法系，是指包括欧洲大陆大部分国家从19世纪初以罗马法为基础建立起来的、以1804年法国《民法典》和1896年德国《民法典》为代表的法律制度，以及模仿法国、德国法例制定的其他国家法律的统称。大陆法系在13世纪形成于西欧，除法国、德国外，许多欧洲国家如瑞士、意大利、奥地利、荷兰、卢森堡、比利时、西班牙、葡萄牙、瑞典等都适用大陆法系。另外，曾受大陆法系国家殖民统治过的拉丁美洲、非洲，以及近东的一些国家也实行大陆法系，英美法系国家中的个别地区，如美国的路易斯安那州和加拿大的魁北克省，也实行大陆法系。另外，日本、土耳其等国，以及我国台湾地区，也引入了大陆法系。

（二）大陆法的结构和特点

（1）大陆法将全部法律分为公法和私法两大部分。公法和私法的划分始于罗马法，认为凡涉及公众利益的是公法，即调整私人与国家之间关系、国家与国家之间关系的法律，包括宪法、刑法、行政法、诉讼法等；凡涉及私人利益的是私法，即调整私人之间权利与义务关系的法律，包括民法和商法等调整平等民事主体之间关系的法律。进入20世纪后，各资本主义国家大规模干预经济生活，干预传统的私法领域，出现了私法公法化、私法社会化的趋势，但以公法和私法的划分为原则编纂的法典体系至今未变。

（2）大陆法的特点是强调成文法的作用。它在结构上强调系统化、条理化、法典化和逻辑性。另外，大陆法各国都主张编纂法典。对于判例，大陆法系国家原则上不把它视为法的渊源。法院的判决通常只对本案件具有约束力，不构成具有普遍约束力的先例。例如，法国的民法典、刑法典、商法典、民事诉讼法典和刑事诉讼法典。民商分立的国家，如法国、德国和日本等，将民法和商法分别编成两部独立的法典；而民商合一的国家，如瑞士、荷兰和意大利则把商法并入民法典中，作为民法典的一个组成部分。

【注意】我国的立法采用民商合一的体制，以2020年颁布的《中华人民共和国民法典》作为基本法。

（3）明确立法和司法的分工，强调制定法的权威。大陆法系认为法官是“法律的传声筒”，其职责是适用现行法律，只能司法，不能立法。法官在审理案件时，先考虑成文法中的规定，然后就具体案件做出判决，采用“一般到个别”的演绎推理。

（4）在诉讼程序方面，大陆法系一般采用纠问式审理，奉行职权主义模式。法官居于诉讼的主导地位。判决书采用三段论的写法，首先陈述案件事实，其次寻找适用的法律，最后得出判决结论。

（三）大陆法的渊源

大陆法强调成文法的作用，所以成文法是大陆法的主要渊源。同时，习惯、判例和学理也在大陆法中起着重要的作用。

1. 法律

法律是大陆法的主要渊源。一般来讲，法律分为三个层次：①宪法处于法律的最高地位，具有最高的权威性；②法律是指立法机关制定的法律，如大陆法国家的民法典、刑法典、商法典等；③条例是指行政机关制定的成文法，在大陆法系的渊源中也起着很重要的作用。

2. 习惯

一般来说，大陆法国家都承认习惯是法律的渊源。但法国、意大利和奥地利的学者和法官认为，习惯只有在法律明文要求法官必须适用的情况下才起作用。而德国和瑞士的学者和法官则把法律与习惯相提并论。

3. 判例

大陆法国家原则上不承认判例与法律具有同等的效力，一个判决只对被判处的案件有效，对日后法院判决同类案件并无约束力，所以判例是不能被法官援引而成为判决的依据的。但是，有些国家也有例外，例如德国规定联邦宪法法院的判决在《联邦公报》上发表后就具有了约束力，并承认由“经常的判例”所形成的规则属于习惯法规则，具有约束力，法院应当予以实施。瑞士联邦法院关于宣布州法违宪的判决，以及阿根廷、哥伦比亚最高法院关于宪法的判决，都具有法律约束力。

4. 学理

在大陆法国家，一般认为学理不是法的渊源。但是，在大陆法的发展过程中，学理起着重要的作用。通过立法者的活动，法学理论、法律词汇和法律概念等可以成为法律组成要素；学理可以解释法律，对判例进行分析和评论；另外，学理还可以影响法律的实施。

（四）大陆法系国家的法院组织体系

大陆法系国家的法院组织体系基本相同，设有普通法院和专门法院，如法国设有行政法院，德国设有行政法院、劳动法院、社会法院和税收法院。普通法院又大体分为三级三审制和四级三审制，例如，法国实行前一种制度，德国和日本则实行后一种制度。法国法院系统由基层法院、上诉法院和最高法院组成，不服基层法院判决可逐级上诉至最高法院。德国法院系统由地方法院、州地区法院、州高等法院、联邦高等法院组成。地方法院审理轻微民事案件，州地区法院审理较大的民事案件，不服判决可依次上诉，对上诉审判不服可依次要求上级法院复审。日本法院系统由简易法院、地方法院（或者家庭法院）、高等法院和最高法院组成。简易法院审理轻微民事案件，重大民事案件由地方法院作为一审法院，并分别有两级上诉审理机制。不过，第二审同第一审一样，是对讼争的事实进行审理，属于实质性审理，而第三审则一般只对已判裁决的法律适用进行审理。

二、英美法系

（一）英美法系的概念

动漫视频

英美法系

英美法系（Anglo American Law System）又称英国法系、海洋法系、普通法系，是英国中世纪以来的法律以及受其影响或者仿此模式制定的美国及其他国家法律的总称。英美法系形成于英国，以后又扩展到美国及其他曾受英国殖民统治的国家和地区，如加拿大、澳大利亚、新西兰、印度、巴基斯坦、马来西亚、新加坡、斯里兰卡及我国香港地区等。

1. 英国法的结构、特点和渊源

（1）英国法的结构和特点

英国法分为普通法与衡平法，这种二元性结构是英国法的一个主要特点。

动漫视频

判例法

公元1066年，诺曼底的威廉公爵征服了英国，建立了中央集权的王朝。威廉国王为削弱封建领主势力，加强王权，除发布敕令作为适用于全国的法律外，还通过设立王室法院，允许法官有选择地采用各地的习惯法审理案件而形成判例，形成了一套推行全国的普遍适用的法律制度，这就是普通法。因为普通法是以判例形式出现的，所以又称为判例法。

动漫视频

衡平法

衡平法出现于14世纪，兴起于16世纪，是对于因普通法程序的呆板和机械而无法得到救济的案件，当事人向英王及其咨询机关枢密院甚至国会提出申请，由英王的近臣枢密院大法官不受普通法的约束，而凭“良心”，即“公平和正义”的原则判案，以补充和匡正普通法的不足所形成的法律制度。

普通法与衡平法的区别有以下几方面：

①救济方法不同。普通法有两种救济方法：一种是金钱赔偿，另一种是返还财产，以金钱赔偿为主。衡平法的救济方法则包括实际履行和禁令。

②诉讼程序不同。衡平法法院有自己的诉讼程序与证据规则。它与普通法法院不同之处主要在于：第一，普通法法院程序比较复杂、僵化，有陪审团制度，衡平法法院则不设陪审团；第二，普通法法院听取口头答辩，采取口头询问方式审理案件，而衡平法法院则采取书面诉讼程序进行审理。比较而言，衡平法的诉讼程序比较灵活。

③法院的组织系统不同。英国于 1875 年颁布了法院组织法，取消了普通法法院与衡平法法院的划分，建立了统一的法院体系。同时，规定普通法和衡平法都为同一法院适用，而且把衡平法优先于普通法的原则在法律上规定下来。经过这次改革以后，在高等法院内设有王座法庭，适用普通法的诉讼程序，另外设有枢密大臣法庭，适用衡平法的书面诉讼程序。现在，在确定某种案件是属于高等法院内的王座法庭管辖还是属于枢密大臣法庭管辖时，不是根据该案件适用的法律是属于普通法还是衡平法来确定，而是考虑哪一种诉讼程序对该案件的审理更为合适来确定的。原则上凡适宜用书面诉讼程序审理的案件均由枢密大臣法庭管辖，凡适宜用口头诉讼程序审理的案件则由王座法庭管辖。

④法律术语不同。为了避免与普通法法院发生冲突，衡平法法院在司法活动中使用它自己所特有的法律术语。

(2)普通法的渊源

①判例法。普通法的主要渊源是判例法。在英美普通法中，判例是国家法律的重要渊源，上级法院的判决对下级法院的审判具有约束力已成为这些国家的通例。例如，英国作为世界上开展对外贸易较早的国家之一，有关国际商法方面法院判决中的“先例”，对英国甚至对其他西方国家都产生了很大的影响。它是由高等法院的法官以判决的形式发展起来的法律规则，严格遵循着 19 世纪上半叶确立起来的“先例约束力原则”。先例约束力原则是与判例法紧密相关的一个原则，该原则认为：①上议院的判决对全国各级审判机关都有约束力，但对其本身没有约束力；②上诉法院的判决可以构成对下级法院的有约束力的先例，而对其本身也有约束力；③高级法院的每一庭的判决对一切低级法院有约束力，对高级法院的其他各庭和王冠法院（主要负责审理刑事方面的案件）也有很大的说服力。

【注意】 判例虽然不是大陆法系国家的正式渊源，但是，大陆法系国家在司法实践中往往也会参考上级法院的有关判例，使得判例在很多场合实际上成了“准法律”。

②成文法。成文法是英国法院的重要渊源。在普通法系，成文法包括两种：一种是由立法机关——国会制定的法律；另一种是由行政机关按照法律制定的条例。

③习惯。在古代，习惯是当时法的主要渊源。但是，在现代的英国普通法中，习惯的作用极小。

(3)英国的法院组织体系

英国的法院体系比较复杂，有高级法院和低级法院两类。前者包括上议院（枢密院司法委员会）、上诉法院和高等法院三种，后者包括王冠法院、郡法院和治安官法庭三种。

郡法院和治安官法庭作为英国最低一级的法院，分别审理辖区内争议标的在 5000 英镑以下的小额民事案件和轻微刑事案件。重罪案则由治安官法庭预审后送交王冠法院审理，王冠法院实行陪审制度。高等法院设有王座庭、大法官庭和家事庭，既审理标的额大的或者重要的一审案件，又审理不服低级法院判决的上诉案件。上诉法院审理不服高等法院判决的上诉案件。高等法院和上诉法院合称最高法院，但实际上有点名不副实，因为如果是涉及具有普遍意义的一般性法律问题的重要案件，当事人不服上诉法院判决的，经上诉法院和上议院同意，可以向上议院上诉，此时，上议院才是有终审权的实际上的最高法院。枢密院司法委员会对海外领地和英联邦成员国最高法院判决的上诉案件享有终审权。

2. 美国法的结构、特点和渊源

(1)美国法的结构和特点

美国法与英国法有许多相同之处,包括:①以判例法为主;②以成文法为判例法的补充和修正;③有普通法与衡平法之分;④实行陪审制度等。

但是,美国实行联邦制而非英国式的君主立宪制,故在法律结构上与英国有很大的差别。美国将法律分为联邦法与州法两个部分,这是美国法律结构的一个主要特点。根据美国宪法所确定的准则,立法权原则上由各州行使,而联邦只在例外情况下行使立法权。但联邦的法律高于各州的法律,如果州法和联邦法相抵触,应适用联邦法。

(2)美国法的渊源

①判例法。判例法是美国法的主要渊源。美国也有类似于英国的先例约束力原则。由于在美国有联邦法和州法之分,其先例约束力原则主要体现在:①在州法方面,州的下级法院须受其上级法院判例的约束,特别是受州最高法院判例的约束;②在联邦法方面,须受联邦法院判例的约束,特别是受美国最高法院判例的约束;③联邦法院在审理涉及联邦法的案件时,须受其上级联邦法院判例的约束;④联邦法院在审理涉及州法的案件时,须受相应的州法院的不违反联邦法判例的约束;⑤联邦和州的最高法院都不受其先例的约束。

为了统一判例法,美国法律协会编纂整理民商法方面的判例法,将其汇编成册,合成《法律重述》《法院的重述》等,虽不是法典,没有法律效力,但对司法机关也有重要的参考价值。

②成文法。成文法是美国法的重要渊源,包括联邦成文法和州成文法。

(3)美国的法院组织体系

由于美国实行联邦制,因而设有联邦法院和州法院两个体系。联邦法院又分为地区法院、上诉法院和最高法院三级;州法院分为初审法院和上诉审法院两级,上诉审法院包括州上诉法院和最高法院。联邦法院仅在美国宪法或国会法律明定范围内才有管辖权,其他案件均由州法院管辖。

(二)英美法系的特征

(1)以判例法为主要法律渊源,遵循先例约束力的原则(Rule of Precedent)。法院的判决理由必须得到遵循,对做出判例的法院本身和下级法院日后处理同类案件具有约束力。

(2)没有明确的公法和私法划分,其判例法中的普通法和衡平法各具特色。目前,英美法系中的成文法数量也在迅速扩大。相对来说,美国比英国更重视成文法,不仅有联邦成文法,而且有各州的成文法。但在英美法系国家,成文法往往被看成是对判例法的补充和修正,需要通过法院判决予以解释后才能起作用。

(3)遵循先例原则使法官具有"造法"功能,著名的判例往往与著名的法官联系在一起。法官在判案时,通常是对照有关判例,从中抽选适合本案的一般规则,结合案件的事实和各种因素进行详细的分析、比较和审查后才做出判决,采用"从个别到一般"的归纳推理。

(4)在诉讼程序上,英美法系国家非常重视程序法,一般采用对抗制,实行当事人主义(Adversary System)。在审理案件的过程中,法官处于消极、中立地位,基本上不提问,而由双方当事人(及其律师)进行对抗辩论,法官倾听辩论并维持秩序。英美法系诉讼程序的另一个重要特征在于陪审制。

三、两大法系的主要区别

大陆法系与英美法系是当今世界的两大主要法系,涵盖了世界上的主要国家。大陆法系的代表有德国、法国、中国等；而英美法系则以英国和美国为代表。两大法系在许多方面存在着较大的差异，两者的主要区别包括以下几个方面：

(1)法律渊源不同。前者是成文法系，其法律以成文法即制定法的方式存在；后者的法律渊源既包括各种制定法，也包括判例。

(2)法律适用不同。前者习惯用演绎的形式，后者习惯用归纳的形式。

(3)判例地位不同。前者不是正式渊源，后者是法律。

(4)法律分类不同。前者分为公法和私法，后者分为普通法和衡平法。

(5)法律编纂不同。前者倾向法典形式，后者倾向单行法。

(6)诉讼程序不同。前者的诉讼程序以法官为重心，具有纠问程序的特点。后者的诉讼程序以原告、被告及其辩护人和代理人为重心，具有抗辩式的特点，同时还存在陪审团制度。

(7)职业教育不同。前者注重法学理论学习，自古罗马以来就有“法学家法”的称号。后者注重处理案例的实际能力，如律师的职业教育，主要通过律师协会进行，被称为师徒关系式的教育。

四、两大法系的发展趋势

(一)大陆法系中判例的作用日益增强

大陆法系国家在传统上不承认判例与成文法具有同等的法律效力，但进入 20 世纪以后已经有所变化，如法国采取了赋予法官对法律做“扩展解释”的权力的改革措施。德国则已明确宣布联邦宪法法院的判决对下级法院具有强制性约束力。虽然大陆法系国家中判例法的地位和作用迄今还不能与英美法系国家相提并论，但已打破了原先的成文法一统天下的格局。

(二)英美法系成文法的数量迅速增多

其中以美国的情况最为典型。美国从 19 世纪下半叶起，就着手进行立法的整理编纂工作。1926 年颁布了法律汇编性质的《美国法典》，并定期修订增补。同时，通过全国统一州法委员会和美国法律协会等团体拟定示范法并向各州推荐，以使各州法律趋于统一。如 20 世纪 50 年代拟定的《美国统一商法典》《美国示范公司法》等，已被实行大陆法的路易斯安那州之外的所有的州所采纳。第二次世界大战之后，美国还成立了许多委员会，它们不但被授权制定规章、条例，而且可以在法院诉讼程序之外，相对独立地处理案件，并不受先例约束。所有这些，对成文法的发展均产生了重要的影响。英国自 19 世纪末就开始大规模地制定成文法，如 1893 年的《货物买卖法》、1906 年的《海上保险法》等。

(三)两大法系取长补短，逐渐融合

两大法系除在法律渊源领域不断靠近外，在法律种类及其具体内容上也相互吸收对方的科学合理成分。伴随着全球经济一体化的发展，在 WTO 法律规则的指导下，两大法系的融合程度会越来越高。但无论如何，两大法系由于历史传统、思维定式等造成的差异是不可能完全弥合的，所以它们不可能汇合为一个统一的法系。

学思践悟　　新时代的人民法典——《中华人民共和国民法典》

2020 年第十三届全国人大三次会议 5 月 28 日表决通过了《中华人民共和国民法典》，国家主席习近平签署第 45 号主席令予以公布。民法典共 7 编、1260 条，各编依次为总则、物权、合同、人格权、婚姻家庭、继承、侵权责任和附则，自 2021 年 1 月 1 日起施行。《婚姻法》《继承法》《民法通则》《收养法》《担保法》《合同法》《物权法》《侵权责任法》《民法总则》同时废止。民法典是新中国第一部以法典命名的法律，开创了我国法典编纂立法的先河，具有里程碑意义。

欲茂其枝，必深其根。这是一部具有鲜明中国特色的民法典——弘扬社会主义核心价值观，强化对人格权的全面保护，维护家庭成员合法权益……民族精神融入民法典，引领传统美德和社会公德深入人心。

事异时移，法随时变。这是一部充分体现时代特点的民法典——协调经济发展与环境保护的关系，破解人工智能发展带来的矛盾冲突，强化互联网时代个人信息保护……民法典与时俱进，为解决21世纪人类面临的共同问题贡献中国智慧。

民为邦本，法系根基。这是一部有效反映人民意愿的民法典——破解高空抛物坠物难题，维护小区业主合法权益，明确禁止高利放贷……民法典聚焦百姓关切，强化保护人民权利，为百姓安居乐业提供法制保障。

【悟有所得】 厚重的民法典，1200多个条文，"社会主义核心价值观"庄重醒目。区别于西方民法典的价值理念，我国民法典清晰地将社会主义核心价值观注入我国民事法律制度的价值内核之中。对处于人生观、价值观形成阶段的青年学生来说，学习民法典不仅是一次普法的过程，而且有利于树立契约精神、规则意识和诚信意识。这部具有中国特色、体现时代特点、反映人民意愿的民法典，必将助推"中国之治"跃上更高境界，在新时代中国特色社会主义事业奋斗征程上树起又一座法治丰碑。

关键术语

国际商法　国际商事惯例　国内立法　大陆法系　英美法系

本章练习

一、单项选择题

1. 下列国家中，属于普通法体系的是（　　）。

A. 加拿大　　B. 瑞典　　C. 日本　　D. 瑞士

2. 采用民商合一形式的国家是（　　）。

A. 日本　　B. 法国　　C. 德国　　D. 意大利

3. 下列国家和地区中属于大陆法系的是（　　）。

A. 荷兰　　B. 印度　　C. 中国香港地区　　D. 马来西亚

4. 英国法的主要渊源是（　　）。

A. 成文法　　B. 判例法　　C. 法律解释　　D. 习惯

5. 商人习惯法出现于（　　）。

A. 意大利　　B. 美国　　C. 日本　　D. 印度

6. 在英国法中，具有先例约束力的法院判决是（　　）。

A. 行政法院的判决　　B. 低级法院的判决

C. 中级法院的判决　　D. 高级法院的判决

7. 国际商法的调整对象是（　　）。

A. 国际贸易关系　　B. 国际商事关系　　C. 国际经济关系　　D. 国际投资关系

8. 在"国际商法"的概念中，"国际"的含义是"跨越关境"，因此，在国际商法上的国际商事交易发生在（　　）。

A. 国家与国家之间　　B. 不同国家的商事组织之间
C. 国际组织之间　　D. 不同国家的个人之间
9. 英国法院的重要渊源是(　　)。
A. 判例法　　B. 成文法　　C. 习惯法　　D. 学理
10. 不属于大陆法系国家的是(　　)。
A. 德国　　B. 法国　　C. 中国　　D. 美国

二、多项选择题

1. 衡平法院(　　)。
A. 设立陪审团　　B. 不设立陪审团
C. 用口头方式审案　　D. 采用书面诉讼程序
2. 大陆法系的特征有(　　)。
A. 以成文法为主　　B. 以判例法为主
C. 受罗马法影响很小　　D. 受罗马法影响很大
3. 英国法的"先例约束力"原则是指(　　)。
A. 所有法院的判决都可构成有约束力的先例
B. 只有上议院的判决构成有约束力的先例
C. 上议院的判决构成有约束力的先例,但对其本身没有约束力
D. 上诉法院的判决构成对下级法院的有约束力的先例,而对其本身也有约束力
4. 传统的商法包括(　　)。
A. 保险法　　B. 产品责任法　　C. 票据法　　D. 海商法
5. 大陆法系采用民商分立的国家有(　　)。
A. 瑞士　　B. 荷兰　　C. 日本　　D. 德国
6. 国际商法的渊源有(　　)。
A. 国际条约　　B. 国际贸易惯例　　C. 有关的国内法　　D. 国际公法
7. 商人习惯法的特征有(　　)。
A. 具有跨国性　　B. 由商人自己组织的法院执法
C. 具有统一性　　D. 按照公平合理原则审案
8. 大陆法结构的特点有(　　)。
A. 把法律分为公法和私法　　B. 把法律分为衡平法和普通法
C. 主张编纂法典　　D. 强调系统化
9. 英国法的渊源有(　　)。
A. 学理　　B. 判例法　　C. 成文法　　D. 习惯
10. 英国法与大陆法的区别主要表现为(　　)。
A. 英国法把法律明确分为公法和私法
B. 英国法系的合同法主要是判例法而不是成文法
C. 大陆法分为衡平法和普通法,英国法分为判例法和成文法
D. 英国法重视判例法,大陆法则更重视成文法

三、判断题

1. 国际商法调整的对象属于涉外民事关系。　　(　　)

2. 国际商法的“国际”一词是“国家与国家”的意思。 ( )
3. 大陆法国家原则上都承认判例具有与法律同等的效力。 ( )
4. 一般来说，学理也是大陆法国家的法的渊源。 ( )
5. 大陆法的重要特点是强调成文法的作用。 ( )

四、简答题

1. 什么是国际商法？国际商法的特征是什么？
2. 国际商法的渊源有哪些？
3. 商人习惯法的特点是什么？
4. 大陆法系与英美法系在结构和渊源上有何区别？
5. 什么是英国法的“先例约束力原则”？

五、案例分析题

1. 2024年8月，中国杭泽经贸公司与日本某公司签署了一份货物买卖合同，双方约定了货物的价格及运输的条件，后双方发生纠纷，在适用何种法律来解决纠纷方面产生了分歧：日本公司认为双方价格条件的约定基本是依据《国际贸易术语解释通则》的FOB贸易术语签订的，而最新的贸易术语解释通则在2020年进行了修订，因此，应适用《2020通则》；而中方公司则主张应适用合同的签订地及履行地即中国的《民法典》。

请问：你认为双方应如何解决这一纠纷？

2. 中国政府与澳大利亚政府就相互之间的钢材贸易关系达成了一个双边协议，以规范两国之间的钢材贸易活动。

请问：中澳两国这种安排所建立的贸易关系是否属于国际商事关系？

六、实训题

讨论中国民商事法律制度是受大陆法系的影响大还是受英美法系的影响大，并发表自己的看法。

第二章　商事组织法

知识目标

了解：商事组织的概念和形式；选择企业形式应当考虑的因素。

熟悉：个人独资企业的法律特征、设立、事务管理、解散和清算。

掌握：合伙企业的设立、内外部关系、入伙及退伙等法律制度；公司的设立、公司资本及组织机构等基本法律制度。

技能目标

能够按照各商事组织的规则，把握其内在差别，判断各商事组织在国际商事法律关系中的地位；能够分析商事组织的治理结构，具有初步运用商事组织法的相关法律制度进行业务处理的能力。

素质目标

培养确定不同商事组织形式，并且能够正确选择适用的各种商事组织形式的能力。同时，具备正确的世界观、人生观和价值观，做到学思用贯通、知信行统一；具有对商事组织法的深刻理解与实践能力；能够熟练地分析商事组织的法律问题，提出合理的解决方案，并在实践中运用法律知识保护各方利益，促进公平交易和市场秩序；具备设立公司的法律知识及基本能力，为创业打下良好的基础，以适应不断变化的商业环境和法律挑战。

思政目标

在二十国集团领导人第十六次峰会第一阶段会议上，习近平主席指出，诚信是结交天下的根本。这既是中国文化的精髓，也是人类社会进步发展的要义。培养经营者的企业家精神和法治观念，引导市场主体依法经营、公平竞争，同时强化社会责任感和诚信意识。通过商事组织法的学习，深刻理解社会主义市场经济条件下企业发展的法治基础，树立正确的商业伦理观，增强创新精神、创造意识和创业能力；坚定“四个自信”，增强爱国情怀。

● 课程引例

林木采伐合伙协议争端

2022 年 10 月，甲取得位于某市某镇林木的采伐权。2023 年初，甲、乙、丙三人签订成立某林木企业的协议，约定共同采伐林木。协议约定，甲以其拥有的林木采伐权为投资，乙、丙以成立林木企业所需资金为投资，税后利润按 4 ∶ 3 ∶ 3 比例分配，合伙经营期限为 5 年。经营过程中由于资金融通不畅，该企业对 A 公司欠款 10 万元，与此同时，乙因个人原因亏欠 B 公司 5 万元。2023 年底，乙、丙未经甲的同意，约定丁以出资的形式入伙，且丁已交付资金投入生产。甲发现后不同意其入伙，遂请求有关部门解决。2024 年初，A、B 公司分别向人民法院提出诉讼，要求执行该合伙企业的财产来偿还自己的债权。由于该企业经营不善，丙提出退伙，甲、乙不同意，丙擅自搬走了该企业的部分机器设备，使企业经营情况进一步恶化。于是，该企业经营被迫中止，因债务关系引起诉讼。

请问：人民法院该如何进行此争端的解决呢？

● 知识支撑

第一节 商事组织法概述

一、商事组织的概念和形式

（一）商事组织的概念

商事组织也称为商事企业，是指能够以自己的名义从事经营活动，并具有一定规模的经济组织。具体而言，商事组织是依法设立、以营利为目的的独立经济组织，是商人的组织表现。

（二）商事组织的形式

根据大多数国家商法的规定，商事组织主要有三种基本法律形式：个人独资企业、合伙企业和公司。它们在设立条件和程序、法律地位、资金筹措、投资者的责任、内部组织和税收等方面存在较大差异。

1. 个人独资企业

个人独资企业简称独资企业，是指由一名自然人投资建立的企业。独资企业相对于其他企业类型而言，更为简便易操作，所以独资企业是最为简单、出现最早的企业形式。独资企业经营灵活简单，在资本主义世界中为数最多，但在世界各国的经济活动中并不起主要作用。各国一般不承认其具有法人资格，投资者须以其全部财产对企业的债务负责。另外，某些国家还规定独资企业的设立须履行一定手续并须符合一定的条件，其经营范围也受到一定的限制。

西方各国一般都不对独资企业进行单独立法规范，而是在其民法或商法中作出相应的规定。

【注意】 个人独资企业是由一个自然人投资，财产为投资人个人所有，投资人以其个人财产对企业债务承担无限责任的经营实体，而自然人独资是只有一个自然人股东或者一个法人股东的有限责任公司。

动漫视频

自然人独资

2. 合伙企业

合伙企业，是指由两个或两个以上的合伙人共同经营、共同投资、共享利润及共担风险而组成的企业。合伙企业是一种“人的组合”，合伙人与合伙企业紧密联系，合伙人的死亡、退出或破产等都可能导致合伙的解散。合伙人对合伙企业的债务负无限连带责任。大多数国家法律规定，合伙企业原则上不具有独立的法律人格，不属于企业法人。但法国、荷兰等大陆法国家及苏格兰的法律则规定合伙企业也可具有法人资格。虽然合伙企业在西方国家中属于数量较多的企业形式，但由于其规模、组织和资金来源等方面的限制，一般将其归类于中小型企业。这些企业，特别是家庭企业，对社会经济生活的影响不是很大。

虽然合伙组织一般赶不上公司的经济实力和影响，但其数量要远远超过后者。由于合伙企业的成立手续便捷、经营方式灵活、控制权集中，因而，它是很多中小投资经营者所乐于采用的商事组织形式。在实行市场经济制度的国家，合伙企业扮演着重要的角色。发达的资本主义国家在加强公司立法的同时，也开始重视有关合伙企业的立法。

英美法系国家的合伙法是以单行法的形式公布的。英国现行的合伙法是由《1890 年合伙法》和《1907 年合伙法》组成的。美国的合伙法仍然属于州法。为统一各州的合伙法，1914 年，美国的统一州法全国委员会起草了《统一合伙法》和《统一有限合伙法》，这两个标准法已得到大多数州的采纳。可以看出，美国的合伙法深受英国的影响。

大陆法系国家一般将合伙法放在民法典和商法典中加以规定。近年来，大陆法系中的法国、日本等国家关于合伙规定的一项最重要的突破是承认合伙企业也为法人。

我国的《中华人民共和国合伙企业法》于 1997 年 2 月 23 日通过，自 1997 年 8 月 1 日起生效。该法 2006 年经过修订，修订后自 2007 年 6 月 1 日起实施。

3. 公司

公司，是依公司法的规定设立的、以营利为目的的法人组织。各国法律均规定，公司具有独立的法人资格，有权以自己的名义拥有财产、享受权利和承担义务。公司是一种"资本的组合"，股东与公司之间是相互分离的。股东的死亡、退出一般不影响公司的存续，股东对公司通常只负有限责任。公司的经营主要由专门的经营管理人员负责。在现代西方社会中，以股份有限公司为代表的公司企业已成为国民经济的主要支柱，对社会经济生活具有举足轻重的影响。

公司的数量在各国社会经济因素中所占的比例并不是很大，但其经济实力和影响却是任何其他组织所无法比拟的。所以，公司是社会中最重要的商事组织，公司法不言而喻地成为商事组织法乃至整个商法中最核心的法律。

二、选择企业形式应当考虑的因素

（一）投资者承担有限责任或无限责任

有限责任，是指投资人仅以自己对企业的出资额为限对企业债务承担清偿责任，当企业财产不足以清偿债务时，其多余部分自然免除的责任形式。无限责任，是指投资人不以自己对企业的出资额为限对企业债务承担清偿责任，当企业财产不足以清偿债务时，投资人以其个人的其他财产承担清偿责任的责任形式。

（二）税法是否将该类企业划入投资者纳税的类别

根据国务院《关于个人独资企业和合伙企业征收所得税问题的通知》，自 2000 年 1 月 1 日起，对个人独资企业和合伙企业停止征收企业所得税，其投资者的生产经营所得，比照个体工商户的生产、经营所得征收个人所得税。个人独资企业以投资者为纳税义务人，合伙企业以每一个合伙人为纳税义务人。但是，公司股东在公司缴纳了企业所得税后，还要缴纳个人所得税，即"双重纳税"，投资者的纳税成本和企业的缴税风险较高。

（三）企业投资者的数目及其相互关系

个人独资企业投资者为一个自然人。合伙企业要求有两个或两个以上的合伙人，具有典型的"人合"特点，强调合伙人之间的默契和信任，合伙人的退出、死亡等情况都有可能导致合伙企业的解散。公司强调的是资本的联合，因此，股东股份的转让、股东的死亡或破产一般不影响公司企业的存续。

（四）在设立企业前筹措资金及其他经济资源的可能程度

在设立企业前要考虑是否有符合需求的货币、实物、知识产权、土地使用权或者劳务等资源储备。投资者出资所用货币应当是其自有的资金或归自己管理、支配的资金。实物出资的范围较广，既可以是厂房、设备、专门设施，也可以是仓库、运输工具，以及其他生产资料。投资者依法取得的知识产权，如商标权、专利权、著作权等可用作对企业的出资。投资者以土地使用权出资的，应当作价出资并且依法办理土地使用权的转移手续，包括缴纳有关费用、进行土地使用权转让登记等。由于劳务出资不是有形财产出资，其价值具有不确定性，因此法律对这种出资方式限制较严。

（五）考虑企业未来发展是否方便融资

融资是指一个企业资金筹集的行为与过程。选择企业形式时要考虑未来是否可以采用发行股票、债券等多种方式进行融资。

第二节 个人独资企业法

个人独资企业是指依法在中国境内设立，由一个自然人投资，财产为投资人个人所有投资人以其个人财产对企业债务承担无限责任的经营实体。投资人担任经理，并聘任其他人担任管理人员，在授权范围内履行职务。

一、个人独资企业的法律特征

个人独资企业的法律特征包括以下内容：

(1)个人独资企业的投资者为一人，且仅限于自然人。这是个人独资企业与合伙企业、公司等商事组织最本质的区别。个人独资企业是一种与合伙企业相对立的个人拥有企业财产的组织形式。将个人独资企业的投资者限定于自然人是各国立法的通例。

(2)个人独资企业投资者对企业享有完全的控制和支配权利。投资人就是个人独资企业的所有者，所有权和决策权相统一。个人独资企业的存在与经营直接与投资者的意愿相联系，完全处于投资者的控制之下，不存在与他人分享对企业的管理控制。投资者可以根据其意愿进行自主经营。

(3)个人独资企业不具有法人资格。个人独资企业可以有自己的名称或商号，并以企业的名义开展经营活动，但各国一般不承认其有法人资格；另外，个人独资企业不能独立承担民事责任，投资者须以个人的全部财产对企业的债务承担无限责任，风险性较大。

(4)个人独资企业税务负担较轻。在日常生活中，与其他类型的企业相比，个人独资企业不需要缴纳企业所得税、增值税和各类缴税开支，只需缴纳个人所得税。因此，可以享受较低的所得税税率，在公司利润太低的情况下，个人独资企业的税收负担很轻。

二、个人独资企业的设立

（一）设立条件

个人独资企业的设立应当符合法定条件。但设立个人独资企业的条件和程序较设立合伙企业和公司企业宽松，没有关于企业出资额的规定。我国《个人独资企业法》第 8 条规定，设立个人独资企业应当具备下列条件：①投资人为一个自然人；②有合法的企业名称；③有投资人申报的出资；④有固定的生产经营场所和必要的生产经营条件；⑤有必要的从业人员。

【注意】在个人独资企业的名称中不可出现“有限”或“有限责任”的字样，并且投资人申报的出资只是经营的条件，不具有对外提供信用担保的效力。

【提示】由于个人独资企业投资者以个人财产对企业债务承担无限清偿责任，因而，对个人独资企业规范管理的重点是放在投资者的财产登记管理上，以防止投资者抽逃企业财产、逃避债务。

（二）设立程序

设立个人独资企业必须经过商事登记。商事登记是商事组织取得经营资格的前提条件，有利于交易相对人和社会公众了解特定商事组织的经营状况和信用状况，也便于国家对商事组织的管理。

法律对设立个人独资企业的资金、场所和人员要求不高，设立程序也相对简单。投资人或其委托的代理人首先到企业所在地市场监督管理部门办理“企业名称预先核准”手续。在取得企业名称预先核准通知书后，办理企业设立登记手续并提交：①投资人签署的个人独资企业设立申请书；②投资人身份证明；③企业住所证明；④国家市场监督管理总局规定提交的其他文件。个人独资企业营业执照的签发日期，为个人独资企业的成立日期。

个人独资企业设立申请书应载明下列事项：企业的名称和住所、投资人的姓名和居所、投资人的出资额和出资方式及经营范围。委托代表人申请设立登记时，应当出具投资人的委托书和代理人的合法证明。登记机关应当在收到设立申请文件之日起 15 日内，对符合法律规定条件的予以登记，发给营业执照；对不符合设立条件的，不予登记，并应给予书面答复，说明理由。营业执照的签发日期为个人独资企业的成立日期。

个人独资企业设立分支机构，应当由投资人或其委托的代理人向分支机构所在地的登记机关申请登记，领取营业执照。分支机构核准登记后，应将登记情况报该分支机构隶属的个人独资企业的登记机关备案。分支机构的民事责任由设立该分支机构的个人独资企业承担。

【提示】根据《中华人民共和国民法典》第 54 条和第 56 条规定，公民在法律允许的范围内，依法经核准登记，从事工商业经营的，为个体工商户。个体工商户的债务，个人经营的，以个人财产承担；家庭经营的，以家庭财产承担。个体工商户对债务负无限责任，不具备法人资格。

三、个人独资企业的事务管理

个人独资企业的事务管理，是指控制和协调个人独资企业生产经营活动的行为，包括企业的生产经营管理以及企业对内与对外事务的处理。

【提示】投资人可以由本人对本企业的事务直接进行管理，也可以委托或者聘用其他具有民事行为能力的人负责企业的事务管理。

各国法律一般都规定，个人独资企业的投资人既可以自行管理企业事务，也可以委托或者聘用其他具有民事行为能力的人管理企业的事务。

投资人委托或者聘用他人管理个人独资企业事务，应当与受托人或受聘人签订书面的委托合同或聘用合同，明确授权的范围、受托人或被聘用的人应履行的义务、报酬和责任等。受托人或受聘人应当忠实地履行其职责，在授权范围内进行独资企业的事务管理，并不得有下列损害投资人的行为：①利用职务上的便利，索取或者收受贿赂；②利用职务或工作上的便利侵占企业财产；③挪用企业的资金归个人使用或者借贷给他人；④擅自将企业资金以个人名义或者以他人名义开立存储账户；⑤擅自以企业财产提供担保；⑥未经投资人同意，从事与本企业相竞争的业务；⑦未经投资人同意，同本企业订立合同或者进行交易；⑧未经投资人同意，擅自将企业商标或者其他知识产权转让给他人使用；⑨泄露本企业的商业秘密；⑩法律、行政法规禁止的其他行为。

动漫视频

善意第三人

受托人或受聘人代表企业对外进行活动的法律后果由独资企业承担。投资人对受托人或者被聘用的人员职权的限制，不得对抗善意第三人。善意第三人是指不知情的第三人。当善意第三人不知道受托人或者被聘用的人员违反委托合同规定的权限而与其发生交易时，投资人不得以委托权利的限制对抗该善意第三人，即要求投资人承担委托的法律后果。

四、个人独资企业的解散和清算

（一）个人独资企业的解散

个人独资企业的解散是指个人独资企业终止活动使其民事主体资格消灭的行为。个人独资企业有下列情形之一时，应当解散：①投资人决定解散；②投资人死亡或被宣告死亡，无继承人或继承人决定放弃继承；③被依法吊销营业执照；④法律、行政法规规定的其他情形。

学中做 2－1　　独资企业的解散

某年，老刘独自出资成立了个人独资企业，开始几年经营顺利，盈利 20 余万元。后来因为老刘年纪大了，身体不好，很难经营管理。于是，便将该独资企业委托小李管理。但是，小李缺乏管理经验，导致该企业连年亏损，现欠债 15 万元。老刘感觉企业很难经营，于是想解散和清算该企业。

请问：

（1）老刘可否决定解散企业？为什么？

（2）该个人独资企业解散可由谁来清算？

（3）企业解散后的 15 万元债务是由老刘承担还是由小李承担？为什么？

（4）如果该个人独资企业财产不足以清偿债务，怎么办？

【解析】

（1）可以。个人独资企业有下列情形之一，应该解散：①投资人决定解散；②投资人死亡或宣布死亡，无继承人或继承人决定放弃；③被依法吊销营业执照。

（2）投资人自行清算或者债权人申请人民法院指定清算人清算。

（3）是由老刘承担。老刘是该投资企业的投资人，对企业债务承担无限责任。

（4）应当以个人的全部财产对企业债务承担无限责任。老刘要拿他独资企业以外的财产对企业债务承担无限责任。

（二）个人独资企业的清算

个人独资企业的清算，是指处理解散企业未了结的法律关系的程序。企业并非因解散的事实发生而立即消灭。清算结束，进行注销登记，个人独资企业才最终消灭。

（1）清算人的确定。个人独资企业解散，由投资人自行清算或者由债权人申请人民法院指定清算人进行清算。

（2）通知与公告程序。投资人自行清算的，应当在清算前 15 日内书面知债权人，无法书面通知的，应当予以公告。债权人应当在接到书面通知之日起 30 日内，未接到书面通知的应当在公告之日起 60 日内，向投资人申报其债权。

（3）财产清偿顺序。个人独资企业解散的，财产应当先支付所欠职工工资和社会保险费用，再缴纳所欠税款，最后清偿其他债务。个人独资企业财产不足以清偿债务的，投资人应当以其个人的其他财产予以清偿。

（4）清算期间对投资人的要求。清算期间，个人独资企业不得开展与清算目的无关的经营活动。在按照上述财产清偿顺序清偿债务前，投资人不得转移、隐匿财产。

（5）投资人的持续偿债责任。个人独资企业解散后，原投资人对个人独资企业存续期间的债务仍应承担偿还责任，但债权人在 5 年内未向债务人提出偿债请求的，该责任消灭。

（6）注销登记程序。个人独资企业清算结束后，投资人或者人民法院指定的清算人应当编制清算报告,并于清算结束之日起 15 日内向原登记机关申请注销登记。

第三节 合伙企业法

合伙是人类社会最古老的企业组织形式之一。在大陆法系国家,合伙法主要规定在民法典和商法典的有关章节之中。在英美法系国家,合伙法基本上采用单行立法,英国和美国分别制定了《合伙法》和《统一合伙法》。我国有关合伙的规定集中在《民法典》和《中华人民共和国合伙企业法》(简称《合伙企业法》)中。

一、合伙企业的概念和法律特征

(一)合伙企业的概念

合伙企业(Partnership Enterprise)是又称商事合伙,是指由两个或两个以上的合伙人订立合伙协议,并且共同出资、合伙经营、共享收益、共担风险、共同对合伙企业债务承担无限连带责任的商事组织。根据《合伙企业法》第 2 条规定,合伙企业,是指自然人、法人和其他组织依照本法在中国境内设立的普通合伙企业和有限合伙企业。

(二)合伙企业的法律特征

1. 合伙企业的合伙人至少有两人以上

包括我国在内的大多数国家规定,合伙企业的合伙人应是两个以上具有完全民事行为能力,且依法承担无限连带责任者。但是,西方各国一般不限制无行为能力人取得合伙人的资格,只是一旦该合伙企业违约或违法,第三人不能追究该无行为能力人的法律责任,只能追究其他合伙人的责任。

2. 合伙企业设立的基础是成员之间的合伙协议

合伙人通过签订合伙协议来明确各合伙人在合伙中所享有的权利和承担的义务。合伙协议是合伙企业处理内外部事务的基本准则。没有合伙协议,合伙企业就不可能成立。至于该协议是口头的还是书面的,各国一般无限制性要求。

3. 合伙企业具有较强的人合性

合伙企业是基于合伙人之间的相互信任而成立的,因此,合伙人的死亡、破产和退出都直接影响合伙企业的存续。

4. 合伙人对合伙企业债务承担无限连带责任

这是合伙企业区别于其他类型企业的最为显著的特征。在这种责任制度中,债权人可以请求任何一个债务人清偿所有债务,并且当合伙企业财产不足时,可直接追索至债务人的个人财产。这就最有效地保护了债权人的利益。无限连带责任是合伙企业存在与发展的依据之一。

动漫视频

连带责任

5. 合伙企业一般不是法人

关于合伙企业的法律地位,各国的规定不尽相同,大多数国家只承认合伙企业是独立的商事主体,并不承认其具有独立的法人资格。但也有少数国家,如法国、日本、荷兰、比利时等,规定合伙企业是独立的法人。

【提示】一个组织只要具备上述特征,在实践中即会被视作合伙企业,即使它的名称中无“合伙”二字。相反,有些协议尽管有“合伙”字样,但未构成上述特征的组织也不能视作合伙企业。

同步案例 2—1 玛丽的农场

2005年，美国的玛丽和她的儿子汤姆与杰瑞购买了一个叫“美迪芙”的大农场。汤姆和杰瑞开设了一个银行账户，存入他们各自在农场的收入，用以支付地价地产税和购买种子、设备、肥料与服务。为了农场经营，兄弟俩共同贷款、共同购买种子和耕地设备。他们在州和联邦合伙企业所得税申报表上报告他们的业务活动。汤姆负责农作物种植，杰瑞负责记账。2020年，玛丽放弃了在农场收入中的收益。4年后，杰瑞停止了记账。汤姆向杰瑞发了一份“解散合伙企业的通知”。由于未能成功地达成解散协议，杰瑞在联邦法院提出上诉，要求得到合伙企业资产中自己的一份。法院下令汤姆向杰瑞支付22万美元。汤姆上诉，辩称合伙企业不存在。

请问：兄弟之间是否存在合伙企业？

【案例精析】 存在。美国联邦上诉法院第八巡回法院支持了下级法院的命令，汤姆和杰瑞是合伙人。

联邦上诉法院第八巡回法院发现的事实，满足了证明合伙企业存在的关键因素：“①是否有分享利润、分担损失的事实。②财产是否由合伙人共同所有。③合伙人共同经营管理企业。”法院的结论是：“兄弟俩的所得税申报表、共同的银行账户和共同支付物资费用，表明他们共同经营的事实。共同拥有所有权，说明财产是他们共有的。共同贷款，表明他们分享利润和分担损失的事实。”因此，法院认为，兄弟之间存在合伙企业。

做中学 2—1 合伙企业的判定与分析

王、李、张三人各出资5万元设立了一家餐馆，按比例分红，但是以王的名义注册登记。请问这是否属于合伙企业？如果王的出资是向刘借的，则刘是王的债权人还是合伙人？

【解析】 以王的名义注册登记的企业性质属于个人企业，王与李、张是债务债权关系而非合伙关系；如果王的出资是向刘借的，则刘是王的债权人而非合伙人。

（三）合伙企业的类型

1. 根据合伙成员的责任承担不同，可分为普通合伙企业和有限合伙企业

普通合伙企业是指合伙成员中的全体皆须对合伙债务承担无限连带责任，各合伙人皆为普通合伙人，他们均有权参加合伙组织的经营管理。这是合伙企业的常见形态，其他形式的合伙企业都是以普通合伙企业为基础的。有限合伙企业是指由对合伙企业的债务承担有限责任的合伙人和承担无限责任的合伙人共同组成的合伙企业。承担无限责任的合伙人为普通合伙人，承担有限责任的合伙人为有限合伙人。普通合伙人对合伙企业有专属的经营管理权。有限合伙人有权分享合伙企业的利润，对合伙企业的债务也仅以其出资额为限，但有限合伙人不能以合伙企业的代理人、受雇人或保证人的身份参与工作。1807年，法国商法典首次对有限合伙作了规定。

2. 根据合伙企业是否显示合伙人，可分为显名合伙企业和隐名合伙企业

显名合伙企业是指各合伙人公开其身份和姓名，并具体参与合伙经营事务的合伙。隐名合伙企业是由对合伙企业的债务承担有限责任的隐名合伙人和承担无限责任的显名合伙人共同组成的合伙企业。显名合伙人对合伙企业有专属的经营管理权。隐名合伙人不参与合伙事务的决策和执行。隐名合伙人有权分享合伙企业的利润，对合伙企业的债务也仅以其出资额为限（出资不包括劳务和信用），但对合伙事务没有表决权，无权对外代表合伙。大陆法系的隐名合伙与英美法系的有限合伙实质上具有相同之处。

二、合伙企业的设立

（一）设立条件

设立合伙企业必须满足法律所规定的条件。合伙企业设立的一般条件包括：两名以上合格的合伙人；书面的合伙协议；合伙人缴付的出资；合法的企业商号；必要的经营条件等。

1. 合伙人

设立合伙企业，首先应有两个以上的完全民事行为能力人并须承担无限连带责任。至于法人可否成为合伙企业的合伙人，各国法律规定不同。美国允许法人作为合伙人，日本和瑞士的立法则不允许。此外，由于合伙企业是合伙人基于信任关系而成立的，因此有的国家或地区对合伙企业的人数上限作了规定。英国规定合伙企业的人数不得超过 30 人，但大多数国家对此未作规定，我国也未作规定。

2. 合伙协议

大陆法系国家一般规定合伙企业成立的法律基础是合伙人之间的书面合伙协议，而英美法系国家则承认无合伙协议的事实合伙的存在。合伙协议是确定合伙人在出资、利润分配、风险及责任的分担、企业的宗旨及经营管理方式等方面的基本依据，对全体合伙人均具有约束力。

我国《合伙企业法》第 18 条规定，合伙协议应采用书面形式，主要应载明以下事项：①合伙企业的名称和主要经营场所所在地；②合伙目的和合伙企业的经营范围；③全体合伙人的姓名及其住所；④合伙人出资的方式、数额和缴付出资的期限；⑤利润分配和亏损分担办法；⑥合伙企业事务的执行；⑦入伙与退伙；⑧合伙企业的解散与清算；⑨合伙的期限；⑩违约责任等。

3. 合伙人实际缴付出资

合伙协议订立之后，合伙人应当按照协议约定的出资方式、数额、期限实际缴付出资，这是合伙企业成立的基础性条件。根据我国《合伙企业法》第 16 条规定，合伙人可以用货币、实物、土地使用权、知识产权或者其他财产权利以及劳务出资。

【提示】 合伙企业是典型的人合企业，其信用基础是合伙人的资信而非合伙企业的财产。

一般国家认为，法律没有必要规定合伙人出资的方式及合伙企业的最低资本金。合伙人出资的方式可以是金钱、物的所有权或使用权、知识产权，或者其他财产权利、劳务，甚至信用、管理经验及专业技能等，只要全体合伙人就此达成一致即为合法出资。

（二）设立登记

合伙企业的设立登记手续一般比较简单，有些国家要求履行申请登记手续，有些国家则不要求。英美法系国家对普通合伙企业一般不要求有政府的批准才能登记，但要求所有的合伙企业都必须有合法的目的。美国《统一合伙法》规定，合伙有合法目的即可依合伙协议组成合伙企业。英国的合伙法对合伙企业的商号名称有特别要求：合伙企业的商号一般应以普通合伙人的姓氏命名，在姓氏之后可以加上“商号”(Firm)或“公司”(Company)字样，但无论是普通合伙还是有限合伙，其名称中均不得加上“有限”字样，否则即予罚款。如果商号名称中未包含合伙人的真实姓氏或未包含合伙人真实教名的开头字母，则要求该合伙企业必须向有关主管部门进行注册登记，并须在其一切信笺文具上提供参与商业活动人员的详情以及每人的地址（一般为营业地址）。与普通合伙不同，有限合伙的设立则较为复杂。多数国家规定有限合伙须在有关机关注册，并提交合伙章程。英国 1917 年《有限合伙法》规定，合伙章程应载明：企业名称、所营事业的一般性质、主要营业地点、合伙人的姓名、合伙企业经营期限及开业日期，注明是有限合伙企业并载明有限责任合伙人的姓名、每个有限合伙人出资金额并注明出资类型。美国法律则对律师业、医师业等少数行业的合伙企业要求须向主管部门申领开业执照后才能正式从业。

大陆法系国家大多规定合伙企业只有在依法经核准登记、领取营业执照后，才能以合伙企业的名义从事经营活动，否则就要承担法律责任。德国法律要求合伙企业必须进行登记注册，合伙人事先提出注册申请，包括合伙人的姓名、职业、住所，企业名称、地点、开业日期等具体事项。同时，合伙企业登记事项因退伙、入伙、合伙协议修改等发生变更或者需要重新登记的，还应当于合理期限内办理有关变更登记手续。

在我国设立合伙企业应向企业登记机关提出登记申请，提交登记申请书、合伙协议书、合伙人的身份证明、全体合伙人指定的代表或者共同委托的代理人的委托书、出资权属证明、经营场所证明等文件。法律、法规规定须报经有关部门审批的，还应当在申请设立登记时提交有关的批准文件。登记机关自收到申请人提交的符合规定的全部申请文件之日起 20 天内作出是否登记的决定，符合条件的予以登记，发给营业执照；对不符合条件的不予登记，并应当给予书面答复，说明理由。营业执照签发日期即为合伙企业成立之日。

三、合伙企业的财产关系

合伙企业的财产关系是指合伙人之间内部的财产关系和合伙人对外承担的财产责任关系。世界上大多数国家和地区的法律规定合伙人原始的财产投入为合伙企业的财产，所有以合伙名义取得的收益和依法取得的其他财产也属于合伙企业的财产。合伙企业的财产关系主要包括以下几个方面。

（一）合伙投资的统一管理与使用

各合伙人依照合伙协议向合伙企业投入的财产仍属个人所有，但应由合伙人统一管理和使用，从而保证合伙企业对投资的管理权和使用权，以实现合伙经营的目的。合伙人不得擅自抽取有关的财产和资金，以防止对合伙企业造成损害，侵犯其他合伙人的合法权益。

（二）合伙的积累财产的共有关系

合伙企业经营所积累的财产，归全体合伙人共有。这些财产在分割以前，也由合伙企业依据合伙协议统一管理使用，任何合伙人均不得擅自处分。

（三）合伙人财产份额的转让

1. 内部转让

内部转让，是指合伙人之间转让在合伙企业中的全部或者部分财产份额的情形。由于这种转让属于内部关系，只关联到各合伙人财产份额的变化，不影响企业财产总额的变化，不需要征得其他合伙人的同意，只需要通知其他合伙人，让其知晓即可。

2. 对外转让

对外转让，是指合伙人向合伙人以外的人转让其在合伙企业中的全部或者部分财产份额。对外转让时，除了合伙协议另有约定外，须经其他合伙人一致同意；在同等条件下，其他合伙人有优先购买权。合伙人以外的人依法受让合伙人在合伙企业中的财产份额的，经修改合伙协议，即成为合伙企业的合伙人。

（四）合伙人财产份额的出质

合伙人以其在合伙企业中的财产份额出质的，须经其他合伙人一致同意；未经其他合伙人一致同意的，其行为无效，由此给善意第三人造成损失的，由行为人依法承担赔偿责任。如果被担保人了解行为人的私自质押行为甚至互相串通，损害合伙企业和其他合伙人利益的，第三人的利益不受法律保护。

（五）合伙盈余分配和债务清偿关系

合伙经营所得的盈余，属全体合伙人共有。各国法律有关合伙盈余分配的规定主要有以下几点：①如有合伙协议或有特别约定的，则依其约定；②合伙协议未经约定的，而立法上有相应规定的依其法律执行。

合伙人对合伙债务应共同负责，对此作进一步分析，它又包括两层意思：一是从合伙人内部看，合伙的债务由各合伙人按照协议的规定或出资比例承担或平均分配，以各自的财产（不限于合伙人投资的财产，还包括合伙人个人的其他财产）承担清偿责任；二是从合伙的对外关系看，西方各国对于合伙人对合伙债务是否需承担连带责任有两种不同主张：进而连带主义和分担主义。进而连带主义主张，合伙为共同共有的团体，合伙债务为各合伙人的共同债务，属于合伙团体。合伙人除了以合伙财产为一般担保物的有限责任外，还负有以自己的全部财产为担保物的无限责任，以确保合伙的信用，维护债权人的利益，我国及大多数国家持这种主张。分担主义则主张，各合伙人对合伙债务仅就其分担部分负清偿的无限责任，法国、日本等国持这种主张。

做中学 2—2　　合伙企业的债务

小李、小张、小刘分别出资共同设立一家普通合伙企业。小李出资 20 万元，小张以机器设备出资，小刘以劳务出资。约定按 2∶1∶1 分配利润，并承担亏损。现企业资产有 40 万元，负债 80 万元。

请问：

(1)请问该如何偿还债务呢？

(2)如果小刘下落不明，小张无钱可还，债权人要求小李偿还全部债务，小李该怎么办？

【解析】

(1)该普通合伙企业约定按 2∶1∶1 分配利润，并承担亏损。现企业资产有 40 万元，负债 80 万元。企业资产 40 万元进行偿还，剩余 40 万元，按约定偿还。小李偿还 20 万元，小张和小刘每人偿还 10 万元。

(2)普通合伙企业合伙人对合伙企业债务承担无限连带责任，因此小李只能偿还债务。但是，事后小李有权按约定的分担比例向其他合伙人追偿。

（六）合伙终止的财产处理

合伙终止时，如果合伙企业的财产清偿了所有债务之后仍有剩余，所有合伙人都有权参加该剩余财产的分配。分配可依合伙协议的规定进行，合伙协议未作规定的，可按出资比例分配。

四、合伙企业的内部关系

合伙企业的内部关系是指合伙成员之间的权利与义务关系。

（一）合伙人的权利

1. 合伙企业事务的执行权

合伙企业的人合性，决定了合伙企业一般没有严格的组织、领导和管理机构，因此，就合伙事务而言，每个合伙人都享有执行权，均有权代表企业对外开展经营业务。但基于效率等因素的考虑，由一名或数名合伙人执行合伙事务则更为有利。我国和其他各国法律都允许合伙人通过合伙协议约定或经全体合伙人决定，把合伙企业的事务委托给一名或数名合伙人执行，或者进行专业分工，由各合伙人分别发挥自己的专长执行合伙事务。

【注意】合伙人对执行合伙事务享有同等的权利。

【提示】合伙人分别执行合伙事务时，可以对其他合伙人的事务执行提出异议，异议提出时，一般应暂停执行合伙事务，由全体合伙人共同做出决定。

2.合伙企业事务的决策权

合伙企业的决策权由全体合伙人共同行使。在合伙企业中，各合伙人的出资份额可能多少不等，但依法都要对合伙债务承担无限连带责任，所以法律赋予每个合伙人平等的决策权，在对合伙事务做出决策时，每个合伙人无论出资多少，均有表决权。在决定合伙企业的重大事务时，必须经全体合伙人的一致同意，其他合伙事务的决定则实行少数服从多数的原则。合伙协议未约定或者约定不明确的，实行合伙人一人一票并经全体合伙人过半数通过的表决办法。除了合伙协议另有约定外，合伙企业的下列事项应当经全体合伙人一致同意：①改变合伙企业的名称；②改变合伙企业的经营范围、主要经营场所的地点；③处分合伙企业的不动产；④转让或者处分合伙企业的知识产权和其他财产权利；⑤以合伙企业的名义为他人提供担保；⑥聘任合伙人以外的人担任合伙企业的经营管理人员。

3.分取利润和获得补偿权

英、美、德等国家规定，合伙人应平均分配利润，而不考虑合伙人出资的多少。而法国规定应按合伙人的出资比例分享利润。我国《合伙企业法》规定，在合伙企业中，除合伙协议另有规定之外，每个合伙人都有权按其对合伙组织的投资比例分享合伙企业的利润。

此外，合伙人在处理合伙组织的正常业务中所做的支出有权从合伙组织中获得补偿。但除合伙企业的协议另有规定之外，任何合伙人不得为其在合伙企业中的劳务要求报酬。

4.合伙企业事务的监督权

各国合伙法都对各合伙人赋予了内部监督的权力。合伙人的监督权主要包括：每个合伙人都有权了解、查询合伙企业经营情况；检查其他合伙人的业务执行情况；查阅财务账册，并提出质询，其他合伙人有义务接受，不得拒绝。

5.优先权

合伙企业经营效益较好且需要扩大投资规模时，合伙人有权优先投资；合伙人依法转让其份额时，在同等条件下，其他合伙人有优先受让权。

（二）合伙人的义务

1.资金方面的义务

资金方面的义务包括出资义务和财产份额转让合法的义务。合伙人在签订合伙协议后，有义务按照合伙协议中约定的出资时间、数额和方式出资。如果合伙人因不按合伙协议的要求出资而使合伙企业无法设立或给其他合伙人造成损失的，应负赔偿责任。

为了保证合伙企业的相对稳定，各国合伙法都对合伙人转让出资作了限制性规定：合伙人向合伙以外的人转让其出资的全部或部分，必须经其他合伙人一致同意，并且其他合伙人在同等条件下有优先受让的权利；合伙人在合伙内部转让其出资时，也应当通知其他合伙人。

2.经营方面的义务

经营方面的义务主要是合伙人的忠实义务和竞业禁止义务。忠实义务要求合伙人应以善良管理人的谨慎和注意来管理经营合伙企业的财产，维护合伙企业的整体利益，并及时向合伙企业报告有关信息和事务的执行情况，以使合伙企业利益最大化。合伙企业事务执行的收益归合伙企业所有。

为了防止合伙人利用其在合伙企业中的特殊地位和职权为自己牟取私利，各国合伙法都明确了合伙人忠实的义务，主要包括以下几方面：

（1）合伙人必须为合伙企业的最大利益服务。

（2）竞业禁止义务。任何合伙人均不得经营与合伙企业相竞争的事业。合伙人若利用其职权或充分了解合伙企业内部状况的有利地位，与合伙企业竞争，所得到的利润应归合伙企业所有。

(3)交易禁止义务。任何合伙人除合伙协议另有约定或经全体合伙人同意外,不得与本合伙企业进行交易,否则由此所产生的利润归合伙企业。

(4)对其他损害行为的禁止义务。合伙人不得擅自利用合伙企业的财产为自己牟取私利,不得从事损害本合伙企业利益的其他活动,如提供虚假财务会计报表、侵占合伙企业财产、与第三人恶意串通、泄露企业的商业秘密等。

3. 注意的义务

参与经营管理的合伙人在执行合伙事务过程中,必须谨慎、小心,如果因玩忽职守或疏忽大意而给合伙企业造成损失的,其他合伙人有权要求赔偿。

4. 分担亏损的义务

我国《合伙企业法》第33条规定:合伙企业的利润分配、亏损分担,按照合伙协议的约定办理;合伙协议未约定或者约定不明确的,由合伙人协商决定;协商不成的,由合伙人按照实缴出资比例分配、分担;无法确定出资比例的,由合伙人平均分配、分担。

合伙企业的损益分配顺序按照下列原则处理:①合伙企业的利润分配亏损分担,按照合伙协议的约定办理;②合伙协议未约定或者约定不明确的,由合伙人协商决定;③协商未果的,由合伙人按照实缴出资比例分配分担;④无法确定出资比例的,由合伙人平均分配、分担;⑤合伙协议不得约定将全部利润分配给部分合伙人或者由部分合伙人承担全部亏损。

【提示】 除合伙协议另有规定外,每个合伙人须按其投资比例承担合伙组织的亏损(对合伙组织成员之外的第三人则要负无限连带责任—— 有限合伙人除外)。

五、合伙企业的外部关系

合伙的外部关系,是指合伙企业与交易的第三人的关系。由于在合伙企业中,每个合伙人都有权对外代表合伙企业,都有权成为合伙企业及其他合伙人的代理人,所以,合伙企业与第三人的关系体现出以下几方面的特点。

(1)合伙人之间适用相互代理原则。即每个合伙人在执行合伙企业业务时所做出的行为,对合伙企业与其他合伙人都具有约束力。从各国的立法来看,都认为合伙人之间是代理关系,即对外执行合伙企业事务的合伙人是该合伙企业及该企业其他合伙人的代理人。

(2)重视保护善意第三人。合伙企业内部对合伙人执行合伙事务及其对外代表权可以进行限制,但不得以此对抗不知情的第三人。也就是说,如果合伙人的代表权有限制而该限制不为善意的第三人所知的话,则该合伙人与善意第三人之间进行的交易行为对合伙企业有效。但是,如果第三人与某一合伙人进行交易时,明知该人不具有这种权利而与其发生法律行为,则合伙企业和其他合伙人对该人的行为不负责任。

(3)合伙人在从事正常的合伙业务过程中所做出的侵权行为,由合伙企业承担责任。例如,某合伙人在执行业务时驾车违反道路交通安全撞伤人,应由合伙企业承担赔偿责任。但是,合伙企业也有权依据合伙企业内部规章或合伙协议向具有主观故意或疏忽的合伙人追偿。

(4)每个合伙人因合伙而对第三人负连带责任。合伙企业对其债务,应当首先以其全部财产进行清偿,当合伙企业财产不足以清偿时,再以合伙人合伙财产以外的个人财产清偿。债权人可越过合伙企业直接向任一或全体合伙人请求清偿,合伙人对此请求不能拒绝,而只能在清偿了全部债务后再向其他合伙人追偿。如果合伙人所清偿的数额超过其应当承担的份额时,有权向其他合伙人追偿。

(5)当合伙企业的债务与合伙人个人的债务同时存在时,合伙企业的债权人优先于合伙人的债权人从合伙企业的财产中受偿,即合伙企业的财产首先用来偿还企业的债务,还债后如有剩余,再分配给各合伙人，由合伙人用来偿还自己个人的债务。

(6)合伙人向第三人转让其在合伙企业的投资份额将受到法律的限制。每一合伙人未经全体合伙人同意，不得将自己在合伙企业中的投资份额全部或部分地转让给第三人。在相同条件下，第三人不得优先于其他合伙人取得合伙企业中的份额。

六、入伙和退伙

(一)入伙

入伙，是指在合伙企业存续期间，原来不具有合伙人身份的自然人、法人或其他经营主体加入合伙企业，取得合伙人身份的法律行为。

各国合伙法一般规定，接纳一个新的合伙人必须经全体合伙人的同意，并依法订立书面的入伙协议。合伙人入伙，除了合伙协议另有约定外，须经全体合伙人一致同意，并依法订立书面入伙协议。订立书面入伙协议时，原合伙人应当向新合伙人如实报告原合伙企业的经营状况和财务状况。法国《民法典》第 1861 条规定：“合伙企业成立后，非经全体的同意，不得允许他人加入为合伙人。”英美法系国家规定合伙人可在合伙合同中对入伙的程序进行约定。我国《合伙企业法》第 43 条也规定：“新合伙人入伙，除合伙协议另有约定外，应当经全体合伙人同意，并依法订立书面入伙协议。”

关于新合伙人对入伙前的合伙企业债务是否承担连带责任，各国的规定不尽相同。英美法系国家普遍主张不应承担连带责任，而法国、日本、瑞士等少数大陆法系国家则规定新合伙人对入伙前合伙企业的债务要承担连带责任。我国《合伙企业法》第 44 条则明确规定：“新合伙人对入伙前合伙企业的债务承担无限连带责任。”

【注意】入伙的新合伙人与原合伙人享有同等权利，承担同等责任。

(二)退伙

退伙，是在合伙企业存续期间，合伙人因一定的法律事实而消灭合伙人身份的一种法律行为。退伙一般分为任意退伙、法定退伙、协议退伙和除名退伙。

1. 任意退伙

任意退伙也称声明退伙，是指基于合伙人单方的意思表示而为的退伙行为。有的国家主张退伙人声明只需告知其他合伙人，如德国等；有的国家则主张退伙人声明须得到其他合伙人的同意，如法国等。关于声明退伙的时间，各国的规定也有所不同，有的允许随时退伙，有的则只允许在企业会计年度终结前的一定时期内才能声明退伙。

我国《合伙企业法》第 46 条规定：“合伙协议未约定合伙期限的，合伙人在不给合伙企业事务执行造成不利影响的情况下，可以退伙，但应当提前 30 日通知其他合伙人。”如果合伙人违反上述规定擅自退伙，应当赔偿由此给其他合伙人造成的损失。

2. 法定退伙

法定退伙是指不是基于合伙人的意思表示，而是基于法律规定的一定事由而当然发生的退伙。如在日本《民法典》第 679 条中规定的法定退伙事由有：①死亡；②破产；③禁治产；④除名。我国《合伙企业法》第 48 条规定合伙人有下列情形之一的，当然退伙：①作为合伙人的自然人死亡或者被依法宣告死亡；②个人丧失偿债能力；③作为合伙人的法人或其他组织依法被吊销营业执照、责令关闭、撤销，或者被宣告破产；④法律规定或合伙协议约定合伙人必须具有相关资格却丧失该资格的；⑤合伙人在合伙企业中的全部财产份额被人民法院强制执行。

3. 协议退伙

协议退伙是指合伙人在合伙协议约定的退伙事由出现时或经全体合伙人同意时退出合伙企

业。我国《合伙企业法》第46条规定："合伙协议约定合伙期限的，有下列情形之一的，合伙人可以退伙：①合伙协议约定的退伙事由出现；②经全体合伙人一致同意；③发生合伙人难以继续参加合伙的事由；④其他合伙人严重违反合伙协议约定的义务。"

4.除名退伙

除名退伙是指合伙人因有严重违反合伙协议规定或其他损害合伙企业利益的重大不轨行为，而被其他合伙人一致决定开除的行为。

我国《合伙企业法》第50条规定，合伙人有下列情形之一的，经其他合伙人一致同意，可以决议将其除名：①未履行出资义务；②因故意或者重大过失给合伙企业造成损失；③执行合伙企业事务时有不正当行为；④发生合伙协议约定的其他事由。对合伙人的除名决议应当书面通知被除名人。被除名人自接到除名通知之日起，除名生效，被除名人退伙。被除名人对除名决议有异议的，可以自接到除名通知之日起30日内，向人民法院起诉。

退伙一旦成立，即发生相应的法律效力，主要表现在：①合伙资格的丧失；②退还退伙人在合伙企业中的财产份额；③退伙人对退伙前已发生的合伙企业债务继续承担责任。

合伙人退伙时应进行财产清算，退还退伙人的财产份额，分配合伙盈余和分担合伙债务。退伙人对其退伙前已发生的合伙企业债务，应与其他合伙人承担连带责任。对已退出合伙组织的原合伙人而言，如果日后发生的债务是在其退伙之前的交易结果，则其仍需对债权人负责，若该项债务与其退伙之前的交易无关，且使第三人知道其已不是合伙人，则其对退伙后的第三人的债务不承担任何责任。

同步案例2—2　　退伙与入伙合伙企业的债务如何偿还？

甲、乙、丙三人经市场监管部门批准于2020年成立了合伙企业，自开业以来经营状况良好。2024年5月，丙去世，丙之妻和一对儿女都表示不愿加入该合伙企业。在这种情况下，其他两名合伙人决定将丙在合伙企业中的财产份额退还给丙的继承人，但没有对合伙企业的债务分担作约定。2024年6月，合伙企业将丙在合伙企业中的财产份额5万元退还给了丙的继承人，并向企业登记机关办理了变更登记手续，但并没有对合伙企业的债务分担进行处理。丙退伙后，甲和乙觉得合伙企业资金短缺，无法适应原有经营规模。于是二人一致同意邀请乙的朋友丁加入合伙企业，丁口头同意加和合伙企业，丁投入资金10万元，盈亏按占合伙企业全部资金的比例分配。口头协议达成后，三人到市场监管部门办理了变更登记。后来因经营不善，该合伙企业资不抵债。此时，其债权人戊要求甲、乙、丁和丙的继承人偿还合伙企业于2023年所欠的货款。丁认为，入伙协议未采用书面形式所以该入伙协议无效，所以他对此债务不承担责任；丙的继承人认为，丙去世视为退伙，故对此债务也不承担责任；甲和乙认为该债务属合伙债务，每个合伙人都有偿还义务，既然丁和丙的继承人都不偿还，所以他们也不偿还，戊遂向法院起诉。

请问：甲、乙、丁和丙的继承人各自应对该合伙企业的债务承担何种责任？为什么？

【案例精析】 丙的继承人应承担债务，丙于2024年的死亡属于当然退伙，但是合伙企业的债务是2023年发生的，而退伙后的合伙人应承担退伙前的合伙企业债务承担连带责任，所以丙的继承人应承担债务。甲、乙要承担合伙债务。丁虽然是口头约定但有向企业机关办理变更登记手续，已经属于入伙，新合伙人对入伙前合伙企业的债务承担无限连带责任。

七、合伙企业的解散和清算

（一）合伙企业的解散

合伙企业解散，是指合伙企业因某些法律事实的发生而使其民事主体资格归于消灭的情形。

世界各国的合伙企业解散大体有三种情形：协议解散、依法解散和强制解散。

(1)协议解散，是指合伙企业依合伙人之间的协议而解散。这个协议可以是在合伙合同中规定的合伙期限，当期限届满时就宣告解散；也可以不在合伙合同中规定期限，而在事后另行达成协议，宣告合伙企业的解散。

(2)依法解散，是指合伙依照法律规定而解散。依法解散大体有以下几种情况：①除合伙协议另有规定外，合伙人之一死亡或退出合伙企业的；②当合伙企业或合伙人之一破产的；③如因发生某种情况，导致合伙企业所从事的行业成为非法的。

(3)强制解散，是指法院根据有关申请强令合伙企业解散。其主要发生在以下几个场合：①某合伙人永久地精神失常或永久地不能履行合伙协议中所应承担的责任；②某一合伙人犯有渎职罪；③发生了某种情况致使合伙组织只能在亏损的情况下经营；④存在其他强制解散能恢复公正和合理的情况。

【提示】无论以哪种方式解散合伙企业，合伙人都应对合伙企业的财产进行清算。

(二)合伙企业的清算

清算由合伙人全体或由其选任的人进行。清算人的选任，以全体合伙人的过半数决定。

【注意】清算期间，合伙企业存续，但不得开展与清算无关的经营活动。

清算人的事务主要有：①了结合伙事务；②收取合伙债权；③清偿合伙债务；④返还合伙人出资；⑤分配剩余财产。

合伙企业现有的财产大于合伙企业所欠的债务，并且能够清偿全部债务的时候，应当按照下列顺序进行清偿：①支付清算费用；②支付职工工资、劳动保险费用和法定补偿金；③缴纳所欠税款；④偿还合伙企业的其他债务包括有担保债务和无担保债务；⑤将合伙企业的剩余财产按照损益分配原则进行分配。

【提示】清算结束，清算人应当编制清算报告，经全体合伙人签名、盖章后，申请办理合伙企业注销登记手续。

合伙企业注销后，原普通合伙人对合伙企业存续期间的债务仍应承担无限连带责任。如果合伙企业的财产(包括债权)不足以清偿合伙企业的债务时，债权人可以依法向人民法院提出破产清算申请，也可以要求普通合伙人清偿，普通合伙人须对余债承担连带的无限责任，但债权人在 5 年内未向债务人提出清偿请求的，则该责任消灭。但是，如果合伙财产清偿了所有债务之后仍有剩余，则所有合伙人都有权按其投资比例参加该剩余财产的分配，合伙协议另作规定的除外。

第四节 公司法

一、公司及公司法的概念

(一)公司的概念和特征

公司，是指依照《公司法》在中华人民共和国境内设立的有限责任公司和股份有限公司。公司是企业法人，有独立的法人财产，享有法人财产权。公司以其全部财产对公司的债务承担责任。17 世纪初，英国和荷兰正式出现了有法人地位的商业公司。他们经皇家特许，经营外贸业务，典型的有 1600 年成立的英国东印度公司和 1602 年成立的荷兰东印度公司。

【提示】公司是企业法人，有独立的法人财产，享有法人财产权。

公司具有以下几个方面的法律特征：

(1)法定性。公司必须依照法律规定的设立条件和程序才能取得公司资格。在英美法系国家，可以根据单行的公司法、皇家特许或国会的特别法而设立公司；在大陆法系国家，则可依照单行的公司法、商法典（民商分立的国家）或民法典（民商合一的国家）而设立。法定性是公司的重要特征。

（2）法人性。公司强调的是资本的联合和积聚，各国几乎都把公司规定为分离于它的投资人而独立存在的法律实体，即法人。公司依法成立，拥有独立的财产，以自己的名义享有权利和承担义务，并独立承担民事责任，其存续一般不受股东变化的影响。

（3）社团性。公司具有社团性，是指公司是由两个以上的成员组成。这里的成员既可以是自然人，也可以是法人。各国对公司设立的最低股东人数大多有限制性规定，除一人公司这一特例外，一般都必须为两人以上。

（4）营利性。公司设立的目的最终是为了获取利润并分配给股东，公司股东的投资是以获取利润为目的的。世界各国的公司法都规定了商事公司的营利性。营利性是公司作为商事组织的典型特征。

（5）组织严密性。公司是以营利为目的的，公司在所有权和经营权相分离的情况下，要适应多变的市场和激烈的竞争，需要有一个严密的组织机构。各国的公司法一般都对公司的机构及其职能作出了相应规定。

（二）公司法的概念

公司法是调整公司在设立、变更、终止及组织活动过程中所发生的对内对外关系的法律规范的总称。

在大陆法系国家，早期的公司法规范主要见于民法典或商法典中。随着公司制度在社会经济生活中的作用与影响日益增强，大陆法系国家的公司法逐渐从商法典中脱离出来，更多地采取单行法的形式。

在英美法系国家，以成文的单行法规范公司关系。英国的公司法立法始于1825年，于1948年制定了《公司法》。在美国，没有统一的联邦公司法，公司法属于各州立法。其公司法为成文的单行法。

二、公司的分类

（一）根据股东对公司债务的责任形式，可分为无限责任公司、有限责任公司、两合公司、股份有限公司、股份两合公司

【提示】根据股东对公司债务的责任形式分类，是大陆法系国家对公司最基本的分类。

1. 无限责任公司

无限责任公司又称无限公司，法国称之为“合名公司”、德国称之为“开名公司”、日本称之为“合名会社”，是指由两个或两个以上的股东组成，全体股东对公司的债务承担无限连带责任的公司。从内部关系上说，股东之间事实上是一种合伙关系。各国法律一般认为无限公司不具有法人资格，但在法律交往中，无限公司可以凭自己的商号享有一定的独立性。一般国家的法律对无限公司的股东人数不作具体限制，但大多数国家和地区的法律规定，无限公司的股东只能是自然人，公司和法人不得成为无限公司的股东。无限责任公司在其内部关系和外部关系上与合伙企业相似。

【注意】现在各国的无限责任公司的数量很少。

无限责任公司的特征如下：①股东对公司的债务负无限清偿责任；②股东对公司的债务负无限连带责任；③股东有权直接参加管理公司事务；④公司的账目不受外界查检；⑤无限责任公司可以不拥有注册资本；⑥股东为自然人。

2. 有限责任公司

有限责任公司又称有限公司，是指由法律规定的一定人数的股东所组成，股东以其出资额为限

对公司承担责任，公司以其全部资产对公司的债务承担责任的公司。有限责任公司在1892年起源于德国，与英国的私人公司和美国的封闭公司相似，适合中小企业这些不具有很大规模的经济组织。

【注意】有限公司不向公众募集资金，不得发行股票，股东的人数和股份的转让也有较多的限制。

有限责任公司的特征如下：①股东人数受法律限制。各国法律一般都对有限责任公司的股东人数作出了限制性规定，对最高或最低的人数进行了规定。②股东负有限责任。从本质上讲，有限公司属于一种资合公司，因此股东一般以其出资额为限对公司承担责任。如果公司破产，债权人无权要求股东以个人资产清偿公司债务。③不公开发行股票。有限公司属于封闭公司，股东有最高人数的限制，所有的公司资本由发起人全部认购，出资额由股东自己确定，不得向公众发行股票募集资本，股东所持的股票也不能上市交易或自由转让。有限公司的股东转让出资必须经公司同意，并到公司登记机关进行变更登记，其他股东在同等条件下有优先购买权。

【提示】在现代西方国家，有限责任公司是数量最多的一种重要的公司形式，许多中小企业往往采取这种形式。

3.两合公司

两合公司是指由承担有限责任的股东和承担无限责任的股东联合组织成立的公司。

两合公司的特征如下：①具有有限公司和无限公司的双重性质。两合公司是由一人以上的有限责任股东和一人以上的无限责任股东组成的公司，无限责任股东以个人信用为基础，可以信用或劳务出资，具有"人合公司"的性质，有限责任股东以出资额对公司承担责任，具有"资合公司"的性质，因此被称为两合公司。②不同性质的股东所享有的权利不同。无限责任股东享有公司的经营管理权，对外可以代表公司进行经营活动，而有限责任股东则无权直接参与公司的经营管理，更不能直接代表公司对外进行业务活动。在转让其所拥有的出资时，无限责任股东必须征得其他股东的一致同意后，才能进行转让，而有限责任股东则无须取得其他股东的一致同意。③法律地位更接近于无限公司。尽管两合公司具有双重性质，但其法律性质更接近于无限公司。大陆法系国家的法律一般规定，除有关有限责任股东的规定以外，两合公司的其他有关事项都适用有关无限公司的规定。两合公司历史悠久，是公司制度的早期形态，但现在逐渐衰落。

【提示】两合公司是大陆法系国家所特有的一种公司形式，与英美法系中的有限合伙类似。

4.股份有限公司

股份有限公司又称股份公司，是指将公司的全部资本分为等额股份，股东以其认购的股份为限对公司承担责任，公司以其全部资产为限对公司债务承担责任的公司。

股份有限公司的特征如下：①股份有限公司是典型的法人组织。法人是在法律上虚拟的人格，以该实体能够独立承担责任为成立的前提。股份有限公司具备完备的组织机构和完全独立的财产，有能力以其全部资产承担法律责任，具有法人所必须具备的全部法律特征。②股份有限公司将全部资本分为等额股份。公司的全部资本分为等额的股份，每一股的权利是均等的，占有较多股份的人就是出资最多的股东。③股份有限公司可以公开发行股票。与有限公司不同，股份有限公司可以面向公众公开发行股票，来筹集公司的资本。它所发行的股票可以在证券市场上自由流通，人们可以在证券市场上购买股票，成为该股份有限公司的股东。公司的股东以其认购的股份对公司负责，对公司承担有限责任。

【提示】股份有限公司是当今世界各国最重要、最有代表性的企业组织形式。

5.股份两合公司

股份两合公司是由一个以上的无限责任股东和一个以上的有限责任股东所组成，公司的资本分为等额股份的公司。在这种公司中,无限责任股东对公司债务负无限连带责任,有限责任的资本则划分为股份,可以发行股票,其股东仅以其认购的股份为限对公司的债务承担责任。

【注意】与股份公司相比,股份两合公司的优点并不突出,因此多数国家未规定此种公司形式。

(二)根据公司资本认购对象以及股份转让方式的不同,可分为封闭式公司与开放式公司

【提示】根据公司资本认购对象以及股份转让方式的不同分类,是英美法系国家对公司的基本分类。

1. 封闭式公司

封闭式公司又称不上市公司,封闭式公司是指由若干特定股东合资经营、股东转让出资须受限制、不公开招股、实行非开放性经营的公司。其特征与大陆法系国家中的有限公司相同。

2. 开放式公司

开放式公司又称上市公司,开放式公司是指可以公开募股,股份可以自由转让的公司。

(三)根据一个公司对另一个公司的控制与依附关系的不同,可分为母公司和子公司

1. 母公司

母公司是一种控制性公司,是指拥有另一公司半数以上股票或者根据协议直接掌握另一公司经营活动的公司。母公司具有法人资格。

2. 子公司

子公司是指其半数以上股票受其他公司控制的公司。子公司的经营虽受母公司的控制,但仍是独立的法人,可以独立地以自己的名义从事经营活动,并以自己的财产独立承担责任。

(四)根据公司的管辖与被管辖的关系,可分为总公司与分公司

1. 总公司

总公司也称本公司,是管辖公司全部组织的总机构。总公司在法律上具有法人资格。总公司对公司系统内的业务经营、资金调度、人事安排等具有统一的决策权。

2. 分公司

分公司是受总公司管辖的分支机构或附属机构,在法律和经济上都没有独立性。它不是独立的法人,其民事责任只能由总公司承担。但它仍具有相对独立的经营资格,须办理营业登记并领取执照,可以自己的名义订立合同,参加诉讼。

【提示】分公司在名称上通常将总公司的名称放在前面,后面加上地名和"分公司"字样。

(五)根据公司国籍的不同,可分为本国公司、外国公司和跨国公司

1. 本国公司

本国公司是指依照本国法律,在本国批准登记设立的公司。

2. 外国公司

外国公司是指依照外国法律登记设立的公司。

3. 跨国公司

跨国公司从法律角度而言,并非一个独立的法律实体,而是由分布于不同国家和地区的包括母公司、子公司、总公司、分公司等多个公司实体组成的从事国际性生产经营活动的企业集团。

【注意】我国《公司法》只规定了有限责任公司和股份有限责任公司。

学中做 2—2 公司的法律认知

美国一家公司甲于2023年1月在北京依法设立了一商务办事处,指定张某为代理人,登记名称为美国甲公司北京办事处,注册的经营资金是70万美元。由于甲公司的大部分业务在深圳,于是甲公司联合美国另一家公司乙在深圳共同投资设立公司丙。2023年10月,经批准,市场监管机

关颁发营业执照，丙公司成立。其组织形式为有限责任公司，注册资本300万美元，后为扩大生产经营规模，丙公司决定于2024年发行公司债券。另外，甲公司在北京的办事处欠公司丁200万美元，丁公司目前要求丙公司承担连带责任。

请分析：

(1)如何认识甲公司北京办事处和丙公司的法律地位？

(2)丙公司是否具备发行公司债券的条件？请说明理由。

(3)丁公司的要求是否合法？请说明理由。

【解析】

(1)甲公司北京办事处是外国公司在我国设立的分支机构，不具备法人资格，没有独立的法律地位。丙公司属于外资企业，在组织形式上是有限责任公司，具备法人资格，有独立的法律地位。

(2)不具备。因为根据我国《公司法》的规定，只有股份有限公司、国有独资公司和两个以上的国有企业或者其他两个以上的国有投资主体投资设立的有限责任公司才可以发行公司债券。

(3)不合法。丙公司是独立的法人，与甲公司北京办事处之间没有隶属关系，不负连带责任。

三、公司的设立

(一)公司设立的原则

在公司法的发展上，公司设立的原则经历了由欧洲中世纪的放任主义、特许主义向现代社会的核准主义和准则主义的变迁。目前，各国普遍采用的是核准主义和准则主义。

(1)核准主义，是指公司的设立除了必须具备法律规定的条件和履行法定程序，还须经行政主管机关的审核批准才能成立并取得法人资格。

(2)准则主义，是指凡是具备公司设立的法定条件的，不必经政府行政主管机关批准，可直接向登记机关申请成立公司。准则主义简化了公司设立的程序，但可能造成滥设公司和利用公司欺诈等弊端。

我国《公司法》规定公司设立的原则是准则主义和核准主义相结合。我国大部分有限责任公司是采取准则主义，对涉及国家安全、公共利益和关系国计民生的特殊行业，以及特别经营项目的有限责任公司和股份有限公司采取核准主义。

(二)公司的设立要件

1. 发起人

发起人是指参加公司的设立并对公司的设立行为承担责任的人，是公司的创办人和设立者。各国公司法对股份有限公司发起人的资格及法律地位都作了较为详尽的规定。

有关发起人的最低人数问题，多数国家的公司法予以具体规定。例如，德国规定发起人应为5人以上；挪威、瑞典规定至少为3人；英国和美国认为发起人与认股人并不是同一个概念，因此规定发起人可以是一人或几人。我国《公司法》第92条规定，设立股份有限公司，应当有1人以上200人以下为发起人，其中应当有半数以上的发起人在中华人民共和国境内有住所。西方国家公司法一般不对发起人的国籍问题作出限制，即不要求发起人必须具备所在国国籍，对本国国民与外国人实行同等待遇。

发起人的行为是有偿的，在公司成立后，发起人有权要求公司给付报酬，公司也可以分配给发起人若干股份。在大陆法系国家，发起人一般就是股东，发起人拥有一些特别利益，如公司盈利的分配优惠、新股发行的优先购买权、优先分配剩余财产等；此外，还允许发起人以实物出资，如日本《公司法》规定："实物出资限于发起人。"

【提示】我国2024年7月1日起施行的《公司法》第42条规定，有限责任公司由1个以上50

个以下股东出资设立。

2. 资本

公司的资本是指由全体发起人或股东认缴的股本总额。

我国《公司法》第 47 条规定，有限责任公司的注册资本为在公司登记机关登记的全体股东认缴的出资额。全体股东认缴的出资额由股东按照公司章程的规定自公司成立之日起五年内缴足。法律、行政法规以及国务院决定对有限责任公司注册资本实缴、注册资本最低限额、股东出资期限另有规定的，从其规定。《公司法》第 48 条规定，股东可以用货币出资，也可以用实物、知识产权、土地使用权、股权、债权等可以用货币估价并可以依法转让的非货币财产作价出资；但是，法律、行政法规规定不得作为出资的财产除外。对作为出资的非货币财产应当评估作价，核实财产，不得高估或者低估作价。法律、行政法规对评估作价有规定的，从其规定。《公司法》第 50 条规定，有限责任公司设立时，股东未按照公司章程规定实际缴纳出资，或者实际出资的非货币财产的实际价额显著低于所认缴的出资额的，设立时的其他股东与该股东在出资不足的范围内承担连带责任。

我国《公司法》第 96 条规定，股份有限公司的注册资本为在公司登记机关登记的已发行股份的股本总额。在发起人认购的股份缴足前，不得向他人募集股份。法律、行政法规以及国务院决定对股份有限公司注册资本最低限额另有规定的，从其规定。《公司法》第 98 条规定，发起人应当在公司成立前按照其认购的股份全额缴纳股款。《公司法》第 99 条规定，发起人不按照其认购的股份缴纳股款，或者作为出资的非货币财产的实际价额显著低于所认购的股份的，其他发起人与该发起人在出资不足的范围内承担连带责任。《公司法》第 100 条规定，发起人向社会公开募集股份，应当公告招股说明书，并制作认股书。认股书应当载明本法第 154 条第 2 款、第 3 款所列事项，由认股人填写认购的股份数、金额、住所，并签名或者盖章。认股人应当按照所认购股份足额缴纳股款。《公司法》第 101 条规定，向社会公开募集股份的股款缴足后，应当经依法设立的验资机构验资并出具证明。

3. 章程

公司章程是以书面形式表现出来的关于公司组织与活动的基本规范，是规定公司的性质、宗旨、经营范围、组织机构、内部制度的基本法律文件。

就章程的表现形式而言，两大法系的规定有所不同，具体如下：

(1)英美法系国家的公司章程由章程大纲和内部细则两个文件构成。

章程大纲是规定公司对外关系的法律文件，其目的在于使公司的投资者以及与公司进行交易的第三人能够知晓公司的基本情况，如公司的名称、资本、股东的责任、公司的营业期限、公司的目的等，一般只有经股东(大)会决议才能修改或废除章程。

内部细则是在章程大纲的基础上订立的，是用来调整内部关系的基本文件。公司的内部细则一般主要包括：公司的办事处所、股款的交付、资本的增减；董事的资格、人数、任期、权限与报酬；职员的选任、头衔、职责、权限及薪金；股息的分配和储备；账目记录与审核等涉及公司本身事务的专门性问题。

(2)大陆法系国家的公司章程是由一份单一的文件组成的，并根据内容的重要程度区分为绝对必要、相对必要和任意记载事项三个部分。绝对必要记载事项即法律规定必须记载的事项，此类事项一旦缺失将导致章程无效；相对必要记载事项是指由发起人自行决定是否有必要记载的事项；任意记载事项是指绝对和相对记载事项以外的事项，对公司章程的法律效力基本没有影响。

【注意】我国《公司法》只有绝对必要记载事项的规定。

(三)公司的设立方式

大陆法系国家公司的设立方式通常分为发起设立与募集设立两种。

1. 发起设立

发起设立又称共同设立或单纯设立，是指由发起人一次认足公司全部股本而设立的公司。各国皆允许发起人以现金、实物、技术等形式认购股份。各国一般允许发起人在缴付其认购股份的1/3～1/4时即可申请注册，其余部分财产可延至以后的一定时限内缴付。以实物、技术形式认购股份的，各国皆要求它们须是现时可缴付的；此外，很多国家规定须由法院指定专家对这些实物、技术等作出估价。

【提示】 发起设立方式因程序简单和成本较低而适用面较广，各种公司形式都可采用。

2. 募集设立

募集设立又称渐次设立或复杂设立，是指由发起人认购公司应发行股份的一部分，其余部分向社会公开募集而设立的公司。为了防止不具有一定经济能力的发起人完全凭借他人资本开办公司，各国公司法一般都对发起人认购的股份有最低额限制，如我国《公司法》规定，发起人认购的股份不得少于公司股份总数的35%。募集设立方式一般只适用于股份有限公司。

英美法系国家公司设立方式与大陆法系国家公司设立方式有较大差别。英美法系国家公司的注册资本采取的是授权资本，而非实缴资本。在公司成立前，不要求公司发起认购股份，也不允许公开发行股份，只有在公司成立后，才允许以公司名义公开发行股票，筹集公司资本。在英美法系国家，公司成立只是履行注册手续。

依照我国《公司法》的规定和不同类型公司的性质，有限责任公司采取发起设立方式；股份有限公司可以采取发起设立方式，也可以采取募集设立方式。其中，发起设立，是指由发起人认购设立公司时应发行的全部股份而设立公司；募集设立，是指由发起人认购设立公司时应发行股份的一部分，其余股份向特定对象募集或者向社会公开募集而设立公司。

（四）公司的设立程序

就大陆法系国家和英美法系国家关于公司设立程序的规定来看，大陆法系国家的规定相对完整、复杂，而英美法系国家的规定相对简单。

1. 大陆法系国家公司的设立程序

就股份有限公司和有限责任公司而言，有限责任公司的设立程序相对简单。

（1）有限责任公司的设立程序

从大陆法系主要国家及我国《公司法》的规定来看，设立有限责任公司通常要经过以下程序：订立发起人协议→制定公司章程→履行必要的审批手续→确立公司组织机构→缴纳出资及验资→设立程序的调查→办理设立登记。

（2）股份有限公司的设立程序

发起设立的程序：发起人制定公司章程→申请设立许可→发起人认购股份→缴纳股款→组建公司组织机构→对相对必要事项的审核→设立过程的调查→董事长或代表董事的选举→申请设立登记。

募集设立的程序：发起人制定公司章程→申请设立许可→发起人认购公司股份→制定招股说明书或认购证→签订股票承销协议与代收股款协议→申请股票发行批准→公告招股说明书→股份认购→股款缴纳→验资→召集创立大会→申请设立登记。

2. 英美法系国家公司设立的程序

以美国为例，根据美国《示范公司法修正本》的规定，公司发起人制定公司章程后，将公司组织章程作为公司设立的申请文件递交州务长官，并缴纳申请注册费用。州务长官对公司组织章程进行审查，如果申请文件被批准，州务长官办公室便颁发执照，公司便正式成立。公司正式成立之后才开始完成公司的最后组建工作。每个新成立的公司可以选择公司发起人或者在公司章程中列明的初始董事会成员来完成公司组建。组建完成后，公司股东召开第一届股东大会。会议选出第二届董事会成员后，由董事会的成员来完成公司的组建工作，首届董事会即告解散。

四、公司的资本

（一）公司资本的概念

公司的资本有广义和狭义之分，广义的公司资本是指公司生产经营的全部资金，包括股本、公司债、利润留成、受馈赠的资金等；狭义的公司资本则仅指公司的股本（注册资本）。公司法中的资本一般仅指狭义的公司资本。

1.公司资本制度

（1）法定资本制。它又称确定资本制，是指公司设立时，必须在公司章程中载明公司的资本总额，并在公司成立时由股东（发起人）认足或募足的资本制度。该制度为大陆法系国家所普遍采用。法定资本制对公司资本的认缴、募集、增减、充实等都有严格详细的规定。

（2）授权资本制。它是指公司成立时，须在章程中确定资本总额，股东只需认缴一定比例的资本或章程中所规定的最低限额，公司即可成立。对于未认缴的资本，授权董事会根据公司的营业需要和市场情况随时发行新股，募集资本。这种资本制度主要为英美法系国家所采用。

授权资本制的最大优点在于操作灵活，对公司没有最低注册资本限制，没有首次发行的股份额的限制，有利于公司的迅速成立。董事会在公司成立后可根据需要募集资本，如此可有效地避免公司资本的闲置。其缺陷是在有限责任原则下，如果公司成立时所发行的股份数额太少，易使公司财产的经营基础不够牢固从而滋生欺诈行为，进而减弱对债权人的保护。

（3）折中资本制。它是指公司设立时，不必将全部资本认足，可以授权董事会随时或于公司成立后一定年限内，在授权公司资本额的一定比例范围内，发行新股，增加资本，而无须经股东会特别决议批准。折中资本制介于法定资本制和授权资本制之间，是对两种资本制的折中。我国的外商投资企业多采用折中资本制。

2.公司资本的构成

公司资本的构成是指股东的出资标的。各国公司法普遍规定，股东可以货币出资，也可以实物、工业产权、专有技术、土地使用权、商誉等作价出资。无限公司和两合公司的无限责任股东还可以劳务和信用出资。

【注意】我国《公司法》不允许股东以劳务和信用出资。

（1）货币出资。货币是公司资本的基本组成部分。公司进行生产经营活动，必然需要一定数量的现金。为了保证公司资本中有足够的现金用以满足公司的经营需要，一些大陆法系国家的公司法，都对现金应占公司资本的比例作出了明确规定。例如，法国规定，股份有限公司的现金出资应占公司总资本的25%以上。

（2）实物出资。实物出资即股东以有形资产作价出资。能够作为出资的实物，应该是为公司生产经营所必需的。另外，股东对其用以出资的实物必须拥有所有权或处分权。租赁物或其他设定担保物权的财产，一般不得作为股东的出资。实物出资必须由股东各方按照国家规定评估确定其价值。

（3）无形资产出资。无形资产包括专利权、商标权、专有技术、土地使用权和商誉等。以无形资产向公司出资，首要问题是如何科学准确地进行价值评估。

【提示】为了防止无形资产在公司全部资本中所占比例过大而导致公司资本虚化，一些国家还限定无形资产在公司资本总额中所占的比例。

(二)公司的股份与股票

1. 股份与股票的概念

股份是公司资本的组成成分,是计量公司资本最小的均等的构成单位。股份有限公司的资本总额分成若干相等的单位,以每个股东拥有其单位数的多少来作为行使权利、承担义务以及流通转让的依据。

股份有限公司的股份表现为股票。股票是代表股权的文书,是体现股东地位的有价证券,是股份有限公司签发的证明股东所持股份的凭证。股份有限公司成立后,即应向股东交付股票。股票使得股份便于流通和转让。

2. 股票的种类

(1)根据股东的权限,可将股票分成普通股票与优先股票。

①普通股票。普通股票是公司发行的无特别权利的股票,是公司股份中最为基本的一类。根据公司章程或内部细则,拥有这类股票的股东对公司的重大问题有进行表决的权利;在公司支付债息和优先股息之后分得不受限额的股利;在公司破产或结业时,有权分得公司偿付所有债权后剩余的一切资产。

②优先股票。优先股票是在某些方面比普通股享有优先权的股票。一般而言,它在分配固定的股息以及在公司破产、清算时就公司偿付其他各种债务后的剩余财产受偿方面比普通股有优先权。此外,某些优先股还拥有对公司某些问题的表决权,特别是关于其自身利益的处置方面。

优先股常被分成以下几类:

a. 累积性优先股。这类股份除拥有一般优先股的权利外,如果在某个分红年度内,公司的获利不够分配规定的股息,公司须在以后的盈利年份里优先予以补足。

b. 非累积性优先股。它是指其固定股息的偿付仅以当年的公司盈利为限的股份。若当年的利润不足以分配该股息,在以后的年份里也不会得到补足。除非公司股份发行时另有明确的说明,一般的优先股皆为非累积性优先股。

c. 参与优先股。它是指在分得固定股息后,还有权与普通股一道参与分享公司剩余利润的优先股,其参与程度可以是同等的,也可以是有一定比例的。

d. 非参与优先股。它是指分配股息仅以事先规定的比例为限的优先股。如无特别规定,一切优先股都将被视为非参与的优先股。

e. 可赎回优先股。它是指在规定的期限按规定的条件有权要求公司赎回的优先股。英美法系国家及大部分大陆法系国家允许公司发行这类优先股。各国对发行这类优先股都作了严格的限制。

(2)按股东是否被发给股份证书,股票可分为有证股和无证股。

凡向股东发放证书证明其持有股的股份即称有证股,而无证书证明的股份则称无证股。目前,很多国家允许公司发行无证股,公司股东的股份皆记于公司的股份发行簿上,无证股的转让虽然无需出让人的背书或交付,但这类交易须向(一般通过证交所)公司登记转让,该公司也须在登记后的一定时日内向受让人发送交易声明。

(3)按股东是否被记名,可将股票分成记名股和无记名股。

记名股的转让必须背书,并记载于股东名册;无记名股的转让只要交付即可。我国《公司法》规定,公司向发起人、国家授权投资的机构或法人发行的股票,应为记名股,并应当记载该发起人、机构或法人的名称,不得另立户名或以代表人姓名记名;对社会公众发行的股票,可以是记名股,也可以是无记名股。

(4)按股票上有无标明股份的价值,股票可被分成有票面值股和无票面值股。

凡在股票上标明其价值的股票称为有票面值股。为防止公司变相地减少股本,各国一般都禁止公司以低于票面值的价格发行股票,但允许公司以高于票面值的价格发行股票。

未标明价值的股票称为无票面值股,又称比例股,即股票票面上不标明价值,只表示每股占公司资本总额的比例。欧盟很多国家不允许发行无票面值的股份。目前,我国也不允许发行无票面值股。但美国的州法一般允许公司发行这种股份,其发行价格由董事会或股东大会决定。

3.股款的缴付

(1)英美法系国家。英美法系国家一般规定,持股者若未按时缴清应付的股款,公司即享有提请法院强制催缴的权利。但这一权利的行使是有期限的,英国规定为从应缴款之日算起12年,而美国的某些州法则规定为从发行之日或认股的估价完成之日算起6年。对无缴付能力的持股者,英国规定了公司对股份的留置权,而美国则规定了公司对股份的拍卖权。

(2)大陆法系国家。大陆法系国家在一般允许股东在公司成立后或增加资本后分次缴清现金股款。但是,大陆法系中的很多国家规定,每次缴款须依照董事会的通知立即缴付,法国公司法还将分次缴款的总时间限定在5年内。在以实物等作股份对价时,大陆法系国家一般要求必须是全部立即缴付。

4.股份的转让与抵押

各国皆允许持股者转让或抵押其股份,但要求持股者同时不违背下列限制:①公司的内部细则、公司证书或股份证书上注明禁止或限制转让。②法律上的限制性规定。③公司内部细则关于内部先买权的规定。④其他合法的限制。

5.公司股本的变更

(1)股本的增加。各国皆允许公司按一定的程序增加其股本。该程序一般是先由股东大会或董事会通过增加股本的决议,然后组织新股的认购,最后将有关增资报告送主管部门备案即可。法国等国还允许公司按特别股东大会决议将公司债转换成股份的方式来增加资本。各国关于新股认购对价的形式(现金、实物、技术)、缴付时限等与公司成立时的认购规定基本上相同。

(2)股本的减少。各国对减少股本作了明确的限制性规定。这些限制大体一致:①须经股东大会决议;②须不影响公司的偿债能力;③须交主管部门备案。

学中做2—3　　有限责任公司股东出资行为分析

甲、乙、丙、丁、戊是A有限责任公司的股东。甲、乙经协商,甲将自己的全部出资20万元以30万元转让给乙。丙将自己的出资40万元以60万元转让给非股东B。上述两项资产转移的双方分别签订了转让协议。后来,在股东会上,丁、戊提出这两份转让协议都是无效的,因为甲、丙转让出资没有征得其他股东的同意,丁还提出自己愿以60万元购买丙的出资。

请问:甲、丙转让出资的行为是否合法?为什么?

【解析】 甲的转让出资行为合法有效。因为《公司法》规定,有限责任公司的股东之间可以相互转让其全部出资或者部分出资。股东依法转让其出资后,由公司将受让人的姓名或者名称、住所以及受让的出资额记载于股东名册。本案中,甲、乙同是A有限责任公司的股东,可自由转让出资,不必征得其他股东的同意,其转让行为有效,公司应依法变更股东名册。丙转让出资的行为是违法的,因为《公司法》规定,有限责任公司股东向股东以外的人转让其出资时,必须经全体股东过半数同意。丙将出资转让给股东之外的B,并未征得其他股东的同意,因此其行为是违法的。

(三)公司债券

公司债券是指公司依照法定的条件和程序发行的、约定在一定期限内还本付息的有价证券。发行公司债券是公司筹集资金的重要途径之一。

1. 债券的发行

债券投资者的认购书是要约，分配债券是承诺。除公司内部细则另有规定者外，各国一般都允许公司折价发行债券。债券的交易对价可在发行日或特定日期交付。

2. 债券的种类

(1)记名债券。它是指在公司债券上记载债权人姓名或名称的公司债券。目前，各国公司很少发行记名债券。

(2)无记名债券。它是指不在公司债券上记载债权人姓名或名称的公司债券。目前，世界各国公司发行的债券大多是无记名债券。

(3)担保债券。它是指公司以全部或部分财产作为偿还本息的担保而发行的公司债券。该债券的持有者对公司的特定财产享有抵押权，未经抵押权人同意，公司不得出售或抵押该财产。

(4)无担保债券。它是指公司仅凭信用而未提供任何担保所发行的公司债券。如果债券上无明确的说明，该债券即被视作无担保债券。

(5)浮动设押债券。它是指其持有人对公司某一类现在或将来的财产享有抵押权的债券。这类债券的特征是：设押的公司财产在公司正常业务过程中是经常变化的；在采取强制措施处理抵押财产前，公司对设押的财产仍然拥有处置权。许多正在建设中的工程项目可采用这种方式集资。

(6)可转换债券。它是指在一定的条件下可以调换成股票的债券。

(7)非转换债券。它是指不得调换成股票的债券。

(8)参与债券。它是指当公司盈利较多，股票股利的分配比例超过债权利息率时，债权人还可以分到增加了一定比例的利息的债券。

(9)普通债券。它是指有一定的偿还期和固定利息率的债券。绝大多数公司债券是普通债券。

3. 债券的转让

一般而言，记名债券须经背书或签署转让文件并通知发行公司注册的方式转让，而无记名债券则仅凭交付即可转让。

4. 股利

股利是公司支付给股东的股本报酬。各国皆规定，股利只能从公司的纯利润中支付。

各国公司法还规定，在确定可作分配股利的公司纯利润前，公司应留足偿还债务的资金，并须扣除资产折旧、营业亏损等费用。此外，公司还必须依法或依其章程规定留存必要的公积金。英美法系国家一般允许公司在其章程中自定公积金的数额，而大陆法系国家则多以法律的形式明文规定公积金的数额。

公积金是指公司依照法律和章程规定，从公司利润中提取的，不作为股利分配，保留在公司内部备用的基金。公司提留公积金主要是为了在必要时可用来弥补亏损和扩充资本。

公积金主要可分为两类：①法定公积金。它是法律规定必须提取的公积金。法定公积金依其来源，又可分为法定盈余公积金和法定资本公积金。法定盈余公积金是指公司在弥补亏损后、分配股利前，按法定比例从纯利润中提取的公积金。法定资本公积金是指直接由资本或其他原因所形成的公积金。②任意公积金。任意公积金是公司根据章程和股东大会决议在法定公积金之外提取的公积金。任意公积金是否提取以及提取的比例，均由公司章程和股东大会来确定，法律不作强制性规定。

公司按照股东所持的股份比例分配利润，同股同利。关于股利的形式，只要公司章程或内部细则有规定，或者经股东大会决议，公司可选择使用现金、实物或股份的方式支付股利。

五、公司的组织机构

(一)公司组织机构的立法模式

公司组织机构是指公司中由股东大会、董事会、监事会和经理等组成的管理系统及监督制衡的运行机制。各国都将现代公司机构的设置及其运行规则作为公司法的重要组成部分,并形成了四种不同模式的公司组织制度。

1. 以德国为代表的双层制

即由监事和董事会共同经营公司,股东会选任监事,监事构成监事会,监事会选任董事,董事组成董事会,由其负责指挥公司的具体经营活动。在这种模式下,监事会是公司的监督机关,也是董事会的领导机关。监事会除了行使监督权,还有董事任免权及董事报酬决策权、重大业务批准权。股东会原则上不享有经营权,并且只能就公司法和公司章程规定的事项作出决议。董事会为公司经营决策机关、业务执行机关及公司代表机关,董事会的业务执行权与代表权可授权给董事以及代理人行使。

2. 以英美法系国家为代表的单层制

即由股东会选任的董事组成董事会,董事会对公司的经营进行指挥,并由董事会聘任高级职员负责具体的经营管理,并对其经营管理活动进行监督。美国的公司立法没有监事会之类专门的监督机构的设置,通常设立由外部董事组成的审计委员会作为董事会的附属机构,代表公司行使业务、财务监督权。此外,经理等高级职员由董事会任免。可以看出,董事会对公司的具体经营具有一定的监督作用。

3. 以法国为代表的双层制

公司法规定公司既可以采取单层制,也可以采取双层制,由当事人选择。实行单层制的公司,股东会之下只设董事会;实行双层制的公司,其公司体制类似于德国。

4. 以日本为代表的三角制

即在股东会之下设董事会和监察人,分别行使业务执行权和监察权。但是,董事会和监察人是平行机关,均由股东会任免,相互之间没有隶属关系。在日本,董事会是公司的执行机关并享有业务监督权。由董事会代表董事对业务进行监督。

【提示】 从整体上看,我国公司机构设置与日本属于同一类型。

(二)公司的组织机构

1. 股东会

股东会是由公司全体股东组成的公司最高权力机关,是股东行使其权利的机构。

(1)股东会的类别

各国一般将股东大会分成年会和特别会议两种。英国除这两种外,还有所谓的法定大会和特种股东大会两种。

第一种,股东年会。股东年会一般每年召开一次,美国、英国规定,股东大会应当每年召开一次。我国《公司法》第 113 条规定:“股东会应当每年召开一次年会。”股东会一般由董事会召集。在某些情况下,拥有一定股权(通常为 5%～10%)的股东可以请求法院责令召集,法国等国还允许审计员在董事会不能召集时负责召集工作。

新《公司法》下,股东会享有的职权如下:①选举和更换董事、监事,决定有关董事、监事的报酬事项;②审议批准董事会的报告;③审议批准监事会的报告;④审议批准公司的利润分配方案和弥补亏损方案;⑤对公司增加或者减少注册资本做出决议;⑥对发行公司债券、股份有限公司发行新股做出决议;⑦对公司合并、分立、解散、清算或者变更公司形式做出决议;⑧修改公司章程;⑨对上市公司在一年内购买、出售重大资产或者向他人提供担保的金额超过公司资产总额 30%的事项做出决议，并经出席会议的股东所持表决权的 2/3 以上通过；⑩为公司利益，就公司是否为他人取得本公司或者其母公司的股份提供财务资助做出决议，但财务资助的累计总额不得超过已发行股本总额的 10%；⑪根据公司章程规定，对董监高直接或者间接与本公司进行关联交易事项做出决议；⑫根据公司章程规定，对董监高利用职务便利为自己或者他人谋取属于公司的商业机会的事项做出决议；⑬按照公司章程的规定，可对公司聘用、解聘承办公司审计业务的会计师事务所做出决定；⑭公司章程规定的其他职权。

各国大多规定公司必须事先在规定的期限内向有权出席年会的股东发出通知，并且要求出席年会的股东达到法定人数。各国公司法关于召集股东大会的通知时间的规定各不相同，美国《示范公司法修正本》规定为 10～15 天。我国《公司法》第 115 条规定，召集股东大会，应当将会议审议事项于会议召开 20 天以前通知股东，临时股东会会议应当于会议召开 15 日前通知各股东。

发行无记名股票的，应当于会议召开前 30 天以前就审议的事项做出公告。

各国公司法基本上都明确规定，通知的内容除会议召开的时间、地点外，还应包括会议议程和应审议的事项。

至于出席股东年会的最低法定股东数量，各国一般允许公司自主地在其内部细则中加以规定。但美国很多州法规定：公司细则中所规定的法定人数在任何情况下都不应少于在会议上有表决权股份 1/3 的股东。除公司法与公司细则另有规定者外，股东年会上的议案一般经符合已达到法定人数出席会议股东中简单多数票赞成即对全体股东有效。

第二种，股东特别会议。它又称股东临时会议，是指在法定年会之外为处理公司特别重要紧急事项而召开的股东会议。股东特别会议可以在董事会或监事会认为必要时或拥有法定比例以上股份的股东请求时召开。

英国公司法中的股东特别大会是指公司中持有同一种类别股份的股东所举行的会议，其目的是维护或变更本类股份的权益。

动漫视频

委托代理人

(2)股东大会决议的表决

各国一般规定，股东的表决权可以自己行使，也可委托代理人行使。在后一种情况下，该代理人的表决权仅在一次股东大会或该次大会休会后的会议上有效。此外，各国一般要求代理人只能参与书面而不是举手表决的方式进行的表决。

2. 董事会

董事会是公司的业务管理与执行机构。随着股东大会权限的不断缩减，董事会的权力范围日益扩张，各国公司法均赋予董事会更为广泛的对内经营管理权和对外业务代表权。从各国法律规定来看，董事会是公司最重要的机构。

(1)董事会的组成

董事会是由董事组成的，董事是拥有实际权力与权威、能代表公司进行管理的人，其名称可以是总裁、经理或理事等。英美法系国家一般规定，自然人和法人皆可担任董事，但在法人为董事时须指定 1 名有行为能力的自然人做代理人。大陆法系国家中只有法国等少数国家的规定与英美的规定相同，而德国等大多数国家明确规定：法人不得担任董事。董事会一般设董事长 1 人，副董事长 1～2 人，董事长为公司的法定代表人。不设董事会的有限责任公司，执行董事即为公司的法定代表人。

关于董事会的成员人数，各国法律皆允许公司在其内部细则中加以规定，但英美法系国家一般都规定了最低人数。某些大陆法系国家对董事会的人数不仅有最低限约束，而且有最高限约束。如日本、比利时规定不得少于 3 人，而美国则规定为 1 人或数人均可。

(2)董事的资格、任期、报酬与解任

①董事的资格。关于董事的任职资格,多数国家对公司董事任职的积极条件作了规定,但对于董事是否必须为股东,各国规定不一。多数国家的法律并未要求董事必须是公司的股东,但德国公司法却规定所有的董事都必须由股东出任。各国一般也不要求董事必须是本国国民或居民,但为了管辖上的方便,很多国家规定董事会中至少有 1 名或一定比例的成员为本国(地)国民或居民。此外,各国法律中往往规定了一些公司的内部细则中关于董事资格的规定不得突破法定的原则。最后,很多国家还规定,取得董事职位者须认购一定比例的股份。该股份称作董事资格股,它大多采取记名的形式。德国等国公司法对董事无购买资格股要求的原因是其公司法本身已要求董事必须是公司的股东。

②董事的任期。英美法系国家一般由公司的内部细则规定董事的任期,时间通常为 3 年,连选可以连任。大陆法系国家的法律大多对董事的任期作出明确的规定,分别为 3~6 年不等。

③董事的报酬。绝大多数国家允许董事可取得报酬。

④董事的解任。董事解任的原因:任职期满、免职、辞职。在任职期满前,各国一般规定,公司的股东大会或监事会可以基于任何原因按一定的程序随时撤销公司某个人的董事之职甚至整个董事会。基于任何合法的原因,董事可以辞职,这也是各国通例。但各国一般要求董事应在辞职前的一定时日内向公司发出通知。

(3)董事会的权力与董事会议

董事会是公司最重要的管理机构。很多国家法律明确规定:除法律或公司章程另有规定者外,董事会可行使或授权行使公司的一切权力,指导公司的一切活动。

董事会会议同样有普通会议和特别会议之分。一般由董事长召集并主持,并应提前书面通知全体董事。普通会议是董事会根据公司内部细则规定而定期召开的会议;特别会议是董事们认为必要时而随时召开的会议。

出席会议的董事应不少于法定或章程规定的人数比例,关于董事会会议出席董事的法定最低人数,很多国家允许公司在不违背其章程的情况下,由内部细则予以规定。但美国很多州法却规定:无论在什么情况下,出席董事会会议的董事人数不得少于全体董事人数的 1/3。

董事会表决一般实行一人一票制,董事的表决权也可由他人代理行使。一项决议经符合法定人数的出席会议董事中的简单多数通过即为有效。此外,各国还承认,某董事先前未经召集会议而采取的行动事后经董事会会议追认的,也应视作董事会的集体行为。

(4)董事的责任

①作为公司的代理人,董事首先应在法律和公司章程及公司内部细则授权的范围内行使职权,否则,董事的行为即被视作越权行为,须对公司承担个人责任;其次,董事不能为其个人利益而使公司的利益受到损害。

②作为公司的受托人,董事应对公司负最大善意的忠实义务,董事在管理公司的业务时,应当勤勉、谨慎行事,并以自己的技能为股东和公司谋求最大利益。所谓忠实,即董事不应进行欺骗以使公司、股东、第三人或政府遭受损失;所谓勤勉,即董事应依法、公司内部细则和服务合同等勤于关心公司业务,为公司尽心谋取最高利益;所谓谨慎,即董事要为公司的利益像一个处于同样地位和类似环境中的普通智者那样细心为公司办事。

董事违反上述诸项职责时,各国一般都规定了相应的经济责任和刑事责任。如英国规定:对欺骗债权人或本公司股东的董事不仅要处以罚款,而且严重者可能要判处 7 年以下的监禁。

3. 经理

经理是由董事会聘任的负责公司日常事务的高级职员,对董事会负责,辅助董事会管理公司事务。股东大会或董事会一般会选举或任命1名经理或总裁作为公司日常业务的总代表,在两次董事会议期间主持公司的日常事务。此外,规模大的公司可能还要设立数个执行委员会来负责公司各个方面的事务。这些执行委员会的官员大多也是由董事会任命的,也有少数公司的内部细则规定须由股东大会选举。董事可以兼任包括经理在内的上述各种职务。经理拥有章程赋予的辅助执行业务的一切相关权利,同时与董事一样对公司负有忠实义务。

同步案例2—3　　张某违法行为的认知

张某为甲音像器材有限公司董事,2024年2月以乙公司的名义进口一批音像器材元配件,后将该批配件销售给了丙公司,张某从中个人获利50万元。甲公司董事会得知此事后,罢免了张某的董事职务,并要求张某将其个人所得50万元交给公司。

请问:本案存在哪些违法之处?

【案例精析】 张某的行为属竞业禁止行为,是违法行为。因为我国《公司法》第21条规定,董事、经理不得自营或为他人经营与其所任职公司同类的业务或者从事损害本公司利益的活动。此即董事、经理的竞业禁止义务。本案中,张某作为甲公司董事,为乙公司购买和销售音像器材元配件的营利行为,属于与甲公司的同类营业行为,故张某的行为是违法行为。甲公司董事会罢免张某董事职务的行为也属违法行为。因为根据我国《公司法》的规定,选举、更换董事是股东会的职权,本案中由董事会罢免张某董事资格违反了《公司法》的规定。

4. 监事会

对于监事会的称谓,各国也有所不同,法国称为监察会,日本称为监察人。西欧大陆国家的公司法大多规定,股份有限公司应在股东大会之下设立监事会和董事会两个机构。其中,监事会的职责是对公司的经营管理包括董事会的业务活动进行检查和监督,防止董事会滥用权力。至于公司的经营管理活动则专门由董事会负责,董事会须接受监事会的监督和执行监事会的决议。我国《公司法》规定,监事会成员为三人以上。

法国并不强制股份有限公司设立监事会,股份有限公司可自由地根据自身情况决定是否设立监事会。

英美法系国家则没有监事会或监察人制度。英国对股份有限公司的会计监督由审计员完成,审计员地位属于合同性质,只向公司负责,其任务仅限于会计审核。美国的会计监督由公司的一名高级职员完成,对公司的监督则主要由股票与交易所委员会完成,方式是审核公司向其提交符合规定格式的财务会计报告。

对于监事会的职责,德国公司法规定主要有:选任董事会成员;监督董事会活动;决定董事的酬金;决定公司的经营方针;为公司的利益而在董事会不能召集时召集股东大会;代表公司与本公司董事进行交易;等等。德国公司法要求监事会须定期听取董事会关于公司经营方针、盈利能力、营业过程、资金周转、公司业务的状况和对公司(或子公司)十分重要的交易情况的报告;及时向董事会了解公司具有重要影响的情况,并亲自或通过专家对公司的账目和记录进行检查;批准公司的某些交易等。

我国《公司法》规定,监事会行使职权所必需的费用由公司承担。监事会或监事享有的职权如下:①检查公司财务;②监督董事、高级管理人员执行职务的行为,要求其提交执行职务的报告,并对违反法律法规、公司章程或股东会决议的董事、高级管理人员提出解任的建议;③当董事、高级管理人员的行为损害公司的利益时,要求董事、高级管理人员予以纠正;④提议召开临时股东会会议,在董事会不履行本法规定的召集和主持股东会会议职责时召集和主持股东会会议;⑤向股东会会议提出提案;⑥对董事、高级管理人员提起诉讼;⑦公司章程规定的其他职权。

【注意】监事会成员一般由股东会选任。公司的董事、经理和财务负责人不得兼任监事。大陆法系国家公司法大多规定监事中应有部分职工代表。

六、公司的合并与分立

（一）公司的合并

公司的合并是指两个或两个以上的公司同时解散，然后共同组成一个新的公司，或一个现有的公司接管另一个现有公司的行为。

公司的合并有两种方式：吸收合并和新设合并。吸收合并是指一个或一个以上的公司解散，将其财产及债权债务转归一个现存的公司。新设合并是指将现存的两个或两个以上的公司同时解散，之后共同成立一个新公司。

公司合并的程序，一般是由合并各方在自愿平等的基础上通过协商，达成合并协议后，由各公司召开股东大会做出合并的决议。公司应即时向各债权人分别通知或公告公司的合并。债权人提出异议的，公司应当清偿债务或提供偿债的担保。各国公司法还规定，对合并持有异议的股东有权要求公司以公平的价格回购其持有的股份。公司合并后，应在法律规定的期限内向公司登记机关办理设立、变更或注销等登记手续，并进行公告。

（二）公司的分立

公司的分立是指一个公司依据法定条件和程序分为两个或两个以上公司的法律行为。许多国家的公司法未设公司分立制度，而将其包含于公司的设立之中。我国《公司法》为规范公司的分立行为，对公司分立作了专门的规定。

公司的分立有两种基本形式：新设分立和派生分立。新设分立是指将一个公司的全部资产进行分割，分别设立两个或两个以上的公司，原公司消灭。派生分立是指将原公司的部分财产、人员和营业分离出去建立一个新的公司，而原公司仍存续。

【提示】公司的分立程序与公司的合并程序基本相同，分立前公司的债权由分立后的公司依照分立协议继受，分立前公司的债务由分立后的公司承担连带清偿责任。

七、公司的解散和清算

（一）解散

公司的解散是指公司法人资格的消灭过程。根据各国法律规定，公司解散有任意解散和强制解散两种。导致公司任意解散的情况主要有：公司营业期限届满；股东大会决议解散；章程规定的其他解散事由出现。而强制解散公司的情形主要有：公司经营目的无法实现；公司被宣告破产；公司有违法行为而被主管机关命令解散；因股东人数或资本总额低于法定最低数额而被法院判决解散等。

（二）清算

公司的清算是指公司解散时对其财产进行清理的过程。公司在解散时应首先由指派的清算人进行财产债权、债务清算。各国关于清算人的任命方式的规定大致可分为三类情形：由公司的董事会指派一名董事担任；根据公司章程的规定，由股东大会选任清算人；在特殊情况下，根据利害关系人的请求由法院指派清算人。

清算人的主要任务是：清理公司的财产，制作公司现有财产的目录和资产负债表，经股东大会认可后将有关的财务报表提交法院；发表公告，催告公司的债权人限期申报债权；收回公司债权；了结公司业务；变卖公司财产；按法定顺序清偿公司债务；处理公司剩余财产；等等。

清算人在进行清算的过程中，有权代表公司处理公司未了的事务并到法院起诉或应诉。各国还规定，清算人有权取得报酬，该报酬与清算费用皆优先从公司剩余财产中扣除。

八、外国公司分支机构

外国公司是相对于本国公司而言的，通常将具有本国国籍的公司称为本国公司，将具有外国国籍的公司称为外国公司。

（一）外国公司的确定

1. 依照设立公司的准据法确定国籍

它是指公司是依据哪个国家的法律设立的，就认定属于哪国公司。美国 1984 年《示范公司法修正本》所称“外地公司”是指不依照本法律而是依照其他法律组织起来的营利公司。日本商法关于外国公司国籍的确定，也采取此做法。

2. 依照股东国籍确定国籍

它是指以公司股东的国籍或占多数出资额的股东的国籍来确定公司的国籍。依照股东国籍确定公司国籍的不足之处为：①会使公司的国籍不固定，尤其是股份有限公司；②公司东道国的主权可能受损，如果一个公司在东道国登记从事经营，但由于其主要股东或多数股东是外国人，该公司就会处于所在国的法律管辖之外。所以，现在多数国家不以股东国籍来确定公司的国籍。

3. 依照设立行为地确定国籍

它是指依照公司的注册登记地来确定公司的国籍。公司适用哪国法律登记成立，登记成立所在国即为该公司的国籍。依照设立行为地确定国籍的做法为英美法系国家和其他一些国家所采用，在国际上应用较广。我国也采用这种做法。

4. 依照住所地确定国籍

它是以公司住所地所在的国家为公司的国籍。根据此标准，凡法定住所设在国外的公司是外国公司，在本国的则为本国公司。欧盟国家确定公司国籍多采用这种做法。

（二）外国公司分支机构的设立

外国公司分支机构的设立是指外国公司依照东道国《公司法》规定的许可条件和程序，在东道国为其分支机构取得经营资格的法律行为。不同国家对外国分支机构设立许可和管理办法不尽相同。

有些国家对外国公司到本国设立分支机构实行准则主义，即依照东道国法律直接办理登记，即可设立分支机构开展活动，也即对外国商事公司实行“概括确认主义”。有些国家则实行许可主义或核准主义，要求外国公司事先向东道国政府主管机关办理审批或许可手续，经批准后方可办理设立分支机构的登记注册手续，也即对外国商事公司采取“个别确认主义”。多数发展中国家，包括我国采取这种做法。美国州法一般规定，所有的外国（州）公司只有在向州务卿申请，取得营业许可证后方可在该州从事营业活动。

（三）外国公司分支机构的撤离和清算

关于外国公司的撤离，依照各国的规定可分为强制和自动两种。强制撤离是指外国公司违反当地的法律而由主管当局强令其撤离的情形。自愿撤离是指外国公司基于某种原因自动撤离当地的情形。无论是哪种情况，各国都要求该外国公司办理清算手续，结清当地的债权债务。清算结束后，清算人应在法定期限内向原公司登记机关办理注销登记手续，上缴营业执照。

学思践悟　　民营经济是推进中国式现代化的生力军

习近平总书记在中共二十大报告中强调，“加快构建新发展格局，着力推动高质量发展”，要求

"优化民营企业发展环境,依法保护民营企业产权和企业家权益,促进民营经济发展壮大"。"坚持和完善社会主义基本经济制度,毫不动摇地巩固和发展公有制经济,毫不动摇地鼓励、支持、引导非公有制经济发展,充分发挥市场在资源配置中的决定性作用,更好发挥政府作用。"一系列重要论述为民营经济高质量发展指明了方向,进一步增强了民营企业的发展信心。练好内功是企业行稳致远的关键。习近平总书记指出,民营企业要践行新发展理念,深刻把握民营经济发展存在的不足和面临的挑战,转变发展方式、调整产业结构、转换增长动力,坚守主业、做强实业,自觉走高质量发展路子。

中小企业和民营企业互为主体,民营企业中90%以上是中小企业,中小企业中90%以上是民营企业。习近平总书记指出,中小企业联系着千家万户,是推动创新、促进就业、改善民生的重要力量,强调要为中小企业发展营造良好环境,加大对中小企业的支持力度。工业和信息化部坚决贯彻落实习近平总书记的重要指示精神,按照党中央、国务院的决策部署,加强部门协同、部省联动,重点开展了以下几个方面的工作:

一是着力健全法治环境。深入落实《中小企业促进法》,推动出台配套法规,许多省(市)出台了本地区的中小企业促进条例。深入开展清理拖欠中小企业账款工作,保护中小企业合法权益。

二是加力完善政策环境。推动出台《助力中小微企业稳增长调结构强能力若干措施》等一系列政策,仅2022年,国家层面出台支持中小微企业的政策就达40多项,带动省级出台配套政策文件270多个,同时,认真抓好政策落实,压实各方面责任,切实让中小微企业享受政策红利。

三是持续优化创新环境。开展数字化赋能、科技成果赋智、质量标准品牌赋值中小企业"三赋"专项行动,提升中小微企业核心竞争力。培育小微企业创业创新示范基地、中小企业特色产业集群,搭建创新载体、集聚各方面创新资源。健全优质中小企业梯度培育体系,激发涌现更多专精特新中小企业。

四是不断改善融资环境。推动银行业金融机构加大对中小微企业的信贷投放,推广随借随还随贷等新模式,推动普惠型小微企业贷款增量扩面。聚焦重点产业链,开展"一链一策一批"中小微企业融资促进行动。支持专精特新中小企业上市融资,发挥国家中小企业发展基金引导作用,带动更多社会资本投早投小投创新。

五是加快构建高效服务体系。推动初步形成以国家、省、市、县四级近1700家中小微企业公共服务机构为骨干、3800多家省级以上服务示范平台为支撑、广大社会化服务机构为补充的中小微企业服务体系。上半年全国各类服务机构服务企业共计700多万家。

【悟有所得】 民营经济是推进中国式现代化的生力军,是高质量发展的重要基础,是推动我国全面建成社会主义现代化强国、实现第二个百年奋斗目标的重要力量。民营企业作为科技创新的重要主体,在加快形成新质生产力上可以大有作为,在发展新质生产力实践探索中取得更优异的成绩。

民营企业始终伴随着风浪不断成长壮大。前进的路上,可能还会遇到风风雨雨。挑战再大、困难再多,有党和国家作最坚强的后盾,有良好的政策牵引和制度支撑,将会增强广大民营企业积极开拓进取、创新实干的信心。只要坚定信心、真抓实干,在新征程上劈波斩浪,就会再展民营企业风采,创造民营经济新的辉煌。

关键术语

独资企业　合伙企业　公司　公司法　有限责任公司　股份有限公司　公司的合并　公司的分立

本章练习

一、单项选择题

1. 美国的合伙法属于(　　)。

A. 统一的联邦合伙法　　B. 刑法典
C. 州法　　D. 商法典

2. 1807 年的商法典首次对有限合伙作了规定的国家是(　　)。

A. 美国　　B. 英国　　C. 法国　　D. 德国

3. 在下述国家中，规定按合伙人出资比例分享合伙利润的是(　　)。

A. 美国　　B. 英国　　C. 法国　　D. 德国

4. 当今世界各国最重要、最有代表性的企业组织形式是(　　)。

A. 股份有限公司　　B. 两合公司　　C. 无限责任公司　　D. 有限责任公司

5. 下列具有独立法人资格的是(　　)。

A. 公司　　B. 个人企业　　C. 家庭　　D. 独自经营企业

6. 我国对公司国籍的确定标准是(　　)。

A. 依照设立公司的准据法确定国籍　　B. 依照股东国籍确定国籍
C. 依照设立行为地确定国籍　　D. 依照住所地确定国籍

7. 我国《公司法》规定，监事会成员不得少于(　　)人。

A. 1　　B. 2　　C. 3　　D. 4

8. 公司组织机构为三角制的国家是(　　)。

A. 德国　　B. 法国　　C. 英国　　D. 日本

9. 我国《公司法》规定，股份有限公司发起人的法定最少人数为(　　)。

A. 2 人　　B. 5 人　　C. 7 人　　D. 10 人

10. 根据各国公司法的规定，公司的最高权力机构是(　　)。

A. 董事会　　B. 股东会　　C. 监事会　　D. 理事会

二、多项选择题

1. 在大陆法系国家，合伙法主要体现在(　　)。

A. 合伙法　　B. 民法典　　C. 商法典　　D. 刑法典

2. 公司的法律特征包括(　　)。

A. 公司是法人　　B. 公司拥有自己的财产
C. 公司以自己的名义起诉、应诉　　D. 公司的存续一般不受股东变化的影响

3. 在英美法系国家，公司章程由(　　)文件组成。

A. 章程大纲　　B. 公司名称
C. 绝对必须记载事项　　D. 内部细则

4. 下列国家中，采用“授权资本制”的国家有(　　)。

A. 法国　　B. 德国　　C. 美国　　D. 英国

5. 规定合伙企业是法人的国家和地区为(　　)。

A. 苏格兰　　B. 法国　　C. 荷兰　　D. 比利时

6. 强制解散公司的情形有(　　)。

A. 公司经营目的无法实现　　B. 公司被宣告破产

C. 公司营业期限届满　　D. 股东大会决议解散

7. 公司资本的构成有(　　)。

A. 货币出资　　B. 实物出资

C. 无形资产出资　　D. 股东以劳务和信用出资

8. 西方国家最主要的几种公司类型有(　　)。

A. 无限责任公司　　B. 有限责任公司　　C. 两合公司　　D. 合伙企业

9. 按照各国公司法规定,公司债的种类主要有(　　)。

A. 担保公司债　　B. 无担保公司股　　C. 记名公司债　　D. 转换公司债

10. 依公司法的原理,优先股与普通股相比,享有的优先权有(　　)。

A. 优先分派公司的红利

B. 公司清算时优先分派公司剩余资产

C. 行使表决权

D. 检查公司账册

三、判断题

1. 合伙人对合伙企业的债务负无限连带责任。(　　)
2. 英美法系国家认为发起人合同是有效的。(　　)
3. 依照德国公司法,董事会成员可以兼总经理或经理。(　　)
4. 英国公司法认为,董事兼有公司的受托人与代理人的双重身份。(　　)
5. 大多数国家不允许发行无记名股。(　　)
6. 公司是"资本的组合"。(　　)
7. 资本主义国家对公司创办人的国籍一般都作限制性要求。(　　)
8. 合伙企业在所有合伙人全部破产时才能宣告解散。(　　)
9. 公司是以营利为目的的企业法人组织,所以公司的股东只能是法人。(　　)
10. 股份有限公司是一种法人组织,必须借助于一定的自然人从事业务活动。(　　)

四、简答题

1. 各国关于公司设立的基本规定是什么?
2. 合伙企业具有哪些法律特征?
3. 合伙人相互之间有哪些权利和义务?
4. 公司资本的含义及公司资本制度。
5. 股东对公司的出资形式有哪些?各国公司法对出资形式有哪些特别规定?

五、案例分析题

1. 2024 年 1 月 15 日,甲出资 5 万元设立 A 企业。甲聘请乙管理企业事务,同时规定,凡乙对外签订标的额超过 1 万元以上的合同,须经甲同意。2 月 10 日,乙未经甲同意,以 A 企业名义向善意第三人丙购入价值 2 万元的货物。2024 年 7 月 4 日,A 企业亏损,不能支付到期的丁的债务,甲决定解散该企业,并请求人民法院指定清算人。7 月 10 日,人民法院指定戊作为清算人对 A 企业进行清算。

经查:A 企业和甲的资产及债权债务情况如下:

(1)A 企业欠缴税款 2000 元,欠乙工资 5000 元,欠社会保险费用 5000 元,欠丁 10 万元;

(2)A企业的银行存款1万元,实物折价8万元;

(3)甲在D合伙企业出资6万元,占50%的出资额,合伙企业每年可向合伙人分配利润;

(4)甲个人其他可执行的财产价值2万元。

请问:

(1)乙于2月10日以A企业名义向丙购买价值2万元货物的行为是否有效?并说明理由。

(2)试述A企业的财产清偿顺序。

(3)如何满足丁的债权请求?

2. 2022年1月,甲、乙、丙共同设立一合伙企业。合伙协议约定:甲以现金人民币5万元出资,乙以房屋作价人民币8万元出资,丙以劳务作价人民币4万元出资;各合伙人按相同比例分配盈利、分担亏损。合伙企业成立后,为扩大经营,于2023年6月向银行贷款人民币5万元,期限为1年。2023年8月,甲提出退伙,鉴于当时合伙企业盈利,乙、丙表示同意。同月,甲办理了退伙结算手续。2023年9月,丁入伙。丁入伙后,因经营环境变化,企业严重亏损。2024年5月,乙、丙、丁决定解散合伙企业,并将合伙企业现有财产价值人民币3万元予以分配,但对未到期的银行贷款未予清偿。2024年6月,银行贷款到期后,银行找合伙企业清偿债务,发现该企业已经解散,遂向甲要求偿还全部贷款,甲称自己已经退伙,不负责清偿债务。银行向丁要求偿还全部贷款,丁称该笔贷款是在自己入伙前发生的,不负责清偿。银行向乙要求偿还全部贷款,乙表示只按照合伙协议约定的比例清偿相应数额。银行向丙要求偿还全部贷款,丙则表示自己是以劳务出资的,不承担偿还贷款义务。

请问:

(1)甲、乙、丙、丁各自的主张能否成立?并说明理由。

(2)合伙企业所欠银行贷款应如何清偿?

(3)在银行贷款清偿后,甲、乙、丙、丁内部之间应如何分担清偿责任?

3. 某市宏发机械公司(以下简称"宏发公司")于2024年经上级主管部门批准,分立为东方机器设备公司(以下简称"东方公司")和大河构件公司(以下简称"大河公司")。宏发公司分立时,其财产做了相应的分割,编制了资产负债表及财产清单。东方公司与大河公司就宏发公司分立前的债务达成协议,全额由东方公司承担。公司于2024年5月5日做出分立决议后,5月15日前通知了债权人,并在5月5日至6月5日连续在报纸上就分立事宜公告了三次。

宏发公司的债权人甲接到通知书后,于5月20日向宏发公司提出了清偿债务的要求;债权人乙接到通知书后,于5月30日向宏发公司提出了提供相应债务担保的请求。宏发公司对甲债务人清偿了债务,并对乙债权人的要求做出了承诺。2024年6月1日,公司正式分立。宏发公司在外地的债权人丙未接到分立通知书,于2024年8月2日才知晓宏发公司已分立,于是分别向东方公司和大河公司主张债权,但东方公司和大河公司均以公司早已分立为由拒绝了丙的要求。丙遂诉讼至法院。

请问:

(1)公司分立时,应如何通知已知的债权人及其他债权人?

(2)甲与乙两债权人的要求是否符合《公司法》的规定?

(3)丙的债权主张是否有法律依据?

4. 某股份有限公司董事会由11名董事组成。2024年5月10日,公司董事长李某召集并主持召开董事会会议,出席会议的共8名董事,另有3名董事因事请假。董事会会议讨论了下列事项,经表决有6名董事同意而通过:①鉴于公司董事会成员工作任务加重,决定给每位董事涨工资30%;②鉴于监事会成员中的职工代表张某生病,决定由本公司职工王某参加监事会;③鉴于公司的财务会计工作日益繁重，拟将财务科升级为财务部，并向社会公开招聘会计人员 3 名，招聘会计人员事宜及财务科升格为财务部的方案经股东大会通过后实施；④鉴于公司的净资产额已达 2900 万元，符合有关公司发行债券的法律规定，决定发行公司债券 1000 万元。

请问：

(1)根据我国《公司法》，该公司董事会的召开和表决程序是否符合法律规定？为什么？

(2)公司董事会通过的事项有无不符合法律规定之处？如有，请分别说明理由。

5. 2023 年 6 月，某市 4 家企业拟发起成立一家从事高新技术开发的通达股份有限公司，资本总额为 800 万元，4 家发起企业认购 250 万元(每股 1 元)，其余部分向社会公开募股。2023 年 10 月，发起人中的 3 家企业以现金认购了 70 万元的股份，另一家企业则以其非专利技术入股，作价 180 万元。2024 年 1 月，社会认股人缴纳股款 400 万元，发起人以通达股份有限公司的名义申请银行抵押贷款 150 万元，从而募足了股款。2024 年 2 月，召开了通达股份有限公司的创立大会，做出建立股份公司的决定。

请问：

根据我国《公司法》，通达股份有限公司的成立是否合法？

六、实训题

假如你与他人经营的有限责任公司效益非常好，业务急需扩大。在公司采取的形式上，你会选择何种方式扩大业务？

第三章　商事代理法

● 知识目标

了解：代理、无权代理、表见代理及承担特别责任的代理的概念、作用及具体法律规定。

熟悉：商事代理的起源；代理行为中当事人之间的权责关系及具体规定。

掌握：采用代理的策略。

● 技能目标

依据代理行为的概念和具体规定，基本掌握在各种商事法律关系中选择和应用代理关系的方法与技巧。

● 素质目标

培养学生根据商事代理基本原理、方法进行代理选择，正确运用代理法律和公约的能力；同时，具备正确的世界观、人生观和价值观，做到学思用贯通、知信行统一；培养诚信意识和责任意识，塑造遵纪守法、爱岗敬业的职业品格；自觉规范商业活动中代理人的行为，确保其专业性和诚信度，促进商业交易的顺利进行。

● 思政目标

能够认识到代理产生的诚信基础，代理人对被代理人负有的忠实义务，从事代理活动时应具有的诚信职业操守。具备一定的法律知识和职业道德，履行在代理过程中的责任和义务，减少商业欺诈和不正当竞争，提升市场整体的透明度和信任度。从事外贸代理，应奉行国家利益至上的政治观念，应具有爱国主义精神。

● 课程引例

涉外代理案例

2024年6月，韩国A公司与大连B公司达成口头协议，韩国A公司将其在中国收购的活鲈鱼苗委托大连B公司出口到韩国。2024年6月28日，大连B公司与烟台C公司签订租船合同，韩国A公司向大连B公司汇款40万元用于支付代理费和运费。2024年7月4日，韩国A公司将其收购的26万尾活鲈鱼苗装船，并取得烟台C公司签发的正本提单3份。但是，随后鱼苗大量死亡，承运人未按照约定将货物运抵韩国。韩国A公司以大连B公司为被告提起索赔诉讼。

请问：此代理案件该如何进行处理。

● 知识支撑

第一节 代理概述

一、代理的概念和法律特征

(一)代理的概念

代理(Agency)是指代理人按照被代理人的授权，代表被代理人与第三人订立合同或进行其他法律行为，由此产生的权利、义务直接对被代理人发生效力的行为。

在代理关系中，主要涉及三方面的当事人：被代理人、代理人和第三人。其中，被代理人，又称本人(Principal)、委托人，是委托他人为自己从事某种行为并承受法律后果的人；代理人(Agent)，是指在代理权限内，接受被代理人的委托替被代理人订立合同或进行其他法律行为的人；第三人(The Third Party)则泛指一切与代理人共同完成行为的人，也称相对人。

【注意】按照代理制度，如果代理人是在被代理人的授权范围内行事，他的行为就对被代理人具有约束力，即被代理人既可以取得由此产生的权利，又必须承担由此产生的义务，而代理人一般不对此承担个人责任。

【提示】并不是所有的行为都适用代理。具有人身属性的行为不得代理，即必须由表意人亲自做出决定和进行表达的行为，不得代理，如婚姻登记、收养子女等；具有严格人身性质的债务也不得代为行使，如受约演出、创作字画等。

(二)代理的法律特征

(1)代理是代理人以被代理人名义进行的民事活动。代理人在进行被代理人委托的民事活动时，只能以被代理人的名义进行，而不能以自己的名义进行。

(2)代理人必须在被代理人授权的范围内从事代理活动。代理人从事代理活动的后果由被代理人承受，因此对被代理人的影响极大。被代理人在委托时必然要确定一个代理权限范围，代理人在权限范围内独立地进行代理活动。

【注意】代理人必须在其权限范围内谨慎地从事代理活动，而不能任意发挥。

【提示】代理人超过代理权限范围从事活动的，或者根据被代理人的意志进行追认，或者根据法律的规定或合同的约定承担相应的法律责任。

(3)代理人在代理权限内独立进行意思表示。虽然代理人的权限有限制，但在独立法律行为过程中，代理人的活动有独立性。对于所代理的事项，代理人应根据自己的经验和知识，独立决定并表达意思。当然，在不同的权限下，代理人独立决定的程度不同。

(4)代理人进行的民事法律行为的后果归属于被代理人。代理人进行代理行为，目的并不是自己受其法律后果的约束，而是以被代理人的名义进行，后果由被代理人承担，即使该法律后果是不利后果。

学中做3-1　　国际商事代理关系如何认定？

2024年1月，中国广西A食品公司(以下简称“A公司”)为扩大生产经营，委托公司代理人赵某持公司出具的授权委托书在越南销售×牌螺蛳粉，授权书对此内容予以详细载明。一天，赵某在越南推销产品时，发现某大学生创业团队研发了一款泰式冬阴功汤鸡丝米线，非常受年轻人追捧。

这几名大学生于是趁热打铁成立了B公司，专门销售上述产品。赵某试吃了这款冬阴功汤鸡丝米线后，非常看好，认为必将入选年度居家零食囤货榜前列。于是，赵某以A公司名义向B公司订购了100箱泰式冬阴功汤鸡丝米线，价格为800元/箱。赵某以此前推销A公司产品收回的款项交了1万元定金，并向对方出示了代理委托书。协议中约定，剩余的款项均由A公司通过银行转账汇入，100箱泰式冬阴功汤鸡丝米线直接快递至A公司租赁的仓库。当年，泰式冬阴功汤鸡丝米线并没有如期大热，但A公司生产的×牌螺蛳粉通过全网大学生直播，在海内外广受好评。A公司总经理嗅到市场商机，经股东会决议，准备大力推向海内外市场。

请问：如何认定这个国际商事代理法律关系？

【解析】 根据代理的概念，代理是指代理人依照被代理人的授权，代表被代理人同第三人订立合同或实施其他法律行为，由此而产生的权利、义务直接对被代理人发生效力的法律制度。在案例中，中国广西A食品公司向赵某出具了授权委托书。因此，A食品公司是委托人，也称为被代理人。赵某是代理人，代理A公司在越南销售×牌螺蛳粉，B公司是第三人。中国广西A食品公司与赵某之间是代理关系。

二、代理与相近概念的区分

（一）代理与雇用

所谓雇用，是指用货币购买劳动，即支付工资而雇人提供服务。其中，被雇用的挣工资的人员称为雇员，以工资雇用人员的人称为雇主。对于雇员在从事雇用活动中造成的他人损害，雇主应当承担赔偿责任；而如果雇员因故意或者重大过失致人损害的，应当与雇主承担连带赔偿责任。雇主承担连带赔偿责任的，可以向雇员追偿。

代理与雇用的区别在于：雇用侧重的是雇员与雇主之间的关系，解决的是雇员的权利和义务，特别是其职务安排方面的问题。而代理还包括代理人、被代理人与第三人之间的关系。此外，代理人的代理权也可能因为雇用合同而产生，即雇用合同可能构成代理人与被代理人之间的基础关系。

（二）代理与委托

委托是一方将一定的事务委托于另一方实施的法律制度。代理与委托的区别在于：

（1）代理规范的是被代理人、代理人和第三人的关系；委托规范的是委托人与受托人双方之间的关系。

（2）代理关系中代理人代理的对象是进行意思表示和接受意思表示的行为；而委托中受托人代为实施的行为可以是法律行为，也可以是事实行为。

（3）代理包括对内和对外两种关系，对内是代理人与被代理人之间的关系，对外是代理人与第三人之间的关系；而委托只是委托人与受托人之间的关系。

（4）代理重点解决的是代理后果的归属问题；委托解决的是委托人和受托人的权利与义务关系。

（三）代理与传达

传达是指传达人传送表意人已确定的意思表示，传达人不为自己的意思表示，即传达人只是把一方当事人的意思向第三人做一个转述，本身既不是委托方的代理人，也不是合同的当事人。代理与传达的区别在于：

（1）传达人没有行为能力方面的要求，即使为限制民事行为能力人甚至是无行为能力人也可以；而代理人必须具有完全行为能力。

（2）传达人传达不实，本人可以撤销，但由此造成的损失由本人承担；代理人因自己的过错给被代理人造成损失的，代理人通常要承担赔偿责任。

(3)传达人无权决定意思表示的内容,不能决定民事法律行为是否成立,只是机械地、如实地传递当事人已经做出的意思表示或其他信息,不得以自己的意思改变委托人的意思;而在代理关系中,要由代理人向第三人进行直接、独立的意思表示,以自己的意志决定意思表示的内容和民事行为的生效与否。

(4)身份行为不可以代理,必须由本人亲自实施,但可以借助使者传达意思表示。

(5)在代理关系中,不要求本人必须具有民事行为能力;而在传达关系中,要求本人必须具有完全民事行为能力,否则,不能产生可以由传达人代为传达的意思。

三、商事代理的起源

(一)中国商事代理的起源

商事代理(Commercial Agency)作为一种商业经营手段,出现于中国由来已久。据有关史料记载,汉代已有“节狙侩”,即为买卖牵线撮合的经纪,唐代称“牙人”。当时所从事的交易局限于牲畜、农产品方面,规模也较小。后来虽有发展,但是由于封建统治者重农抑商政策的限制,没能够有更大进展。

近代,帝国主义列强以坚船利炮侵略中国,在强行掠夺的同时,输入资本主义商品贸易,一时间中国沿海口岸买办洋行林立,商事代理甚为活跃。但此时的商事代理活动,是以强权和官商为背景的,并非现代自由经济意义下的商事代理实践。

2020 年 5 月 28 日,十三届全国人大三次会议表决通过了《中华人民共和国民法典》,自此我国正式进入民法典时代,在第一编总则的第七章对代理进行了介绍。在民商分立的立法体例下,往往区分民事代理与商事代理。从商法意义上而言,商事代理是指代理商在不受雇用合同约束的前提下,以自己或委托人的名义,为委托人或买或卖或提供服务,并从中取得佣金的经营性活动,常见的如运输代理、销售代理、采购代理等。商事代理以营利为目的,以代理为职业,从事代理业务既可以自己的名义,也可以被代理人的名义。由此可见,商事代理虽与民事代理有所区别,但本质特征相同,故民法典关于民事代理的规定同样适用于商事代理。

(二)国际商事代理的起源

商事代理最早萌芽于 11 世纪至 12 世纪的地中海沿岸地区。当时,西欧城市产生了脱离农、工业而以商品贸易为业的商人阶层,他们不仅自营买卖,而且应手工业者之托,从事代为购销等商事代理业务。12—13 世纪的欧洲海上贸易的发达,对商事代理的发展起到了较大的促进作用,当时许多商人并不亲自出海,而将货物或业务委托代理人经营。但是,作为现代意义上普遍建立于工商业之间的大规模、长期、稳定的商事代理关系,则是于 18 世纪末英国工业革命时期形成的。1897 年的德国新商法典正式确立了这一制度。到了 19 世纪下半叶,由于运作机制及售后服务等原因,商事代理业务也曾出现过低潮。到了 20 世纪代理商根据商品技术含量不断增高、服务多样化等需求,完善了商事代理体系,各国乃至国际组织也都制定了有关商事代理的法律或公约,促使商事代理有了长足的发展。

现今的商事代理业务范围极广、种类繁多。就其范围而言,既发生于国内贸易之中,更活跃于国际贸易领域;既以有形商品为客体,又可以无形商品为对象。可以说是商品经济世界内,无所不在。就其种类而言,依是否享有独占权,可分为独家代理与非独家代理;依是否享有订约权,可分为缔约代理与媒介代理;依权利来源,可分为一级代理与次级代理;依业务内容,可分为销售代理、采购代理、运输代理、广告代理、保险代理、出口代理、进口代理、证券代理、投标代理、旅行代理、保付代理等。

四、国际商事代理的概念和法律特征

（一）国际商事代理的概念

国际商事代理，是指商事代理人以营利为目的，按照被代理人的授权或者法律规定，在一定区域或处所，代表被代理人从事与第三人签订国际商事合同或进行其他有法律意义的国际商事行为，由此产生的权利和义务直接对被代理人发生效力的一种商事行为。

（二）国际商事代理的法律特征

（1）商事代理的行为是具有法律意义的行为。所谓“具有法律意义”，是指根据有关的法律，该行为能产生、变更或消灭法律上的权利和义务。

（2）商事代理的根据为被代理人的授权或者法律规定。在市场经济国家，商事代理绝大部分产生于被代理人的授权。

（3）代理行为产生的权利和义务直接归属于被代理人。当然，代理人和被代理人及第三人另有约定的除外。

五、商事代理与民事代理

与民事代理相比，商事代理具有如下特点：

（一）产生依据不同

商事代理通常只能来源于作为被代理人的商人的委托。而民事代理的产生既可以来源于被代理人的委托，也可以来源于法律的直接规定，甚至可以来源于人民法院或者有关单位的指定。

（二）对代理人的资格要求不同

商事代理的主体必须具备商人资格，行使代理权的必须是依法登记成立的代理人，并且是具有一定专业知识和能力的从业人员，对于从事银行、运输、专利、商标、证券、外贸等业务的代理往往有较为严格的专业技术人员的资格要求。另外，考虑到代理商行为的连续性，商事代理权不因本人的死亡而消灭。而民事代理可以是任何公民个人，也可以是任何法人。

（三）代理的内容不同

商事代理是营业，代理本身是实施商业行为，是有偿行为。而民事代理限于民事行为，有的是有偿的，有的是无偿的。

（四）商事代理不以“显名”为必要

显名主义在民事代理中，是指民事代理人只有以被代理人名义从事代理活动，才能为被代理人取得权利、设定义务。若以自己的名义进行，则不能称为民事代理行为，而是自己的行为。商事代理既可以被代理人名义进行，也可以自己的名义进行，即商事代理的“非显名主义”特殊规则。

（五）代理人的权限更宽，责任更为严格

民事代理往往严格要求在授权范围内进行，代理行为的相对独立性非常有限；商事代理中，代理商的权限较宽，许多国家的商法承认，在不违背被代理人授权本意的范围内，商事代理人可实施未被直接授权的行为。与此相对应，代理人也要承担较高的诚信义务，如维护被代理人利益、尽力促进交易、保守商业秘密、接受指示和报告代理事项等。

（六）对转委托的要求不同

转委托又称复代理，是指代理人为了被代理人的利益需要，将其所享有的代理权的一部分或者全部转托他人。因转委托而享有代理权的人被称为复代理人。在商事代理中，代理人有权选择自己的代理人，只要被代理人在合同中没有禁止性约定，转委托即为有效。而在民事代理中，转委托必须符合以下两项条件：①必须是为了被代理人的利益；②应事先取得被代理人的同意，紧急情况

下未经被代理人同意而转委托的，应尽快通知被代理人并做出说明。

六、商事代理的分类

根据代理商权限的大小，商事代理可以分为独家代理、一般代理和总代理。

(1)独家代理(Sole Agency)，是指在约定地区和一定时期内，享有某些或某种指定商品的专营权的代理。被代理人在该地区和合同期限内不得再委派第二个代理商从事同类业务，被代理人自己也不得在该地区和合同期限内直接从事这种业务。如果直接从事业务，被代理人仍要向独家代理商支付这些业务的佣金。

(2)一般代理(Agency)，也称佣金代理，是指在同一地区、同一时期内，委托人可以选定多个客户作为代理商，根据推销商品的实际金额付给佣金，或者根据协议规定的办法和百分率支付佣金。

【提示】我国的出口业务中，运用一般代理较多。

(3)总代理(General Agency)，也称全权代理，是指由被代理人在特定地区和特定期间内设立的，代理商既享有专营权，又可以代表被代理人从事签约、履约以及处理货物等各种商务活动的代理。

第二节　代理权的产生与终止

一、代理权的产生

代理制度作为两大法系所共有的一项法律制度，并非自古就有，而是随着商品经济的发展而逐步产生、发展起来的。商事代理的历史可以溯源到罗马法上的代理概念，由于“非其本人不得订立契约”的原则，罗马法的代理制度产生较晚，在帝政时期才初见端倪，且仅限于民事代理，但为后来的商事代理奠定了理论基础。中世纪，随着地中海沿岸城市商业的繁荣，商事代理得到广泛发展，产生了关于代理的商事习惯法。关于代理权的产生原因，大陆法系和英美法系的规定有所不同。

(一)大陆法系的代理

大陆法系把代理权产生的原因分为两种：一种是由于本人的意思表示而产生的，称为意定代理；另一种是由于非本人的意思表示而产生的，称为法定代理。

1. 意定代理

意定代理(Voluntary)，是指代理人根据被代理人的授权而产生的代理。由于这种代理是基于被代理人的意思表示产生的代理权，因此称为意定代理，它是最常见的一种代理关系。意定代理有两个特点：委托授权需要获得代理人或代理关系中的第三人对被代理人的授权做出意思表示；被代理人授予代理权的意思表示没有形式上的要求，可以是明示的，也可以是默示的。这种代理权的意思表示可以采用书面形式，也可以采用口头形式；可以向代理人表示，也可以向同代理人进行法律行为的第三人表示。

【注意】法律规定采用书面形式的，应当采用书面形式。

2. 法定代理

法定代理(Statutory)，是指代理人依据法律的规定直接获得代理权的代理。具有这种代理权的代理人为法定代理人。法定代理人主要基于以下几种情况产生：①根据法律的规定而享有代理权，如根据《民法典》的规定，父母对未成年子女享有代理权；②根据法院的选任而产生的代理权，如法院选定的破产管理人、监护人和清算人等；③因私人的选任而产生的代理权，如未成年人的亲属所选任的监护人或遗产管理人等。

【提示】 由于公司不能直接从事经营活动，必须通过代理人来处理业务，公司的董事就是第一位的代理人，因为他还有权指定其他人为代理人。

（二）英美法系的代理

1. 明示授权

明示授权（Expressed Authority），即明示指定，是指被代理人以明示授权的方式指定某人为代理人。这是英美法系产生代理权最基本的途径。这种代理协议的成立不需要特定的形式，可以采用书面形式，也可以采用口头形式。即使代理人需要以书面形式与第三人订立合同，被代理人仍可以采用口头形式授予代理权，除非：

（1）被代理人要求代理人用签字蜡封的方式与第三人订立合同，才须采用签字蜡封的方式授予代理权，这种要式的授权文书称作“授权书”（Power of Attorney）；

（2）如果某人是公司的代理人，他就必须经要式的文书的指定；

（3）代理人从事代表公司董事签署公司发起书或经公司董事同意进行的活动时，必须经书面授权。

2. 默示授权

默示授权（Implied Authority），是指基于被代理人的言辞或行为，致使代理人或第三人相信代理人有权代替被代理人从事某种法律行为而产生的代理权。默示代理主要有以下几种情况：

（1）以言语或行为默示而产生的代理权。依英美法系国家的判例规则，如果某人的言语或行为包含有他默许另一人代表他订立合同的意图，那么应当推定他与后者之间存在着有效的代理关系。这在英美法上被称为“不容否认的代理”。

（2）以身份关系、合作行为推定产生的代理行为。以身份关系推定产生的默示代理，最典型的是配偶间的默示代理。根据英美判例原则，如果丈夫实际授权妻子购买家庭必需品，则妻子无疑具有其丈夫所授予的真实代理权。但如果妻子自己有收入，便不能推定她有以其丈夫信用为她自己而非家用必需品购物的权利。如果妻子所购货物为非必需品，或者尽管为必需品，但其订购的数量和范围超过了丈夫的收入水平而不构成必需品，则默示的推定代理便不能成立。

以合作行为推定产生的默示代理较典型的是合伙人之间的默示代理。根据英国、美国等国合伙法的规定，合伙人之间互为代理人，其中任何一个合伙人依合伙经营的方式订立的合同，对其他合伙人均有默示代理效力。

3. 表见授权

表见授权（Agency by Estoppel）也称不容否认的代理权，是指一个人出于故意或疏忽，通过其言行使善意第三人合理相信某人是其代理人而采取行动时，便不能否认其言行，而必须视为已向该代理人授权，并不得否认该代理人为其设定的与第三人的权利和义务关系。

4. 客观必需的代理权

客观必需的代理权（Agency of Necessity）是一个人受委托照管另一个人的财产，为了保存这种财产而必须采取某种行动时产生的代理权。在发生这种代理事由的情况下，尽管财产管理者未得到财产所有人的委托，但其所进行的代理行为是为了被代理人的利益，由于客观情况的需要应视为具有代理权，代理行为的后果归于被代理人。但在实践中要证明取得这种代理权是非常困难的，英美法院一般也不愿意不适当地承认这种代理权。根据英美法院的判例，行使这种代理权应具备以下三个条件：①行使这种代理权是实际上和商业上所必需的；②代理人在行使这种代理权之前无法与被代理人取得联系以得到本人的指示；③代理人所采取的措施必须是善意的，并且必须考虑到所有有关当事人的利益。

同步案例 3-1　　未经授权出售皮货的代理权抗辩案

某国的A公司授权B公司从波兰购买一批皮货。由于爆发了战争，在无法与A公司联系的情况下，B公司将该批皮货出售，将出售所得以A公司名义存入银行。战争结束后，皮货价格飙升。A公司指控B公司未经授权出售其货物构成侵权。B公司是否可以客观必需的代理权进行抗辩？

【案例分析】 皮货并不是不易保存，或者经储存会大大降低价值的物品，因此不能认为被告B公司有客观必需的代理权，它应当赔偿A公司因其行为遭受的损失。

5. 追认代理

追认代理(Ratification)指代理人未经授权或超出了授权范围，以被代理人的名义同第三人订立了合同，实施代理行为，事后该行为得到了被代理人的批准或承认。追认原则通常用来矫正代理人权利的轻微瑕疵，阻止不必要的诉讼。按照英美判例，追认既可以明示的口头或书面方式做出，也可以被代理人的作为或不作为的默认形式做出。

【注意】被代理人的追认具有溯及力，自该合同成立时即对被代理人生效。

追认代理应具备以下几个条件：①代理人在订立合同时必须声明其是以被代理人的身份订立合同的。②被代理人应在代理人进行代理行为期间和追认代理期间具有进行该授权的行为能力。这主要是针对法人而言的，根据英美法判例，如果代理人是为未成立的公司订立合同，即使日后公司经注册成为法人，该公司也无权追认该合同。③被代理人在追认代理行为时，必须了解其主要内容。如果代理人隐瞒了主要事实，被代理人已进行的追认没有约束力。④被代理人必须在第三人撤销其与代理人所进行的民事行为之前进行追认，且被追认的代理行为必须合法，无法律效力的行为不能追认。⑤必须是对法律行为的全部而不是部分的追认。英美法院一般不允许被代理人只追认合同中对其有利的部分，否则，便是将一个第三人没有订立的合同强加于第三人。

另外，如果代理人与第三人所订立的合同采用了签字蜡封的方式，被代理人的追认也必须以签字蜡封的方式进行。

(三)我国法律关于代理权产生的规定

根据我国《民法典》，代理包括委托代理和法定代理。就委托代理来说也可以分以下几种情况：

1. 明示授权

《民法典》第165条规定，委托代理授权采用书面形式的，授权委托书应当载明代理人的姓名或者名称、代理事项、权限和期限，并由被代理人签名或者盖章。

2. 追认代理

《民法典》第171条规定，行为人没有代理权、超越代理权或者代理权终止后，仍然实施代理行为，未经被代理人追认的，对被代理人不发生效力。相对人可以催告被代理人自收到通知之日起30日内予以追认。被代理人未作表示的，视为拒绝追认。行为人实施的行为被追认前，善意相对人有撤销的权利。撤销应当以通知的方式作出。行为人实施的行为未被追认的，善意相对人有权请求行为人履行债务或者就其受到的损害请求行为人赔偿。但是，赔偿的范围不得超过被代理人追认时相对人所能获得的利益。相对人知道或者应当知道行为人无权代理的，相对人和行为人按照各自的过错承担责任。

3. 表见代理

《民法典》第172条明确规定了表见代理制度，即行为人没有代理权、超越代理权或者代理权终止后，仍然实施代理行为，相对人有理由相信行为人有代理权的，代理行为有效。

学中做 3-2　　对表见代理案的认知

甲公司经常派业务员乙与丙公司订立合同。乙调离后，又持盖有甲公司公章的合同书与尚不知其已调离的丙公司订立一份合同，并按照通常做法取走货款后逃匿。甲公司对此并不知情。现丙公司要求甲公司履行合同，甲公司认为该合同与己无关，予以拒绝。

请问：此案如何进行处理。

【解析】 由于甲公司在乙调离后未收回盖有公章的合同书，也没有通知丙公司，而乙又制造了代理权存在的表面特征，同时丙公司又是不知情的善意第三人，符合表见代理的构成要件，甲公司应当承担签约的后果。

二、无权代理

无权代理是指行为人没有代理权而以他人名义进行的代理行为。无权代理的产生主要有如下情形：①不具备默示授权条件的代理；②授权行为无效的代理；③越出授权范围行事的代理；④代理权消灭后的代理。各国立法根据无权代理的原因和后果归属不同，将无权代理分为狭义的无权代理和表见代理。

（一）狭义的无权代理

狭义的无权代理即一般意义上所说的无权代理，是指代理人既无代理权，也无法在表面上使第三人相信其具有代理权的情况下，以被代理人名义进行的代理行为。

大陆法系各国法律规定，行为人的无权代理行为对被代理人不发生任何法律效力，除非被代理人主动追认无权代理人所为的无权代理行为。在被代理人有权对无权代理行为追认的期间之前，这种无权代理行为的有效性处于不确定状态。为了保护第三人的利益，大陆法系国家为第三人设立了催告权和撤回权制度。催告权是指第三人可以自行规定一个合理的期限，催告本人明确承认或者否认无权代理的代理行为，如果被代理人逾期不作表态，视为否认。撤回权是指在被代理人对无权代理行为进行追认之前，第三人有权撤回与无权代理人所做的行为。但如果第三人在进行有关法律行为时已知代理人无代理权的，则不能撤回。

关于无权代理人对第三人的责任问题，大陆法系各国的规定有一些差异。大多数国家认为，如果第三人在订立合同时，不知道代理人无代理权，是善意且无过失的，无权代理人应对第三人承担责任。如果第三人明知代理人无代理权而与之订立合同，则第三人无权向代理人要求赔偿。

【提示】“善意”是指相对人不知道被代理人是无权代理的。如相对人知道或者应当知道行为人无权代理的，相对人和行为人按照各自的过错承担责任。

英美法将无权代理称为违反代理权的默示担保（Breach of Implied Warranty of Authority）。依英美法，当代理人与第三人订立合同时，代理人对第三人有一项默示的担保义务，即保证其是有代理权的。如果代理人并没有得到被代理人的授权，或超越了授权范围，则第三人就可以其违反代理权的默示担保为由对其提起诉讼，无权代理人应对第三人承担责任。

但关于无权代理人的赔偿责任，英美法则缺少这方面的规定。英美法的默示担保原则的基础是合同，如果代理人欠缺代理权且不被代理人加以追认，则该代理人须向第三人承担由于违反默示担保原则引起的损害赔偿责任。值得注意的是，无权代理人的行为无论是出于善意还是疏忽，其都要为违反默示担保的行为负责，即使其不知道其代理权已因为被代理人的死亡或精神错乱而终止，仍然要对其行为负责。

【注意】与大陆法不同，在英美法中，代理人违反默示担保的诉讼只能由第三人提起，而不能由被代理人提起。

从总体上看，英美法上的无权代理对第三人的责任比大陆法严格，但这个区别并不是根本性的。

（二）表见代理

表见代理是无权代理的特殊形式，是指行为人虽然没有代理权，但善意第三人客观上有充分的理由相信行为人具有代理权，而与之进行法律行为，该法律行为的后果由被代理人直接承担的代理。表见代理在本质上是无权代理，但为了保护善意第三人，各国法律一般都赋予表见代理行为以代理的效力。英美法中与表见代理类似的制度是"不容否认的代理"。不容否认的代理是指被代理人虽未向代理人授权其采取行动时，被代理人不能否认其言行，而必须视为已向另一方授权。不容否认的代理人的主要特征是被代理人通过其言行表明，代理人已获得其授权，仅凭代理人的陈述而没有被代理人的言行加以支持，则不能构成被代理人的授权。

表见代理与狭义的无权代理的区别是：表见代理的发生是由于被代理人的原因，各国法律均规定由被代理人承担代理人的代理行为所产生的后果。而狭义的无权代理的产生则出于无权代理人的原因，无权代理行为的后果处于不确定状态，如被代理人追认，代理行为有效；反之，被代理人不承担无权代理行为的后果。表见代理的构成要件是：①必须是"代理人"以本人名义实施意思表示或者受领意思表示。②必须是本人以其行为表示赋予行为人以代理权。这一表示可以是作为的，也可以是不作为的，只要使第三人相信无权代理人有代理权即可。③第三人在行为时是善意无过失的。④必须是委托代理。在法定代理中不存在授权行为，因此也就不存在表见代理。

同步案例 3－2　　无权代理能否有效？

某年，东北某市甲商场业务员刘某到B公司采购电视机，见B公司生产的落地电暖器小巧实用。刘某考虑在东北地区，暖气没有来临之前以及在暖气停供之后的一段时间之内，普通家庭对于电暖器需求应该很大，于是自己决定购买一批该公司生产的电暖器。货运到后，甲商场即对外销售该电暖器。后因该市提前供应暖气，电暖器需求不大，大量滞销在库。甲商场遂主张刘某为无权代理，拒绝追认并拒付货款。B公司遂诉至法院。

请问：

(1)在甲商场追认之前，刘某代理甲商场与B公司签订合同的效力如何？为什么？

(2)本案应如何处理？为什么？

【案例精析】

(1)本案中，刘某并无购买暖风机的代理权，其自行决定以甲商场的名义签订合同构成超越代理权的行为，为狭义的无权代理行为，因此，该行为所签订的合同为效力待定的合同。

(2)效力待定的合同经被代理人追认后，即补足了其所欠缺的代理权而使合同转为有效合同，当事人应依约履行，否则应依法承担违约责任。依《民法典》的规定，行为人没有代理权、超越代理权或者代理权终止后以被代理人的名义订立的合同，未经被代理人追认，对被代理人不发生效力，由行为人承担责任。也就是说，无权代理订立的合同为效力待定的合同，须经被代理人追认才对被代理人发生效力。

本案中，甲商场接受B公司的电暖器，并实际对外销售电暖器，可认定为甲商场追认了行为人刘某的代理权，刘某与B公司所签订的合同由效力待定的合同转为有效合同，因此，甲商场应受该合同的约束，享受该合同的权利并承担该合同的义务。甲商场以刘某未经其授权为由，拒绝履行合同的理由在其追认以后不具有效力，因此，本案应判定甲商场败诉。

三、代理关系的终止

(一)代理关系终止的情形

1. 依当事人的行为终止代理关系

依当事人的行为终止代理关系主要有以下几种情况：

(1)代理目的的实现。代理目的的实现是指代理任务全面完成。

(2)代理期限届满。代理人和被代理人订有期限,且当事人不愿意延长的,代理期限一经届满,代理关系即告终止。

(3)被代理人和代理人协议终止代理关系。除法定代理外,当事人可以通过协议终止彼此之间的代理关系。

(4)代理人或被代理人单方终止代理关系。商事代理合同是服务性质的合同,一方要求终止代理关系的,另一方一般不能强制其实际履行,而只能要求损害赔偿。但根据英美法的判例,对被代理人单方面撤回代理权有一定的限制,如果代理权的授予是与代理人的利益结合在一起的,被代理人就不能单方面撤回代理权。例如,甲向乙借款 1 万元,并指定乙为其代理人替其收取房屋租金,并约定以租金偿还其借款。这时,代理权的授予与代理人的利益结合在一起,在甲对乙的借款清偿完毕之前,不得单方面解除乙的代理权。

2. 依法律规定终止代理关系

一般来说,依各国法律发生以下事由时,代理关系自动终止:

(1)代理人死亡、破产或丧失行为能力。不少国家或地区代理法规定,代理人因突然死亡影响被代理人利益时,代理人的继承人应采取必要的措施。

(2)被代理人死亡、破产或丧失行为能力。在不同国家有不同规定,如在德国司法实践中存在所谓的死后代理权制度,即委托代理权的授权人死后仍由代理人进行代理的制度。

(3)法律的改变使得代理成为非法。

(4)主要标的物灭失。如代理出售某建筑物的关系因建筑物在火灾中灭失而终止。

(二)代理关系终止的效果

1. 被代理人与代理人之间的法律后果

代理关系终止后,代理人不能再以被代理人的名义进行代理行为,否则,属于无权代理,承担无权代理的法律后果。此外,代理合同终止之前应履行的权利和义务不因代理关系的终止而受影响。对于代理人,不因被代理人的死亡而被剥夺其应得的佣金及代理费用,也不因此减轻代理关系终止之前其违反合同应承担的责任。

有些大陆法系国家为了保护商业代理人的利益,在法律中特别规定,在终止代理合同时,代理人对其在代理期间为被代理人建立的商业信誉,有权要求被代理人予以补偿。因为在代理合同终止之后,被代理人可以继续享有该商业信誉,并从中获利,而代理人则会因此失去一定的利益。

2. 对于第三人的法律后果

当被代理人撤回代理权或终止代理合同时,对第三人是否有效,主要取决于第三人是否知情。根据各国的法律,代理关系终止时,必须通知第三人才能对第三人发生效力。如未通知第三人,第三人在不知情的情况下与代理人订立了合同,合同对被代理人仍有效力,但被代理人有权要求代理人赔偿其损失。

学思践悟　　非法牟利,丧失诚信

宁波一家外贸公司业务员俞某利用其联系公司客户和签订、履行外贸合同等职务便利,以所在公司名义与外商达成订单,隐瞒订单的真实情况,把经过其修改使真实报价被明显压低的订单提交给公司。在公司根据低价订单生产货物并出口后,俞某要求外商将货款汇入其指定的账户,以此赚取外商真实报价与该公司实际出价之间的货物差价。经法院查明,俞某以这种非法手段共侵占公司与黎巴嫩、越南等国外客户之间的货物差价折合人民币 60.8 万元。最终,法院以职务侵占罪判处俞某有期徒刑 6 年半。

【悟有所得】 外贸从业者应遵守以下职业道德：第一，坚定社会主义核心价值观，遵守国家法律法规，不得以非法手段侵占公司财物；第二，要讲诚信，遵守与公司签订的保密协议，尤其是公司客户名录等重要信息资料，不得利用职务便利窃取企业商业秘密、玩“飞单”，牟取非法利益。

诚信，不仅在人与人之间的关系中至关重要，而且在国与国关系中同样具有举足轻重的地位。中共十八大以来，习近平总书记在国内外多个重要场合强调诚信的重要性，为诚信在社会生活、外交关系和时代价值上的体现开启了多维视野，提供了基本遵循。中共二十大报告指出：“中国式现代化是物质文明和精神文明相协调的现代化。”一个社会的诚信文化建设，直接反映了精神文明建设的水平。面对当前世界百年未有之大变局，面对以中国式现代化实现中华民族伟大复兴的使命任务，面对构建高水平社会主义市场经济体制的新要求，我们迫切需要进一步夯实社会诚信基石，推进新时代的诚信文化建设。因此，在个人层面上，诚信是一种美德，它不仅是社会交往中应该遵循的规范，而且是提升人格境界的必由途径。做事要“求真”，不唯书不唯上只唯实；做人要表里如一，不能人前人后两副面孔。人无信不可，民无信不立，国无信不威。诚信是一个人安身立命之本，是社会发展进步的基石，是国家友好交往的前提。

第三节　代理行为当事人之间的关系

代理关系涉及三方当事人，即被代理人、代理人和第三人。代理行为当事人之间的关系是指被代理人与代理人之间的关系，也是指被代理人、代理人与第三人之间的关系。被代理人与代理人之间的授权关系是基于被代理人对代理人的明确授权产生的，是代理行为中的基础关系。代理人与第三人之间的关系是形式上的交易关系，由代理人根据授权向第三人进行意思表示或者受领第三人的意思表示而形成，代理人一般不承受行为所产生的后果。被代理人与第三人之间的关系是实质上的交易关系，由被代理人承受代理人所进行的意思表示或者受领的意思表示而产生，即对第三人享有一定的权利、承担一定的义务。以上三方关系又可以归纳为两层：一层是代理人与被代理人之间的内部关系；另一层是代理人和被代理人与第三人之间的外部关系。下面将具体就这两层代理法律关系进行介绍。

一、代理人与被代理人之间的关系

（一）代理人的义务

1. 代理人必须亲自履行代理职责

代理关系是一种信任关系，在一般情况下，代理人不得把代理权委托给他人。但如果客观情况要求，代理人在一定的情况下也有转委托权。但各国法律均规定了较严格的限制条件：①须被代理人授权；②遇到紧急情况或贸易习惯允许，可在无事先授权的情况下转托他人，但应及时通知本人。

2. 代理人应以其正常的技能勤勉履行其代理职责

代理关系建立后，代理人应以勤勉的态度，尽自己的技能履行职责。具体的要求程度视有偿和无偿有所区别，如果代理人不履行其职责，或有过失致使被代理人遭受损失的，代理人应对被代理人负赔偿责任。

3. 代理人应对被代理人诚信、忠实

被代理人设定代理的目的是利用代理人的专业知识和技能为自己服务。因此，要求代理人不能使自己的利益与其对被代理人承担的义务相抵触。首先，除非交易双方特别承认，代理人不得在同一交易中充任双方当事人，即进行“双方代理”。其次，除非被代理人事先同意，代理人不得为“自己代理”。这两种行为都是对代理权的滥用，被代理人有权随时撤销代理权，并请求损害赔偿。最后，代理人不得受贿或密谋私利，否则被代理人因此遭受的损失，由代理人和第三人负连带责任。

4. 代理人的保密义务

无论合同中有无规定，代理人在代理协议有效期间和代理协议终止后的一段合理期间内，都不得把在代理过程中知悉的机密资料向第三人泄露，也不得利用这些资料与被代理人进行不正当竞争。

5. 代理人须向被代理人申报账目

代理人有义务将其所有交易事项做成账目，并在被代理人要求时向其提示和申报，代理人为被代理人收取的一切款项应全部交给被代理人，即使该交易本身无效或违法也不例外。

6. 代理人必须服从被代理人的合法指示

代理人受托以某种特定方式完成某一特定事项时，必须遵照被代理人的指示行事，在发现不能实现被代理人的指示时，应及时通知被代理人。在交易活动中，如果没有被代理人的具体指示，代理人就应以最好的判断力为被代理人的利益采取行动。

（二）被代理人的义务

1. 支付佣金或报酬

在代理关系中，被代理人最主要的一项义务就是按代理合同中的约定向代理人支付佣金或报酬。在代理人与被代理人之间没有代理协议时，被代理人对代理人有补偿义务，一般来说，这种补偿是完全的补偿，即使对无偿代理人的补偿也是一样的。

2. 补偿代理人因履行职责而产生的费用

作为代理人的正常业务费用，除合同中另有规定外，代理人一般不能要求被代理人偿还。但如果是代理人为完成被代理人的特殊业务，提供特殊劳务而支出或遭受的损失，代理人有权要求被代理人进行补偿。

3. 被代理人有义务让代理人核查其账目

这主要是大陆法的规定，如德国商法典规定，代理人可以要求其自己或会计师审核被代理人的有关账目或其他文件，以便确定被代理人支付给自己的佣金是否准确无误。这是一项强制性的规定，当事人不得在代理合同中作出相反的约定。

二、代理人、被代理人与第三人之间的关系

代理关系的一个最主要的特征在于它是一个三者之间的法律关系，确立这三者之间权利和义务关系的一个中心问题是，与第三人订立合同的另一方究竟是被代理人还是代理人，即第三人究竟与谁订立合同。对于这个问题，大陆法系国家与英美法系国家有不同的规定。

（一）大陆法系的规定

大陆法系在确定合同一方当事人的问题上是以“名义”为标准。在确定第三人是与被代理人还是与代理人订立合同时，大陆法系采取的是确定代理人究竟是以代表的身份还是以其个人的身份订立合同，据此将代理划分为直接代理和间接代理。

（1）直接代理。当代理人以代表被代理人的身份与第三人订立合同时，合同就是第三人与被代理人之间的合同，依合同所产生的权利和义务关系直接由被代理人承担。代理人在订立这种合同时，应当披露被代理人的姓名或者显露出其作为代表订立合同的意图，或客观上已表明了此项意图；否则，就应认为此合同是代理人自己与第三人订立的合同，由代理人对合同负责。

（2）间接代理。如果代理人是以其个人的身份与第三人订立合同，则无论其是否事先得到了被代理人的授权，此合同均认为是代理人与第三人之间的合同，合同所产生的权利和义务由代理人承担。在这种情况下，被代理人原则上与第三人没有直接的法律上的关系。

这种方法使大陆法系的规定中产生了直接代理与间接代理的区别。如果代理人在代理权限内以代表的身份与第三人订立合同,合同所产生的后果直接归于被代理人的,为直接代理;如果代理人以自己的名义与第三人订立合同,但是为了被代理人的利益,再通过另外一个合同将权利和义务转移给被代理人的,为间接代理。在间接代理的情况下,被代理人不能仅凭间接代理人与第三人所订立的合同直接对第三人主张权利,只有间接代理人将其在与第三人订立的合同中的权利义务转让给被代理人后,被代理人才能直接对第三人主张权利。

(二)英美法系的规定

英美法系国家的法律采取的是“义务”为标准,即究竟谁应对合同承担义务。无论代理人是以自己的名义还是以被代理人的名义与第三人订立合同,也无论代理人在订约时是否说明了被代理人的存在,只要代理人在其权限内合法代理,其后果最终都归于被代理人,由被代理人向第三人负责。根据代理人在代理行为中是否披露了代理关系,主要分为以下几种情况:

(1)完全披露被代理人(Agency for a Named Principal),即显名代理,是指代理人在订立合同时不但表明了自己的代理身份,而且已指出被代理人的姓名或商号。在这种情况下,所订立的合同就是被代理人与第三人之间的合同,被代理人应对合同所产生的权利和义务负责。代理人在订立合同后,退出合同之外,对合同不承担个人责任,除非代理人以自己的名字在签字蜡封的合同上签了字,或者代理人以自己的名字在汇票上签了字,其就要对该汇票负责。

(2)部分披露被代理人(Agency for an Unnamed Principal),即隐名代理,是指代理人在订立合同时,只披露代理关系的存在,没有披露被代理人的姓名或商号的代理行为。在这种情况下,合同仍被视为是被代理人与第三人之间的合同,由被代理人对合同所产生的权利和义务负责。代理人既不能从合同中获利,也不必对合同承担个人责任。

(3)未披露被代理人(Agency for an Undisclosed Principal)。它是指代理人尽管得到被代理人的授权,但在订立合同时,根本不披露代理关系的存在,既未表明代理身份,也未表明被代理人的身份。在这种情况下,即使代理人事先得到了被代理人的授权,代理人原则上也应当对第三人履行合同所产生的责任。这种代理与大陆法系的间接代理类似,但在三方的责任关系上却有很大区别。

英美法系认为未披露代理关系的被代理人拥有一种以其自身名义并为自身利益收回由代理人订立的合同的介入权(Right of Intervention),被代理人原则上可以直接取得该合同上的权利和义务,无须代理人与被代理人再订立一个转让权利和义务关系的合同。同时,第三人发现真正的被代理人后,拥有选择权,一方面,既可以选择由被代理人承担合同义务,也可以选择由代理人承担合同义务;另一方面,既可以对代理人提起诉讼,也可以直接对被代理人提起诉讼。但第三人的这两项权利是相互抵触的,因此一旦其选定了其中任何一方提起诉讼后,就不能再改变。

可以说,英美法系赋予未披露身份的被代理人直接对第三人主张合同权利的介入权,不需要像大陆法系的间接代理那样通过订立另一个合同来转移合同的权利和义务,体现了英美法系一定的灵活性。这也是与大陆法系的一个重要区别。

另外,在代理活动中,也会发生代理人侵害他人权益的行为,产生侵权关系。根据英美商法的有关规定,在代理关系中,代理人对其侵权向被侵权的第三人承担个人责任,被代理人对代理人在履行代理职责过程中发生的对第三人的侵权一般不负责任。但如果被代理人指使代理人侵权,或者由于被代理人的疏忽或者过失导致代理人侵权,或者被代理人可以就代理人如何开展代理业务发出指示予以决策时,被代理人应当对有关的侵权行为承担责任。这一原则在英美商法中称为替代责任(Vicarious Liability)。另外,在严格产品责任制度之下,被代理人应当对代理人代理销售有缺陷的产品造成的侵权负责。

做中学 3—1　　美洁公司外贸代理争议案

美洁公司在英国的采购代理人与英国的罗特公司洽谈后，为美洁公司购买了一批机器设备。但该代理人未向罗特公司表明自己的代理人身份，并且以自己的名义与罗特公司签订了买卖合同。后来，罗特公司不仅延迟交货，而且所交的货物存在严重的质量问题。

请问：美洁公司是否可以直接起诉罗特公司，要求其承担违约责任？

【解析】 根据英美代理法的规定，此种情形属于未披露代理关系的代理。美洁公司可以行使介入权，获得合同当事人的地位，直接向第三人即罗特公司要求其承担违约责任。但这种情形在大陆法系国家称为间接代理，合同的双方当事人是代理人和罗特公司，合同的权利和义务直接归属于代理人。此时，必须由代理人同美洁公司在订立合同中把前一个合同的权利转移给美洁公司，美洁公司才能对罗特公司主张权利。

（三）我国法律中的相关规定

我国《民法典》第 926 条规定，受托人以自己的名义与第三人订立合同时，第三人不知道受托人与委托人之间的代理关系的，受托人因第三人的原因对委托人不履行义务，受托人应当向委托人披露第三人，委托人因此可以行使受托人对第三人的权利。但是，第三人与受托人订立合同时如果知道该委托人就不会订立合同的除外。受托人因委托人的原因对第三人不履行义务，受托人应当向第三人披露委托人，第三人因此可以选择受托人或者委托人作为相对人主张其权利，但是第三人不得变更选定的相对人。委托人行使受托人对第三人的权利的，第三人可以向委托人主张其对受托人的抗辩。第三人选定委托人作为其相对人的，委托人可以向第三人主张其对受托人的抗辩以及受托人对第三人的抗辩。

三、承担特别责任的代理人

在某些情况下，代理人和被代理人或者第三人约定或者按照行业惯例，对被代理人或第三人承担个人责任，这种代理人被称为承担特别责任的代理人(Agent with Special Responsibility)。这主要是因为在国际经济贸易活动中，第三人与被代理人对彼此的资信并不十分了解，而代理人因长期从事国际商事业务对有关交易当事人比较熟悉，同时具有良好的信誉。因此，有时会被要求对他们承担某种特殊的个人责任，以保护交易当事人的利益和交易的安全。根据代理人承担特别责任的对象不同，可以分为对第三人承担特别责任的代理人和对被代理人承担特别责任的代理人。

（一）对第三人承担特别责任的代理人

1. 保付代理人(Confirming Agent)

在国际贸易中起着重要作用的保付代理人是承担特别责任的代理人的范例，通常由出口商担任。保付代理人的业务通常是代理国外的被代理人（买方）向本国的第三人（卖方）订货，并在订单上加上保付代理人的保证，担保被代理人将履行合同。如果国外的被代理人不履行合同或者拒绝支付货款，将由保付代理人向本国的卖方即第三人支付货款。

动漫视频

保理

保付代理，简称保理(Factoring)，其经济目的是减少国际货物买卖中供货人在出口货物中的潜在风险，本国卖方不必顾虑外国买方的资信能力而接受订单。保付代理人通过将国际贸易转换为国内贸易，可以确保本国卖方在国际贸易中不会因为国外买方的信用缺陷而蒙受损失，有利于促进本国的出口。如 A 国的甲希望向 B 国的乙订购一批电子产品，乙接受了订单，但他做出承诺的前提条件是得到 B 国保付商行的保付。于是，甲请求 B 国的保付代理人丙保付向乙发出的订单，丙同意保付。这时保付的典型特征是丙与乙的营业地位于同一国家，保付代理把国际交易转化为国内交易，使交易在乙所在的B国支付货款和履行，解除了乙对于甲的资信和财政状况要进行的调查。

在保付代理中通常存在两方面的法律关系：一是保付代理人与买方之间的一般代理关系，如上例即是甲与丙之间的一般代理关系，其中，甲是被代理人，丙是代甲付款的代理人；二是保付代理人与卖方之间的担保关系，即上例中乙与丙的关系，乙是第三人，丙是买方的保付代理人，如买方即被代理人不付款或无力支付，由保付代理人承担支付货款的义务。如果在合同履行前，买方无故取消订单，保付代理人仍要对第三人即卖方支付货款。在这种情况下，保付代理人在付清货款后，有权要求被代理人偿还其所付的货款，并可以要求赔偿损失。

2. 保兑银行(Confirming Bank)

在当今国际贸易中，使用跟单信用证已成为支付货款的主要方式之一，对商业跟单信用证进行保兑的保兑银行也是一种对第三人承担特别责任的代理人。

在国际贸易中，卖方对不熟悉的客户往往要求其在约定的时间内通过开证行开立以卖方为受益人的、由银行保兑的不可撤销信用证并送达卖方，一般的程序是：国外的买方通过银行开立保兑的、以卖方为受益人的不可撤销信用证，委托卖方所在地的代理行对此信用证加以保兑，即在信用证上加上“保兑”字样，然后通知卖方，卖方一旦提交符合信用证要求的单据，就可以要求所在地的保兑银行支付货款。在这种保兑关系中，开证行是被代理人，保兑银行是代理人，卖方是第三人，保兑银行根据开证行的授权在信用证上保兑时，此项保兑就构成了保兑银行的一项确定付款的担保，只要卖方提交的单据符合信用证上的规定，保兑银行就承担付款的责任，且这一责任是第一位的。

3. 运输代理人(Forwarding Agent)

运输代理人是接受客户委托，代客户向运输公司预订舱位的代理人。在这种代理关系中，客户是被代理人，运输公司为第三人。如果届时客户未能装运货物，使船舶空舱航行，运输代理人要向运输公司支付空舱费，即短装货物的运费。在这种情况下，代理人可要求客户进行赔偿。如果客户拖欠代理人佣金、手续费或其他费用，运输代理人可以对其占有的该客户货物进行留置，直到客户付清各项费用。

4. 保险代理人(Insurance Broker)

保险代理人，有时也称保险经纪人，是指基于投保人的利益，为投保人和保险人提供中介服务，并依法收取佣金的人。保险经纪人的具体业务是代投保人向保险人洽定保险合同、办理投保手续、代交保险费或者代为索赔。

在国际贸易中，进出口商在为货物投保运输保险时，一般不能直接与保险人订立合同，而必须委托保险经纪人代为办理。例如，根据英国海上保险法的规定，凡海上保险合同由保险经纪人替被保险人订立时，经纪人就保险费须对保险人直接负责。如果被保险人不交纳保险费，保险经纪人应向保险人交纳保险费。保险标的物在承保的风险范围内发生损失的，由保险人直接赔付被保险人。与其他行业的代理人不同，保险经纪人的报酬通常由保险人支付，而不是由其委托人，即被代理人支付。

(二)对被代理人承担特别责任的代理人

在一般情况下，代理人代替被代理人与第三人订立合同后，即退居合同之外，由被代理人与第三人承担合同的权利和义务。对被代理人承担特别责任的代理人主要是信用担保代理人(Del Credere Agent)。

信用担保代理人的责任是：如果其所介绍的买方(即第三人)不付货款时，由其本人赔偿被代理人因此而遭受的损失。因此，从法律上来看，在信用担保代理中，在代理人与被代理人之间除有一个普通的代理合同之外，还存在另外一个合同，即信用担保合同，代理人根据信用担保合同还要对被代理人承担个人责任。在国际贸易中,卖方由于对代理人所在地区的买方了解不多,往往会要求自己所熟悉的代理人充当信用担保代理人,以转移风险。对于信用担保代理人,大陆法系和英美法系的规定有一些差异:

(1)在大陆法系国家,一般对信用担保代理人有专门的规定。例如,要求信用担保代理合同或信用担保代理条款以书面形式确立等。

(2)英国判例认为,信用担保代理人对被代理人的信用担保责任属于第二位责任,只有第三人无力支付货款时,才对被代理人承担责任,负赔偿义务。而且,信用担保代理人的责任仅限于担保第三人的清偿能力,即在买方无力支付货款时承担责任,如果是因为合同的履行,如由于被代理人未履约,而使第三人拒绝付款,代理人不负责任。同时,根据英国判例,这种信用担保代理合同不需要以书面形式做成。

信用担保代理人产生的原因是卖方希望在国际货物买卖中转移由于对买方不了解所产生的风险。随着国际贸易的发展,许多国家设立了由政府经营的出口信用保险机构,专门为国内出口商办理和承担国外买方无清偿能力情形时的保险业务,信用担保代理人的作用也已经逐步为这种保险机构所取代。

第四节 国际代理统一法

随着国际贸易的发展,代理制度被更为广泛地使用。由于各国法律规定的差异,国际贸易代理也引起了十分复杂的法律冲突。

这些差异大体上可以从以下三方面分析:第一,大陆法系和英美法系在代理概念的理论方法上,表面上存在着不可调和的矛盾。例如,大陆法系把代理的委托与授权的概念严格区别开,而英美法系则使用等同说。尽管这两种理论都向商业现实做了让步,但这种分裂状况在实践中仍然引起了许多难以解决的问题。第二,在国际私法领域,尤其是在代理权的设立方面适用调整内部关系的法律,而此项权利的行使及效力则适用调整外部关系的法律,这种内部关系与外部关系划分上的困难具有很大的不确定性。第三,这些难以解决的问题还在增加,这是因为各国旨在保护直接代理人的现代立法有很大的差别,而且各国立法在各自的社会环境中都有其存在的理由。在这种情况下,就必须致力于寻求一种解决冲突的可行途径,而最有效的方法是制定相关公约,以使这些冲突降低到最低限度。目前有关的国际公约有 1961 年《代理统一法公约》《代理合同统一法公约》、1967 年《运输代理人公约》、1988 年渥太华外交会议上通过的《国际保付代理公约》及 1960 年国际商会制定的《商务代理合同起草指南》、1983 年《国际货物销售代理公约》、1977 年《代理法律适用公约》等。下面将着重介绍后两项公约。

一、《国际货物销售代理公约》

《国际货物销售代理公约》(Convention on Agency in the International Sale of Goods)(以下简称《公约》)是在国际统一私法协会的主持下拟定的,在 1983 年日内瓦外交会议上获得通过。国际统一私法协会在 1961 年完成了《国际性私法关系中代理统一法规》和《国际货物买卖佣金合同统一法规》两个公约草案的起草工作,但这两个公约草案没有消除两个法系在代理问题上的固有分歧,在内容和形式上带有大陆法系的痕迹,遭到了英美法系国家的反对。1972 年,国际统一私法协会第四次会议上将两个法规合并,制定了新的统一法规草案文本,经多次修改后,终于在 1983 年 2 月 15 日日内瓦召开的外交会议上获得通过。《公约》自 1983 年 2 月 17 日起开放签字,智利、摩洛哥、瑞士、意大利、法国已经签署了该公约,但依《公约》规定,《公约》应在 10 个国家核准签署一年后生效。

(一)《公约》的适用范围

《公约》的适用范围包括以下五个方面:

(1)《公约》所规范的代理包括的内容广泛。无论代理人实施行为是以自己的名义,还是以被代理人的名义,无论是在授权范围内,还是超越了代理权限,无论是完全的无权代理,还是将代理行为建立在表见授权的基础上,均构成国际货物销售代理。

(2)代理活动的性质。《公约》在第一条第二款中明确规定,《公约》不仅调整代理人订立货物销售合同的行为,而且调整代理人旨在订约或有关履行合同的任何行为。

(3)《公约》所规定的规则只调整以被代理人与代理人为一方,第三人为另一方时,两者之间的关系,不调整被代理人与代理人之间的内部关系。

(4)《公约》所适用的货物销售代理必须具有国际性。所谓国际性,是指被代理人与第三人的营业所处于不同国家,且代理人须在某一缔约国内有营业所,或能够依国际私法规则促使某一缔约法律的适用。如果第三人在订立合同时不知道或无从知道代理人以代理人身份行事,则只有在代理人与第三人营业所处于不同国家时,才属于国际货物销售代理。当事人的国籍和当事人或销售合同的民事性质或商事性质不影响货物销售代理的国际性质。

(5)一些特殊的代理不在《公约》调整的国际货物销售代理范围内,主要有:证券交易所、商品交易所或其他交易所的交易商的代理;拍卖商的代理;因法律实施而创设的代理。

(二)代理权的设定形式

在代理权的产生形式上,《公约》规定被代理人对代理人的授权可以明示,也可以默示,且无需书面形式或书面证明;授权为口头或默示形式时,可以用任何方式,包括人证予以证明。但当某缔约国声明《公约》所涉及的授予、追认或终止某代理权,在任何情况下均应以书面形式做出时,在该缔约国有营业所的被代理人和代理人不得适用其他形式。

(三)代理权的终止

根据《公约》,代理权可因为以下原因终止:

(1)根据当事人的行为终止,包括依被代理人与代理人之间的协议而终止,或由于授权的交易已经完成而终止。此外,代理还可以由于被代理人撤回或代理人放弃代理权而终止。

(2)依所适用的法律规定而终止。对于代理权终止后对第三人的法律效力,《公约》规定除非第三人知道或理应知道代理权的终止或造成终止事实,代理权的终止不影响第三人,这一规定扩大了规则的适用范围,保护了第三人的利益。

(四)代理行为的法律效力

《公约》对于代理行为的法律效力,依代理人有无代理权分为三种:

1. 代理人在被代理人的授权范围内所进行的代理行为

在这种情况下,如果第三人知道或理应知道代理人的代理身份,则代理人的代理行为直接约束被代理人和第三人,而无论代理人是否提及被代理人姓名,第三人是否知道被代理人是谁,都不妨碍在被代理人与第三人之间产生合同关系。

根据《公约》第 13 条,如果第三人在与代理人订立合同时,既不知道也无从知道代理人以代理身份活动,或第三人和代理人已经同意或知道代理人仅约束其自己,则尽管代理人是在其授权范围内代表被代理人进行代理行为,其行为对代理人和第三人有约束力,而不约束被代理人。

如代理人在进行代理行为时,未公开被代理人,当代理人因第三人不履行义务或因其他理由未履行或无法履行其对被代理人的义务时,被代理人有权介入合同,但同时,被代理人也要受到第三人可能对代理人提出的任何抗辩的限制。如果代理人未履行或无法履行其对第三人的义务时,根据第 13 条第 2 款,第三人发现了未公开的被代理人后,可以直接对被代理人行使其从代理人那里取得的权利,但受第三人任何抗辩的双重限制。但如果按当时情况,第三人若知道被代理人的身份就不会订立合同,而只愿与代理人订立合同并提出过声明的,被代理人不得对第三人主张代理人代表被代理人,为代理行为取得权利。

2. 代理人无权代理或越权代理所进行的代理行为

《公约》第 14 条规定,作为一般原则,当代理人未经授权或超越代理权限时,其行为对被代理人和第三人没有约束力,但如果被代理人的行为使第三人合理并善意地相信代理人有权代表被代理人进行某种行为,且代理人是在授权规范之内,则被代理人不得以代理人无代理权为由对抗第三人。

《公约》承认被代理人的追认权。依《公约》第 15 条,代理人未经授权或超越代理权限的范围进行的代理行为,可以由被代理人予以追认,追认后即发生如同自始授权的效力。但如果第三人在代理人进行代理行为时,不知道也无从知道该代理人未经授权,并在被代理人追认前发出通知表示拒绝受追认的约束,则第三人对被代理人不负责任,或者本人虽已追认,但他未在合理的时间内追认,第三人只要立即通知被代理人,也可拒绝受追认的约束。

对追认的限制:①被代理人应对全部代理行为进行追认,否则,第三人有权拒绝接受;②追认发生效力后,不能撤回;③如果代表某公司或其他法人而进行的行为是在其设立之前所实施的,则只有在准许该公司设立的国家法律允许的情况下,追认才有效。

3. 在无权代理或越权代理情况下,代理人对第三人的责任

依《公约》第 16 条,如果第三人知道或理应知道代理人未经授权或超越代理权行事,则代理人对第三人不承担责任。但如果未经授权或越权行事的代理行为未得到被代理人的追认,则该代理人对第三人承担赔偿责任,以使第三人处于如同被代理人有权并在其授权范围内行事时同样的地位。如果第三人已通过直接诉讼权从被代理人那里得到了补偿,尽管被代理人的追认可使代理人免除对第三人的赔偿责任,但不能免除代理人依合同对第三人应履行的义务。

《公约》调和了大陆法系和英美法系对被代理人和代理人与第三人之间所作的不同规定和分歧,为国际货物销售代理提供了一套比较简便、具有一定可行性的规则,对于协调各国代理法的冲突,促进国际贸易有一定的进步意义。但也不能否认,由于《公约》只限于国际货物销售代理,且只调整以被代理人和代理人为一方、第三人为一方的代理关系,回避了大陆法系所考虑的内部关系,在适用范围上有一定的局限。

二、《代理法律适用公约》

1956 年海牙国际私法第八届会议上曾提议制定《国际货物销售代理法律适用公约》(简称《代理法律适用公约》),1975 年的第十一届会议上完成了"公约初步草案",1977 年 6 月全票通过公约的最后文本,1978 年对外开放签字。该公约在 1992 年 5 月 1 日生效,是迄今为止国际上仅有的一个就代理法律适用问题作了比较全面规定的国际公约。

(一)《代理法律适用公约》所规定的代理关系的范围

该公约只涉及支配代理关系的法律,而不包括代理事项中有关法院管辖权、判决的承认以及执行方面的规则。该公约所调整的代理关系的适用范围有:

(1)该公约适用于一方代理人有权代表他人或意在代表他人行为而与第三人进行交易所产生的具有国际性质的关系的准据法的确立。这里既包括代理人在代理权内所进行的代理行为,也包括无权代理和越权代理的情况。

(2)该公约应扩大到适用于代理人的作用是代表他人接收和传达提议或进行谈判的场合,即将范围扩大到代理人自己未经授权而在当事人之间达成交易的情况。

(3)无论代理人是以自己的名义还是以被代理人的名义进行活动,无论其行为是经常的还是临时的,该公约均应适用,即指该公约对直接代理和间接代理、公开被代理人的代理和未公开被代理人的代理、民事代理和商业代理均适用。

(二)《代理法律适用公约》排除适用的情况

该公约中明确地规定了一些与代理有关,但不属于公约适用范围的事项:①当事人的能力;②形式方面的要求;③家庭法、夫妻财产法或继承法上的法定代理;④根据司法或准司法机关的决定,或由这类机关直接控制下的代理;⑤与司法性质的程序有关的代理;⑥船长执行其职务时的代理。

之所以排除这些事项的适用,是因为很难在这些问题上达成一致,还可能产生与合同法上处理这些问题的一般法律选择规则不一致的危险,或是已由国际私法上的其他明确规则所调整,不需要由该公约包括的冲突规范来调整。此外,该公约考虑到独家经销商在进行活动时,完全是为了自己的利益,并自己承担其所订立合同的所有商业危险,具有独立的法律地位,因此该公约也自动排除了独家经销商的适用。

(三)非缔约国法律的适用

该公约规定,凡本公约所规定的法律,无论其是否为缔约国的法律,均可以予以适用。这表明该公约的冲突规则将取代缔约国的冲突规则。对缔约国而言,该公约具有普遍效力。

关键术语

国际商事代理　独家代理　总代理　意定代理　法定代理　无权代理　表见代理

本章练习

一、单项选择题

1. 在发生紧急情况时,受托照管他人财产的人,以代理人的身份为保全财产而采取必要的行动。在这种情况下,虽然受托管理财产的人没有得到采取此种行动的明示授权,但由于客观情况的需要视为具有此种授权的是(　　)。

A. 法定代理　　B. 意定代理　　C. 客观必需的代理　　D. 追认的代理

2. 下列选项中不是中国法中代理权产生原因的是(　　)。

A. 委托代理　　B. 法定代理　　C. 客观必需的代理　　D. 指定代理

3. 代理人的义务是(　　)。

A. 支付佣金　　B. 勤勉地履行代理工作

C. 偿还费用　　D. 允许代理人检查和核对其账册

4. 被代理人的义务是(　　)。

A. 向代理人提供有关资料和信息　　B. 保密义务

C. 报告义务　　D. 亲自代理义务

5. 甲公司业务员张某被开除后,为报复甲公司,用盖有甲公司公章的空白合同书与乙公司订立一份购销合同。乙公司并不知情,并按时将货送至甲公司所在地。甲公司拒绝接收,引起纠纷。下列说法中,正确的有(　　)。

A. 张某的行为为无权代理,合同无效　　B. 张某的行为为表见代理,合同有效

C. 张某的行为为表见代理,合同无效　　D. 张某的行为为委托代理,合同有效

6. 代理可以适用于(　　)。

A. 特定人身性质的行为　　B. 司法诉讼活动

C. 特定人身关系的行为　　D. 侵权行为

7. 意定代理可以根据(　　)产生。

A. 法律规定　　B. 被代理人的意思表示

C. 法院选任　　D. 私人选任

8. 表见代理的法律后果由(　　)承担。

A. 被代理人　　B. 代理人　　C. 善意第三人　　D. 无权代理人

9. 关于表见代理构成要件表述不正确的是(　　)。

A. 代理人无权代理

B. 相对人有理由相信无权代理人有代理权

C. 法律后果由被代理人承担

D. 相对人主观不必是善意的

10. 被代理人虽未明示授予,但基于被代理人的言辞或者行为,致使第三人相信代理人有权代替被代理人从事某个法律行为而产生的代理权是(　　)。

A. 明示的指定　　B. 默示的授权　　C. 客观必需的代理　　D. 追认的代理

二、多项选择题

1. 甲委托乙采购自行车,并给了乙一份无期限的授权委托书。10 月份,甲通知乙取消委托,并要求乙交回授权委托书,乙因故未交。11 月,乙以甲的名义与不知情的丙订立了一份价值 10 万元的自行车订购合同。在这一实例中,下列表述正确的有(　　)。

A. 乙的行为不发生代理效力,由乙自行承担行为后果

B. 该合同对甲没有约束力

C. 乙的行为发生表见代理的法律效果

D. 丙有权要求甲承受该合同

2. 在表见代理中,第三人应当有(　　)。

A. 恶意第三人　　B. 善意第三人

C. 知情的第三人　　D. 不知情的第三人

3. 有关直接代理表述正确的有(　　)。

A. 必须以被代理人的名义进行活动　　B. 必须以代理人的名义进行活动

C. 代理人须在授权范围内从事民事活动　　D. 法律后果直接归属被代理人

4. 英美法系中代理权因(　　)产生。

A. 明示的指定　　B. 默示的授权　　C. 客观必需的代理　　D. 追认的代理

5. 代理人的义务有(　　)。

A. 忠实的义务　　B. 报告和保密义务　　C. 支付佣金的义务　　D. 偿还费用的义务

6. 承担特别责任的代理人有(　　)。

A. 父母对未成年子女的代理　　B. 信用担保代理人

C. 法院对合伙企业清算时指定的清算人　　D. 保付代理人

7. 无权代理的表现形式有(　　)。

A. 根本未经授权的代理　　B. 超越代理权的代理

C. 明示授权代理　　D. 代理权终止后的代理

8. 代理权终止的原因有(　　)。
A. 依合同约定而终止　　B. 因代理人放弃代理权而终止
C. 被代理人或代理人死亡　　D. 代理人丧失民事行为能力
9. 根据代理商权限的大小,商事代理可以分为(　　)。
A. 独家代理　　B. 一般代理　　C. 总代理　　D. 法定代理
10. 代理人的义务有(　　)。
A. 代理人对本人应诚信、忠实
B. 代理人须向本人申报账目
C. 代理人可以泄露在代理业务中所获得的保密情报和资料
D. 代理人可以将其代理权委托他人

三、判断题

1. 表见代理属于广义上的无权代理的范畴。(　　)
2. 当一个未被授权的代理行为被追认以后,其效力与事前授权的代理行为相同。(　　)
3. 表见代理是一种特殊的有权代理。(　　)
4. 无权代理人得到本人追认后等同于有权代理。(　　)
5. 当终止代理关系时,必须通知第三人,否则不对第三人发生效力。(　　)

四、简答题

1. 代理法律关系中三方当事人之间的权利和义务关系是怎样的?
2. 如何区分无权代理和表见代理?
3. 法律是如何平衡无权代理中被代理人和第三人的权益的?
4. 代理权产生的依据有哪些?
5. 代理关系终止的情形和效果是怎样的?

五、案例分析题

1. 甲长期担任 A 公司的业务主管,在 A 公司有很大的代理权限。在甲的努力下,A 公司生意兴隆,新老客户遍及世界。由于甲所在公司的董事长嫉妒甲的才能,借故解雇了甲。甲怀恨在心,于是在遭解雇一个月后,继续假冒 A 公司的名义从老客户 B 公司处骗得货物,然后逃之夭夭。B 公司要求 A 公司付款,A 公司则以甲假冒公司名义为由拒绝付款。B 公司坚持认为在其与甲做生意期间,他并不知甲已被 A 公司解雇,也未收到关于 A 公司已解雇甲的任何通知。

请问:

(1)甲的行为属于什么行为?

(2)A 公司是否要为甲的无权代理行为负责?

(3)甲是否也要承担责任?

2. 2023 年 6 月,吉林省某市一画店请画家马某为其作画。双方约定,由马某在本年内为画店作国画四幅,具体包括:两幅山水画、两幅仕女画。纸张、笔墨由画店提供。每幅国画,画店先行付给马某人民币 2000 元。第二天,画店将预付款 8000 元及纸张、笔墨送交马某。但是由于马某忙于自己画展的准备,一直无暇为画店作画。同年 12 月初,马某又应某国之邀出访。临行前,马某将印章、纸墨等留给其学生李某、孙某,要其二人代为作画四幅,于年内送至画店。李、孙二人按照马某吩咐制作国画四幅,于 12 月末送至该画店。该画店经过鉴定,发现这四幅国画无论从哪一方面,都与马某的作品有很大差距，认定不是马某所作。2024 年 1 月，马某出访归来，画店经理到马某处，与其商量，要求重画，马某执意不肯。于是该画店起诉至该市人民法院。

请问：该案例该如何判决？结合代理的适用范围等内容对本案进行分析。

3. 李某受单位委派到某国考察，王某听说后委托李某代买一种该国产的名贵药材。李某考察归来后将所买的价值 1 500 元的药材送至王某家中。但王某的儿子告诉李某，其父已于不久前去世，这药材本来就是给他治病的，现在父亲已去世，药材也就不要了，请李某自己处理。李某非常生气，认为不管王某是否活着，王家都应该收下药材。

请问：

(1)李某的行为的法律后果到底应由谁来承担？

(2)药材是否应由王家出钱买下？为什么？

六、实训题

某经贸公司长期委托李某为其采购某种商品，后公司改组，重编岗位，精简人员，取消了李某的代理权，但没有告知其客户。李某继续以该公司代理人的身份从事商品采购业务。面对客户履行合同的主张，该公司以李某不具有代理权为由加以拒绝。但这一抗辩没有被法庭接受，判决该公司应当承担合同履行责任。请分析原因。

第四章　商事合同法

● 知识目标

了解：合同订立过程中涉及的各种概念、规定；各国相近及不同的法律规范。

熟悉：合同让与时债务承担的规定；合同消灭的具体规定。

掌握：合同适用的条件与策略。

● 技能目标

能够在缔结商事合同时注意合同有效成立的各种条件以及合同在履行或让与时当事人权利和义务的承担等规定，基本掌握合同应用的相关技巧。

● 素质目标

具有能够按照各国合同法的不同规定缔结国际商事合同，对合同变化所发生的法律后果做出准确把握和处理的能力。同时，具备正确的世界观、人生观和价值观，做到学思用贯通、知信行统一；培育社会主义核心价值观和契约精神。

● 思政目标

培养学生法律规则意识和诚信职业道德规范，能够根据商事合同法的相关内容，理解合同法所追求的自由、平等、诚信、公正等原则；能够清醒地认识到合同成立过程中应遵循的平等、公平、诚信等社会主义核心价值观要素，具备诚信精神和责任担当。

● 课程引例

一块土地引起的合同案

被告拥有一块位于丁威迪(Dinwiddie)的土地，面积471.16英亩。原告在被告经营的餐厅中向被告表示："我敢打赌你不会以5万美元的价格卖掉那块地。"被告回答："我会，因为你根本拿不出5万美元。"原告表示他确实愿意出价5万美元，并请求被告以书面订立合同。被告随手取出一张餐厅收据，在收据上写明"兹同意将土地以5万美元售予×××(原告)"并在收据上签名。原告请求被告之妻也在字条上签字。被告之妻原本不愿意，但被告私下向其表示，原告肯定无足够资金，整个事件不过是个玩笑，被告之妻遂在字条上签字。该字条由原告自行取走，原告此后拿出5万美元给予被告，但被告并未接受。原告持该字条，聘请律师调查土地的所有权，但当原告准备办理土地所有权转移登记时，被告表示合同并未成立，原告遂向法院提起诉讼，要求被告履行合同。原告主张自己提出口头要约后，曾与被告讨论40多分钟，被告既然已经以书面承诺，则合同成立。被告主张合同订立时，双方已经小酌数杯，且被告当时认为原告无法拿出5万美元，为让原告难堪，于是随手取出纸张书写，此事纯属玩笑，故合同不成立。法院查明被告当初购买土地的价金是12 000美元，并缴纳了6 300美元的税款。因此，法院判决原告胜诉，原告与被告之间的合同成立。

请问：

(1)你认为原告与被告双方之间的合同是否成立？为什么？

(2)当事人双方是否就合同的内容达成合意？

(3)当事人饮酒后是否具有缔约能力？

(4)当事人之间的玩笑是否可以达成合同？

● 知识支撑

第一节 合同概述

一、合同、合同法的概念

合同，又称契约，是两个或两个以上的当事人以发生变更或消除民事法律关系为目的而达成的协议。

民法上的合同有广义和狭义之分。广义的合同是两个以上的民事主体之间设立、变更、终止民事权利和义务关系的协议，除债权合同外，还包括物权合同、身份合同等。德国民法所指的合同是广义的合同。而狭义的合同专指债权合同，即两个以上的民事主体之间设立、变更、终止债权和债务关系的协议。

【提示】中国、法国、英国、美国等国的合同法所指的合同是狭义的合同。

《民法典》合同编分为三个分编，分别是通则、典型合同和准合同，共29章。通则对合同的订立、效力、履行、保全、变更、转让、权利义务终止以及违约责任作了一般规定，典型合同分编具体规定了19种合同的相关内容，准合同分编则对无因管理和不当得利作了规定。我国《民法典》第464条规定：合同是民事主体之间设立、变更、终止民事法律关系的协议。该条排除了对婚姻、收养、监护等身份合同的调整。通过对具体条款分析，该法所指的合同主要是民事主体之间关于债权和债务关系的协议，即债务合同，不包括物权合同。

动漫视频

《民法典》之价值意义

两大法系国家对合同所下的定义各有特色。在大陆法系国家中，法国《民法典》第1101条对合同下了定义："合同是一人或数人对另一人或数人承担给付某物、做或不做某事的义务的一种合意。"这里将合同作为一种合意(Consensu)，即只有当事人之间意思表示一致，合同才可以成立。在英美法系国家中，认为合同的实质是当事人所做出的许诺(Promise)，而不是当事人间的合意和协议，但只有法律上认为有约束力的、在法律上能够强制执行的许诺，才能成为合同。美国《合同法重述(Ⅱ)》对合同作了如下定义："合同是一个许诺或一系列的许诺，违背这种许诺，法律给予救济(Remedy)，而履行这种许诺，法律上看作是一项义务。"

尽管大陆法系和英美法系对合同的概念在理论上存在比较大的分歧，但实际上，两大法系的合同法都把当事人的意思表示一致作为合同成立的要件。如果双方当事人不能达成协议，就不存在合同。在这一点上，双方是没有实质性分歧的。

《民法典》中的合同是民事主体之间设立、变更、终止民事法律关系的协议，一般包括合同的订立、合同的效力、合同的履行、合同的保全、合同的变更和转让、合同的权利义务终止、违约责任等。在我国，合同归属于民法，不是一个独立的法律部门。

学中做 4—1　　好朋友之间的协议是否构成商事合同？

小王和小李是好朋友，两人经常互相帮忙，也经常在一起吃饭、聊天。有一天，小王说某天要请小李去一家当地新开的餐馆吃饭。小李开玩笑说，如果你不请的话，要给我 100 元违约金。小王答应了。但是当天小王家中有事，无法赴约。

请问：

(1)小王和小李的协议是合同吗？

(2)小王是否要支付违约金？为什么？

(3)小王认为，自己没有赴约，也不用支付违约金，因为自己与小李的约定是口头的，所以没有强制的约束力；如果不是口头约定，而是双方立字为据，那么他就应当支付违约金。你认为小王的说法正确吗？

【解析】

(1)小王和小李的协议不是合同。并不是所有的协议都是合同，小王与小李之间的协议不具有法律关系的性质，只是一般的交往关系，对当事人没有强制的约束力。

(2)小王不需要支付违约金。因为他与小李之间没有形成具有法律约束力的合同关系，从法律上讲，他不必支付违约金。

(3)小王的说法是不正确的。他不必支付违约金是因为他与小李之间并没有形成合同关系，而不在于以什么形式达成协议。根据各国的法律规定，只要不是法律明确要求以书面形式达成合同的，口头合同也具有法律效力。我们在日常生活中存在大量的口头合同，如买卖关系合同、借用关系合同、运输关系合同等，这些合同对当事人都是具有法律约束力的。如果违反了口头合同，则当事人也要承担相应的法律后果。

二、合同的分类

(一)有名合同与无名合同

以《民法典》或者其他法律是否对合同规定有确定的名称与调整规则为标准，可将合同分为有名合同和无名合同。

(1)有名合同，是立法上规定有确定名称与规则的合同，又称典型合同。如《民法典》在分则中规定的买卖合同、赠与合同、借款合同、租赁合同等合同。

(2)无名合同，是立法上尚未规定有确定名称与规则的合同，又称非典型合同。

(二)单务合同与双务合同

根据合同当事人是否相互负有对价义务为标准，可将合同分为单务合同与双务合同。此处的对价义务并不要求双方的给付价值相等，只要求双方的给付具有相互依存、牵连的关系即可。

(1)单务合同，是指仅有一方当事人承担义务的合同，如赠与合同。

(2)双务合同，是指双方当事人互负对价义务的合同，如买卖合同、承揽合同、租赁合同等。

(三)有偿合同与无偿合同

根据合同当事人是否因给付取得对价为标准，可将合同分为有偿合同与无偿合同。

(1)有偿合同，是指合同当事人为从合同中得到利益要支付相应对价给付(此给付并不局限于财产的给付，也包含劳务等)的合同。买卖、租赁、雇用、承揽等合同都是有偿合同。

(2)无偿合同，是指只有一方当事人做出给付，或者虽然是双方做出给付但双方的给付间不具有对价意义的合同。赠与合同是典型的无偿合同，另外，委托、保管合同如果没有约定利息和报酬的，也属于无偿合同。

（四）诺成合同与实践合同

根据合同成立除当事人的意思表示以外，是否还要其他现实给付为标准，可以将合同分为诺成合同与实践合同。

(1)诺成合同，是指当事人意思表示一致即可认定合同成立的合同。

(2)实践合同，是指在当事人意思表示一致以外，尚需有实际交付标的物或者有其他现实给付行为才能成立的合同。

【注意】确认某种合同属于实践合同必须是法律有规定或者当事人之间有约定。常见的实践合同有保管合同、自然人之间的借贷合同、定金合同等。但赠与合同、质押合同不是实践合同。

（五）要式合同与不要式合同

根据合同的成立是否必须符合一定的形式为标准，可将合同分为要式合同与不要式合同。

(1)要式合同，是按照法律规定或者当事人约定必须采用特定形式订立方能成立的合同。

(2)不要式合同，是对合同成立的形式没有特别要求的合同。

【注意】确认某种合同属于要式合同必须是法律有规定或者当事人之间有约定。

（六）主合同与从合同

根据两个或者多个合同相互间的主从关系为标准，可将合同分为主合同与从合同。

(1)主合同，是无须以其他合同存在为前提即可独立存在的合同。这种合同具有独立性。

(2)从合同，又称附属合同，是以其他合同的存在为其存在前提的合同。保证合同、定金合同、质押合同等相对于提供担保的借款合同即为从合同。

三、合同的特点

（一）合同是双方的民事法律行为

合同是两个或两个以上的当事人意思表示一致的协议，而不是单方面的协议。合同作为一种双方民事法律行为，其行为主体必须是两个或两个以上，单方当事人的民事法律行为不能构成合同关系。

（二）合同是当事人意思表示一致的协议

合同作为一种协议，是当事人意思表示一致的产物。它在本质上要求双方当事人具有平等的法律地位。因为只有合同各方彼此承认对方是与自己平等的主体，才能通过协商，在各自充分发表意见的基础上接受对方的条件，实现意见一致以达成共识。如果双方当事人之间的意思表示不一致，不能达成协议，合同也不能成立。

（三）合同是明确表示各方当事人权利与义务的协议

任何一份合同都明确地规定了当事人的权利与义务，合同关系就是当事人之间的权利与义务关系。合同对当事人确立、变更、终止彼此的权利与义务关系作了明确规定。

（四）合同是具有法律约束力的协议

合同作为明确当事人之间权利与义务关系的协议，具有法律约束力。合同一经依法成立，其中约定的权利与义务便在法律上生效，当事人必须接受其约束。当事人违反合同的，必须承担相应的法律责任。违法订立的合同在法律上不被承认。

学思践悟 民有所呼，法有所应

近年来，我国陆续出现了旅客“买短乘长”“霸座”“强抢方向盘”等社会反响强烈的问题。《民法典》运输合同章，单列“客运合同”一节，体现了“运人”不同于“运物”的价值导向，契合了民众生活，从立法层面有效回应了社会关注的问题。例如，《民法典》第815条规定，旅客应当按照有效客票记载的时间、班次和座位号乘坐。旅客无票乘坐、超程乘坐、越级乘坐或者持不符合减价条件的优惠客票乘坐的应当补交票款，承运人可以按照规定加收票款；旅客不支付票款的，承运人可以拒绝运输。实名制客运合同的旅客丢失客票的，可以请求承运人挂失补办，承运人不得再次收取票款和其他不合理费用。

【悟有所得】 高铁霸座、买短乘长等行为不仅是道德问题，而且违背了最基本的契约精神。《民法典》是我国首部以法典命名的法律，也是首部社会主义核心价值观入典的法律，强调民事主体从事民事活动应遵循自愿、公平、诚信、友善等原则，将禁止铁路不文明行为写入法典，指引公众文明出行。我们在享受铁路出行的便利和安全感、幸福感的同时，要遵守好铁路运输秩序、维护站车公共安全，共同营造文明有礼、和谐有序的乘车环境。《民法典》从立法层面对此类行为进行规制，体现了弘扬文明、法治、诚信、友善等社会主义核心价值观的立法理念。

第二节 合同的成立

合同的成立是指合同当事人意思表示一致，达成对彼此具有法律约束力的协议。各国合同法对合同有效成立的要件都作了具体规定，主要包括：当事人必须具有缔约能力；当事人之间通过要约和承诺达成协议；合同必须有对价（Consideration）或合法约因（Cause）；合同必须符合法律规定的形式要求；合同的标的和内容必须合法；当事人的意思表示必须真实。

一、当事人的缔约能力

当事人的缔约能力，是指订立合同的当事人应当具有相应的权利能力和行为能力。这是合同具有法律效力的一个前提条件。就订立合同而言，法律必须首先确认当事人具有订立合同的资格，这是当事人的权利能力的内容。法律确定当事人具有民事权利能力后，当事人还必须通过一定的行为，使这种可能变为现实，即具体地享有民事权利、承担民事义务，这就是民事行为能力。

【注意】当事人是否具有缔约能力是由法律确认的，不以当事人的意志为转移。

无论是大陆法还是英美法，都对当事人的缔约能力作了明确的规定。只有符合条件的人才能缔结有效的合同，才能相应地享有合同的权利、承担合同的义务。它具体包括自然人和法人两方面的规定。

（一）自然人的缔约能力

从法理上讲，是否要求缔约人承担订立合同后的义务，取决于缔约人是否具有相应的行为能力。对于自然人缔结合同的能力，各国主要对未成年人和精神病患者作了限制性的规定。

1. 大陆法

德国法分别对无行为能力和限制行为能力作了规定。德国《民法典》第104条规定，凡有下列情况之一者，即属于无行为能力的人：①未满七岁的儿童；②处于精神错乱状态，不能自由决定意志，而且按其性质此种状态并非暂时者；③因患精神病被宣告为禁治产者。这些人订立的合同均没有法律效力。

大陆法国家的民法典普遍规定有禁治产制度。禁治产指的是因患精神病或因有酒癖不能处理自己的事务，或因浪费成性有败家之虞者，经其亲属向法院提出请求，由法院宣告禁止其治理财产。

按照德国《民法典》的规定，年满七岁的未成年人属于限制行为能力人。他们在未征得其法定代理人同意的情况下订立的合同，必须经法定代理人追认后才能生效。未成年人取得完全的行为能力后，对于先前未经法定代理人同意所签订的合同，能以其自己所做的追认替代法定代理人的追认。

2. 英美法

英美法直接对未成年人、精神病患者、嗜酒者三种缺乏缔约能力的人所订立的合同作出了规定。

(1)未成年人。英美法均规定，未成年人原则上没有订立合同的能力。未成年人对其订立的合同，在其成年后，可以予以追认，也可以要求撤销，但有些合同例外。例如，未满 18 岁的未成年人所订立的受让必需品的合同及为其自身利益订立的教育合同有效。未成年人订立的，对其具有延续性或永久性利益，并对其产生延续性责任的合同，在未成年期间及成年后的合理期间内有权要求撤销。合同撤销后，未成年人原则上应退还因订立该合同所取得的财物。

(2)精神病患者。其在被宣告精神错乱以后订立的合同，一律无效。对于在被宣告精神错乱前所订立的合同，可以要求予以撤销。间歇性的精神病人一旦精神恢复正常，可以追认或否认其以前订立的合同。

(3)嗜酒者。确认嗜酒者在订立合同时是否清醒、有无判断力和理解力，对于认定合同的效力具有决定性的意义。但是，在司法实践中确认起来很难。依照英美的判例，嗜酒者订立的合同原则上应有强制执行力，但如嗜酒者在订立合同时，由于醉酒而失去缔约能力，则可要求撤销合同。

3. 中国法

按照我国《民法典》的规定，民事行为能力分为三种：

(1)完全民事行为能力。《民法典》第 17、18 条规定：十八周岁以上的自然人为成年人。不满十八周岁的自然人为未成年人。成年人为完全民事行为能力人，可以独立实施民事法律行为。十六周岁以上的未成年人，以自己的劳动收入为主要生活来源的，视为完全民事行为能力人。

(2)限制民事行为能力。《民法典》第 19 条规定：八周岁以上的未成年人为限制民事行为能力人，实施民事法律行为由其法定代理人代理或者经其法定代理人同意、追认；但是，可以独立实施纯获利益的民事法律行为或者与其年龄、智力相适应的民事法律行为。《民法典》第 20 条规定：不能完全辨认自己行为的成年人为限制民事行为能力人，实施民事法律行为由其法定代理人代理或者经其法定代理人同意、追认；但是，可以独立实施纯获利益的民事法律行为或者与其智力、精神健康状况相适应的民事法律行为。

(3)无民事行为能力。《民法典》第 20、21 条规定：不满八周岁的未成年人为无民事行为能力人，由其法定代理人代理实施民事法律行为。不能辨认自己行为的成年人为无民事行为能力人，由其法定代理人代理实施民事法律行为。《民法典》第 23 条规定：无民事行为能力人、限制民事行为能力人的监护人是其法定代理人。

【提示】《民法典》第 24 条规定：不能辨认或者不能完全辨认自己行为的成年人，其利害关系人或者有关组织，可以向人民法院申请认定该成年人为无民事行为能力人或者限制民事行为能力人。

【注意】被人民法院认定为无民事行为能力人或者限制民事行为能力人的，经本人、利害关系人或者有关组织申请，人民法院可以根据其智力、精神健康恢复的状况，认定该成年人恢复为限制民事行为能力人或者完全民事行为能力人。

（二）法人的缔约能力

法人是由法律所创造、拟制的主体，它必须通过自然人才能进行活动。在资本主义国家，最常见的法人是公司。

与自然人不同的是，法人的行为能力与其权利能力完全一致，而权利能力源于法律规定，或由公司章程确定。依各国法律规定，法人超越特许经营范围订立的合同无效，但越权经营的法人仍应对相对人承担法律责任，除非相对人明知并具有同样的过错。

二、要约与承诺

合同是当事人之间意思表示一致的产物。所谓的意思表示一致，就是合同双方当事人就同一个标的发表各自的意见，在协商的基础上接受对方的条件，实现意见一致以达成协议。

法律上把订立合同的意思表示分别称为要约和承诺。一般来说，一方的承诺与对方的要约相一致，即可构成一项具有法律约束力的合同。因此，要约和承诺是订立合同的两个关键问题，要了解合同的成立，就必须首先了解有关要约和承诺的法律规定。

我国现行的《民法典》规定了要约和承诺的内容，这与国际通行的合同法的规定是一致的。

（一）要约

1. 要约的概念

要约（Offer）是要约人（Offeror）向受要约人（Offeree）提出的愿与之订立合同的意思表示。其中，提出要约的一方称为要约人，接受要约的一方称为受要约人。我国《民法典》第 472 条规定，要约是希望与他人订立合同的意思表示，该意思表示应当符合下列条件：①内容具体确定；②表明经受要约人承诺，要约人即受该意思表示约束。要约在外贸业务中又称发盘、发价或报盘，其中，提出要约的一方当事人为要约人（Offeror），另一方当事人为受要约人（Offeree）。要约可以采用书面形式、口头形式或者其他形式作出。《国际商事合同通则》（以下简称《合同通则》）的定义是：“一项订立合同的建议，如果十分确定，并表明要约人在得到承诺时受其约束的意旨，即构成要约。”

根据上述定义，可以归纳出要约具有以下法律特征：①要约是要约人单方的意思表示，这种意思表示必须传达给对方知道；②要约是要约人对受要约人的允诺，所以要约对要约人具有约束力；③要约本身并不是合同，所以一般情况下可以撤回。

要约可采取口头形式，也可采取书面或行为等其他形式，但特定国家的特定合同除外，如中国的融资租赁合同应采取书面形式。一项有效的要约必须符合以下构成要件：

（1）要约是特定人的意思表示

不论是自然人还是法人，只要具有相应的民事权利能力与民事行为能力，都可以作为要约人。作为要约人，只要能够特定即可，并不一定需要说明要约人的具体情况，也不一定需要知道他究竟是谁。如自动售货机，消费者不需要了解究竟是哪家公司安置的、谁是真正的要约人，只要支付货币作出承诺，便会完成交易。

（2）要约应向一个或一个以上特定的人发出

要约人发出要约的目的在于订立合同。一般来说，当事人一方在特定的时间和地点只能与特定的对方当事人订立特定内容的合同。这就决定了要约一般不能向广大公众发出。这里特定的对方当事人就是指受要约人。要约人在发出要约时应指明受要约人的姓名或公司名称，如某先生或某公司等。

在个别情况下，要约也可向不特定的人发出。例如，根据各国法律，悬赏广告的刊登、自动售货机的设置、公共汽车的运营等，虽然接受要约的一方并非特定的人，仍视为要约。对于在商店标价陈列的商品，瑞士《债务法典》也认为是要约。

一般情况下，不是向特定的人发出的缔约提议，如果提出建议的人没有表示相反的意向，就不是要约，而是要约邀请(Invitation for Offer)。许多国家的法律认为，普通的商业广告(Advertisement)、商品目录(Catalogue)、价目表(Price List)等原则上不是一项要约，而只是要约邀请。例如，北欧各国的法律规定，向广大公众发出的商业广告并不是要约，而只是向公众发出的要约邀请，即邀请看到广告的公众向刊登广告的人发出要约。发出邀请的一方原则上不受要约邀请的约束，也没有义务必须与因见到邀请而发出要约的人订立合同。这也是要约邀请与要约的实质区别。

【提示】我国《民法典》第 473 条规定，要约邀请是希望他人向自己发出要约的表示。拍卖公告、招标公告、招股说明书、债券募集办法、基金招募说明书、商业广告和宣传、寄送的价目表等为要约邀请。商业广告和宣传的内容符合要约条件的，构成要约。

有些国家如英国和美国的判例则认为，商业广告原则上虽然不是一项要约，但如果广告的内容十分明确、肯定，足以构成一项许诺(Promise)，也可以视之为要约。

(3)要约的内容必须明确、肯定

《联合国国际货物销售合同公约》(Convention on Contract for the International Sale of Goods，以下简称《公约》)第 14 条规定，向一个或一个以上特定的人提出的订立合同的建议，如果十分确定并且表明发价人在得到接受时承受约束的意旨，即构成发价。一个建议如果写明货物并且明示或暗示地规定数量和价格，或规定如何确定数量和价格，即为十分确定。非向一个或一个以上特定的人提出的建议，仅应视为邀请做出发价，除非提出建议的人明确地表示相反的意向。

各国法律均规定，要约一般应包括订立合同的主要条件，如商品的名称、数量、价款、品质或规格，交货的时间和地点，付款的方式等，一旦受要约人表示承诺，就足以成立一项对双方当事人均有约束力的合同，不会因为缺少某项重要条件影响合同的有效成立。但是，要约人不必在其要约中载明合同的全部条款，只要达到足以确定合同内容的程度即可，缺少的条件可待以后确定。

英美法系的一些国家对此采取了更为灵活的措施。例如，按照美国《统一商法典》(Uniform Commercial Code)第 2 204 条的规定，即使在买卖合同中对某一项或某几项条款没有作出规定，但是，只要当事人间确有订立合同的意思，并有合理确定的依据给予相应的补救，则合同仍然可以成立。这条规定符合古罗马法的一个规则：与其使合同无效，不如使之有效。问题的关键是：当事人是否有意达成一个有约束力的协议。据此，在美国的货物买卖中，要约的内容最重要的是要确定货物的数量或提出确定数量的方法，至于价款、付款或交货时间等内容，均可暂不提出(Left Open)，留待以后按照所谓合理(Reasonable)的标准来确定。至于对“合理”的认定，实践中由法院根据案情和周围的情况作出解释。这一规定是为了顺应经济发展的要求，尽量减少某些合同因为缺少条款而不能成立的现象的发生。

(4)要约必须送达受要约人才能生效

所谓要约的生效，是指要约发生法律效力，即对要约人和受要约人产生法律的约束力。至于要约何时生效，学术界有不同的观点。大陆法系国家采用的是到达主义的观点，即认为要约必须在到达受要约人后才发生法律效力。因为只有受要约人收到要约并得知其中的内容后，才可能决定是否予以承诺。英美法系国家一般认为要约原则上对要约人无约束力，要约送达受要约人时并不发生法律效力，在受要约人做出承诺时，要约才产生约束力。《公约》和我国《民法典》均采用到达主义的标准，即规定要约必须在送达受要约人时才能生效。《民法典》第 137 条规定：“以对话方式作出的意思表示，相对人知道其内容时生效。以非对话方式作出的意思表示，到达相对人时生效。以非对话方式作出的采用数据电文形式的意思表示，相对人指定特定系统接收数据电文的，该数据电文进入该特定系统时生效；未指定特定系统的，相对人知道或者应当知道该数据电文进入其系统时生效。当事人对采用数据电文形式的意思表示的生效时间另有约定的，按照其约定。”

2. 要约的约束力

要约的约束力包括两个方面的含义：①对要约人的约束力；②对受要约人的约束力。要约对两者的约束力是不同的。

要约的约束力主要是指要约对要约人的约束力。一般而言，要约对受要约人是没有约束力的。受要约人接到要约后，即在法律上取得了承诺的权利，但要约对其没有约束力。受要约人不仅没有必须做出承诺的义务，而且没有义务就承诺与否通知要约人。但有些国家的法律规定，在某些商业交易中，受要约人无论承诺与否，均应通知要约人。例如，德国《商法典》与日本《商法典》均规定，商人对于平日经常往来的客户，在其营业范围内，在接到要约时，应立即发出承诺与否的通知，如果怠于通知，则视为承诺。一般而言，缄默不等于承诺。

要约的约束力还涉及要约能否被撤回（withdrawal）或撤销（revocability）的问题。

要约的撤回，是指要约在发出之后、生效以前，要约人欲该要约不发生法律效力而作的意思表示。对于要约的撤回，各国法律规定与《公约》的规定基本一致，由于要约尚未发生效力，要约人可以把要约撤回或更改要约的内容。《公约》第 15 条第 2 款规定，一项发价，即使是不可撤销的，如果撤回通知于发价送达被发价人之前或同时送达被发价人，得予撤回。因为按照各国的法律，要约必须到达受要约人才能发生效力，在要约人发出要约至该要约到达受要约人前的这段时间里，由于要约还未生效，要约人当然有权将其撤回或者做出变更。例如，以平邮寄出的要约，在其送达受要约人之前，要约人可以用更为快捷的方式将其撤回或者对其内容做出变更。

至于要约生效后，要约人能否取消要约的法律效力，这是要约撤销的问题。这个问题产生于要约到达受要约人后、受要约人做出承诺前的这段时间。要约的撤销，是指要约人在要约发生法律效力之后、承诺发出以前，欲使该要约失去法律效力的意思表示。《公约》第 16 条规定，(1)在未订立合同之前，如果撤销通知于被发价人发出接受通知之前送达被发价人，发价得予撤销。(2)但在下列情况下，发价不得撤销：①发价写明接受发价的期限或以其他方式表示发价是不可撤销的；或②被发价人有理由信赖该项发价是不可撤销的，而且被发价人已本着对该项发价的信赖行事。对此，各国法律有不同的规定。

(1)大陆法。德国《民法典》第 145 条规定："向他方要约订立合同者，因要约而受约束，但预先声明不受约束者不在此限。"这表明，除非要约人在要约中注明有不受约束的词句，要约人必须受其要约的约束。此外，如果要约规定了有效期，则在有效期内不得撤销或更改要约；如果要约未规定有效期，则按通常情况可望得到答复以前，不得撤销或者更改要约。奥地利、瑞士、巴西、希腊等国的民法也作了类似的规定，要约人可以采用"不受约束"等词句来表明要约对自己没有约束力。但是，如果出现了这种排除约束力的词句，在法律上一般就不认为是要约而是要约邀请，它必须经过对方据此做出的真正的要约以及发出要约邀请一方的承诺才能成立合同。

(2)英美法。英美法认为，要约原则上对要约人没有约束力，要约人在受要约人对要约做出承诺之前的任何时候都可以撤销要约或更改要约的内容。即使要约中规定了有效期限，要约人在法律上仍可在期限届满以前随时把要约撤销。这么做的原因是，英美法把要约视为要约人所做的一项允诺，所以，如果一项允诺既没有得到对价的支持，又不是采用签字蜡封形式做成的，它对要约人是没有约束力的。

美国《统一商法典》明确规定，在货物买卖中，在一定条件下可以承认无"对价"的"确定的要约"(Firm Order)，即要约人在要约确定的期限内不得撤销的要约。其条件是：①要约人必须是商人(Merchant)；②要约已经规定了期限，或者如果没有规定期限，则在合理的期限内撤销，但是无论如何不能超过 3 个月；③要约必须以书面形式做成，并有要约人签字。如果符合上述条件，即使该要约没有对价支持，要约人仍须受要约的约束，在要约规定的期限内或在合理的时间内不得撤销要约。

(3)中国法。《民法典》借鉴了国外立法,在第 476 条规定,要约可以撤销,但是有下列情形之一的除外:①要约人以确定承诺期限或者其他形式明示要约不可撤销;②受要约人有理由认为要约是不可撤销的,并已经为履行合同做了合理准备工作。第 477 条规定:撤销要约的意思表示以对话方式做出的,该意思表示的内容应当在受要约人做出承诺之前为受要约人所知道;撤销要约的意思表示以非对话方式做出的,应当在受要约人做出承诺之前到达受要约人。

3. 要约的失效

要约的失效,也称为要约的消灭或者终止,是指要约失去效力,无论是要约人还是受要约人均不再受其约束。要约失效的原因主要有以下几种:

(1)要约因有效期已过而失效。规定了承诺期限的要约,在期限届满后自行失效。此后,即使受要约人做出承诺,也只能算作是一项新的要约,必须经过原要约人的承诺才能成立合同。

(2)要约因受要约人的拒绝而失效。拒绝要约是指受要约人把拒绝要约的意思表示通知要约人的行为。要约在拒绝通知送达要约人时即告失效。拒绝要约可以采取两种不同的形式:一种是明确表示拒绝接受要约;另一种是受要约人虽未表示拒绝,但在承诺中对要约的条件做了实质性的变更,如要求降低价格、改变交货数量等。

(3)要约因被要约人撤销而失效。关于要约的撤回和撤销问题在前面已述及,这里不再赘述。虽然各国法律在要约的撤销问题上存在分歧,但是均认为,要约一旦被要约人撤回或撤销,即失去了法律效力。

(4)受要约人对要约的内容作出实质性变更。所谓"实质性变更",是指受要约人对要约的内容作了扩大、限制或变更,在法律上构成反要约(Counter-offer),则视为对要约的拒绝。《公约》第 19 条第 1 款规定,对发价表示接受但载有添加、限制或其他更改的答复,即为拒绝该项发价,并构成还价。

【提示】我国《民法典》第 478 条规定,有下列情形之一的,要约失效:①要约被拒绝;②要约被依法撤销;③承诺期限届满,受要约人未做出承诺;④受要约人对要约的内容做出实质性变更。

(二)承诺

1. 承诺的概念

承诺,又称接受(Acceptance),是指受要约人按照要约所指定的方式,向要约人做出的同意要约内容的意思表示。对要约做出承诺的受要约人称为承诺人。《公约》和《合同通则》认为承诺必须是受要约人通过声明或其他行为对一项要约表示同意,缄默或不作为本身并不构成承诺。《民法典》第 479 条规定,承诺是受要约人同意要约的意思表示。承诺的实质是对要约表示同意。要约一经承诺,合同即告成立。一项有效的承诺应具备以下条件:

(1)承诺必须由受要约人向要约人做出

受要约人的代理人也可以在其授权范围内代替受要约人做出承诺。非受要约人向要约人做出的表示接受要约的意思表示不是承诺,而是一项要约。受要约人向非要约人(包括其代理人)做出的接受要约的意思表示也不是承诺,因为非要约人并没有订立合同的意图。如果订约的建议是向不特定人发出的,并且如果该订约建议可以构成要约,则不特定人中的任何人均可以做出承诺。实际上,最后能够做出承诺的,也只能是特定的人,如悬赏广告。

(2)承诺必须在要约规定的有效期限内进行

如果要约未规定有效期,则须在"依通常情况可期待到达的期间内"(大陆法)或在"合理的时间内"(英美法)承诺。

如果受要约人不是通过声明,而是通过某种行为来表示承诺,该行为也必须在规定的期限内完成。如果承诺的时间迟于要约规定的有效期,则被称为"逾期承诺"(Late Acceptance)。逾期承诺有两种情况:①因迟发而迟到的承诺;②非因迟发而迟到的承诺。前种情况下的逾期承诺必须经过要约人的确认后才能生效,合同才能成立;后种情况下的逾期承诺仍属有效的承诺,除非要约人立即表示异议。《公约》对此问题做了灵活处理。《公约》第21条规定,①逾期接受仍有接受的效力,如果发价人毫不迟延地用口头或书面将此种意见通知被发价人;②如果载有逾期接受的信件或其他书面文件表明,它是在传递正常、能及时送达发价人的情况下寄发的,则该项逾期接受具有接受的效力,除非发价人毫不迟延地用口头或书面通知被发价人:他认为他的发价已经失效。

我国《民法典》第481条规定,承诺应当在要约确定的期限内到达要约人。要约没有确定承诺期限的,承诺应当依照下列规定到达:①要约以对话方式做出的,应当即时做出承诺;②要约以非对话方式做出的,承诺应当在合理期限内到达。

我国《民法典》第482条规定,要约以信件或者电报做出的,承诺期限自信件载明的日期或者电报交发之日开始计算。信件未载明日期的,自投寄该信件的邮戳日期开始计算。要约以电话、传真、电子邮件等快速通信方式做出的,承诺期限自要约到达受要约人时开始计算。

(3)承诺必须与要约的内容一致

承诺是受要约人愿意按照要约的内容与要约人订立合同的意思表示,所以,承诺在内容上必须与要约一致。英美法对承诺实施"折射原则",即认为承诺应当像镜子一样(Mirror-image)反照出要约的内容,否则就不是承诺而是反要约。

《公约》和《合同通则》对此也采取了相同的态度,规定:①对要约所做出的承诺如载有附加、限制或其他更改,应视为对要约的拒绝,并构成反要约。②但如承诺所载的附加或不同条件在实质上并不变更该项要约的条件,则除要约人在不过分迟延的期间内提出反对外,仍可构成承诺。如要约人不提出异议,合同条件即以要约的条件以及承诺中所载的更改为准。③凡承诺中载有关于价格、支付、货物的质量和数量、交货地点和时间、当事人一方对他方的责任范围或解决争端等方面的附加条件或不同条件,均视为在实质上变更了要约的条件。

我国《民法典》第488条规定,承诺的内容应当与要约的内容一致。受要约人对要约的内容做出实质性变更的,为新要约。有关合同标的、数量、质量、价款或者报酬、履行期限、履行地点和方式、违约责任和解决争议方法等的变更,是对要约内容的实质性变更。第489条规定,承诺对要约的内容做出非实质性变更的,除要约人及时表示反对或者要约表明承诺不得对要约的内容做出任何变更外,该承诺有效,合同的内容以承诺的内容为准。

(4)承诺的传递方式必须符合要约提出的要求

承诺应当以明示的方式做出,缄默或者不作为不能视为承诺。要约人可以在要约中对承诺的传递方式作出具体规定。例如,指定必须以电传做出承诺等。这时,受要约人必须按要约规定的方式办理,不得擅自改变,否则,承诺不能成立。如果要约未对承诺的传递方式作出具体规定,承诺人一般应按要约采用的传递方式办理承诺。当然,承诺人也可以采取更为快捷的方式做出承诺。例如,要约以平信寄出或要约指定用平信承诺,但承诺人在要约的有效期内采用电传的方式发出承诺,这在法律上是有效的,要约人不能因此予以拒绝。

2. 承诺生效的时间

承诺生效是指承诺发生法律效力。承诺一旦生效,即具有法律效力,就会对要约人和承诺人产生约束力。

在承诺生效时间的问题上,英美法与大陆法的规定不一致。英美法一般采用"投邮主义"(Mail-box Rule),即承诺人以书面形式做出承诺,在承诺通知的信件邮出时承诺生效。即使表示承诺的函件在传递过程中丢失,只要承诺人能证明确已将函件交邮,合同仍可成立。大陆法系在承诺生效时间的问题上一般采用"到达主义"(Receipt Rule),即须在承诺到达要约人时才发生效力,合同也于此时成立。承诺的通知到达后，可以是要约人自己接收，也可以是其代理人接收。

《公约》和《合同通则》对承诺生效时间的规定基本上采取了到达生效的原则。我国《民法典》第484条规定，以通知方式做出的承诺，生效的时间适用该法第137条的规定。承诺不需要通知的，根据交易习惯或者要约的要求做出承诺的行为时生效。

3. 承诺的撤回

承诺撤回是承诺人阻止或者消灭承诺发生法律效力的意思表示。由于各国对承诺生效时间的规定不同，因此，对承诺的撤回的规定也不同。大陆法系国家由于大多采取“到达主义”，所以承诺可以撤回，但条件是撤回承诺的通知要在承诺生效之前到达要约人。在英美法系国家，承诺生效的时间采取的是“投邮主义”，承诺一旦发出即生效，所以不存在承诺的撤回问题。承诺人如果对承诺的内容反悔，只能通过解除合同的途径来解决。

学中做 4—2　　承诺通知尚未到达要约人合同能否生效

在要约人发出撤销要约的通知到达受要约人之前，受要约人已做出承诺，但该承诺通知尚未到达要约人。在此情况下，应以哪一个通知算作有效？

【解析】 英美法系国家对承诺采取的是“投邮主义”，即受要约人只要把承诺通知投入邮箱，承诺即告生效。在上述情况下，由于受要约人发出承诺的时间先于收到撤销要约通知的时间，所以承诺有效，合同仍可成立。

三、对价与约因

某些国家在法律上规定，一项有效的合同，除了当事人意思表示一致外，还必须具备另一个要素。这个要素，英美法称为“对价”，法国法称为“约因”。而且，大陆法和英美法都有这样一句格言：没有约因(对价)的口头合同不产生诉权。

(一)英美法中的对价

1. 对价的概念

英美法把合同分为签字蜡封式的合同(Deed Contract Under Seal)和简式合同(Simple Contract)。前一种合同是由当事人签字、加盖印鉴(Signed，Sealed or Delivered)并把它交给对方而做成的，其有效性完全是由于它所采用的形式(Form)，不要求任何对价。后一种合同包括口头合同和非以签字蜡封式做成的一般书面合同，这类合同必须要有对价，否则没有约束力。

由此可见，英美法中除了签字蜡封式的合同外，对价是合同成立的要件之一。

近年来，英美法在解释对价的含义时，着重强调当事人彼此之间必须存在“相互给付”(Counterpart)的关系。例如，在买卖合同中，卖方交货是为了获得买方的货款，而买方付款是为了取得卖方的货物。这里的买卖双方就存在“相互给付”的关系，卖方的交货和买方的付款就是买卖合同的对价。因此，对价实质上就是互为有偿、相互给付。

2. 对价的条件

在英美法中，一项有效的对价必须具备以下条件：

(1)对价必须来自受允诺人(Promisee)。只有对某项允诺付出了对价的人，才能要求强制执行此项允诺。例如，甲向乙许诺，只要乙帮他卖掉这批货，就付给丙500美元。如果乙完成了工作而甲拒绝付钱给丙，则丙不能请求法院强制履行甲对其付钱的许诺。因为甲许诺的对价来自乙，丙并没有提供任何对价。

(2)对价必须具有某种价值，但不要求等价。对价必须真实，且具有某种价值。这里的价值可以用金钱来衡量，也可以是其他东西，如作为或不作为等。对价不是等价，不要求必须与对方的允诺相等(Equivalent to the Promise)。例如,甲以 100 美元买了乙的手表。这份买卖合同是有对价的,至于这块表是否值 100 美元,法院一般不予过问。法院认为,对价是否充分是当事人缔约时应考虑的问题。法官审案时,由于时间和精力的关系,不可能逐一考虑对价是否充分。

(3)法律或职责上的义务不能作为对价。例如,某房屋失火,其房主对前来救火的消防员称,若能将火扑灭,愿给付 1 万美元。消防员将火扑灭。但法院认为,救火是消防员法律上的责任,不能作为对价接受酬金。

此外,如果行为属于工作上的职责,也不能作为有效的对价。例如,海滨浴场经理允诺,只要这个月没有意外发生,就给每位救生员加薪 100 美元。结果,当月没有意外发生。救生员要求经理履行诺言,遭到拒绝,遂到法院起诉。法院判决,经理的允诺是无效的,因为缺乏对价。理由是,救生员救护遇险的游人是在履行其工作职责,合同上规定的义务不能作为一项新的允诺的对价。

(4)对价必须是待履行的对价或已履行的对价。英美法把对价分成三种:待履行的对价(Executory Consideration)、已履行的对价(Executed Consideration)、过去的对价(Past Consideration)。过去的对价是无效的对价。

所谓待履行的对价,是指双方当事人允诺在将来履行的对价。例如,当事人双方于某年 4 月签订了一份合同,约定甲方用一年的时间为乙方建一栋房屋,交房时付款。在这份合同中,交房与付款都是待履行的对价,都是有效的对价。

所谓已履行的对价,是指一方当事人以其作为要约或承诺的行为,已全部完成了其根据合同所承担的义务,只剩下对方还没有履行其义务。这有两种情况:一种是当事人一方的行为是作为要约做出的。例如,卖方主动向买方发货,当买方接收货物时,买卖合同即告成立,由于卖方已履行了交货的义务,买方必须支付合理的价金。另一种是当事人一方的行为是作为承诺做出的。最常见的例子是悬赏广告。例如,甲在报纸上刊登一则广告,许诺如果有人找到他丢失的物品,即付给报酬 500 美元。这时,如果乙见报后找到了失物并交还给甲,合同即告成立,乙的行为就属于已履行的对价,甲有义务付给约定的报酬。

所谓过去的对价,是指一方在对方做出允诺之前已经全部履行完毕的对价。例如,甲将捡到的钱包送还给乙,乙表示将付给甲一笔重金以示感谢。但是,由于过去的行为不能作为现在允诺的对价,所以,这种允诺将因为缺乏对价而没有约束力。除非这种无偿的允诺是以签字蜡封的形式做成的,否则是没有约束力的。

(5)对价必须是合法的。对价的内容若为法律所禁止,将是无效的。例如,甲对乙允诺,只要将丙毒死即付给乙 1 万英镑。因为对价的内容是违法的,所以,这份合同是无效的。

显然,上述有关对价原则的规定已经不能适应当代商业发展的需要,因此,英、美两国都已制定了一些新的规则,使得某些合同即使缺少对价,也具有法律效力。

同步案例 4—1　　缺少对价合同能成立吗?

甲答应乙只需偿还 300 美元就可以免除乙欠甲的 500 美元的债务,但由于少收 200 美元缺少对价,所以甲的允诺是没有约束力的。为此,英美法规定,如果甲向乙提出,免去其 200 美元债务的前提是乙能在规定期限前还款,乙对此表示同意,则这项新的允诺就是有约束力的。

【案例精析】 按照英美法的规定,当事人双方在签订合同之后,若要更改原合同,会因为缺少对价而不能进行。即便是债权人想要免除债务人的债务(Release of Debt),也不可行。新允诺之所以具有约束力,因为它是以提前付款为对价的。这种对条件的改变虽然非常细微,但收效不小。

3. 对价原则的例外

(1)签字蜡封式的合同

根据英国法，签字蜡封式的合同不需要对价就具有约束力。目前，美国大多数州的判例认为合同签字蜡封是没有必要的，但也有些州认为，只要合同是签字蜡封式的，就可以推定是有对价的，具有法律效力。

(2)修改现存合同的协议

美国在对价问题的立法上采取了比较灵活的做法。例如，美国《统一商法典》第 2 209 条明文规定，修改原合同的协议即使缺少对价，仍具有约束力。

(3)“不得自食其言”(Promissory Estoppel)的原则

为了防止某些情况下由于缺少对价而产生不公平的结果，作为对“对价”原则的限制，在法律上形成了“不得自食其言”的原则。“不得自食其言”的原则为法院在特定的情况下，使某个无对价的允诺对允诺人产生约束力，为防止造成不公平的后果而行使裁量权提供了法律依据。

（二）法国法中的约因

1. 约因的概念

法国法沿用了罗马法中约因(Cause)的概念，将其作为合同有效成立的要素之一。按照法国法的解释，约因是指缔约当事人产生该项债务所追求的最接近和直接的目的(Immediate and Direct End)。

2. 约因与动机的区别

法国法强调把约因与当事人的动机(Motive)区别开来。以买卖合同为例，甲向乙购买一栋房屋，其购房的动机可能有很多，如为了自用、出租等。但购房的直接目的只有一个，即取得房屋的所有权。同样，乙出售房屋的动机也有很多，可能因为经济拮据，也可能想卖掉旧房再买一处新房，但是，其卖房的直接目的也只有一个，就是为了得到一笔钱。法律声明追究的是约因。

3. 约因原则的作用

法国《民法典》第 1131 条的规定：“凡属无约因的债，基于错误约因或不法约因的债，都不发生任何效力。”这里所指的债是广义的债，既包括债权，也包括债务。按此规定，任何债的产生都必须有约因，否则不发生任何效力。如果约因为法律所禁止，或约因违反善良风俗或公共秩序，此种约因即属于不法的约因，也不发生任何效力。

4. 约因原则的例外

某些合同由于采用了法律规定的形式，所以成为约因原则的例外，被认为有效。例如，在无偿合同或赠与合同中，赠与人是合同中的义务人，赠与人对受赠人的意思表示理论上讲可以代替约因。但事实上，代替赠与合同约因的不仅是赠与人的意思表示，而且是合同成立的方式。法国《民法典》第 931 条对此作出了规定，赠与合同应以通常合同的方式，在公证人前做成，并应在公证人处留存合同的原本，否则赠与合同无效。由此可见，正是由于赠与合同采取特定的方式，法律才将其作为约因原则的例外，承认其有效。

（三）德国法中的不当得利

德国和法国虽然同属于大陆法系国家，但在合同成立的问题上，德国法与法国法不同，它不以约因作为合同成立的必要条件。德国、瑞士、日本等国家的民法典中有所谓“不当得利”制度。所谓的“不当得利”，是指没有法律上的任何原因而取得他人的财产或其他利益。德国法上的不当得利在英美法和法国法中被称为“准合同”(Quasi Contract)，美国法有时称其为“偿还法”(Law of Restitution)。不当得利所得应返还给合法的所有权人。

动漫视频

不当得利

不当得利制度实际上是从反面确立了没有合法的对价或约因将导致合同无效的原则，起到了与英美法、法国法相同的效果。

四、合同的形式

根据法律是否要求合同必须具备一定的形式和手续，可以将合同分为要式合同与不要式合同。凡是法律要求必须具备一定的形式和手续的合同为要式合同，反之为不要式合同。

要式合同最早起源于罗马法。在古罗马时代，由于合同的种类很少，所以订立合同时必须按固定的形式进行，要讲一定的套话，并配合完成一定的动作，才能使合同发生法律效力。到了后期，有了各式各样种类繁多的合同，订立合同的形式和手续也随之简化了，开始出现了合意合同，这是不要式合同的开端。这一法律原则由于简便易行，为后来的资本主义各国所接受，成为其合同法的一项重要的内容。

近代资本主义各国的商品经济高度发达，为了排除经济活动上人为的障碍，在合同形式的问题上都采取"不要式原则"(Principle of Informality)。只有对某些合同才要求必须按照法律规定的特定形式订立，但这种情况很少，属于例外。

(一)大陆法

法国法中规定的要式合同有两种：一种是以法定形式作为合同有效的要件；另一种是以法定形式作为证据要求。

1. 以法定形式作为合同有效的要件

如果合同没按法定形式订立，法院有权依据职权宣告不按法定形式订立的合同无效。根据法国《民法典》的规定，只有赠与合同、夫妻财产制合同与设立抵押权合同等极少数的合同必须以法定的形式作为合同有效成立的要件。例如，法国《民法典》第 2127 条规定，以合同设定的抵押权应在公证人二人或公证人一人与证人二人面前根据公证书方式做成，否则就不能产生法律上的效力。

2. 以法定形式作为证据要求

法院必须以法律规定的形式(如书面形式、公证人的证明等)作为合同存在及其内容的证据。此外，法院不接受其他形式的证据。发生诉讼时，合同没按法定的形式订立，将导致该合同不能被强制执行，但如果债务人承认，合同仍然有效。例如，法国《民法典》第 1341 条规定，凡是超过法令确定数额或价值的物件，即使是自愿寄存的，均须于公证人前做成证书，或双方签名做成私证书。私证书做成后，当事人不得再主张与证书内容不同或超过证书所载以外的事项而以证人证明之。

商事合同是适用上述原则时的一个例外。为了适应商业活动的需要，法国法规定，商事合同是不要式合同，可以用口头或书面方式，任何证据方式都可以适用。

德国《民法典》在总则中明确规定，没有依照法律规定的方式进行的法律行为无效。例如，法律规定必须采取书面形式时，即必须由书面做成人亲自签名，或用指印由法院或公证人认证。德国法强调当事人的意思表示必须严肃认真，并以是否遵守法定形式作为意思表示是否严肃认真的标志。如果合同没有按照法定形式办理，说明当事人缺乏严肃认真的缔约意思，合同即归于无效，而不问当事人能否提出证据证明合同的存在，这也是德国法与法国法的差别所在。

此外，德国法并不要求一切合同都必须具备特定的形式。对于合同的形式，它也采取不要式原则，要式合同仅属例外。例如，对于买卖合同，不论其标的物的价格是多少，一律不要求形式，只有土地买卖合同才要求具备法定的形式。

(二)英美法

英美法中规定的合同有两种：签字蜡封式合同和简式合同。

1. 签字蜡封式合同

它是要式合同，这种合同无需对价。合同有效的唯一依据是合同的订立必须以书面形式做成，有当事人的签名，加盖印戳，并把它交给合同的对方当事人。对这种合同提出争议的理由只能是形式上的缺陷、伪造或暴力胁迫。现在，签字蜡封式合同的订立与一般的书面合同差不多，缔结的程序已经大大简化。一般只要在书面合同上加上一条标签，上面写上“Seal”或“L. S.”（即 Loco Sigilli，代蜡封的简写）字样，然后由允诺人把合同交给对方即可。按照英国《所有权法》（Law of Property Act，1925）第 73 条的规定，只要允诺人有无条件地接受合同约束的意思，即使把这种签字蜡封式合同留在自己手里，不交给对方，合同仍可以有效成立。

根据英国的有关判例，下列五种合同必须采取签字蜡封式订立：①没有对价的合同；②转让地产或地产权益的合同，包括租赁土地超过 3 年的合同；③转让船舶的合同；④非实行经济活动的公司所订立的合同；⑤如果章程有规定，某些公司转让股份的行为。这些合同如果没有采取签字蜡封的形式订立，均属无效。

美国大多数的州已经废止了签字蜡封式的合同。他们认为，即使合同采用了签字蜡封的形式，如果没有对价，合同仍是无效的。但也有的州认为，如果合同采取了签字蜡封的形式，就可以推定为具有对价，合同就可以有效成立。

2. 简式合同

它一般是不要式合同，当事人可以自由选择合同订立所使用的形式。但简式合同不等于不要式合同，有些简式合同依法必须以书面形式订立，其作用有的是作为合同有效成立的要件，有的是作为证据上的要求。简式合同必须要有对价。

根据英国法，下列简式合同必须以书面形式做成，否则合同无效或者不能强制执行：

（1）要求以书面形式作为合同有效成立要件的合同。根据英国法，下列合同必须以书面形式做成，否则无效：汇票与本票；海上保险合同；债务承认；卖方继续保持占有的动产权益转让合同。

（2）要求以书面文件或备忘录作为证据的合同。缺少这种书面形式要求的合同不是无效的，只是必须以法律规定的形式作为合同存在及其内容的证据，因而不能依据口头证言强制执行。这也是它与前种书面形式要求的不同之处。

美国《欺诈法》要求下列合同必须以书面形式作为证据：不动产买卖合同；从缔约起不能在一年内履行的合同；为他人担保债务的合同；价金超过 500 美元的货物买卖合同。

（三）《公约》

《公约》对合同的形式原则上不加以限制。《公约》第 11 条规定，销售合同无须以书面形式订立或书面证明，在形式方面也不受任何其他条件的限制。销售合同可以用包括人证在内的任何方法证明。由于某些国家的法律要求合同必须以书面形式订立，所以《公约》允许成员国在加入时做出保留。

（四）中国法

我国《民法典》第 469 条规定，当事人订立合同，可以采用书面形式、口头形式或者其他形式。书面形式是合同书、信件、电报、电传、传真等可以有形地表现所载内容的形式。以电子数据交换、电子邮件等方式能够有形地表现所载内容，并可以随时调取查用的数据电文，视为书面形式。

《民法典》第 466 条规定，合同文本采用两种以上文字订立并约定具有同等效力的，对各文本使用的词句推定具有相同含义。各文本使用的词句不一致的，应当根据合同的相关条款、性质、目的以及诚信原则等予以解释。

五、合同的合法性

（一）大陆法

大陆法系各国通常在其民法典中对合同的合法性加以规定，但各国的处理方法有所不同。按照法国法，构成合同非法的情况大体有两种：一种是交易的标的是法律不允许进行交易的物品；另一种是合同的约因不合法。

德国法与法国法不同，它只注重法律行为是否有违法的内容。例如，德国《民法典》规定，违反法律上的禁止行为无效。同时规定，违反善良风俗的法律行为也无效。这些规定适用于包括合同在内的所有法律行为。

各国对违反善良风俗或是社会公共秩序的衡量标准非常模糊。例如，德国法院判断善良风俗的标准是"所有正义和公正的人士所具有的正派感"。根据这一模糊的标准，任何无效合同都可直接或间接地归于损害善良风俗或社会公共秩序。实践中，赋予法官很大的自由裁量权，由他们根据每个案件的具体情况做出判断。

（二）英美法

英美法认为当事人订立合同是为了实现某种有价值的、合法的目的，因此，合同成立的有效条件除了前述的当事人有缔约能力、必须有对价等条件外，还要求合同的目的与效力必须合法。由于英美法系没有成文的法典，所以，只能根据某些单行法规的规定和判例法所确立的原则，对各种违法的事由加以归类。结果，下列三类合同被认为是非法的：

1. 违反公共政策的合同

所谓违反公共政策，是指损害公共利益，违背某些成文法所规定的政策或目标，或旨在妨碍公众健康、安全、道德以及一般社会福利的情况。这类合同通常包括限制贸易的合同、限制竞争的合同、限制价格的合同、冒充公职和妨碍司法的合同等。

2. 违反社会公认的道德标准的合同

这类合同，如果法院予以承认将会引起公众的愤慨。例如，父母做出的放弃抚养未成年子女的合同是无效的。但是，各国对道德标准的解释不同，这将会影响其对于某种合同是否因为不道德而无效做出判断。例如，在英国，尽管夫妻感情确已破裂，但他们之间达成的将来分居的协议仍是无效的。这在其他国家则有不同的看法。

3. 违法合同

其目的在于实施犯罪行为，因而是无效的。此外，以侵犯他人构成民事违法为目的的合同、违反法律的强制性规定的合同也是无效的合同。这类合同包括的范围很广。例如，指使他人去从事谋杀、抢劫、纵火等犯罪活动的合同，以欺诈为目的的合同等。

另外，法律规定必须要有执照才能营业的专业人员，如医师、律师等，如没有执照擅自与他人缔结合同从事业务活动，这类合同也是违法的。

（三）中国法

我国《民法典》第 153～157 条规定，违反法律、行政法规的强制性规定的民事法律行为无效。但是，该强制性规定不导致该民事法律行为无效的除外。违背公序良俗的民事法律行为无效。行为人与相对人恶意串通，损害他人合法权益的民事法律行为无效。无效的或者被撤销的民事法律行为自始没有法律约束力。民事法律行为部分无效，不影响其他部分效力的，其他部分仍然有效。民事法律行为无效、被撤销或者确定不发生效力后，行为人因该行为取得的财产，应当予以返还；不能返还或者没有必要返还的，应当折价补偿。有过错的一方应当赔偿对方由此所受到的损失；各方都有过错的，应当各自承担相应的责任。法律另有规定的，依照其规定。

《民法典》第 534 条规定，对当事人利用合同实施危害国家利益、社会公共利益行为的，市场监督管理和其他有关行政主管部门依照法律、行政法规的规定负责监督处理。

六、意思表示的真实性

如前所述，有效成立的合同应当是当事人意思表示一致的结果，而且，这种意思表示必须是真实的意思表示。如果意思表示不真实,这在法律上称为意思表示瑕疵(Insufficiency of Will)。对于这种合同,当事人能否主张无效或要求撤销该合同,在合同法上是一个非常重要的问题。

(一)错误

合同法上的错误(Error or Mistake)是指行为人因对其行为的性质、对方当事人、标的物的性质等事实存在误解而做出的与其真实意思不一致的意思表示。各国法律一致认为,在某些情况下,做出错误意思表示的一方可以主张合同无效或要求撤销合同。这就意味着,出于交易安全保障的考虑,并不是所有意思表示的错误都会导致合同的无效或者被撤销。现将各国法律对此的不同规定介绍如下:

1. 大陆法

大陆法认为,错误的产生必须具备一定的构成要件,即错误是表意人做出的与内心意思不一致的意思表示;错误导致的后果非常严重,足以影响到表意人是否做出意思表示;错误产生的时间以做出意思表示之时为准。

关于错误对合同会产生何种影响,法国《民法典》仅规定了合同可撤销,未就赔偿责任作明确的规定。德国《民法典》除了认为合同可撤销外,还在第 119 条和第 122 条进一步规定,表意人对于相信其意思表示有效而遭受损害的当事人应负赔偿责任,数额不超过原本通过合同所期望得到的利益。受害人如对错误的存在有认识上的过错,表意人则不负赔偿责任。

至于错误在何种情况下才能导致合同无效,法国《民法典》第 1110 条规定,错误只有在涉及合同标的物的本质时,才构成无效的原因。导致合同不成立的错误有两种:①关于标的物的性质方面的错误。例如,买方本以为他所购买的是毕加索的名画,后来发现是赝品,他可依法主张合同无效。②对缔约对方当事人认定的错误。通常情况下,缔约对象不是缔约考虑的主要因素。但是,如果一方当事人把缔约对象当成缔约的主要目的,而缔约时恰恰在对象上发生错误,则可以此作为合同无效的原因。这种情况仅限于对方当事人本身具有特别重要意义的合同,如承包合同、雇用合同或借贷合同等,因为这些合同中,对方当事人的身份、技能和品格对当事人决定是否与其缔约具有重大意义。

德国法与法国法不同,它只强调意思表示"内容"的错误,而不去过问该内容是否涉及合同标的物的性质、合同的对方当事人以及意思表示的动机。实践中,法院区分了两种错误判断是否足以撤销合同:①关于意思表示内容的错误。例如,一方表示愿与对方缔约,原因是他搞错了对方所要出售的货物的型号,而对方也从表意人的表述中知道了错误的存在。这种情况下,法院将探讨受错误影响的一方是否得到了他所真正想要的物品。②关于意思表示形式上的错误,如笔误。对此,法院将视表意人最终想得到何物而定。

2. 英美法

对错误问题的规定,英国法与大陆法存在着很大的差别。在英国法中,错误对合同是否生效的影响要区分普通法和衡平法的规定予以认定。按照普通法,错误会导致合同自始无效,而按照衡平法,错误通常只是导致一方撤销合同。

一般情况下,如果仅是当事人一方基于自己的原因发生了认识上的错误,并未因此引起当事人实质性的误解,则合同生效不受影响,主要有以下几种情形:①一方当事人意思表示的错误。例如,在买卖合同中,卖方将货物的价格"1000 英镑"误写成"100 英镑",并因此提起诉讼。法院认为,尽管卖方可能是基于误写而发生错误,但买方对此并不知情,也不存在误解,故该错误纯属单方错误,合同仍有效。②一方当事人对其履约能力估计错误。加工承揽商甲同意为乙加工一批货物,合同原定于 3 月 3 日交货,实际上延至 4 月 3 日才交货。③当事人的错误是基于对交易含义的共同错误解释而产生的,如对合同标的物的品质发生的共同错误认识。④一方在判断上发生差错,如对合同标的物的估价发生判断上的失误，认为某处房产价值 10 万英镑，其实只值 8 万英镑。

衡平法根据不同情况下错误对合同产生的不同影响，给予不同效果的救济。①对合同性质的误解。错误人因为疏忽而被欺诈并在合同上签字，只要没有善意第三人信赖该合同，他就可撤销合同。②对主体身份的误解。当有关错误不涉及合同实质时，衡平法赋予因受欺诈而与对方缔约的错误人以撤销合同的权利，但不得因此对抗善意第三人。③对当事人自身表示的错误。例如，乙拒绝了甲在来函中提出的欲以 1500 英镑购买自己的手表的请求，但在回复时误将 1500 英镑写成了 500 英镑，甲予以承诺，并要求乙履行。此时，乙需以衡平法的原则提出抗辩。④对合同标的物品质的错误。只要错误是严重的，当事人可撤销合同。⑤规定了两种独特的错误救济制度：废止与纠正。所谓废止，即法院使当事人就其协议再行谈判或将错误造成的损失分配给当事人，原合同终止履行。纠正则是法院命令以书面协议修正以前的口头协议使其更加完善并得以执行。

美国法区分了两种不同类型的错误对合同生效的影响。①基于自身的原因出现的单方面的错误（Unilateral Mistakes），对合同的生效无任何影响。②至于双方当事人彼此都有错误时，则要根据错误的对象和程度决定其对合同生效的影响。非实质性的错误对合同生效无任何影响；实质性的错误，如涉及合同的重要条款、认定合同当事人或合同标的物等重大事项的错误，要么使合同不成立，要么使合同无效。如果双方当事人仅在书面表达时出现了表意瑕疵，法院将给予更改的救济，允许将错误的表达改正过来。实践中，美国法院处理涉及错误的案件时的态度是：宁愿让有错误的一方蒙受自身错误所造成的后果，而不把损失转嫁给对方。

3. 中国法

在我国没有关于错误的规定，我国《民法典》是以“重大误解”对此加以表述的。所谓重大误解，是指行为人因对行为的性质、对方当事人，以及标的物的品种、质量、规格和数量等的错误认识，使行为的结果与自己的意思相悖，并造成较大的损失。对这种表意瑕疵的合同，当事人可以请求人民法院或仲裁机构予以变更或撤销。在变更或撤销的裁决做出之前，或者裁定不予变更或撤销时，该合同仍有效。

我国《民法典》第 147 条规定，基于重大误解实施的民事法律行为，行为人有权请求人民法院或者仲裁机构予以撤销。第 148 条规定，一方以欺诈手段，使对方在违背真实意思的情况下实施的民事法律行为，受欺诈方有权请求人民法院或者仲裁机构予以撤销。第 149 条规定，第三人实施欺诈行为，使一方在违背真实意思的情况下实施的民事法律行为，对方知道或者应当知道该欺诈行为的，受欺诈方有权请求人民法院或者仲裁机构予以撤销。第 150 条规定，一方或者第三人以胁迫手段，使对方在违背真实意思的情况下实施的民事法律行为，受胁迫方有权请求人民法院或者仲裁机构予以撤销。第 151 条规定，一方利用对方处于危困状态、缺乏判断能力等情形，致使民事法律行为成立时显失公平的，受损害方有权请求人民法院或者仲裁机构予以撤销。

（二）诈欺

诈欺（Fraud），又称欺诈，是指一方当事人故意告知对方虚假情况，或故意隐瞒真实情况，诱使对方当事人做出错误意思表示的行为。各国法律都认为，凡因受诈欺而订立合同的，蒙受欺骗的一方可以撤销合同或主张合同无效。

1. 大陆法

大陆法规定，影响合同生效的诈欺必须符合一定的要件：①必须有诈欺行为的存在；②诈欺人主观上必须是故意的；③诈欺行为与表意人所陷入的错误以及因此所做的意思表示有因果关系；④诈欺行为必须达到有悖诚实信用的程度。

至于对诈欺的处理，法国法与德国法采取了不同的原则。法国《民法典》第 1116 条的规定：“如当事人一方不实行诈欺手段，他方当事人拒绝签订合同者，此种诈欺是构成合同无效的原因。诈欺不得推定，而应加以证明。”即诈欺的结果将导致合同的无效。受诈欺方在宣告合同无效时，有义务证明诈欺方有故意诈欺的行为。德国《民法典》第123条则规定：“因被诈欺或不法胁迫而为意思表示者，表意人可撤销其意思表示。”据此，诈欺的结果是合同被撤销。

【注意】大陆法各国均认为，表意人因相对人诈欺而为意思表示的，有权撤销其意思表示，但不得对抗善意第三人；表意人因第三人的诈欺行为而向相对人为意思表示，若相对人对诈欺的事实不知，则不得撤销其意思表示。

2. 英美法

如前所述，英国法对此问题的陈述比较零乱，在对错误的规范中也包含有诈欺的情形，其他的情形则在“不正确表述”(Fraudulent Misrepresentation)中有所体现。英国《不正确表述法》(Misrepresentation Act，1976)中所指的不正确表述，不仅包括了欺骗性的不正确表述，即诈欺的情形，而且包括当事人非故意的不正确表述，因而它的范围要比大陆法的更广。

英国法在对诈欺问题的处理上规定，蒙受欺骗的一方可以撤销合同或拒绝履行其合同义务，并可请求赔偿损失。对于非故意且没有疏忽(Negligence)的不正确表述，蒙受欺骗的一方可以撤销合同，但无权主动要求损害赔偿，只能由法官或仲裁员酌情考虑能否以损害赔偿代替撤销合同；如果不正确表述人存在疏忽，则蒙受欺骗的一方有权撤销合同，并请求损害赔偿。但实践中，法官或仲裁员有自由裁量权，他们可以宣布合同仍然存在，并裁定以损害赔偿代替撤销合同。

与英国法不同，美国法将诈欺与不正确表述做了区分。法院的判例表明，诈欺的构成要件包括：①一方当事人故意给予对方虚假信息或对信息的真实性漠不关心；②对方当事人基于对信息的信赖采取了行动；③对方因此受到了损害。按照法律的规定，诈欺通常仅限于事实问题。对于发表的可能不真实的意见或所做的吹嘘，不构成诈欺。对法律后果的陈述，除非当事人间存在某种特殊的关系，如律师与当事人，也不认为是诈欺。根据美国《合同法重述(Ⅰ)》第477条的规定，基于诈欺订立的合同，由于双方之间没有真正的合意存在，所以，受到欺骗的一方可以撤销合同。例如，甲对乙声称其公司出产的汽车具有若干的新功能，由此，甲、乙双方缔结了一份汽车买卖合同。乙验货后发现，该类型的汽车并不具有如甲所述的若干新功能，因而把车送还给了甲，并单方解除了合同。

在不正确表述的情况下，除非此不正确表述成了诱使对方当事人与之签订合同的因素，否则，不影响合同的生效；反之，如果对方当事人是基于该不正确表述与之订立了合同，则有权撤销由此订立的合同。

3. 中国法

一方以欺诈手段，使对方在违背真实意思的情况下实施的民事法律行为，受欺诈方有权请求人民法院或者仲裁机构予以撤销。

我国《民法典》第148条规定，一方以欺诈手段，使对方在违背真实意思的情况下签订合同，受欺诈方有权请求人民法院或者仲裁机构予以撤销。我国《民法典》第149条规定，第三人实施欺诈行为，使一方在违背真实意思的情况下实施的民事法律行为，对方知道或者应当知道该欺诈行为的，受欺诈方有权请求人民法院或者仲裁机构予以撤销。构成欺诈必须以故意为主观要件，体现在行为人有意通过其虚假行为妨碍对方做出正确的意思表示。另外，必须将故意隐瞒真实情况与正当的沉默区分开来，标准是行为人是否有告知的义务。我国《民法典》第150条规定，一方或者第三人以胁迫手段，使对方在违背真实意思的情况下实施的民事法律行为，受胁迫方有权请求人民法院或者仲裁机构予以撤销。

【注意】实践中，如何判断具有告知的义务，通常包括以下几种情况：法定的告知义务、合同约定的告知义务、习惯上的告知义务等。

（三）胁迫

胁迫(Threat or Duress)是指以使他人产生恐惧为目的的一种故意行为。当事人受胁迫所做的意思表示不是其内心的真实意思，不能产生法律上的效果，因此各国法律一致认为，在胁迫的情况下订立的合同，受胁迫的一方可以主张合同无效或撤销合同。

胁迫必须具备以下法律要件：有胁迫行为的存在；胁迫人主观上有胁迫的故意；受胁迫人在胁迫下做出了与其真实意思相悖的意思表示；胁迫是不当的或违法的。

1. 大陆法

法国《民法典》第 1112 条规定，如行为的性质足以使正常人产生印象并使其担心自己的身体或财产面临重大且现实的危害者，即为胁迫。

关于胁迫对合同效力的影响，各国立法较为一致，均认为受胁迫人可因此撤销其意思表示。法国《民法典》第 1111 条至 1114 条还规定，对缔约人的配偶、直系亲属以及合同的义务承担人进行胁迫，也成为使合同无效的原因。至于由缔约双方当事人以外的第三人施行的胁迫，大陆法各国均认为，即使合同的相对人不知情，受胁迫的一方也有权撤销合同。

2. 英美法

英美法中的胁迫是指对人身实施暴力威胁的行为。按照英美法，受胁迫的对象包括当事人本人，以及其家属或近亲属。

因胁迫订立的合同，受胁迫方既可以宣告合同无效，也可以撤销合同。对于来自第三人所做的胁迫，只有合同的相对人知道有胁迫存在时，受胁迫方才能撤销合同。

近年来，英美法院经常援引胁迫原则来处理经济胁迫案件。所谓经济胁迫，是指一方当事人以经济上或商业上的压力等非暴力手段迫使处于劣势的对方与之缔约。虽然存在压力，但施加压力的当事人并没有迫使对方接受对其明显不利的合同，或此压力并未影响到对方自主缔约的平等地位，则不构成经济胁迫，所订合同应视为有效。

3. 中国法

我国《民法典》的规定与两大法系基本一致，认为一方以胁迫手段订立合同，对方有权请求变更或撤销，而如果所订立的合同损害国家和社会利益，则合同无效。

（四）显失公平

动漫视频

显失公平

显失公平(Grossly Unfair)与错误、诈欺、胁迫一样，都属于不能体现当事人真实意思的情形。这项制度最先起源于罗马法。现代各国法律及判例均规定，在显失公平情况下订立的合同，准许遭受不利的一方请求撤销或予以变更。

1. 大陆法

法国《民法典》第 1674 条完全继承了罗马法的规定，其明确规定，如出卖人因低价所受损失超过不动产价格 7/12 时，有权请求取消买卖。只是这一规定仅适用于不动产买卖合同的出卖人及未成年人。德国《民法典》第 138 条规定，显失公平的行为就是趁他人穷困、无经验、缺乏判断力或意志薄弱而实施的法律行为，基于这种情形订立的合同，不利方可主张撤销合同。

2. 英美法

英美法国家特别强调对"显失公平"合同中的受害人的保护。美国《统一商法典》第 2302 条明确规定，如果法院发现合同或合同的任何条款在制定时显失公平，法院可以拒绝强制执行，或仅执行显失公平部分以外的其他条款，或限制显失公平条款的适用，以避免显失公平的后果。但是，受害人对合同的"显失公平"具有举证的义务，以帮助法院做出裁决。美国《合同法重述(Ⅱ)》也有类似的规定。可见，显失公平制度已成为美国合同法的一个重要制度。

3. 中国法

我国《民法典》第 151 条规定，一方利用对方处于危困状态、缺乏判断能力等情形，致使民事法律行为成立时显失公平的，受损害方有权请求人民法院或者仲裁机构予以撤销。在订立合同时显失公平的，当事人有权请求变更或撤销。

对于何谓“显失公平”，一方当事人利用优势或者利用对方没有经验，致使双方的权利与义务明显违反公平、等价有偿原则的，可以认定为显失公平。至于“显失公平”的标准，我国至今未能量化。

4.《合同通则》

如果在订立合同时，合同或个别条款不合理地对另一方当事人过分有利，则一方当事人可宣告该合同或该个别条款无效。确定显失公平时，应考虑的因素包括不公平的谈判地位、合同的性质和目的、其他因素等。

对显失公平的合同有两项处理原则：①法院根据受害人的请求，可做出裁定修改合同或其条款，以使其符合公平交易的商业标准；②受害人收到宣告合同无效的通知后，也可请求法院修改合同或其条款，条件是他必须在收到此项通知后，对方信赖该通知停止行事之前，立即将其请求通知对方当事人。

第三节 合同的履行

一、合同的履行的概念

合同的履行是指合同的一方当事人通过全面、适当地完成其合同义务，使对方的合同权利得以实现。当事人订立合同的目的就是履行，因此，合同的履行对整个合同而言就显得尤为重要。

（一）合同履行的一般规则

1. 合同履行的原则

除了民法上的平等、公平、诚实信用等一般原则外，还有关于合同履行的特殊原则，如全面履行原则、协作履行原则、促进交易履行原则等。

（1）全面履行原则。它是指合同当事人应按照合同的约定，全面、适当地履行合同义务。大陆法的某些国家对当事人履行合同义务的全面性、适当性作了具体规定，即使合同的条款并未涉及，当事人也应当适当履行，以体现合同法的基本原则。例如，法国《民法典》第 1135 条规定，合同不仅对合同中所载明的事项发生义务，而且根据合同的性质，对公平原则、习惯或法律所赋予此义务的后果发生义务。英美法也认为，当事人在订立合同后，必须严格按照合同条款全面履行合同义务。

（2）协作履行原则。它是指当事人一方不仅适当地履行自己的合同义务，而且应当协助对方履行其义务。例如，《公约》第 60 条规定，卖方交货时，买方应接收货物，并且，买方应采取一切理应采取的行动，以期卖方能交付货物；第 77 条规定，声称对方违约的一方必须按情况采取合理措施，减轻由于对方违约所造成的包括利润方面的损失。

（3）促进交易履行原则。其起源于罗马法中“与其使合同无效，不如使它有效”的规则，即合同当事人不能随意借口合同条款不全或不明确，而不去履行合同，甚至主张合同无效。德国《民法典》第 242 条规定，债务人应依诚实和信用原则，并参照交易上的习惯，履行给付。这表明，对合同中未约定或约定不明确的条款，当事人应按交易上的习惯履行其义务。《合同通则》的规定与此类似。美国《统一商法典》第 1205 条第 3 款则规定，当事人之间的交易过程和当事人所从事的行业或贸易中的行业惯例使协议条款产生特定含义，并对协议条款起补充或限制作用。

2. 合同条款的补缺

当事人在缔结合同的时候，应尽可能地将涉及双方权利、义务的条款规定得具体、明确，以利于将来合同的履行。但是,在实践中会由于种种原因导致合同条款的疏漏,这就产生了如何补缺的问题。各国法律几乎都对此作了规定。

(1)大陆法。德国《民法典》对当事人未约定给付期限的情况作了规定,如第 271 条第 1 款规定:"未约定给付期限或者不能从情况推断给付期限者,债权人应立即请求给付,债务人应立即履行给付。"

对当事人未约定给付方式的,德国《民法典》第 315 条规定:"给付方式应由订约一方确定者,在产生疑问时,应按公平裁量的方法确定之。"

(2)英美法。按照英国法,当事人如果未约定买卖合同的交货地点,一般应在卖方的营业地点交货。如果标的物是特定物,而当事人在缔约时已知该特定物在其他地方者,则应在该特定物所在地交货。

美国《统一商法典》第 2305 条第 2 款规定了当事人价格不确定时的确认方法。如果当事人确有订立合同的意图,即使价格未定,合同也可以成立。在这种情况下,合同价格应为交货时的合理价格,只要是:①价格未提及;②价格留待当事人协商确定,但未能达成协议;③价格根据双方约定的市场价格确定,或者根据第三方或其代理机构确定或记录的其他标准确定,但未能做出确定或记录的除外。

英、美两国都规定,如果买卖合同未规定交货时间,则卖方应在合理的时间内交货。何谓"合理的时间",应根据交易的具体情况来确定,同时应考虑合同的性质,以及订立合同的目的。例如,供货方知道,商店进的这批火鸡是为了供应圣诞节的市场需要,如果过了新年才交货,就不应认为是在"合理的时间"内交货。

(3)中国法。我国《民法典》第 509 条规定,当事人应当按照约定全面履行自己的义务。当事人应当遵循诚信原则,根据合同的性质、目的和交易习惯履行通知、协助、保密等义务。当事人在履行合同过程中,应当避免浪费资源、污染环境和破坏生态。

我国《民法典》第 510 条规定,合同生效后,当事人就质量、价款或者报酬、履行地点等内容没有约定或者约定不明确的,可以协议补充;不能达成补充协议的,按照合同相关条款或者交易习惯确定。

我国《民法典》第 511 条规定,当事人就有关合同内容约定不明确,依据前条规定仍不能确定的,适用下列规定:①质量要求不明确的,按照强制性国家标准履行;没有强制性国家标准的,按照推荐性国家标准履行;没有推荐性国家标准的,按照行业标准履行;没有国家标准、行业标准的,按照通常标准或者符合合同目的的特定标准履行。②价款或者报酬不明确的,按照订立合同时履行地的市场价格履行;依法应当执行政府定价或者政府指导价的,依照规定履行。③履行地点不明确,给付货币的,在接受货币一方所在地履行;交付不动产的,在不动产所在地履行;其他标的,在履行义务一方所在地履行。④履行期限不明确的,债务人可以随时履行,债权人也可以随时请求履行,但是应当给对方必要的准备时间。⑤履行方式不明确的,按照有利于实现合同目的的方式履行。⑥履行费用的负担不明确的,由履行义务一方负担;因债权人原因增加的履行费用,由债权人负担。

(二)合同履行中的抗辩权

合同履行中的抗辩权,也称异议权,是指在双务合同中,合同一方当事人对抗对方请求或者否认对方的权利而主张的权利。合同履行中的抗辩权一般包括以下内容:

1. 同时履行抗辩权

合同的同时履行规则来自"一手交钱、一手交货"的交易原则。它在法律上的依据是双务合同中当事人之间权利与义务的相互依存关系。同时履行抗辩权,也称不履行抗辩权,是指在没有约定履行顺序的双务合同中，当事人一方在对方未为对价给付以前，有权拒绝先为给付。其适用条件是：同一双务合同产生互负的债务；合同中未约定履行的顺序；双方债务均已届期；对方当事人未履行债务或未按约定正确履行；对方能够履行对价给付。

同时，履行抗辩权属于延期的抗辩权，不能产生消灭对方请求权的法律效力。对此，各国法律均规定，只有在对方发生重大违约时，才能行使该抗辩权。

《合同通则》规定，如双方当事人能够同时履行，则双方当事人应同时履行其合同义务，除非情况另有表示。当事人各方应同时履行合同义务的，任何一方当事人可在对方提供履行前拒绝履行。我国《民法典》第525条、德国《民法典》第320条、日本《民法典》第533条对此也作了类似规定。

2. 后履行抗辩权

当事人根据合同约定履行义务有先后顺序，后履行的一方在对方未履行之前，有权拒绝履行自己的合同义务，这种权利即为后履行抗辩权。其适用条件是：由同一双务合同产生互负债务；债务的履行有先后顺序；应先履行的一方发生不履行或履行不符合约定的情况；应该先履行的债务有履行的可能性。

《合同通则》第7条第1款3项规定，凡当事人各方应相继履行合同义务的，后履行的一方当事人可在应先履行的一方当事人完成履行之前拒绝履行。例如，买卖合同中约定，甲出售一批木材给乙，价格条件是CFR鹿特丹，即期信用证付款。甲没有义务将这批木材装船，除非乙履行了其合同义务开具了此信用证。

英美法认为，负有先履行义务的一方未履约，另一方不但可以拒绝履行其合同义务，而且可追究未履行义务一方的违约责任。我国《民法典》第526条也规定了后履行抗辩权。

做中学4—1　　后履行抗辩权的辨析

甲、乙双方签订了一份进口精密仪器的合同，约定甲应在合同生效后5日内，向乙支付20%的预付款，乙收到预付款后5日内发货至甲处，甲收到货物验收后即结清余款。乙收到甲20%的预付款后第2天即发货至甲处。甲验货后发现货物不符合合同约定，于是及时通知乙，并拒付余款。

【解析】 如果先履行债务的当事人仅部分履行了债务，则后履行的一方有权对没有按约定履行的部分予以拒绝，已经按约定履行的部分，则不应当拒绝；如果先履行债务的当事人的部分履行整体不符合合同要求，后履行债务的一方有权在整体上拒绝对方的履行请求。

3. 不安抗辩权

动漫视频

不安抗辩权

不安抗辩权，是指合同成立后，如果有证据证明，后履行合同的一方当事人届时将不能履行其合同义务，先履行债务的一方在对方未履行或者未提供担保前，可以拒绝先为履行自己的合同义务的权利。不安抗辩权的设立在于预防因情况变化致使一方遭受损害，做到公平地权衡双方当事人的利益。

不安抗辩权是大陆法国家的制度，如德国《民法典》第321条规定，因双务合同负担债务并应向他方先为给付者，如他方的财产于缔约后明显减少，很难为对价给付时，在他方未为对价给付或提出担保之前，应拒绝自己的给付。它与英美法规定的预期违约制度存在着很大的差别，而我国《民法典》同时引进了这两项制度。

根据我国《民法典》第527、528条的规定，不安抗辩权的适用应具备以下条件：①适用于双务合同，当事人互负债务，并有先后履行的顺序；②后履行债务的一方当事人的债务尚未到履行期限；③后履行债务的一方当事人有丧失或者可能丧失履行债务能力的情形。这些情形包括：a. 经营状况严重恶化；b. 转移财产、抽逃资金，以逃避债务；c. 丧失商业信誉；d. 有丧失或者可能丧失履行债务能力的其他情形。应先履行债务的一方当事人行使不安抗辩权导致的法律效果是中止履行合同。当事人中止履行合同的，应当及时通知对方。对方提供适当担保时，应当恢复履行。中止履行合同后，对方在合理期限内未恢复履约能力，并未提供适当担保的，中止履行的一方可以解除合同，即合同由中止履行变为终止履行。

二、合同的违约责任

违约(Breach of Contract)是指合同当事人没有履行合同义务或者没有完全履行合同义务的行为。

(一)违约责任

1. 违约责任及其特点

违约责任是当事人因违反合同义务所承担的民事责任。违约责任具有以下特点：①它的前提是有当事人不履行合同义务(包括没有履行或没有完全履行合同的义务)的事实存在；②只能发生在合同当事人之间；③这种民事责任的承担方式可以由双方当事人约定，并主要以补偿性为主；④它是民事责任的一种，与侵权责任组成民事责任的基本内容。

2. 违约责任的归责原则

(1)大陆法

它以过错责任作为民事责任的一项基本原则。大陆法认为，只有当存在可归责于合同债务人的过错时，才承担违约责任。也就是说，违约的构成不仅要有合同义务人不履行义务的事实，而且必须存在可归责于他的过错，还要证明这两者间有因果关系。

德国《民法典》基本上采用了过错责任原则。该法典第 276 条规定，债务人必须对故意或者过失的不当行为负责，即对任何形式的过错负责，但是对于纯属意外事件的违反履行义务不承担责任。在极个别的情况下，即使债务人没有过错，也要负责。例如，种类物的买卖，由于种类物是可替换的，因此，只要债务人能从市场上购得同类货物抵补交货，他就不能以天灾为由而免除交货的义务。

法国《民法典》也以过错责任原则作为民事责任的基本原则。该法典第 1147 条规定，凡不履行债务系不应归责于债务人的外来原因所造成的，债务人即可免除损害赔偿的责任。

(2)英美法

与大陆法的规定相反，英美法认为，只要允诺人没有履行其合同义务，即使他没有任何过失，也构成违约，应承担违约的后果，除非存在法定或者约定的免责事由。这是两大法系的一个重要区别。

美国合同法遵循的是过错推定的归责原则，即违约方如不能证明自己对违约行为无过错，则在法律上推定其有过错，并承担相应的违约责任。

(3)中国法

民事责任原则上采取过错责任原则，同时规定了当事人主观上没有过错，但法律规定应承担民事责任的情况。这实际上是一种严格责任原则。《民法典》第 577 条规定，当事人一方不履行合同义务或者履行合同义务不符合约定的，应当承担继续履行、采取补救措施或者赔偿损失等违约责任。

(4)《合同通则》

《合同通则》采纳了过错推定的归责原则，如第 7 条第 4 款第 1 项规定，任何不履行均使受损害方取得单独的损害赔偿请求权，或者与其他救济手段一并行使的损害赔偿请求权，除非不履行可根据本通则的规定予以免责。

3. 催告制度

催告制度是大陆法上的一项制度，是指在合同没有规定明确的履行日期的情况下，债权人必须首先向债务人做出催告，即向债务人发出请求履行合同的通知，然后，才能使债务人承担延迟履约的责任。如德国《民法典》规定，债务人于清偿期届至后，经债权人催告而不进行给付者，自受催告时起负迟延责任。法国法对此也有规定。催告的作用在于：①自催告生效之日起，不履约的风险完全由违约一方承担；②债权人有权就不履行合同请求法律上的救济；③从送达催告之日起，开始计算损害赔偿及其利息。至于催告的方式，德国法无特定要求，书面或口头均可；法国法则要求必须以书面做成，并由法警送达债务人。

英美法中没有催告的概念，它对违约时间的界定更为严格。英美法认为，凡合同规定履行期限，债务人届时不履行；合同未规定履行期限，债务人在合理的期限内不履行，即构成违约。债权人无须催告即可请求债务人赔偿由于延迟履约所造成的损失。

（二）违约的形式

1. 大陆法

德国《民法典》规定的违约形式有两种：给付不能（Supervening Impossibility of Performance）和给付延迟（Delay in Performance）。

（1）给付不能

给付不能，是指债务人由于种种原因不可能履行其合同义务，而非有可能履行但不去履行。德国《民法典》把给付不能分为自始不能和嗣后不能两种情况。自始不能的合同原则上无效，但一方当事人在缔约时明知或应知该标的不可能履行的，对不知情的另一方当事人负有损害赔偿责任。嗣后不能则以债务人过失为承担责任要件。如给付不能并不是由于债务人的过失造成的，债务人不承担不履行合同的责任（见德国《民法典》第 275 条）；反之，债务人应承担损害赔偿责任（见德国《民法典》第 280 条）。如给付不能是因不可归责于双方的事由造成的，双方均可免除其义务（见德国《民法典》第 323 条）。

（2）给付延迟

给付延迟，是指债务人在债务已届履行期且可能履行的情况下，并未按期履行其合同义务。债务人承担由此产生的法律后果，也实行过错责任原则。只是债务人不仅要对一切过失承担责任，而且要对因不可抗力造成的给付不能负责。此外，德国《民法典》规定，催告是债权人就履行延迟请求赔偿的必要条件。

法国《民法典》规定了不履行和延迟履行两种主要的违约形式，其具体内容与德国《民法典》大同小异。

2. 英美法

英国法把违约的情形分为违反条件和违反担保两种不同的情况。违反条件是指违反合同中的重要条款。当事人一方违反条件的，对方有权解除合同，并要求赔偿损失。违反担保是指违反合同的次要条款或随附条款。在违反担保的情况下，受损失的一方不能解除合同，而只能要求违约方赔偿损失。

美国法将违约分为轻微违约和重大违约两种情形。前者是指合同的一方当事人在履约中尽管有一些缺点，但另一方已从中获得了主要利益。后者是指合同的一方没有履行合同或履行合同有缺陷，致使另一方不能得到本应得到的主要利益。轻微违约实际上相当于违反担保，重大违约则类似于违反条件，具体的处理规则也大致相同。英国法与美国法的区别在于：一个注重合同的事先约定，而另一个注重合同的事后结果。

3. 中国法

按照我国传统立法的观点，对违约行为形态的规定是两分法，即不履行和不适当履行。不履行是指当事人对合同的义务根本没有履行。不适当履行则是指当事人履行合同有瑕疵，没有按合同约定的条件去履行，具体包括履行迟延和不完全履行。

4.《公约》

《公约》主要规定了根本违约、非根本违约和预期违约等形式。判断是否构成根本违约的基本标准是：是否“实际上剥夺了合同对方根据合同有权期待得到的东西”。《公约》对根本违约规定了相应的救济方法。例如，卖方交付的货物与合同不符构成根本违约时，买方可以要求对方交付替代物或可以撤销合同并请求赔偿损失。

（三）违约的救济方法

违约的救济方法（Remedies for Breach of Contract）是指当一方违约使另一方的权利受到损害时，受损害的一方为维护其合法权益，有权采取正当措施。这是法律赋予受害人的权利。

1. 实际履行

实际履行也称为具体履行或依约履行，我国《合同法》称其为继续履行，是指在一方不履行合同义务时，另一方当事人有权要求违约方仍按合同约定履行合同义务。现将各国法律的相关规定介绍如下：

（1）大陆法

德国法将实际履行作为一种主要的救济方法，德国《民法典》第 241 条规定：“债权人根据债务关系，有向债务人请求履行债务的权利。”债权人虽然可请求法院判令违约的债务人实际履行合同义务，但在实践中，只有在金钱赔偿不能满足要求时，债权人才会提起实际履行之诉，大多数情况下是要求损害赔偿或解除合同。

依照法国《民法典》第 1184 条的规定，实际履行是一种可供选择的救济方法，在债务人不履行合同义务的情况下，债权人可以在请求实际履行或请求解除合同并要求损害赔偿二者之中任择其一。但仅在合同仍有履行的可能时，债权人才可提起实际履行之诉。

（2）英美法

英美普通法中没有实际履行这一救济方法，但是衡平法将其作为一种例外的救济方法，仅在损害赔偿不能满足债权人的要求时予以适用。实务上，法院对是否判令实际履行有自由裁量权。一般而言，当买卖的标的物是特定物或特别名贵，市场上不易买到时；或涉及土地买卖或公司债券的交易时，法院才会做出实际履行的判决。

英美法采取的一种特殊的救济方法是禁令。它是指在英美法国家的某些案件中，由法院发布的禁止当事人从事特定行为的命令。禁令仅适用于下列两种情况：①采取一般损害赔偿的救济方法不足以补偿债权人所受的损失；②禁令符合公平合理的原则。

（3）中国法

我国《民法典》第 533 条规定，合同成立后，合同的基础条件发生了当事人在订立合同时无法预见的、不属于商业风险的重大变化，继续履行合同对于当事人一方明显不公平的，受不利影响的当事人可以与对方重新协商；在合理期限内协商不成的，当事人可以请求人民法院或者仲裁机构变更或者解除合同。第 577 条规定，当事人一方不履行合同义务或者履行合同义务不符合约定的，应当承担继续履行、采取补救措施或者赔偿损失等违约责任。第 578 条规定，当事人一方明确表示或者以自己的行为表明不履行合同义务的，对方可以在履行期限届满前请求其承担违约责任。

（4）《公约》

为了调和两大法系在“实际履行”问题上的分歧，《公约》第 28 条规定：“如果按照公约的规定，当事人一方有权要求他方履行某项义务，法院没有义务做出判决，要求实际履行此项义务，除非法院依照其本身的法律对不受本公约支配的类似销售合同也会做出实际履行的判决。"可见,《公约》允许各国法院按其自身的法律来处理这个问题。

2.损害赔偿

所谓损害赔偿,是指当事人一方违反合同规定的义务,并因此给对方造成损失,依法由违约方给予金钱补偿。

(1)大陆法

大陆法认为损害赔偿需具备三个条件:①有损害事实;②有归责于债务人的原因;③损害的发生与债务人违约之间存在因果关系。

在损害赔偿的方法上,各国侧重点不同,德国法以恢复原状为原则,以金钱赔偿为例外;法国法以金钱赔偿为原则,而以恢复原状为例外。

大陆法认为,损害赔偿的范围应包括违约所造成的实际损失和所得利益损失。法国《民法典》第 1149 条规定:"对债权人应付的损害赔偿,除下述限制外,一般应包括债权人所受的损失和所失的可获得的利益。"这里"所受的损失"就是指实际损失,是指合同所规定的合法利益,由于可归责于债务人的事由而受到的损害。"所失的可获得的利益"就是指所得利益损失,是指债权人在合同履行的情况下本可以获得的、因债务人的违约所丧失的利益。以买卖合同为例,卖方交付不合格品,买方未取得合格品为直接损失,此合格品转售的利润为间接损失。

(2)英美法

英美法认为,只要一方当事人违反合同,对方就可以提起损害赔偿之诉,而无须证明违约方有过错,也无须以发生实际损害为前提。英美法对损害赔偿采取的是金钱赔偿的方法,称为金钱上的恢复原状。

英美法确定损害赔偿的基本原则是使受损害的一方在经济上处于合同得到履行时其本应处的地位,但以该方在合同订立时能够合理预见到的损害为限。据此,债权人可索赔的损失包括按照违约的一般过程自然发生的损失,以及当事人在缔约时已预见到的因违约而产生的损失。按照英美法的要求,当一方违约时,受损害的一方有义务采取一切合理的措施以减轻由于违约所造成的损失。

(3)中国法

我国《民法典》规定,违约人原则上无须有过错,但要有实际损害。如《民法典》第 576 条规定,当事人一方不履行合同义务或者履行合同义务不符合约定的,即应当承担继续履行、采取补救措施或者赔偿损失等违约责任。在损害赔偿的方法上,我国的做法与英美法相近,即采取金钱赔偿的方法。

我国相关法律也对损害赔偿的范围作了规定。按照最高人民法院的司法解释,赔偿范围应包括财产的毁损、减少、灭失和为减少或者消除损失所支出的费用,以及合同如能履行可以获得的利益,但赔偿责任不得超过违约一方在订立合同时应当预见到的因违反合同可能造成的损失。《民法典》第 532、533 条延承了上述原则。此外,与英美法的要求相同,该法第 119 条也规定了非违约方的减损责任,并规定,当事人因防止损失扩大而支出的合理费用由违约方承担。

做中学 4-2　　对损害赔偿的辨析

英美司法判例认为,损害赔偿不应让违约方因违约而获利。法院在按照受损害一方的请求给予损害赔偿的救济之前,一般要求该方证明,双方在订立合同时能够合理地预见到该损失的可能发生。同时,还要考虑违约是不是故意的。法院如果发现违约方故意违约,就可能做出不利于违约方的判决。

【解析】 违约方之所以故意违约,可能考虑到给予一定的赔偿比履行合同更为合算。法院如正常判决,违约方就会因损害赔偿而获利,这显然是违反救济原则的。

3.违约金

违约金是指为了保证合同的履行,当事人双方事先在合同中约定,当一方违约时应向对方支付一定数量的金钱。

(1)大陆法

大陆法有惩罚性违约金和补偿性违约金之分。按德国《民法典》第339条、第340条第2款的规定,违约金具有惩罚性,债权人除依约向违约方要求支付违约金外,还可请求损害赔偿。法国法则一般视违约金为预先约定的损害赔偿,不具有惩罚性。当事人可以在缔约时约定一定数额的违约金,但要求支付违约金的同时,不能请求损害赔偿。

(2)英美法

英美法认为,一方违约,另一方只能要求赔偿,而不能加以惩罚,但允许当事人预先约定损害赔偿的金额。因此,当事人在合同中约定的金额是罚金性质还是预先约定的损害赔偿,直接关系到一方违约时,对方能否得到这笔金额。实务中,对此性质如何判断,全凭法院根据案情做出其认为适当的解释。

(3)中国法

我国《民法典》第585条规定,当事人可以约定一方违约时应当根据违约情况向对方支付一定数额的违约金,也可以约定因违约产生的损失赔偿额的计算方法。约定的违约金低于造成的损失的,人民法院或者仲裁机构可以根据当事人的请求予以增加;约定的违约金过分高于造成的损失的,人民法院或者仲裁机构可以根据当事人的请求予以适当减少。当事人就迟延履行约定违约金的,违约方支付违约金后,还应当履行债务。

【提示】各国法例均认为,违约金或预先约定赔偿金额过高或过低,当事人可请求法院酌情增减。

我国《民法典》对违约金和定金作了相关的规定:

第586条:当事人可以约定一方向对方给付定金作为债权的担保。定金合同自实际交付定金时成立。定金的数额由当事人约定;但是,不得超过主合同标的额的20%,超过部分不产生定金的效力。实际交付的定金数额多于或者少于约定数额的,视为变更约定的定金数额。

第587条:债务人履行债务的,定金应当抵作价款或者收回。给付定金的一方不履行债务或者履行债务不符合约定,致使不能实现合同目的的,无权请求返还定金;收受定金的一方不履行债务或者履行债务不符合约定,致使不能实现合同目的的,应当双倍返还定金。

第588条:当事人既约定违约金,又约定定金的,一方违约时,对方可以选择适用违约金或者定金条款。定金不足以弥补一方违约造成的损失的,对方可以请求赔偿超过定金数额的损失。

4.解除合同

解除合同也是对违约的一种救济方法。各国对该救济方法的运用有其各自的特点。

(1)大陆法

大陆法各国均规定,合同一方不履行合同义务时,对方有权解除合同。行使解除权的方法主要有两种:一是由主张解除合同的一方当事人向法院起诉,由法院做出解除合同的判决,法国法即采用此法;二是直接向对方表示解除合同,德国法采用此法。

至于在解除合同时能否同时请求损害赔偿,法国《民法典》第1184条规定,在双务合同的一方当事人不履行债务时,债权人可解除合同并请求损害赔偿。德国《民法典》第325、326条则规定,债权人只能在解除权与损害赔偿请求权二者之间任择其一,而不能同时享有这两种权利。

(2)英美法

英美法与大陆法不同。如前所述,英国法把违约分为违反条件和违反担保,美国法则把违约区别为重大违约与轻微违约。因此,在英美法中,只有在违反条件或重大违约时,非违约方才能要求解除合同。当事人解除合同可以用宣告的方式进行,不需经过法院的判决。

对于解除合同的后果,英国法认为,因违约造成的解除合同并不导致合同自始无效,只是使解除合同时尚未履行的债务不再履行。美国法则认为,合同的解除产生恢复原状的效果,不仅意味着尚未履行的合同义务不必再履行,而且根据合同已获得的利益也应返还给对方。在这一点上,美国法与大陆法的规定基本相同。

(3)中国法

我国《民法典》第562条规定,当事人协商一致,可以解除合同。当事人可以约定一方解除合同的事由。解除合同的事由发生时,解除权人可以解除合同。

《民法典》第563条规定,有下列情形之一的,当事人可以解除合同:①因不可抗力致使不能实现合同目的;②在履行期限届满前,当事人一方明确表示或者以自己的行为表明不履行主要债务;③当事人一方迟延履行主要债务,经催告后在合理期限内仍未履行;④当事人一方迟延履行债务或者有其他违约行为致使不能实现合同目的;⑤法律规定的其他情形。以持续履行的债务为内容的不定期合同,当事人可以随时解除合同,但是应当在合理期限之前通知对方。

《民法典》第564条规定,法律规定或者当事人约定解除权行使期限,期限届满当事人不行使的,该权利消灭。法律没有规定或者当事人没有约定解除权行使期限,自解除权人知道或者应当知道解除事由之日起一年内不行使,或者经对方催告后在合理期限内不行使的,该权利消灭。

(四)违约责任的免责

1. 情势变迁

动漫视频

情势变更

情势变迁又称情势变更,是指合同成立后,作为合同关系基础的情势,由于不可归责于当事人的原因,发生了缔约时不能预见到的变化,如仍坚持原来的法律效力,将会产生显失公平的结果,有悖于诚实信用的原则,因此应该变更乃至解除合同的制度。情势变迁作为大陆法的一项重要制度,虽然不多见于法律条文,但为各国所认可,并应用于司法实践。不过,情势变迁原则的适用范围并无定则,故法院对以情势变迁为由要求免除履行的抗辩要求很严,轻易不予接受。实务上,我国已将情势变迁制度作为特例运用,但《民法典》对此项规定仍是空白,有待于进一步完善。

2. 合同落空

合同落空在英美法中类似于情势变迁的概念,是指在合同成立后,非因当事人自身的过错,而是由于意外事件的发生致使当事人在缔约时所谋求的商业目标受到挫折。在这种情况下,对于未履行的合同义务,当事人可免除履行的责任。

目前,合同落空原则的适用也受到了一定的限制:①合同一方有意造成某一情势,并借此请求按合同落空原则解除自己所承担的合同义务。②合同一方对于自身能否完全履行合同义务并无确切的把握,但却自愿承担这种风险而签订了合同。③合同一方预知或应当预知在合同订立后将会发生导致合同落空的事件,但仍签订了此项合同,而另一方对此毫无所知。

3. 不可抗力事故

不可抗力,是指当事人在签订合同时不能预见、不能避免并不能克服的意外事件。各国立法都承认当事人在合同中约定的不可抗力免责条款的合法性和有效性。

不可抗力事故包括两种情况:一种是自然原因引起的,如水灾、旱灾、台风、地震等;另一种是社会原因引起的,如战争、罢工、政府封锁、禁运等。缔约时,双方当事人可以自行商定将哪些意外事故列入合同的不可抗力条款。

不可抗力事故的发生将导致两种法律后果：一是解除合同，二是迟延履行合同。具体产生哪种后果，要视意外事件对合同履行的影响而定，当事人也可通过签订不可抗力条款加以约定。

因不可抗力而不能履行或不能完全履行合同的一方当事人应及时通知对方以减轻其损失，并应在合理的期限内提供相关证明。

同步案例 4—2　　能否引用“不可抗力”来免责？

甲方从乙方进口普通大豆 5 万吨，交货期为 7 月底。4 月，乙方原定的收购地点发生百年未遇的洪水，收购计划落空。乙方要求按不可抗力免除交货责任。

【案例精析】 乙方发生的事件不构成不可抗力。虽然发生百年未遇的洪水，但收购计划并未落空。因为甲方从乙方进口的是普通大豆，而并非一定是乙方原定的收购地点的大豆。况且，发生洪水到交货期还有 3 个月，乙方完全有时间购进替代物向甲方交货。

第四节 合同的让与

合同关系是一种债的关系，债通常由主体、客体和内容三要素组成，债的任何一个要素变更都将引致债的关系的变更。合同的让与仅涉及合同主体的变更，即由新的合同当事人代替旧的合同当事人，但合同的客体和内容不变。合同的让与有两种情形：债权让与和债务承担。

一、债权让与

债权让与，也称合同权利的转让，是指债权人依约向第三人转让全部或部分合同债权的行为。债权让与的结果是，后者取代了原债权人（让与人）的地位成为新的债权人（受让人）。

债权让与又分为民法上的债权让与（Assignment）和商法上的债权让与（Negotiation）。民法上的债权让与比较复杂。首先，让与人和受让人必须把债权人变更的事实通知债务人，否则，债务人仍可向原债权人清偿债务，而不向新债权人清偿。其次，新债权人所取得的权利不得优于原债权人，凡债务人得以对抗原债权人的抗辩，同样得以对抗新的债权人。商法上的债权让与比较简单，如票据的转让，以背书的方式进行即可，无须通知债务人。此外，新债权人可取得优于原债权人的权利，债务人不得以对抗原债权人的抗辩理由来对抗新债权人。这里主要介绍民法上的债权让与。

各国法律都允许债权让与，但具体的规定却不尽相同。现分别介绍如下：

（一）大陆法

大陆法认为，债权让与无须征得债务人的同意即可发生法律效力。德国法一个显著的特点是把债权让与视为“抽象”的法律行为，认为债权让与合同是一种不要因合同，即不以给付原因作为成立要件的合同。合同权利的转让采用自由转让原则，债权的让与仅凭转让双方的合意即可，无须通知债务人，也不必征得债务人的同意。

法国法则认为债权让与是受让人与让与人之间买卖债权的协议，必须有约因，因而是一种要因合同。至于合同权利的转让则采用通知原则，即要求债权人应当将债权让与的事实告知债务人，但不必征得其同意。

（二）英美法

英美法原则上也承认债权让与，但是，对某种具有个人特色的合同权利不能让与，如属于提供个人劳务的合同权利，非经对方当事人同意，不能让与。

英国法对债权让与采用两种不同的处理方法：一种是按成文法规定进行的债权让与；另一种是

按衡平法原则进行的债权让与。按前一种方法进行的债权让与必须符合 1925 年《财产法》规定的要求。如果符合法律规定的要求，受让人即可用自己的名义对债务人起诉。此种方法的特点是不需要对价的支持。如果债权让与缺少成文法要求的转让条件，则可按后一种方法进行转让。按衡平法进行的债权让与不以通知债务人为必要条件。

美国法的规定与英国法基本相同。根据美国《统一商法典》的规定，在货物买卖合同中，除当事人另有协议外，买方和卖方都可以把他们的权利转让给第三人，除非这种转让会大大改变对方的义务，或者大大增加对方的负担，或严重损害对方获得履行的机会。但是，凡属于按“需要”或按“产出”供应货物的合同原则上都不能转让，因为不同的债权人其“需要”或“产出”也可能大不相同。至于债权让与的生效要件，美国法与德国法相同，也采用自由转让原则。

（三）中国法

我国《民法典》第 545 条在允许合同权利转让的同时，对此作了限制：①根据债权性质不得转让；②按照当事人约定不得转让；③依照法律规定不得转让。

我国《民法典》规定，债权让与采用通知原则。《民法典》第 546 条规定，债权人转让权利的，应当通知债务人。未经通知的，该转让对债务人不发生效力。由于转让通知一经到达立即生效，因而债权人不得撤销，除非受让人同意。

我国《民法典》第 547 条规定，关于债权人转让债权的，受让人取得与债权有关的从权利，但是该从权利专属于债权人自身的除外。受让人取得从权利不因该从权利未办理转移登记手续或者未转移占有而受到影响。第 553 条规定，债务人转移债务的，新债务人可以主张原债务人对债权人的抗辩；原债务人对债权人享有债权的，新债务人不得向债权人主张抵销。第 554 条规定，债务人转移债务的，新债务人应当承担与主债务有关的从债务，但是该从债务专属于原债务人自身的除外。

二、债务承担

债务承担，也称合同义务的转让，是指合同的债权人、债务人和第三人之间达成合意，将原合同的债务转由第三人承担的行为。

（一）大陆法

德国法认为，债务承担是一种合同关系。为了保护债权人的利益，债务承担合同必须取得债权人的同意。按照德国《民法典》的规定，债务承担的效力主要表现在两个方面：①由第三人代替原债务人负担债务，从而使后者脱离债务关系。②第三人得以援引原债务人对抗债权人的抗辩事由。但是，第三人不能用向原债务人提出的抗辩事由对抗债权人。

与德国法不同，法国《民法典》虽然原则上允许由第三人代替原债务人清偿债务，但未明确规定债务承担的内容，而是通过债的更新（以新债代替旧债）的方法来达到债务承担的目的。如该法典第 1271 条第 2 款规定：“债权人得解除旧债务人的债务而由新债务人代替之。”从严格意义上讲，债的更新与债务承担不同，它是通过消灭旧的债务，成立新的债务来达到债务承担目的的一种变通做法。

（二）英美法

英国法认为，合同的债务非经债权人同意是不得转让的。英国法认为，债务转移只能通过债的更新的方法来实现，同时必须征得债权人的同意。

根据美国《统一商法典》第 2210 条规定，美国法原则上不认可债务的转让，但在某些情况下，也允许代行债务，即允许他人代替原债务人履行债务，但替代履行并不解除债务人的履行义务或对违约所产生的责任。

（三）中国法

我国《民法典》第 551 条规定，债务人将债务的全部或者部分转移给第三人的，应当经债权人同意。债务人或者第三人可以催告债权人在合理期限内予以同意，债权人未作表示的，视为不同意。

三、概括转让

与债权让与和债务承担不同，合同的概括转让是指由合同当事人一方将其债权债务一并转移给第三人，由第三人概括地接受这些债权和债务的行为。

债权和债务的概括转让有两种方式：①合同转让，即依据当事人之间的约定而发生的债权和债务的转移；②因企业的合并而发生的债权和债务的移转。

我国《民法典》第 555 条规定的是合同转让，即当事人一方经对方同意，可以将自己在合同中的权利和义务一并转让给第三人。

当事人约定非金钱债权不得转让的，不得对抗善意第三人。当事人约定金钱债权不得转让的，不得对抗第三人。债权人转让债权的，受让人取得与债权有关的从权利，但是该从权利专属于债权人自身的除外。受让人取得从权利不因该从权利未办理转移登记手续或者未转移占有而受到影响。合同的权利和义务一并转让的，适用债权转让、债务转移的有关规定。

法国法中规定的概括转让则有不同的含义。它是指在自然人死亡或法人合并时，由其继承者概括性地继承其一切财产，其中既包括债权，也包括债务。

第五节 合同的消灭

合同的消灭是指合同因某种原因而不复存在。合同的消灭是英美法的概念，大陆法将其纳入债的消灭的范畴，作为债的消灭的内容之一。与两大法系不同，我国《民法典》对于合同的消灭使用的是“合同的权利和义务终止”这一概念。现将各国相关的规定介绍如下：

一、大陆法

如前所述，大陆法各国未对合同的消灭作出规定，仅在民法典或债务法典中对债的消灭的各种原因作了具体规定。大陆法认为，导致债的消灭的原因主要有清偿、免除、提存、抵销、混同等。

（一）清偿

清偿(Payment)，是债务人向债权人履行债的内容的行为。清偿与给付、履行是同一概念。当债权人接受债务人的清偿时，债的关系即告消灭。清偿具有以下一些特点：①清偿通常由债务人本人履行，但各国法律一般也允许由债务人以外的第三人向债权人清偿债务。例如，德国《民法典》第 267 条规定，债务人不能亲自给付时，也可由第三人代为清偿。但债的性质决定必须由债务人亲自履行的，则不能由第三人代为履行。②清偿的标的物一般应是合同规定的标的物，代物清偿必须征得债权人的同意。例如，德国《民法典》第 364 条规定，债权人受领约定给付以外的他种给付以代替原定的给付者，债务关系消灭。③清偿的时间应遵守合同的约定，合同未作约定的，债权人有权随时要求债务人清偿，债务人也可以随时向债权人清偿。④清偿应在合同约定的地点进行，合同未约定清偿地点的，以特定物为标的的债务，以订立合同时该物的所在地为清偿地；其他债务，德国法、法国法以债务成立时债务人的住所地为清偿地，日本法以债权人的现时住所地为清偿地。

（二）免除

免除(Release，Remise)，是债权人放弃债权从而使债归于消灭的行为。法国法和德国法规定，免除是双方的法律行为，债权人不能单方面采取行动，必须经得债务人的同意才能生效。日本法则认为，免除是单方行为，只要债权人有免除债务的意思表示，无需债务人的同意即可使债的关系归于消灭。

（三）提存

提存(Deposit，Consignation)，是指债务人在债权人无理拒绝受领、迟延受领或下落不明时，将应交付的标的物寄存在法定的提存机关以代替清偿的行为。

提存具有以下一些特点：①交付提存的标的物应是合同规定的标的物。对不宜提存的物品，如易腐、易变质的物品或牲畜等，经法院许可，债务人可以将提存物变卖，提存其价金。德国《民法典》第383条第1款对此作了规定。②提存的场所有的是法律规定的，有的是法院指定的。大多数国家以法院、行政机关或金库为提存的场所。③提存具有清偿的效力。标的物寄存提存场所后，债权人不能再向债务人请求清偿。提存后，标的物的风险即由债权人承担，如发生毁损灭失，债务人概不负责。法国《民法典》第1257条对此作了规定。④提存的费用由债权人负担。

（四）抵销

抵销(Set-off)，是指当事人双方互负债务时，以其各自的债权冲抵债务，使双方的债务在等额的范围内归于消灭。在当事人互负债务时，抵销可简化清偿手续，避免交换履行。因此，大陆法各国均将抵销视为债的消灭的原因之一。

抵销的方式有以下几种：①法定抵销，法国法称之为当然抵销。法国《民法典》第290条规定，双方互负债务时，“债务人双方虽均无所知，依法律的效力仍然可以发生抵销”。②约定抵销，即互负债务的双方依合同的约定将各自的债务进行抵销。③以当事人单方面的意思表示抵销。德国《民法典》、日本《民法典》、瑞士《债务法典》均认为，双方互负债务时，任何一方均可以意思表示通知对方进行抵销。

（五）混同

混同(Merger)，是指债的关系因债权与债务同属于一人而归于消灭。大陆法各国除德国外，都将混同列为债的消灭的原因之一。

混同的原因主要有以下几种：①民法上的继受，如因继承导致债权与债务归于一人；②商法上的继受，如公司合并导致债权与债务归于一人；③特定继受，如因债权让与或债务承担而使债权与债务归于一人。

但是，在某些特殊的情况下，虽然债权与债务发生混同，但债的关系并不因此而消灭。例如，意大利《民法典》第1254条规定，混同不得损害获得用益权或者债权、质押权的第三人的利益。

（六）其他

大陆法规定的导致债的消灭的原因还有：标的物的灭失、解除条件的成就、诉讼时效已过。

二、英美法

英美法认为，合同的消灭有以下四种方式：

（一）合同因协议而消灭

合同是双方当事人通过协商订立的，当然可以按照双方的协议而解除。合同因协议而消灭的情况有：①当事人约定以新合同替代原合同，包括对原合同的某些条款加以修改或删除，则原合同规定的权利和义务即告消灭。②由于新的当事人加入，使新合同替代了原合同，合同一经更新，原合同即告消灭。③当事人在合同中约定的解除条件成就，合同即告消灭。一方当事人自愿放弃其合同权利，从而解除了他方的履约责任，合同也因此消灭。

（二）合同因履行而消灭

如前所述，合同一经履行，当事人之间的债权与债务关系即告消灭。

（三）合同因违约而消灭

英美法认为，一方违约有时会使对方取得解除合同的权利，因而将违约作为合同消灭的原因之一。至于对方何时会取得解除合同的权利，前面已有介绍，不再赘述。

（四）依法使合同归于消灭

依法律使合同归于消灭的情况主要有合并、破产和擅自修改书面合同。这些情况的发生都会使合同归于消灭。

三、中国法

我国《民法典》第 557 条规定，有下列情形之一的，债权债务终止：①债务已经履行；②债务相互抵销；③债务人依法将标的物提存；④债权人免除债务；⑤债权债务同归于一人；⑥法律规定或者当事人约定终止的其他情形。

【提示】合同解除的，该合同的权利和义务关系终止。

关键术语

合同　要约　承诺　对价　约因　诈欺　胁迫　显失公平　债权让与　债务承担　合同的消灭

本章练习

一、单项选择题

1. 在美国的货物买卖中，要约的内容最重要的是确定（　　），其他内容均可暂不提出，留待以后按所谓合理的标准来确定。

A. 数量　　B. 价格　　C. 交货　　D. 付款时间

2. 大陆法系在承诺生效的时间上一般采用（　　）原则。

A. 到达生效　　B. 投邮生效　　C. 了解主义　　D. 电话通知

3.（　　）的《民法典》采用了“约因”学说。

A. 德国　　B. 法国　　C. 日本　　D. 瑞士

4. 当事人一方行使不安抗辩权引致的法律后果是（　　）。

A. 继续履行合同　　B. 解除合同　　C. 中止履行合同　　D. 终止履行合同

5. 合同的让与是指合同（　　）的变更。

A. 主体　　B. 客体　　C. 内容　　D. 上述三项全选

6. 合同权利和义务的终止是指（　　）。

A. 合同的变更　　B. 合同的消灭　　C. 合同效力的中止　　D. 合同的解释

7. 债务人欲将合同的义务全部或者部分转移给第三人，则（　　）。

A. 应当通知债权人　　B. 应当经债权人同意

C. 不必经债权人同意　　D. 不必通知债权人

8. 甲公司与乙公司签订买卖合同。合同约定甲公司先交货。交货前夕，甲公司派人调查乙公司的偿债能力，有确切材料证明乙公司负债累累，根本不能按时支付货款。甲公司遂暂时不向乙公司交货。甲公司的行为是（　　）。

A. 违约行为　　B. 行使同时履行抗辩权

C. 行使先诉抗辩权　　D. 行使不安抗辩权

9. 法律规定必须采取书面形式时，自(　　)时合同成立。

A. 双方当事人制作合同书　　B. 双方当事人表示受合同约束

C. 由书面做成人亲自签名　　D. 双方当事人达成一致意见

10. 甲和乙合作开办了一家干洗店，丙将一件皮衣拿到干洗店清洗，交给正在营业中的甲，并向甲交付清洗费 100 元。该合同关系的主体是(　　)。

A. 甲和丙　　B. 乙和丙

C. 甲、乙和丙　　D. 该干洗店和丙

二、多项选择题

1. 下列有关双务合同抗辩权的陈述，正确的有(　　)。

A. 双务合同抗辩权包括同时履行抗辩权、后履行抗辩权和不安抗辩权

B. 双务合同抗辩权的行使，将导致合同的消灭

C. 双务合同抗辩权可以适用于赠与合同

D. 双务合同抗辩权是一时的抗辩权、延缓的抗辩权

2. 构成要约的条件有(　　)。

A. 是向特定人的意思表示　　B. 以缔结合同为目的

C. 向不特定人发出　　D. 内容必须具体明确

3. 要约消灭的情形包括(　　)。

A. 要约因撤回或撤销而消灭　　B. 要约因期间已过而消灭

C. 要约因受要约人的拒绝而消灭　　D. 要约因要约人死亡而消灭

4. 构成有效承诺的条件有(　　)。

A. 承诺由受要约人做出　　B. 承诺内容与要约一致

C. 承诺可由了解要约内容的任何人做出　　D. 承诺在要约规定有效期内做出

5. 当事人意思表示不真实主要包括(　　)。

A. 误解　　B. 诈欺　　C. 胁迫　　D. 显失公平

6. 承担违约责任的主要方式有(　　)。

A. 损害赔偿　　B. 违约金

C. 继续履行　　D. 宣告撤销/解除合同

7. 有效的承诺应具备的条件有(　　)。

A. 由受要约人向要约人做出　　B. 在要约规定的有效期内进行

C. 与要约的内容一致　　D. 传递方式符合要约提出的要求

8. 不可抗力事件的发生将导致(　　)的法律后果。

A. 解除合同　　B. 迟延履行合同

C. 实际履行合同　　D. 部分履行合同

9. (　　)属于当事人意思表示瑕疵的情形。

A. 错误　　B. 诈欺　　C. 胁迫　　D. 显失公平

10. 英美法认为，合同消灭的方式有(　　)。

A. 因协议而消灭　　B. 因履行而消灭

C. 因违约而消灭　　D. 因法律规定而消灭

三、判断题

1. 对于悬赏广告,各国法律一般都认为是一项要约。 ( )
2. 各国的法律都承认“合同自由”是合同法的基本原则。 ( )
3. 承诺迟延一定不会发生合同成立的法律效果。 ( )
4. 德国《民法典》规定受胁迫表意人可撤销其意思表示。 ( )
5. 英美法国家和大陆法国家都把双方当事人的意思表示一致作为合同成立的要素。 ( )

四、简答题

1. 合同的概念和特点是什么?
2. 一项有效的要约必须符合的构成要件是什么?
3. 一项有效的承诺应具备的构成要件是什么?
4. 在英美法中,一项有效的对价必须具备的条件是什么?
5. 各国规定的几种主要的违约救济方法是什么?

五、案例分析题

1. 某山区农民赵某家中有一花瓶,是赵某的祖父留下的。李某通过他人得知赵某家有一清朝花瓶,遂上门求购。赵某不知该花瓶真实价值,李某用 1.5 万元买下。随后,李某将该花瓶送至某拍卖行进行拍卖,卖得价款 11 万元。赵某在一个月后得知此事,认为李某欺骗了自己,通过许多渠道找到李某,要求李某退回花瓶。李某以买卖花瓶是双方自愿的,不存在欺骗,拒绝赵某的请求。经人指点,赵某到李某所在地人民法院提起诉讼,请求撤销合同,并请求李某返还该花瓶。

请问:

(1)赵某的诉讼请求有无法律依据? 为什么?

(2)法院应如何处理?

2. 甲公司与乙公司签订一份秘密从境外买卖免税香烟并运至国内销售的合同。甲公司依双方约定,按期将香烟运至境内,但乙公司提走货物后,以目前账上无钱为由,要求暂缓支付货款,甲公司同意。3 个月后,乙公司仍未支付货款,甲公司多次索要无果,遂向当地人民法院起诉要求乙公司支付货款并支付违约金。

请问:

(1)该合同是否具有法律效力? 为什么?

(2)应如何处理?

3. 甲企业与乙企业达成口头协议,由乙企业在半年之内供应甲企业 50 吨钢材。3 个月后,乙企业以原定钢材价格过低为由要求加价,并提出,如果甲企业表示同意,双方立即签订书面合同,否则,乙企业将不能按期供货。甲企业表示反对,并声称,如乙企业到期不履行协议,将向法院起诉。

请问:此案中,双方当事人签订的合同有无法律效力? 为什么?

4. 甲厂向乙单位去函表示:“本厂生产的 W 型电话机,每台单价 90 元。如果贵单位需要,请与我厂联系。”乙单位回函:“我部门愿向贵厂订购 W 型电话机 500 台,每台单价 85 元。”2 个月后,乙单位收到甲厂发来的 500 台电话机,但每台价格仍为 90 元,于是拒收。为此,甲厂以乙单位违约为由向法院提起诉讼。

请问:乙单位是否违约? 为什么?

5. 我某进出口公司向欧盟一企业发价,出售麻制品一批,发货价限对方接受于 5 月底前复到有效,5 月 10 日我公司接该企业电传称“贵方 5 月 8 日电悉,报价太高无法接受,请考虑降低价格,再行商议”，半月后麻制品的市价明显趋涨。5 月 26 日，该企业再次发来电传：“贵方 5 月 8 日电接受，请速寄销售确认书，已便会签后开证。”此时，我方公司也已获悉麻制品行市看好，已高价卖给他人。

请问：我方公司是否违约？为什么？

六、实训题

通过登录互联网或去当地的外贸公司，收集有关国际商事交易中合同纠纷的案例，总结常见的合同纠纷及处理方法。思考一下，如果自己在业务活动中遇到类似的问题应如何处理。

第五章　国际货物买卖法

● 知识目标

了解：国际货物买卖中涉及的相关概念和法律规定。
熟悉：国际货物买卖中买卖双方的权利与义务。
掌握：货物买卖合同在履行过程中违约的类型、救济及违约的方法、条件和策略。

● 技能目标

依据国际货物买卖双方的一般义务的规定，在商事法律关系中能灵活地运用相关法律规范保护当事人的合法权益。

● 素质目标

具有根据相关的规定、原理妥善解决交易过程中的违约救济，避免遵守合同方在另一方违约时遭受损失的能力。同时，具备正确的世界观、人生观和价值观，做到学思用贯通、知信行统一。培养诚实守信的价值观和契约精神，强化风险意思和规则意识。

● 思政目标

能够深刻认识到一笔国际货物买卖交易的进行，从贸易磋商到合同签订，从履行到违约及责任承担，每个业务环节均涉及法律规则及责任；塑造学生诚信的职业道德操守，在合同成立过程中遵循平等、诚信等要素；培养学生的爱国观念，合同义务不仅是当事人契约精神体现，而且关乎国家利益。

● 课程引例

货物买卖争议的法律适用

法国卖方与斯洛伐克买方订立了一份口头协议，依照这份协议，卖方有义务将协议货物交付买方，而买方则有义务凭卖方出具的发票向卖方支付约定的货款。但买方在卖方交货后却未能履行其在协议项下的付款义务。

法院参照《斯洛伐克国际私法与程序法法案》这一国内法，适用《联合国国际货物销售合同公约》(以下简称《公约》)。斯洛伐克该国内法第 10 条规定，在协议双方未选定适用法律的情况下，相关协议应受旨在确保合同纠纷得到妥善解决的相关法律的管辖。通常情况下，销售合同应受合同订立时卖方所在国法律的管辖。为此，法院认定协议双方之间的法律关系应受法国(《公约》缔约国)法律的管辖。此外，法院还援引《公约》第1(1)(a)条认定，《公约》适用于注册地分别位于两个不同缔约国的协议双方。

鉴于斯洛伐克买方未能及时支付货款的事实，依照《公约》第78条的规定，卖方有权对所欠货款收取利息。由于《公约》没有明确规定具体利率，因此，法院认为应参照《公约》的第7(2)条。根据第7(2)条的规定，《公约》中未明确规定的未尽事宜应适用国际私法的基本原则，依照适用法律予以解决。在本案中，利率问题应根据法国法律予以解决。

请问：

(1)就销售合同的订立问题，你认为应适用哪一法律来解决？

(2)你认为本案中的权属法院应该是法国法院还是斯洛伐克法院？

● 知识支撑

第一节 国际货物买卖的法律调整模式

国际货物买卖是指具有国际性因素的以支付价金的方式换取货物所有权的交易行为。将国际货物买卖关系纳入法律的轨道中进行调整的规范性文件总称为国际货物买卖法。国际货物买卖法律关系的核心内容是合同双方当事人的权利和义务关系。

一、三种法律调整模式

传统上，货物买卖法主要由各国国内法调整。对国际货物买卖而言，这有可能引发法律冲突，传统的法学主要通过极具国内法色彩的国际私法来加以缓和。但是，这种国内冲突法模式具有显而易见的缺点，如具有较高的交易成本、可能引发当事人“挑选法院”(Forum Shopping)，不利于当事人从事国际货物买卖。

鉴于国内冲突法模式的不足，20世纪20年代起，国际统一私法协会(UNIDROIT)就致力于制定国际统一实体法。1964年在海牙会议上，就国际货物销售问题，达成了两个国际货物买卖的统一法公约，即《国际货物买卖统一法公约》(ULIS)和《国际货物买卖合同成立统一法公约》(ULFIS)。但批准或参加这两个公约的只有荷兰、比利时、德国、意大利和英国等少数国家，故未能起到公约预期的统一国际货物买卖法的作用。在与国内法的关系上，这两个统一法公约采取了非常激进的做法：排除了国内法的适用。上述两个公约只采用了欧洲大陆民法法系的方法来处理国际货物买卖问题，代表性不强，另外，它们完全排除国内法的做法并不现实，使得以国际公约推行统一实体法的模式因参与国过少而受挫。

动漫视频

联合国国际货物销售合同公约

国内冲突法模式和国际统一实体法模式代表了两种截然不同的理论思路和实践做法。前者在实践中存在缺陷，却通行于世界各国；后者是一种理想的理论模式，却难以实行。对此，国际层面主要采用两种方法缓和其间的冲突：①在“硬法”层面，尽量采用国际统一实体法模式，但也为各国的国内法和冲突规范留下一定的适用空间；②在“软法”层面，采用国际统一实体法模式，但保持开放性，随时根据国际和国内情况变化而加以修订和改进。1980年于维也纳签订的《联合国国际货物销售合同公约》(简称《公约》，或称CISG)采用了前一种方法，1988年1月1日生效，是迄今为止国际货物买卖领域最重要的公约。我国是该公约最早的成员国之一，在1986年核准公约时提出了两项保留。截至目前，批准与参加该公约的缔约国共有97个。而1994年国际统一私法协会发布的《国际商事合同通则》(简称《商事通则》,或称 PICC)则采用了后一种方法。《国际商事合同通则》具有广泛的用途,是目前国际上唯一的权威商事合同统一规则,它既可作为起草商事合同、合同适用法、争议解决的依据,也可作为国内法的补充和国内立法的范本。该通则经历了 1994 版、2004 版、2010 版和 2016 版四个版本的修订。无论是采用"硬法"性质的国际公约还是采用"软法"性质的示范法,均表明在国际货物买卖领域中,国家主权或受到限制或被忽视。

就"造法"技术而言,《公约》与《商事通则》秉承了两种思路,即《公约》专注于国际货物买卖的特殊规则(Rules),而《商事通则》涉及国际商事合同的原则和标准(Principle and Standard)。就"司法"技术而言,如何处理《公约》与《商事通则》之间的关系则一直是学术界争议的重点。

在发生学的意义上,《公约》源起于以主权国家为主导的国际条约立法。与《公约》不同,《商事通则》的制定在很大程度上是一种商事自治活动的产物。其规则创立模式类似于美国法律重述,它没有必要将世界上一切国家的一切法律均纳入考虑。当必须从对立的规则中选择其一时,它不仅考虑哪一个规则为大多数国家所采用,而且考虑其中哪一个规则对于跨国交易最具价值,或者特别适合。

可以认为,在国际货物买卖法律领域,《公约》是最为重要的法律渊源之一,但是由于《公约》本身存在缺陷,《商事通则》可以作为解释的参考资料而使用,使销售合同公约的解释明确化以及弥补销售合同公约的漏洞,这不仅可以提高国际货物买卖法的可预期性,而且可以促进国际货物买卖法的统一。本项目的内容将以《公约》的有关规定为核心展开讨论,并间或引用《商事通则》的有关规定作为说明。

二、《公约》法律调整模式的特征

《公约》除了序言外,共 101 条,分为 4 个部分:适用范围和总则、合同的订立、货物销售、最后条款。

(一)适用范围方面的特征

1. 事实层面

就货物销售的"国际性"问题,《公约》第 1(1)(a)条规定,公约适用于营业地在不同缔约国家的当事人之间所订立的货物销售合同,同时当事人的国籍和合同的民事或商业性质不予考虑。为扩大适用范围,《公约》第 1(1)(b)条规定,公约还适用于由国际私法规则引致适用某一缔约国法律的情况。"营业地"的概念对于确定货物销售的国际性问题至关重要,《公约》第 10 条规定,如果当事人有一个以上的营业地,则应以与合同及合同履行关系最密切的营业地为其营业地,但要考虑到双方当事人在订立合同前任何时候或订立合同时所知道或所设想的情况;如果当事人没有营业地,则以其惯常居住地为准。

同步案例 5—1　　营业地问题的认知

一家克罗地亚买方接收了一家意大利卖方交付的鞋子,但未能支付价款。卖方向克罗地亚法院提起诉讼,以寻求支付价款。一审和二审法院无视国际因素,根据克罗地亚国内合同法对该案进行了裁决。

【案例精析】 该国最高法院裁定,这些法院未适用有关冲突的规则,在适用实体法方面有误。最高法院认为,除非能够证明当事人选择了另一种法律,否则合同应受《公约》管辖,因为根据《公约》第 1(1)(a)条的含义,当事人的营业地在不同的缔约国。

就国际货物"销售"问题,《公约》并未给出定义。但是,从《公约》第 30 条和第 53 条中可以推知,所谓销售合同,指的是"根据合同约定,一方当事人(卖方)有义务交付货物并转移其所售货物的所有权，而另一方当事人(买方)有义务支付价款并收取货物”的合同。公法还采用了“原则适用、例外排除”的立法技术，即除了《公约》第2条列明的“销售”之外，原则上均可适用《公约》。按照性质，公约排除的销售可以分为以下两类。

其一，因特殊销售方式而被排除在外，包括以下方面：①购供私人、家人或家庭使用的货物的销售，除非卖方在订立合同前任何时候或订立合同时不知道而且没有理由知道这些货物是购供任何这种用途的。②经由拍卖的销售。③根据法律执行令状或其他令状的销售。

其二，因销售特殊货物而被排除在外，包括以下方面：①公债、股票、投资证券、流通票据或货币的销售。②船舶、船只、气垫船或飞机的销售。③电力的销售。

上述被排除的销售均具有一个共同的特点：它们一般由国内特别法调整，受制于国家公共政策，故被排除在外。

就国际销售的“货物”问题，《公约》并未给出定义，根据《公约》第7(1)条，对“货物”的概念应当根据本公约的“国际性”和“促进其适用的统一的需要”自动做出解释，而不需要依靠国内法来进行定义。如美国《统一商法典》第2节第105条对“货物”一词加以了界定：“‘货物’必须是其利益可能转让前既属存在又属特定的。既不存在也未特定的货物为期货。意在对期货或其利益的目前销售构成销售合同。”根据该规定，“货物”一词范围较窄。就此，公约采用了“原则适用、例外排除”的立法技术，根据第3条，被排除的非“货物”销售包括来料加工合同以及供应货物一方的绝大部分义务在于供应劳力或其他服务的合同。

学中做5—1　垃圾分拣设备的分析

德国被告向营业场所位于瑞士的原告订购了一台垃圾分拣设备。合同涵盖该设备的设计、交付、安装和启用。法院依据《公约》第3(2)条认为本案不属于《维也纳公约》的范畴。

【解析】 法院判决的理由是：合同规定的组装、调试、培训以及其他类似内容全部属于服务合同的范畴。法院认为，如果合同双方的责任主要是相互技术支持，而不是以货易钱的交易关系，那么《公约》不适用于此类合同。

2. 法律层面

《公约》的折中调整模式决定了其只对国际层面容易达成共识的事项进行调整。就此，《公约》第4条规定，公约只适用于销售合同的订立与卖方和买方因此种合同而产生的权利和义务。特别是，除非公约另有明文规定，与以下事项无关：①合同的效力，或其任何条款的效力，或任何惯例的效力；②合同对所售货物所有权可能产生的影响。

之所以将合同、条款或惯例的效力排除在外，其主要原因在于，有效与否在一定程度上是国家作为公权力对私人行为行使认可权的结果，而国家对于私人行为的认可受制于诸多因素，在国际层面上对之进行统一难度颇大。之所以将合同对货物所有权的影响排除在外，其主要原因在于，各国对所有权转移的法律规定差异颇大，很难统一。如法国《民法典》第1538条采取“合同成立—所有权转移”的模式：“当事人双方就标的物及其价金相互同意时，即使标的物尚未交付，价金尚未支付，买卖即告成立，而标的物的所有权即依法由出卖人转移于买受人。”而我国相关法律规定，标的物的所有权自标的物交付时起转移，但法律另有规定或当事人另有约定的除外。

此外，《公约》第5条还规定，该公约不适用于卖方对于货物对任何人所造成的死亡或伤害的责任。就此，我国相关法律也有类似规定，即“因当事人一方的违约行为，侵害对方人身、财产权益的，受损害方有权选择依照本法要求其承担违约责任或者依照其他法律要求其承担侵权责任”。

同步案例 5－2　　符合合同规定能否中止合同？

营业所在地位于瑞士的卖方将一台二手纺织机卖给了营业所在地位于德国的买方，后者打算将机器转卖到伊朗。买方收到货物后发现有缺陷，便要求卖方在一定期限内对机器进行修理。卖方没有照做，期限过后，买方拒绝履行合同。于是，卖方中止合同，并以买方违反合同为由扣留了定金。买方向瑞士卖方所在地的州立法院提起诉讼，要求卖方退还定金。此诉讼被法院驳回。原告向瑞士联邦法院上诉。

请分析该诉讼被法院驳回的原因。

【案例精析】 首先，联邦法院需查明：双方签订的合同中针对原告提出的此类问题是否有相关规定(即先履行合同然后要求对延迟履行合同进行损失赔偿)。根据瑞士相关法律，法院对此给予肯定回答。事实上，联邦法院认为按照《公约》第 4(a)条，《公约》不适用于本案(本案涉及的是合同有效性问题)。

随后，联邦法院研究了《公约》第 35 条，认为该条款并没有针对货物质量问题作出特别规定。但是，卖方应该确保所售货物的质量符合合同的规定。根据《公约》第 8 条，联邦法院最后的结论是：本案中，原告具备相关专业知识，知道所购货物不是一台新机器，而是一台 14 年前制造的旧机器，与最新技术差距甚远。因此，原告有责任了解清楚机器的状态和各项配置。所以，被告有权认为原告是在了解清楚机器的技术性能和各项配置之后才签合同的，初审法院的判决理由充分。根据《公约》第 35(1)条，联邦法院与初审法院一样，认为所售机器符合合同的规定，所以原告的诉讼是没有理由的。有鉴于此，法院驳回了原告的诉讼。

(二)总则方面的特征

《公约》的总则并非面面俱到，主要涉及三个方面的问题："解释""惯例""书面形式"。这种择要而述的立法方式充分体现了《公约》的调和性。

1. 解释

就"解释"而言，按性质可分为"公约解释"和"合同解释"两类。

(1)公约解释。公约解释的基础规则为 1969 年的《维也纳条约法公约》，为国际裁判机构所广泛采用。按照解释的方法，公约解释又可以分为两类，即文本解释和漏洞解释。就文本解释而言，根据《公约》第 7(1)条，在解释本公约时，应考虑两个方面：①公约的国际性质和促进其适用的统一的需要。对此，联合国贸易法委员会(UNICTRAL)采取了编纂各国典型案例(CLOUT：Case Law on UNCITRAL Texts)，非政府机构如《公约》建议委员会采取了指导性意见等方式来促使《公约》适用的统一。《商事通则》第 1.6 条(通则的解释和补充)也有类似规定，即"解释通则时，应考虑通则的国际性及其目的，包括促进其统一适用的需要"。②在国际贸易上遵守诚信的需要。就"漏洞解释"而言，《公约》第 7(2)条规定，凡公约未明确解决的属于公约范围的问题，应按照《公约》所依据的一般原则来解决，在没有一般原则的情况下，则应按照国际私法规定适用的法律来解决。

(2)合同解释。《公约》第 8 条项下的合同解释规则糅合了大陆法系和英美法系的解释理念。具体而言，大陆法系对于合同的解释主要采用主观标准，即意思说；而英美法系主要采用客观标准，即表示说。意思说较为关注当事人之间的关系，而表示说更为关注当事人之外第三人的利益保护问题。两种标准各有优缺点，《公约》第 8 条对意思说和表示说进行了折中，将合同解释具体化为当事人行为的解释，在探究当事人真实意思的同时，最大限度地维护交易安全。目前，较为完备的关于合同解释或当事人行为解释的法律文件是《商事通则》。就合同解释而言，《商事通则》第 4.1 条规定，"合同应根据当事人各方的共同意思予以解释"；第 4.4 条规定，应对合同条款进行整体解释；第 4.5 条规定，"对合同各项条款的解释应以使它们全部有效为宗旨"；第 4.6 条则建立了对条款提议人做不利解释的规则等。就当事人行为解释而言,《商事通则》第 4.2 条的表述与《公约》第 8 条前两款的表述基本相同;第 4.4 条规定,应对当事人的表述进行整体解释。最后,《商事通则》第 4.3 条规定,在对合同或当事人行为进行解释时,应考虑到所有情况。可以认为,合同解释和当事人行为解释并不完全相同,除了依照《公约》第 8 条的规定对合同条款进行解释之外,还应参照《商事通则》第 4 条的有关规定来探究当事人各方的共同意思。

做中学 5—1　　《公约》的适用问题

一家荷兰公司向一家比利时公司出售番茄苗,后来一名比利时专家证实,这些番茄苗感染了“棒状杆菌枯萎病”。买方要求对所造成的损失给予赔偿,因为使用感染的番茄苗导致全部作物毁损。在交付番茄苗时买方曾签署收条,收条说明印在收条背面的荷兰植物育种者协会一般条款和条件适用于本协议。这些条款和条件规定卖方出售低于标准的秧苗的赔偿责任不能超过货款。卖方称买方受本条款约束。买方称它同意这些条款和条件的适用并不包括同意该免责条款。

【解析】 荷兰最高法院裁定,按照《公约》第 7(2)条,有关问题属于公约的范畴,但公约并未就此作出明文规定,因此这些问题必须按照公约所依据的一般原则来解决,在没有一般原则的情况下,应按照国际私法规则所规定适用的法律来解决。关于适用法律,最高法院裁定,按照《公约》第 7(2)条,买方是否同意适用卖方的一般条款和条件包括有争议的免责条款,这一问题必须参照公约的规则解决,而不是参照国际私法规则规定适用的任何法律制度解决。

2. 惯例

在《公约》下,惯例具有两种功能,即解释功能和规范功能。

(1)惯例的解释功能。它主要体现在合同解释上,《公约》第 8 条规定,应按照“主观标准”解释合同,即一方当事人所作的声明和其他行为,如果另一方当事人已知道或者不可能不知道该意旨,应依照其意旨解释。如果“主观标准”不可用,则应采用“客观标准”,即当事人所做的声明和其他行为,应按照一个与另一方当事人同等资格、通情达理的人处于相同情况中应有的理解来解释。在使用“客观标准”时,应适当地考虑到与事实有关的一切情况,包括谈判情形、当事人之间确立的任何习惯做法、惯例和当事人其后的任何行为。

(2)惯例的规范功能。它主要体现在约束力上,根据适用的范围,《公约》第 9 条将具有约束力的惯例分为两种:一种是第 9(1)条所指的仅适用于当事人间的“主观惯例”,即双方当事人业已同意的任何惯例和他们之间确立的任何习惯做法;另一种是第 9(2)条所指的适用于特定贸易的“客观惯例”,即双方当事人应视为已默示同意对他们的合同或合同的订立适用双方当事人已知道或理应知道的惯例,而这种惯例,在国际贸易上已为有关特定贸易所涉同类合同的当事人所广泛知道并为他们所经常遵守。

同步案例 5—3　　合同中的货物描述错误带来的启示

一家丹麦卖方发传真给一家德国买方,传真上说出售“80 吨鲭鱼,整条”。因买方要求一份更详细的说明,卖方传递了一份由其荷兰供应商提供的说明。说明上说,该货物为“冷冻鲭鱼——整条”,并附上拉丁语的名称“Trachurus Symmetricus Murphyi”。标注的生产日期是“2023 年 11 月”。

后来,在给买方的一位俄罗斯顾客发传真时,卖方将该货物描述为“Bastardmakrele”(混种鲭鱼),还补充了拉丁语名称。但卖方的订单确认书和卖方开给买方的发票上所示的名称是“整条鲭鱼”,没有拉丁语或者德语说明。当货物以冷冻的形式从荷兰运往俄罗斯时,船运单据上写的是“冷冻鲭鱼,整条”,并提供了拉丁语名称。此外,船运单据附一份荷兰的卫生证明:“此鱼或(和)此水产品适合人类食用。”

该货物在2024年2月到达俄罗斯不久后，买方的顾客投诉说货物不符合合同的描述，买方随即将此投诉告知了卖方。随后，漫长的交涉开始了。在这段时间里，冷冻鱼被储藏在俄罗斯的一间仓库里。2024年9月，俄罗斯卫生部门称该货物不适合人类食用，称其为“皮毛动物食用的冷冻鱼”。德国买方进而废止了合同，在丹麦起诉了卖方，要求赔偿。赔偿包括返还购买价款。买方就此称卖方交付的鱼种与合同指定的不符，而且质量低劣，既因为该鱼是在合同规定的日期前捕捞的，也因为已经证实该鱼不适合人类食用。

【案例精析】 关于合同中的名称，法院指出，卖方与买方以前就用拉丁语的名称进行贸易，而且一般来说，这种做法符合鱼商的习惯。据此，该法院裁定买方不能否认交付的鱼不是合同指定的种类。尽管法院并未特别参照《公约》的第8、9和35(1)条，但这些规定与法院的裁决是一致的。至于生产日期是否早于合同规定的日期，法院指出，买方在收到货物时即可通过检查印在包装上的生产日期轻易证实此事。法院还裁定，买方无法臆断交付的鱼种在状态和质量上均与合同的要求不符，因为其未能在收货后尽快解冻样本并检验质量(《公约》第38(1)条)，也未能在合理的时限内告知卖方与合同不符的情况(《公约》第39(1)条)。据此，该法院驳回了买方的辩词。买方认为，根据《公约》第44条的规定，因其事先通知了卖方合同中货品名称的问题，所以无须通知生产日期和货物质量的问题。

同步案例5—4 未能足额支付货款的仲裁案

在通过中介长期间接交往之后，中国境内的一家帽子制造商(以下简称制造商)与一家美国帽子中间商就具体规格的帽子签署了一系列书面销售合同。该中间商未能足额支付依据这些合同交付货物的货款。制造商依据每份销售合同中的仲裁条款向中国国际经济和贸易仲裁委员会提起仲裁程序。中间商没有参与仲裁程序，仲裁庭签发了一份仲裁裁决，要求中间商支付制造商诉求的全部款项外加利息和费用。

制造商随后向一家美国联邦法院(堪萨斯区美国地区法院)提起诉讼，以遵照1958年《承认及执行外国仲裁裁决公约》(以下简称《纽约公约》)执行该仲裁裁决，美国是该公约的缔约国。中间商对执行该仲裁裁决提出抗辩，辩称双方当事人之间没有合同关系，因而使得仲裁条款对中间商无效。因此，中间商辩称，制造商与中间商之间的争端是不可仲裁的——《纽约公约》规定抗辩执行仲裁裁决的获准理由之一。具体来说，中间商辩称，其签署销售合同时，并不打算同制造商订立直接的合同关系，只是打算确认一下订货，而其理解是，与以往的交易相同，订单都是由中介发给制造商的。

中间商争辩，依据《公约》第8条(双方当事人商定该公约管辖指称的销售合同，因为双方当事人都在缔约国境内)，这一意旨约束了制造商，因此双方当事人之间没有需要仲裁的合同和协议。在经过漫长的审前程序之后，制造商提出了即决判决动议，对中间商的争执点正式提出反对。

【案例精析】 法院首先驳回中间商的以下论点：其主观意旨依据《公约》第8(1)条能约束双方当事人。法院认定，尽管中间商提出了证据，证明其主观上并不打算同制造商订立直接的销售合同，但它没有提出证据证明制造商“知道或不可能不知道”第8(1)条所要求的意旨。根据第8(2)条，法院随后“审议中间商的行动是否使得其将销售合同仅视为简单确认的主观意旨，为与另一方当事人同等资格、通情达理的人处于相同情况中所知所信”。

法院认定，中间商未能证实其解释符合该标准。法院指出，双方当事人签署的销售合同将制造商描述为“卖方”，将中间商描述为“买方”，但没有提到中介，因此，中间商受到其所签署的合同的约束，无论其是否阅读或理解了该合同。

法院还指出，中间商的行为，包括多次确认其欠制造商所购货物的销售款，也与双方当事人之间的直接合同关系是一致的。因此，法院认定，"……证据表明双方当事人之间的合同关系，其中包括仲裁协议"。最后，法院批准制造商的即决判决动议并确认该仲裁裁决。

资料来源：UNICTRAL 判例 844。

3. 书面形式

《公约》第 11 条对"书面形式"未作要求，即销售合同无须以书面订立或书面证明，在形式方面也不受任何其他条件的限制。销售合同可以用包括人证在内的任何方法证明。另外，根据《公约》第 29 条，合同只需双方当事人协议，就可更改或终止而无需书面形式。即使合同规定任何更改或终止必须采用书面形式，只要一方当事人的行为，如经另一方当事人寄予信赖，就不得坚持此项规定。这是公约基本原则之一——诚信原则的体现。

同步案例 5－5　　《公约》中书面形式与诚信原则的应用

比利时卖方和法国买方就交换机的生产与供应进行谈判。双方签署了一份意向书，明确规定在后续谈判后再签署最终协议。不过，该意向书明确指明了买方将发出 30000 个交换机的预期订单、交货时间表以及需要支付的单位价格。此外，该意向书还规定在最终协议签署之前及之后双方间的相互关系受法国法律管辖。双方没有在指定日期签订最终合同，不过他们继续就其具体条款展开谈判。一段时间后，该项目的可行性变得不确定，因为接下来法国的交换机销售不佳。双方在会见时讨论了友好解决问题的可能方案，由买方起草并发送给卖方的会议纪要描述了这些方案。两个月后卖方给予回应，宣布买方因其取消订单而违约。随后，买方宣称从未下此订单。卖方起诉要求支付价款，并请判决买方必须提取这 30000 个交换机。

【案例精析】 比利时初审法院认为其不具有审理此争议的国际管辖权，因为该争议中的主要义务是在法国履行的。卖方上诉。法院允许卖方上诉，发现意向书内所指法国法律也包括已经法国批准的《公约》，这与买方的申辩相反。根据《公约》第 3(1)条，拟制造或生产货物的供应合同被认为是销售合同。买方的首要义务是支付货款。该意向书明确规定了履行交货义务的地点，却未谈及履行付款义务的地点。在这种情况下，根据《公约》第 57(1)条的规定，应在卖方营业地付款(即在比利时)。因此，根据《布鲁塞尔公约》第 5(1)条的规定，比利时法院有审理此争议的国际管辖权。该法院注意到，规定合同订立事宜的《公约》第二部分要求要有一项发价与接受，也注意到双方可基于《公约》第 6 条规定的当事人意思自治原则在谈判后逐渐达成一项协议(无明确的发价与接受)。双方在意向书内规定了预期合同的多个重要因素，该意向书被视为一份原则性协议，防止当事双方对已达成协议的事项反悔。当事双方从未签署正式协议，不过，双方一直在谈判，并且已就某些事项达成协议。因此，不支持买方从未下过订单的论点。

当整个项目的可行性变得不确定时，双方就可能的解决方案进行了谈判，方案之一即是取消订单。卖方没有在收到相关会议纪要后的合理时间内做出反应，没有就纪要的内容提出质疑。根据《公约》第 29(1)条和第 11 条，一份协议只需当事双方同意就可更改或终止，该同意可由任何方式来证明，其中包括当事双方自身的行为。国际贸易的需要使得当事双方有义务在收到其不能同意的函件后的合理时间内提出异议，因为在贸易领域，在收到各种文件时保持缄默具有正面含义。订单已通过当事双方的同意被取消，卖方关于买方必须仍然购买 30000 个交换机的主张没有根据，与诚信原则相冲突，而适用及解释《公约》必须遵守该原则[《公约》第 7(1)条]。因此，法院驳回了卖方的主张。

资料来源：http://www.law.pace.edu/cases/020515b1.html.

（三）排除和保留

1. 当事人排除

为充分尊重当事人缔约自由，《公约》第 6 条规定双方当事人对于公约的适用具有选择权，这种选择权可以分为以下两类。

(1)当事人可以决定不适用《公约》。对此，《公约》没有作出任何限制。就当事人排除《公约》适用的形式问题，通说认为，无须明示，从当事人选择适用国内法的行为中即可推断出当事人决定不适用《公约》。但是，不能因为当事人在起诉状或答辩中仅引用国内法便认为当事人排除了《公约》的适用。如果当事人选择的法律是缔约国法，则可能适用《公约》第 1.1(b)条的情况。

(2)当事人可以在适用《公约》的情况下，减损公约的任何规定或改变其效力。对此，《公约》作出了限制，即应满足《公约》第 12 条关于书面形式的特殊要求。

2. 缔约方保留

《公约》关于缔约方的保留规定主要体现在公约的第四部分(最后条款)。在对象上，缔约方的保留可以分为以下两个方面。

(1)适用范围方面的保留。适用范围方面的保留又可以分为三种：

①内容方面的保留，即主要包括缔约方可声明它不受公约第二部分(合同的订立)的约束或不受公约第三部分(货物销售)的约束。国家内部的保留，即如果缔约方具有两个或两个以上的领土单位，且对国际货物销售适用不同的法律制度，则该国可声明本公约适用于该国全部领土单位或仅适用于其中的一个或数个领土单位。

②国家间的保留，涉及两种情况：一是缔约国之间，二是缔约国与非缔约国之间。缔约方均可随时声明《公约》不适用于营业地在这些国家内的当事人之间的销售合同及合同的订立，条件是这些国家对属于《公约》范围的事项具有法律制度的相似性。

③国际私法适用的保留，即一国在交存其批准书、接受书、核准书或加入书时，可声明它不受本公约第一条第(1)(b)条的约束。中国对此做出了保留。

(2)书面形式方面的保留。根据《公约》第 96 条，本国法律规定销售合同必须以书面订立或书面证明的缔约国，如果任何一方当事人的营业地是在该缔约国内，可以随时按照第 12 条的规定，声明本公约第 11 条、第 29 条或第二部分准许销售合同或其更改或根据协议终止，或者任何发价、接受或其他意旨表示可以书面以外任何形式做出的任何规定不适用。中国对此做出了保留。

第二节 国际货物买卖合同的订立

一、一般性规定

一般认为，合同的订立需历经缔约过程——要约和承诺。在法律上分析要约和承诺主要集中在两个方面：当事人的合意与合意内容的确定性。

（一）当事人的合意

1. 要约

合同的订立起于要约，在分析要约时，有必要区分要约的成立要件与要约的效力要件。

(1)要约的成立要件

就要约的成立问题而言，根据《公约》第 14 条，并非所有提出订立合同的建议都是要约，一项要约的构成应满足以下三个要件：

①应有特定的受要约人，即应向一个或一个以上特定的人提出订立合同的建议，向非特定的人

提出的建议,仅应视为要约邀请,除非提出建议的人明确地表示相反的意向。因此,向公众发出的广告或商品目录不能构成《公约》项下的要约。

②内容应十分确定。一个建议如果写明货物,并且明示或暗示地规定数量和价格或规定如何确定数量和价格,即为十分确定。在此,《公约》对何谓内容确定采取了三要素说。

③要约人表示在得到承诺时受到约束的意思表示。

(2)要约的效力要件

就要约的效力问题而言,《公约》规定了以下四种情形:

①阻止要约生效的情形。《公约》第15(2)条规定,如果撤回通知于发价送达受要约人之前或同时送达受要约人,那么一项要约(即使是不可撤销的)可予撤回。根据第24条,就《公约》第二部分(合同的订立)而言,要约、承诺或任何其他意旨表示"送达"对方,是指用口头通知对方或通过任何其他方法送交对方本人,或其营业地或通信地址,如无营业地或通信地址,则送交对方惯常居住地。因此,送达的标准是"到达主义"而非"投邮主义"或"了解主义"。

②要约生效的情形。《公约》第15(1)条规定,要约于送达受要约人时生效。

③已生效要约的效力变更情形。《公约》第16(1)条规定,如果撤销通知于受要约人发出接受承诺之前送达受要约人,要约可予撤销。考虑到受要约人的信赖利益,第16(2)条规定,如果要约写明接受要约的期限或以其他方式表示要约是不可撤销的,以及受要约人有理由信赖该项要约是不可撤销的,而且受要约人已本着对该项要约的信赖行事,那么该要约不能被撤销。

④要约效力终止的情形。《公约》第17条规定,一项要约,即使是不可撤销的,于拒绝通知送达要约人时也可终止。实践中,拒绝通知有各种形式,如果受要约人提出新的要约,新的要约即可被视为拒绝通知。除了受要约人通过拒绝通知终止要约效力之外,如果要约本身载明期限,则在期限届满之后,要约终止。如果要约本身没有载明期限,则经过合理期限,要约终止。

2.承诺

与要约相对应,承诺也分为成立要件和效力要件。

(1)承诺的成立要件

一般而言,构成承诺必须满足以下三个要件:

①应有承诺的表示。《公约》第18(1)条规定,受要约人声明或做出其他行为表示同意一项发价,即是承诺。承诺是一种积极的行为,缄默或不行动本身不等于接受。

②应是无条件承诺。考虑到国际商事交易的特殊性,《公约》第19(2)条规定,承诺人对于要约表示接受但列出不同条件时,只要该不同条件在实质上并不变更该项要约,如果要约人不在过分迟延的期限内以口头或书面通知反对其中的差异,那么,该非实质性条件变更仍构成承诺。

③承诺不能改变要约的内容。此即所谓的"镜像规则"(Mirror Rules)。《公约》第19(1)条规定,对要约表示接受但载有添加、限制或其他更改的答复,即为拒绝该项要约,并构成新要约。若是同条件的非实质性变更,第19(2)条规定,对于内容的非实质性变更,如果要约人不在过分迟延的期间内以口头或书面通知反对其中的差异,那么该非实质性内容变更仍构成承诺。

(2)承诺的效力要件

就承诺的效力而言,《公约》规定了以下三种情形。

①阻止承诺生效的情形。由于《公约》采取送达生效主义,故已发出的承诺依然可以撤回。对此,《公约》第22条规定,如果撤回通知于承诺原应生效之前或同时送达要约人,承诺可予撤回。

②承诺生效的情形。《公约》第18(2)条规定,承诺送达发价人时生效。换言之,如果承诺未在要约人所规定的时间内,或者如未规定时间,在一段合理的时间内未曾送达要约人,承诺无效。

③承诺效力待定的情形。效力待定可分为两种类型:一种是正常逾期,对此,《公约》第21(1)

条规定，只有在要约人毫不迟延地用口头或书面将认可承诺效力的意见通知被要约人时，该逾期仍有承诺的效力；另一种是非正常逾期，对此，《公约》第 21(2)条规定，如果载有逾期接受的信件或其他书面文件表明，它是在传递正常、能及时送达承诺人的情况下寄发的，除非要约人毫不迟延地用口头或书面通知受要约人不认可承诺的效力，否则该项逾期具有承诺的效力。

同步案例 5—6　　留置权的争议案

美国境内的卖方同意向加拿大境内的买方销售机械设备。卖方交了货，但买方未能支付部分货款。卖方对买方提出违反合同诉讼，并提出依据美国国内(密歇根州)成文法立即追回货物的动议。卖方指称，该成文法使其对销售给买方的机械设备获得了留置权。

【案例精析】 法院认为双方当事人之间的销售合同适用《公约》，尽管买方发出的一份书面订购单中载有选择法律条款，指定了加拿大法律。买方的订购单是在卖方向买方提供了机械设备的口头"报价"(买方被指称同日口头接受了该报价)的六周之后发出的。法院判定，卖方的报价(其中大概没有包含选择法律条款)可以构成《公约》第 14 条下的销售发价，因为报价"十分确定"，并表明"发价人在得到接受时承受约束的意旨"。法院随后认定，买方指称的口头接受如果确实提出过，依据第 18 条是有效的。因此，法院推理完全可以在没有法律选择条款的情况下缔结合同，而依据第 1(1)(a)条，《公约》可以适用，因为当事人在不同的缔约国境内。法院指出，即使买方的选择法律条款是该合同的一项条款，《公约》仍然可以适用。"复查过(《公约》第 6 条)的法院判定，双方当事人必须明确决定《公约》不适用其协议(引用美国的裁决)。"法院宣称，买方的选择法律条款没有"明确表明(《公约》)不适用"，因为该条款所指定的加拿大法律包括《公约》。

尽管法院判定《公约》适用于双方当事人的销售合同，但法院认定，根据第 4 条所述的《公约》范围限制，《公约》不得优先于卖方对货物提出留置权要求所依据的密歇根州成文法。但是，法院最后指出，它不能决定该成文法是否适用，且在没有进一步证据的情况下不能确定卖方是否满足了有效留置权要求。因此，法院驳回了卖方立即追回货物的动议。

资料来源：UNICTRAL 判例 845。

(二)合意内容的确定性

1. 合同成立的确定性

如前所述，要约的内容必须十分确定，《公约》第 14(1)条规定，一项内容确定的要约必须含有三个要素，即货物、价格和数量。然而，《公约》第 55 条规定：

"如果合同已有效地订立，但没有明示或暗示地规定价格或规定如何确定价格，在没有任何相反表示的情况下，双方当事人应视为已默示地引用订立合同时此种货物在有关贸易的类似情况下销售的通常价格。"

关于价格规定的不同规定使得《公约》第 14 条与第 55 条之间的关系成为公约中最为微妙的问题之一。但是，从鼓励合同成立的角度而言，第 55 条有取代第 14 条相关规定的趋势。因此，我们可将合同成立的确定性分为两种类型：①必需的确定性，包括货物和数量；②可补充的确定性，即价格。

中国《民法典》第 470 条和第 551 条也体现了类似的思路。

同步案例 5—7　　"十分确定"要素的判定

一家中国卖方和一家瑞士买方订立了 5000 吨碱性生铁和 5000 吨铸造用生铁的买卖合同。合同规定买方必须出具不可撤销信用证，以及另一份关于进口卖方 10 万吨铁矿石的信用证。该合同还规定将按双方商定的价格交付 1 万吨碱性生铁，以及按双方商定的价格交付 1 万吨碱性生铁或铸造用生铁。碱性生铁和铸造用生铁将由合同指定的两家不同的工厂供应。

根据卖方的指称,买方仅履行了有关第一批5000吨碱性生铁的义务,随后就第一批5000吨铸造用生铁给予卖方补偿。此外,买方没有履行其余2万吨碱性生铁的义务。这导致卖方不得不向另外两家公司亏本转售1万吨碱性生铁,并因撤销国内供应商的1万吨碱性生铁订单蒙受其他的损失。卖方要求得到因转售1万吨碱性生铁导致的损害赔偿和利息,以及因撤销1万吨碱性生铁订单而产生的费用。

买方声称,卖方最终转售的1万吨碱性生铁事实上是买卖双方订立的另一份买卖合同的标的物。买方还辩称,因为国内供应商不是原合同商定的供应商,所以卖方不得要求因撤销1万吨碱性生铁订单导致的损害赔偿。

【案例精析】 仲裁庭首先考虑是否订立了关于2万吨碱性生铁的合同。它裁定,关于1万吨碱性生铁的第一次要约是"十分确定"的[《公约》第14(1)条],并且根据《公约》第23条的规定视为"接受"。但有关该要约的最终标的物是未明确的,因此关于1万吨碱性生铁或铸造用生铁的要约不是"十分确定"的。因此,没有要约,没有接受,也就不存在关于余下1万吨碱性生铁的合同。仲裁庭驳回了买方关于转售1万吨碱性生铁构成双方当事人订立其他合同的基础的争辩,因为后一份合同没有证据支持买方的立场。但仲裁庭认为,卖方无权要求对转售造成的损失的赔偿。书面证据表明,买卖双方仍在就这1万吨碱性生铁的价格进行谈判。由于卖方没有出示证据来证明其在卖方第一次转售之前已宣告原合同无效,根据《公约》第75条,卖方无权要求损害赔偿,因为卖方并不是在宣告原合同无效之后与其他两家公司订立转售合同的。

资料来源:http://www.law.pace.edu/cases/981225c1.html.

2.合同内容的确定性

在当事人使用各自的格式合同订立合同时,会出现确定合同内容的难题。对此,理论上主要存在三种方案,具体如下:

(1)镜像规则(Mirror Rule)。即只要格式合同不一致,则不成立合同。

(2)剔除规则(Knock-out Rule)。即只要满足合同成立的确定性要件,合同成立。但是,合同内容仅包括那些双方均一致的内容,不一致的内容应当被剔除。

(3)最后出手规则(Last-shot Rule)。即只要满足合同成立的确定性要件,合同成立。合同内容以最后提出的内容为准。

《公约》采取了第三种方案,根据第19(2)条,对于非实质性变更,如果要约人不作出符合公约规定的反对,则合同的条件就以该项要约的条件以及承诺通知内所载的更改为准。

同步案例5—8　　一般条款和条件的适用

德国申请人向总部设在荷兰的被申请人购买了一辆大客车。申请人2023年11月的订单在背面印有德文版的一般条款和条件。此后不久,被申请人发出订单确认函,其中提到以荷兰文写成的本公司的一般条款和条件。当事双方的一般条款和条件都载有合同所发生争议的选择法院条款,其中规定法院地为卖方的总部。2024年3月,申请人在德国科隆法院提出独立诉讼申请,目的是取得专家对于下述问题的意见,即已交付的汽车能否装上另一种座椅,申请人声称这是当事双方在合同中商定的。买方认为科隆法院是合适的法院,因为完成交易的卖方分支机构设在科隆。卖方对此事提出异议,辩称其总部设在荷兰,在科隆的机构只是一家独立的商业机构。

【案例精析】 法院驳回了申请人的申请,上诉法院支持下级法院的裁定,认为德国法院没有国际管辖权。上诉法院指出,《关于民商事管辖权及判决承认与执行的欧盟第44/2001号条例》(《布鲁塞尔条例Ⅰ》)第23(1)条所规定的选择法院协议须相互以书面形式订立的要求也可以通过使用一般条款和条件来满足。法院认定由于德国和荷兰都是《公约》的缔约国,而当事双方没有排除该公约的适用,因此应当适用该公约。

接着,法院指出,如遇一般条款和条件有冲突,至少是一般条款和条件中没有冲突的部分应视为达成一致,而其余部分适用"最后出手"理论,意指以最后发出条款的当事方的一般条款和条件为准。因此,法院认定选择法院协议有效,因为两个标准条款在这一点上是类似的。出于同样原因,在此特殊案例中,即使适用"最后出手"理论,也将导致类似的结果。

资料来源:http://www.law.pace.edu/cases/060524g1.html.

二、电子交易下的合同订立问题

(一)新的通信方式

在功能上,通信方式可分为两类:即时性的和非即时性的。其中,即时性的通信依双方当事人是否必须同时在场分为两类:不在场和在场。在这一分类下,传统的和现代的通信方式可以按其特性分别加以归类,如表 5—1 所示。

表 5—1　传统与现代的通信方式

通信方式		《公约》涉及的通信方式	现代通信方式
非即时性(不在场)		信件、电报	电子邮件
即时性	不在场	电传	传真
	在场	电话	网络电话、网上即时聊天

另外一种分类与计算机的自动管理程序密切相关,即一些计算机按照实现编制的程序可以完成交易活动。在这种情况下,相关的通信方式按形式可以分为两类:人机交流和机机交流。按交流的功能,即交流是否具有即时性以及双方是否同时在场,可以将有关通信方式分别归类,如表 5—2 所示。

表 5—2　计算机自动管理程序

人机交流	非即时性(不在场)		通过网站订货,相关信息由接收系统自动处理
	即时性	不在场	非交互式的自动网站
		在场	交互式的自动网站
机机交流	非即时性(不在场)		具有延迟接收功能的 EDI
	即时性	不在场	即时接收 EDI,但处理程序延后
		在场	即时接收 EDI,同时进行处理程序

(二)《公约》的规定

《公约》第 14 条规定,为该公约的目的,"书面"包括电报和电传。第 20 条规定,要约人在电报或信件内规定的接受期间,从电报交发时刻或信上载明的发信日期起算,如信上未载明发信日期,则从信封上所载日期起算。要约人以电话、电传或其他快速通信方法规定的接受期间,从要约送达受要约人时起算。第 24 条规定,要约、承诺或任何其他意思表示"送达"对方,是指用口头通知对方或通过任何其他方法送交对方本人,或其营业地或通信地址,如无营业地或通信地址,则送交对方惯常居住地。

如果仅从外观而言,很难说《公约》可以适应现代通信技术的发展。但是,如果将《公约》的相关规定分为即时性和非即时性，而非即时性又分为在场和不在场，可以发现，《公约》的规定十分完善。以电子邮件为例，其功能类似于《公约》下的信件和电报，是一种典型的非即时性通信手段，因而仍应采用送达原则，而不应采用针对在场即时交易的“了解主义”。具体而言，根据《公约》第 24 条，“送达”应以到达对方的通信地址为准，由于被送达人邮件所在服务器可以发挥通信地址的功能，因而可以将电子邮件到达该服务器视为“送达”。

总而言之，如果对通信手段进行功能分类，并将现代的通信手段与《公约》明示的通信手段相对比，可以较好地解决《公约》在现代电子商务中的适用问题。随着《联合国国际合同使用电子通信公约》的出台，上述关于功能分类的方法得到了权威的支持。这表明，《公约》将继续在国际电子商务领域发挥至关重要的作用。

第三节 国际货物买卖合同的履行

在国际货物销售合同中，双方当事人通常会采用国际上通行的国际贸易术语来表示履行的条件。根据《公约》第 9(1)条，这些贸易术语被并入合同，作为合同条款对双方当事人均有约束力，从而优先于《公约》的规定。

一、卖方的义务

（一）交付货物、移交单据和转移货物所有权

根据《公约》第 6 条的规定，当事人可以通过约定排除公约的规定，因此，公约的相关规定是“默认规则”(Default Rule)，即只有在当事人没有其他不同规定的情况下才适用。

1. 交货地点

对于交货地点的确定，《公约》规定了以下四个确定标准。

(1)当事人意思自治。根据第 31 条前言，如果合同约定卖方有义务在特定地点交付货物，依其约定。

(2)货交承运人。《公约》第 31(a)条规定，如果销售合同涉及货物的运输，卖方应把货物移交给第一承运人，以运交给买方。《公约》第 32(1)条规定，如果卖方按照合同或本公约的规定将货物交付给承运人，但货物没有被加以标记，或以装运单据或其他方式清楚地注明有关合同，卖方必须向买方发出列明货物的发货通知。此外，根据第 32(3)条，如果卖方没有义务对货物的运输办理保险，其必须在买方提出要求时，向买方提供一切现有的必要资料，使买方能够办理这种保险。

(3)特定地点交货。分为两种情况，《公约》第 31(b)条规定了第一种情况，即如果合同指的是特定货物或从特定存货中提取的或尚待制造或生产的未经特定化的货物，而双方当事人在订立合同时已知道这些货物是在某一特定地点，或将在某一特定地点制造或生产，卖方应在该地点把货物交给买方处置。《公约》第 32(2)条规定了第二种情况，即如果卖方有义务安排货物的运输，其必须订立必要的合同，以按照通常运输条件，用适合情况的运输工具，把货物运到指定地点。

(4)卖方营业地交货。在其他情况下，卖方应在其于订立合同时的营业地把货物交给买方处置。

实践中，与交货地点有关的争议主要集中在原告能否向位于交货地的法院提起诉讼，以及交货地法院能否行使管辖权。显然，这不是《公约》所调整的问题。对此，欧盟国家和美国的做法迥异，前者认为，交货地点是确定法院管辖权的决定性因素，而后者认为，交货地点仅是多种考虑因素中的一个，而且并不一定具有决定性。

同步案例 5—9　　交货地点的争议案

2024 年 7 月，一名荷兰企业家向一家法国公司购买纤织品自用。卖方确认了订单并于 2024 年 8 月将纤织品交付买方。后者后来发现纤织品因弹性不够而不符合合同。因此，买方向（荷兰）马斯特里赫特一审法院提起诉讼，称卖方违反了合同。

【案例精析】 最高法院同意上诉法院关于《公约》适用于本案的意见。在马斯特里赫特一审法院，卖方援引《关于民商事案件管辖权及判决执行的布鲁塞尔公约》（下称《布鲁塞尔公约》）第 5(1) 条，称该法院对本案没有管辖权，但该法院裁定其有管辖权。在上诉时，上诉法院推翻了一审法院的裁定，指出首先从销售合同来看，显然卖方有义务将纤织品交到买方在荷兰的营业地，因此销售合同包括纤织品的运输。其次，在本案中，根据《公约》第 31(a) 条，卖方所负的义务包括将货物交给第一承运人运交买方。再次，由于纤织品是在卖方设在（法国）里昂的营业地交给承运人的，里昂就是实际履行合同的地点。最后，根据《布鲁塞尔公约》第 5(1) 条，马斯特里赫特一审法院不拥有管辖权，因为在类似本案的案件中，合同义务的履行地必须是应予履行而未履行合同义务的地点。

在向最高法院上诉时，买方称《公约》第 31(a) 条不适用于本案，因为上诉法院的推理表明，卖方有义务将纤织品交到买方在马斯特里赫特的营业地，而《公约》第 31(a) 条只涉及卖方没有义务在事先确定的任何其他地点交付货物的情况。最高法院驳回了上诉，理由是从上诉法院的推理中可以明显看出，该法院尽管使用了“将纤织品交到营业地”等词语，但并不认为本案属于《公约》第 31 条第一句所指的案件，该条第一句是指卖方有义务在事先确定的任何其他地点交付货物的情形。本案只是第 31(a) 条述及的一个案件，即销售合同包括有关货物的运输。

资料来源：UNICTRAL 判例 834，有改动。

2. 交货时间

就交货时间，《公约》第 33 条规定了以下三种情况。

(1) 按日期交货的情况。即如果合同规定有日期，或从合同可以确定日期，应在该日期交货。

(2) 按时期交货的情况。即如果合同规定有一段时间，或从合同可以确定一段时间，除非情况表明应由买方选定一个日期外，应在该段时间内任何时候交货。

(3) 在其他情况下，应在订立合同后一段合理时间内交货。

同步案例 5—10　　一则关于交货时间问题的案例

一家白俄罗斯公司（原告）和一家波兰公司（被告）签订了一份肉鸡购买合同。合同规定，预付 30% 的货款，并规定每延迟交货一天则应支付所收货款的 0.15% 作为罚金。当事方在其协议中规定，该合同产生的所有纠纷都受《公约》的规范。原告在原告营业地对被告提起诉讼，并声称尽管及时预付货款，但被告未能交付货物，同时要求归还预付款，根据合同规定支付罚金，并支付损害赔偿。被告没有出庭。

【案例精析】 法院认为当事方选择适用《公约》，并根据《公约》第 30 条和第 33 条认定，卖方违反了在合同规定时间内交付货物的义务。此外，参照《公约》第 81(2) 条，法院认为，买方已适当履行了其预付义务，而卖方没有退还所收货款。因此，法院支持买方主张归还预付货款，并根据合同规定支付罚金。但法院驳回了原告的损害赔偿主张，因为根据《经济诉讼法典》，原告未提供充分证据加以证明。

资料来源：UNICTRAL 判例 959。

3. 交付单据

国际货物买卖在一定程度上是单据的买卖。《公约》第 34 条规定，如果卖方有义务移交与货物有关的单据，其必须按照合同所规定的时间、地点和方式移交这些单据。如果卖方在规定时间以前已移交这些单据，其可以在规定时间到达前纠正单据中任何不符合同规定的情形，但是，此一权利的行使不得使买方遭受不合理的不便或承担不合理的开支。但是，买方保留本公约所规定的要求损害赔偿的任何权利。

文义上，《公约》第 34 条认为，卖方移交与货物有关的单据是以存在相关义务为前提的。尽管理论上移交单据的义务可以分为合同义务和法定义务，但第 34 条特别强调移交单据的时间、地点和方式应当是“合同规定”的。因此，当存在移交单据的法定或者合同义务，但合同并没明确规定移交单据的时间、地点和方式时，就存在法律规定上的空白。对此，应按照《公约》第 7(2)条和第 9 条的规定加以处理。一般认为，交付单据以能够及时满足实际需要即可。

4. 转移货物所有权

《公约》第 4 条规定，除非另有明文规定，公约与所售货物所有权可能产生的影响无关。结合《公约》第 30 条，可以作如下理解：①转移货物所有权是卖方在国际货物销售中必须履行的一项主要的合同义务，公约对此作出了明确的规定；②对于为履行第 30 条义务所适用的法律规则，如货物所有权转移的时间、形式，以及法律上的效力等，应通过当事人的约定、国际惯例以及国际私法规则所确立的法律来解决。

（二）对货物的品质担保和权利担保

1. 品质担保

品质担保法律制度与所有权转移问题密切相关。如意大利民法规定，货物的所有权自合同订立时转移，因此，一旦当事人同意交付货物和支付价格，只要货物被特定化，则该货物的所有权即转让给买方。中国《民法典》则规定，合同仅仅设立义务，即卖方有义务转移货物的所有权，因而交付与合同相符的货物仅仅是合同上的义务。在意大利法的模式下，一旦合同订立，货物所有权即转移到买方，此时买方的义务是交付，而不管该货物是否与合同相符；在中国法的模式下，卖方于交付时应保证货物符合合同的规定，否则构成违约。

在关于品质担保的规定中，《公约》倾向于否认意大利模式的所有权转移方式。具体而言，《公约》第 35(1)条规定，卖方交付的货物必须与合同所规定的数量、质量和规格相符，并须按照合同所规定的方式装箱或包装。这表明，在合同订立时，货物所有权并未转移给买方，卖方交付的不是“买方”的货物，而是根据合同承担的义务。

同步案例 5－11　原产地证明带来的争议案

意大利买方在塞尔维亚仲裁法院针对塞尔维亚卖方启动仲裁程序，以取得因塞尔维亚当局撤销该合同所要求的、确保豁免关税的原产地证明而导致买方不得不在意大利支付的关税。卖方因该仲裁法院的不正确命名而对其管辖权表示怀疑，对由于证明撤销其要对买方遭受的任何损害承担责任表示质疑，并且就所要求的赔偿额提出异议，争辩称买方已在另一个程序中就相同损害要求赔偿。

【案例精析】 根据案情，仲裁庭按多个法律来源（如《公约》《联合国贸易法委员会国际贷记划拨示范法》等）做出裁决。该仲裁庭裁决：根据《公约》第 35(1)条的规定，提供货物的具体原产地及提供原产地证明的义务是一个明确的合同条件。因此，卖方订立合同时即认识到不能提供原产地证明会对买方造成财务影响，即买方将失去在意大利被豁免关税及相关费用的待遇。

仲裁庭适用《公约》第 36(1)条和第 45(1)(b)条，认为卖方对风险移转到买方时所存在的任何不符合同情形负有责任，因为卖方早在订立合同时就认识到了要求提供原产地证明这一明确合同条件，尽管不符合同情形在稍晚时候才变得明显。基于以上情况并根据《公约》第 74 条的规定，仲裁庭认为卖方本应在订立合同时就预见到如果买方不能获得特定原产地证明买方会遭受损害，并裁决卖方向买方支付买方所能证明的赔偿金额。根据《公约》第 78 条的规定，仲裁庭裁决卖方支付利息。由于缺少相关的塞尔维亚法律，适用商法和《联合国贸易法委员会国际贷记划拨示范法》第 2(1)(m)条来决定利率。仲裁庭裁决适用利率为银行间欧元同业拆借利率的短期贷款利率，以所使用的货币为基础进行计算。

资料来源：http://www.law.pace.edu/cases/080123sb.html.

关于品质担保的问题，相关内容具体如下：

第一，货物与合同是否相符的标准。根据《公约》第 35(2)条，判断合同与货物是否相符有五个标准，具体如下：

(1)当事人意思自治。即如果双方当事人另有协议，应适用于当事人的协议。

(2)通常使用目的。交付的货物应适用于同一规格货物通常使用的目的。

(3)特定目的。货物适用于订立合同时曾明示或默示地通知卖方的任何特定目的，除非情况表明买方并不依赖卖方的技能和判断力，或者这种依赖对其是不合理的。

(4)样品或样式。货物的质量与卖方向买方提供的货物样品或样式相同。

(5)同类方式装箱或包装。货物应按照同类货物通用的方式装箱或包装，如果没有此种通用方式，则按照足以保全和保护货物的方式装箱或包装。

第二，品质担保期间。《公约》将品质担保的期间分为风险转移前和转移后两类。《公约》第 36(1)条规定，在风险转移前，卖方承担无条件品质担保责任，即卖方应按照合同和本公约的规定，对风险转移到买方时所存在的任何不符合同情形负有责任，即使这种不符合同情形在该时间后开始明显。在风险转移后，卖方承担有条件品质担保责任，即如果货物与合同不符是由于卖方违反其某项义务所致，包括违反关于在一段时间内货物将继续适用于其通常使用的目的或某种特定目的，或将保持某种特定质量或性质的任何保证。

第三，货物与合同不符的确定。合同与货物是否相符应当尽快确定，否则随着时间的推移、参与人的增加，很难确定责任人的归属。

《公约》第 38 条对检验的时间和地点作出了规定。①就时间而言，买方必须在按情况实际可行的最短时间内检验货物或由他人检验货物。②就地点而言，如果合同涉及货物的运输，检验可推迟到货物到达目的地后进行；如果货物在运输途中改运或买方须再发运货物，没有合理机会加以检验，而卖方在订立合同时已知道或理应知道这种改运或再发运的可能性，检验可推迟到货物到达新目的地后进行。

同步案例 5—12　货物与合同规定不符的仲裁案

当事人双方签订了一项销售优质榉木原木的合同。“优质”是指没有任何质量缺陷。第一批货物运至上海交给买方后，当地的海关签发了检验证书，表明未发现这批货物有任何缺陷。但货物的最终目的地签发的第二份检验证书表明这批货物中有一部分有严重的缺陷，买方立即将缺陷问题告知卖方。但在第二批货物中，大部分货物不符合合同要求。当时，该货物的市场价格大幅下降，买方为了减少损失被迫降价出售这些货物。因此，在当事人谈判破裂以后，买方申请仲裁，声称货物不符合合同要求，但卖方予以否认。

【案例精析】 仲裁庭适用了《公约》第 1(1)(a)条。仲裁庭首先解释了用来界定货物质量的合同术语。仲裁庭裁定，从含义上讲，合同中用来界定质量要求的术语与木材工业中使用的术语是一致的。因此，当事人以默示方式使《公约》第 9(2)条中的工业术语适用于其合同。关于涉及质量的其他合同术语的解释，仲裁庭解释了每个术语的一般含义，并把它们与合同中的具体质量要求进行对比。仲裁庭最终裁定，带有“疤痕”“裂缝”或“裂口”的货物不符合合同中规定的提供优质货物的要求。仲裁庭允许买方使用第二份检验证书作为索赔依据。仲裁庭裁决，买方只是进口商，不是货物的最终用户；上海只是货物的联运港口，并不是货物的最终目的地。基于上述这些原因，根据《公约》第 38(2)条，要求买方在上海港对货物进行检验并不切合实际，而且浪费时间和钱财。因此，第二份检验证书是有效的，买方有权以此为据。仲裁庭裁决，在没有相关的合同条款和证明的情况下，买方不能在计算损失时列入货物检验期间市场行情带来的损失。

在根据《公约》第 74 条计算损失时，仲裁庭认为，记录的榉木原木价格与上海海关结关时的价格是一致的。由于这些货物有很多质量缺陷，只能以低价出售，仲裁庭允许买方追回这些货物的差价。仲裁庭裁定，根据《公约》第 74 条，由于卖方无法预见价格会下跌，因此，由于市场价格下跌导致的损失不能作为损害赔偿而强制执行。

资料来源：http://cisgw3. law. pace. edu/cases/021104c1. html.

当买方确定货物与合同不符后，必须尽快确保权利，对此，《公约》第 39(1)条采取了“发现规则”(Discovery Rule)，即买方必须在发现或理应发现不符情形后一段合理时间内通知卖方，说明不符合同情形的性质，否则就丧失声称货物不符合同的权利。就通知的“合理时间”，应依具体情形而定。相关的因素包括但不限于以下方面：

(1)当事人是否另有约定。如当事人依据《公约》第 6 条可以另行约定通知时间；是否存在相关《公约》第 9 条意义上的惯例等。

(2)当事人选择的救济方式。特别是，如果买方选择宣告合同无效的救济方式，其所承受的压力(不管是商业上的还是法律上的)要比选择损害赔偿要大。此外，考虑到公司的内部治理问题，确定是否宣告合同无效可能需要更高层次的管理人员才能决定。故在“说明不符合同情形的性质”时，所使用的合理时间可能会长一些。

(3)销售货物的类型。如果属于易腐烂或季节性货物，那么通知的合理期限应当比一般的货物短一些。

根据《公约》第 39(2)条，“发现规则”要受到最长时限的限制，即无论如何，如果买方不在实际收到货物之日起两年内将货物不符合同情形通知卖方，其就丧失声称货物不符合同的权利，除非这一时限与合同规定的保证期限不符。

同步案例 5—13　　出售矮种马纠纷案的辨析

丹麦的一家卖方向瑞典的一家买方出售一匹矮种马。买方经营一所骑术学校和马匹买卖的生意，他想让他女儿先用这匹矮种马参加骑术障碍赛，之后打算转售这匹马来盈利。在合约中，卖方声明将用于骑术障碍赛的矮种马“非常健康”。但收货后不久，买方发现该矮种马跛脚，并因此声称该马与合约不符。为了废止合同和索赔，买方在哥本哈根起诉了卖方。因为交货地点是在丹麦，所以丹麦法院称其有资格依据《欧盟关于管辖权与判决的布鲁塞尔公约》(当时仍适用于丹麦)的第 5(1)条裁定本案。

【案例精析】 在诉讼过程中，双方当事人同意，该公约(非官方)的丹麦文译本在《公约》范围内适用。据此，买方称双方当事人在诉讼的最初阶段已口头商定《公约》适用于本案，且选用该公约符合《欧盟关于合同事项适用法的罗马公约》第 3 条的规定。不过，由于支持这一说法的证据不足，法院以双方达成明示协定为由裁定《公约》不适用于本案。但考虑到双方当事人在《公约》的不同缔约国(第 1(a)条)经营各自的生意，而且因为购买该矮种马并非专供个人使用，法院根据《公约》第 2(a)条裁定该公约适用于本案。

交易之前，买方的女儿前往丹麦成功试骑了这匹曾在比赛中取得优异成绩的矮种马。后来买方找了一位居住在比利时的丹麦兽医为该马体检并进行 X 光检查，兽医认为该马的所有主要方面都健康。然而，到货的一周后，该矮种马跛脚了。另一位兽医再次对其进行 X 光检查。该兽医在马的一个关节软骨上发现了严重且不可治愈的损伤。审理期间，一位由该法院指定的独立专家认定，该软骨损伤是由诸如扭伤和（或）感染等创伤性事件导致的，而且从该损伤的广泛性来看，创伤性事件必定发生在销售日期前的几个月。在此基础上，根据《公约》第 35(1)条，基于卖方在订立合同时"担保"该矮种马"非常健康"的事实，且法院将该措辞理解为"健康"之义，故法院判定该马在交货时已经遭遇重大损伤，根据《公约》第 25 条准许买方废止合同。

在检查问题上，法院指出，《公约》并未规定买方有在销售日期之前验货的义务，且法院也没有理由应卖方的争辩而适用涉及验货规定的比利时法律。至于买家在销售之前自行进行的兽医检查，法院指出，该检查已经足够，且当时没有发现任何受伤迹象。法院还指出，该马的受伤情况一经发现，买方一直在通知卖方其不断恶化的病情。随后，最终诊断一经认定，买方立即通知卖方，同时宣布合同废止。因此，根据《公约》第 39 条，法院裁定，买方通知卖方与合同不符之处属正当行为，因此废止合同具有合理性，而且买方有权按照《公约》第 74 条的规定获得赔偿。赔偿包括购买价格和因违约造成的由买方支付的各种费用，保险所覆盖的损失除外，但前提是保险公司不要求偿还这部分款项。

资料来源：http://cisgnordic. net/index. php/cases/danishcases/34-danishcaselaw/101-2007-oct-19-dc.

2. 权利担保

按其性质，《公约》将权利担保分为两种类型：一般权利担保和知识产权担保。之所以将知识产权单列，主要原因在于知识产权具有地域性和法定性，而且大部分的知识产权以公布为其获得法律保护的前提。

(1)一般权利担保。《公约》第 41 条规定，卖方所交付的货物，必须是第三方不能提出任何权利或要求的货物，除非买方同意在这种权利或要求的条件下收取货物。

(2)知识产权担保。《公约》第 42 条规定，卖方所交付的货物，必须是第三方不能根据工业产权或其他知识产权主张任何权利或要求的货物，但以卖方在订立合同时已知道或不可能不知道的权利或要求为限，而且这种权利或要求根据以下国家的法律规定是以工业产权或其他知识产权为基础的：①如果双方当事人在订立合同时预期货物将在某一国境内转售或作其他使用，则根据货物将在其境内转售或作其他使用的国家的法律；或者②在任何其他情况下，根据买方营业地所在国家的法律。

二、买方的义务

与卖方的义务相对应，《公约》第 53 条规定，买方必须按照合同和本公约规定支付货物价款和收取货物。

做中学 5—2　　违反货币支付收据法的案例思考

乌克兰商贸会国际商事仲裁庭受理以下的诉讼：原告（卖方，一家乌克兰公司）诉被告（买方，一家以色列公司），要求追回 44208.65 美元。该款项包括 43669.95 美元的货物成本加上 538.70 美元的费用偿还，该费用为因违反货币支付收据法而支付的罚金。

【解析】 卖方承诺销售并且买方承诺购买一些食品，食品的价格与数量在合同中详细规定。买方接收了交付的货物，然而，买方只支付了部分货款。由于买方没有自愿付清债务，卖方向该仲裁庭起诉买方，要求追回 44208.65 美元。

合同规定卖方所属国家的实体法(即乌克兰法律)适用于该合同。根据《公约》第 1(1)(b)条的规定，由于乌克兰是公约的缔约国，因此该公约适用于该合同。

在这一点上，《公约》第 53 条要求买方必须按照合同和本公约规定支付货物价款和收取货物。解决争议时，该仲裁庭裁决以色列买方有义务向乌克兰卖方支付 43699.95 美元(已交付货物的货款)和 2620.20 美元(支付仲裁费的费用偿还)。该仲裁庭裁决买方没有义务向卖方支付罚金，因为合同没有规定追回此类费用，并且，卖方本可以在规定的时间内启动仲裁程序而避免该罚金的产生。

资料来源：http://cisgw3.law.pace.edu/cases/040923u5.html.

(一)支付价款

根据《公约》第 54 条，买方支付价款的义务包括根据合同或任何有关法律和规章规定的步骤和手续，以便支付价款。实践中，为履行付款义务，当事人一般会事先确定付款的数额、地点和时间，对此，《公约》的相关规定属于“默认规则”。

1. 付款数额

《公约》第 55 条规定，如果合同已有效订立，但没有明示或暗示地规定价格或规定如何确定价格，在没有任何相反表示的情况下，双方当事人应视为已默示地引用订立合同时此种货物在有关贸易的类似情况下销售的通常价格。第 56 条规定，如果价格依货物的重量而定，如有疑问，应按净重确定。

2. 付款地点

《公约》第 57 条规定了两种付款地点：

(1)义务付款地点，即如果买方有义务在特定地点支付价款，那么应依照该约定或法定的义务付款。

(2)非义务付款地点，即如果买方没有义务在特定地点付款，则应在卖方的营业地，或者如凭移交货物或单据支付价款，则在移交货物或单据的地点向卖方支付价款。鉴于卖方营业地可能发生变更，因此，卖方必须承担因其营业地在订立合同后发生变动而增加的支付方面的有关费用。总之，非义务付款地点的确定与假定买卖双方同时履行合同具有密切关系，其目的在于促使买卖双方一手交货、一手付款，以减少纠纷。

实践中，付款地点与确定法院的管辖权密切相关。在法院的选择方面，一般的原理是“原告就被告”，即一般以被告住所地或营业地确定法院。但是，就国际货物买卖法律争议，理论上一直存在“争议说”和“特征说”之争。“争议说”是指应以合同争议的义务而非特征作为确定管辖法院的标准。如果当事人就支付产生争议，那么应由支付地的法院进行管辖。“特征说”是指应依货物交付或应当交付的地点确定法院的管辖权。采用“特征说”的原理在于，就支付所发生的争议往往与货物的交付存在密切关系，为防止买卖双方各自挑选不同的法院，有必要将管辖权集中在合同特征履行地法院的手中。

学中做 5—2　　付款地点争议案

本争议涉及一家意大利供应商向一家营业地位于瑞士的公司出售移动隔板。初审时，卖方要求买方支付销售价格的尾款，并获得胜诉。买方就此判决提起上诉。泰辛州上诉法院对此案进行二审，首先根据《公约》第 1(1)(a)条(合同双方当事人营业地在不同的缔约国)认为《公约》适用于本案。法院注意到买方提出的货物缺陷问题与隔板质量无关，而是在安装过程中造成的。根据《公约》第 79(2)条，卖方是否应负责任主要取决于其所雇用的两个安装工是否按照其指示作业。法院认为举证责任在买方。随后，法院裁定买方没有举证，应该支付尾款。

【解析】 根据《公约》第 57(1)(a)条，法院决定把卖方的营业地设为支付价款的地点。卖方指定银行账户不会改变价款支付地点，只是可以让买方通过转账方式偿还债务。根据《公约》第 8 条规定的原则，买方有权将上述两个安装工当作卖方代表，在通知卖方银行账户之前，应按售价向卖方付款。

资料来源：http://www.globalsaleslaw.com/content/api/cisg/urteile/912.pdf.

3. 付款时间

《公约》第 58 条规定了买方付款的时间。就此，公约仍以同时履行为基本前提设置"默认规则"。具体而言如下：

(1)如果买方没有义务在任何其他特定时间内支付价款，其必须于卖方按照合同和《公约》规定将货物或控制货物处置权的单据交给买方处置时支付价款。卖方可以支付价款作为移交货物或单据的条件。

(2)如果合同涉及货物的运输，卖方可以在支付价款后方可把货物或控制货物处置权的单据移交给买方作为发运货物的条件。买方在未有机会检验货物前，无义务支付价款，除非这种机会与双方当事人议定的交货或支付程序相抵触。

《公约》第 59 条规定，买方的付款义务是自动的，即买方必须按合同和《公约》规定的日期或从合同和《公约》可以确定的日期支付价款，而无须卖方提出任何要求或办理任何手续。第 59 条的规定主要用于规避某些欧盟法关于付款的形式性要求，并且为《公约》第 78 条利息的计算提供依据。

(二)收取货物

《公约》第 60 条下的买方收取货物义务与第 31 条下的卖方交付货物义务相对应。根据第 60 条，买方应采取一切理应采取的行动，以期卖方能交付货物，以及接收货物。第 52 条规定了两种特殊情况，具体如下：

(1)如果卖方在规定的日期前交付货物，买方可以收取货物，也可以拒绝收取货物。

(2)如果卖方交付的货物数量大于合同规定的数量，买方可以收取也可以拒绝收取多交部分的货物。如果买方收取多交部分货物的全部或一部分，其必须按合同价格付款。

同步案例 5—14　　FOB 术语下收取货物的案例应用

当事人双方根据 FOB 条款签订了一份销售绿豆的合同。合同规定，将通过不可撤销的信用证支付货款；货物将由卖方所在国的海关进行检验。随后，当事人双方商定修改合同价格，并明确规定了装船日期。卖方将货物运到装货港，并给买方发传真，告知货物已准备就绪，可以装船。海关在港口对货物进行了检验并签发检验证书。直到过了装船日期，买方还是没有指定装运船只，也没有答复卖方将货物装船的要求。一星期之后，买方致函卖方，告知由于发现部分货物"变色"，买方将请 SGS 检验货物。卖方在答复中表示，合同中并没有这样的规定，这样做无法接受；卖方继续要求买方派船将货物运走。买方答复说，SGS 认定货物不符合合同要求，所以买方不会派船装运。就这样货物一直存放在港口，为了减少损失，在买方签发的信用证过期后，卖方将货物转售给新的买方。卖方向买方索取损害赔偿，赔偿范围包括：价格差、货物损失、二次熏蒸费、工厂检验费、仓储费和银行贷款利息损失。

【案例精析】 仲裁庭认定，尽管当事人双方未规定可适用的法律，但鉴于双方营业地的所在国都是《公约》的缔约国，所以《公约》仍然适用。仲裁庭认定，合同并没有规定由 SGS 来检验货物，而且卖方已经履行了义务，提供卖方所在国海关签发的检验证书，检验证书证明货物符合合同要求。此外，含有 FOB 装运条款的合同中规定买方有义务雇船，保证货物在规定日期和指定港口装船。

仲裁庭裁定，即使在卖方准予了额外延长时间之后，买方还是没有根据《公约》第 60 条履行义务，未能使卖方交付货物。因此，仲裁庭认定，由于买方拒绝派船，导致卖方无法履行合同。根据《公约》第 25 条，买方的行为构成了根本违反合同。仲裁庭下令，买方向卖方支付合同价格与转售价格之间的差价、二次熏蒸费、仓储费和律师费等。

资料来源：http://cisgw3.law.pace.edu/cases/010322c1.html.

第四节 所有权与风险的转移

一、所有权转移

财产归属是财产交易的前提，货物买卖的特征在于货物价款与货物所有权的交换。因此，货物所有权何时、何地、以何种方式转让给买方，是任何国际货物买卖都要涉及的核心问题。然而，由于各国分歧过大，《公约》并未就此达成一致意见，即使是《商事通则》(2004)也未涉及所有权转移问题。

我国相关法律对货物所有权规定主要体现在以下方面。

(一)标的物的权属问题

出卖标的物应当属于出卖人或者出卖人有权处分。对于该条的含义，理论上的争议主要体现在对合同效力的影响上，即如果出卖人无权处分标的物而签订了买卖合同，该买卖合同是否有效？对此，通说认为，买卖合同所表征的债权与债务关系应属有效。至于出卖人能否交付是一个合同履行问题，而非合同效力问题。但是，如果标的物是法律法规禁止或限制转让的标的物，即限制流通物，则合同因违反法律、法规的规定而无效。此外，当事人可以在买卖合同中约定买受人未履行支付价款或者其他义务的，标的物的所有权属于出卖人。

(二)标的物的转移时间

《合同法》第 133 条规定，所有权自标的物交付时起转移，但法律另有规定或当事人另有约定的除外。上述的第 134 条也涉及所有权转移的时间，即一旦买受人履行了支付价款或约定的其他义务，则标的物的所有权无须通过交付即可归属买受人。

二、风险转移

(一)《公约》的规定

如何分担货物遗失或损坏的风险向来是引发当事人争议的核心问题之一。在《公约》中，主要以交付为标准来划分风险的转移。如《公约》第 67(1)条规定，卖方保留控制货物处置权的单据，并不影响风险的转移。

(二)风险转移的内涵

《公约》第 66 条规定，货物在风险转移到买方承担后遗失或损坏，买方支付价款的义务并不因此解除，除非这种遗失或损坏是由于卖方的行为或不行为所造成。《公约》并没有给出风险的定义，通过文义分析，可以认为《公约》所规范的风险主要是货物物理上的风险(Physical Risks)，具体表现为《公约》第 66 条、第 68 条项下货物的遗失或损坏或《公约》第 82(b)条项下货物的毁灭或变坏。

除了货物的物理风险之外，还有一种观点认为，对由于政府干预、征收、禁运等所引起的法律上的风险(Legal Risks)，也应比照《公约》第 66 条的规定加以处理。其原因在于，《公约》第 66 条所指的风险指的是涉及双方均无责任的外部事件造成的损失的分担。此类事件，包括不可抗力、第三人的不当行为和政府的干预等。

（三）风险转移的前提和时间

从有利于减少交易成本的角度出发，《公约》主要以何方能以最小的成本控制风险为原则划分风险的转移。当事人对标的物所涉物理风险的控制以能准确确定合同所指向的货物为前提条件。《公约》主要通过货物的“特定化”来解决这一问题。具体而言，对于涉及货物运输的风险转移，《公约》第67(2)条规定，在货物被加上标记，或以装运单据，或向买方发出通知或其他方式清楚地注明有关合同以前，风险不转移到买方。对于不涉及货物运输的风险转移，《公约》第69(3)条规定，如果合同指的是当时未加识别的货物，则这些货物在未清楚注明有关合同以前，不得视为已交给买方处置。

就风险转移的时间，按照是否涉及货物的运输，《公约》将之分为两种类型。

(1)涉及货物运输的风险转移。就此，存在两种不同的类型：①在运输之前订立合同的风险转移；②在运输途中订立合同的风险转移。

(2)不涉及货物运输的风险转移。就此，存在两种不同的类型：①卖方营业地交货；②非卖方营业地交货。

（四）违约与风险转移

如前所述，在分析风险转移时，理论上应严格区分违约风险与货物风险。前者主要通过救济制度加以约束；后者主要通过风险转移加以规范。然而，现实中，违约往往与货物风险共生，因此有必要分析违约对风险转移的影响。《公约》第66条从总体上规定了违约对风险转移的影响，即“货物在风险移转到买方承担后遗失或损坏，买方支付价款的义务并不因此解除，除非这种遗失或损坏是由于卖方的行为或不行为所造成”。即使货物与合同不符，风险依然可以转移到买方，只是卖方应对风险转移时所存在的特定不符情形负有责任而已，而对于那些符合合同要求的部分，货物灭失或损坏的风险仍应由买方最终承担。

然而，在卖方的行为构成根本违约的情况下，第66条的规定过于严格。对此，《公约》第70条作出了例外规定，即如果卖方已根本违反合同第67条、第68条和第69条的规定，不损害买方因此种违反合同而可以采取的各种补救办法。特别是，如果卖方预期根本违约，此时风险尚未转移，买方可以宣布合同无效。一旦合同被宣告无效，则卖方必须将已收到的款项归还给买方，或者买方解除付款义务。因而买方不再承担风险转移后货物灭失或损坏的风险，对于这些货物，买方只承担从接收时起到归还时止的保全义务。

学中做 5—3　　风险转移的案例分析

一家丹麦卖方同意销售并运送一辆移动粮食烘干机给一家德国买方。卖方将用卡车运送该烘干机到德国的维森堡，距离买方打算使用的田地有几公里路程。卡车到达指定位置后，司机（卖方的员工）要求买方帮忙把烘干机卸下来。买方的员工用买方的拖拉机和锁链成功地将烘干机抬下卡车后行驶了几米，随后用来固定烘干机的锁链断裂，对烘干机造成了重大损伤。

【解析】　因买方拒绝付款，卖方在丹麦对其提起了诉讼。法院大致参照了《公约》第69条，认为双方当事人的合同不存在争议，买方收货之时，即买方的员工将烘干机从卡车上卸下来之时，卖方就完成了交付。基于这个原因且因为法院认为事故并非由卖方或卖方员工所致，故裁定买方应按约定价格向卖方支付烘干机费用。

资料来源：www. cisg. law. pace. edu/cisg/biblio/lookofsky10. html.

三、国际贸易惯例

（一）有关贸易术语的国际惯例

在国际贸易中使用贸易术语始于19世纪。随着国际贸易的发展，逐渐形成了一系列贸易术语规则。这些规则在国际贸易实践中被广泛采用，从而成为国际贸易惯例。目前，在国际上有较大影响的贸易术语惯例主要有三种：

1.《1932年华沙—牛津规则》(Warsaw-Oxford Rules 1932)

《1932年华沙—牛津规则》是国际法协会专门为解释CIF合同而制定的。19世纪中叶，CIF贸易术语在国际贸易中得到广泛采用，然而对使用这一术语时买卖双方各自承担的具体义务，并没有统一的规定和解释。对此，国际法协会于1928年在波兰首都华沙开会，制定了关于CIF买卖合同的统一规则，称为《1928年华沙规则》，共包括22条内容。其后，在1930年的纽约会议、1931年的巴黎会议和1932年的牛津会议上，将此规则修订为21条，并更名为《1932年华沙—牛津规则》，沿用至今。这一规则对CIF的性质、买卖双方所承担的风险、责任和费用的划分以及货物所有权转移的方式等问题都作了详细的解释。

2.《1990年美国对外贸易定义修订本》(Revised American Foreign Trade Definition 1990)

《美国对外贸易定义修订本》(Revised American Foreign Trade Definition)是由美国的九大商业团体制定的。它最早于1919年在纽约制定，原称为《美国出口报价及其缩写条例》。后来于1941年在美国第27届全国对外贸易会议上对该条例作了修订，这一修订本经美国商会、美国进口商协会和全国对外贸易协会所组成的联合委员会通过，称为《1941年美国对外贸易定义修订本》(Revised American Foreign Trade Definition 1941)，由全国对外贸易协会予以公布。后经1990年再次修订，它被称为《1990年美国对外贸易定义修订本》。《1990年美国对外贸易定义修订本》主要在美洲国家有较大影响，它对以下6种贸易术语作了解释：①EXW(Ex Works)(产地交货)。②FOB(Free on Board)(在运输工具上交货)。③FAS(Free alongside Ship)(在运输工具旁边交货)。④CFR(Cost and Freight)(成本加运费)。⑤CIF(Cost，Insurance and Freight)(成本加保险费、运费)。⑥DEQ(Deliver Ex Quay)(目的港码头交货)。

【注意】由于《1990年美国对外贸易定义修订本》在美洲国家采用较多。它对贸易术语的解释，特别是对FOB、FAS、DEQ的解释尤为独特，且与《国际贸易术语解释通则》有明显的差异，在同美洲国家进行交易时应加以注意。

3.《国际贸易术语解释通则》(International Rules for the Interpretation of Trade Terms)

动漫视频

Incoterms

国际商会制定的《国际贸易术语解释通则》(International Rules for the Interpretation of Trade Terms，INCOTERMS)，简称《通则》，它是国际商会为了统一对各种贸易术语的解释而制定的。最早的《通则》产生于1936年，后来为适应国际贸易业务发展的需要，先后于1953年、1967年、1976年、1980年、1990年、2000年、2010年和2020年对INCOTERMS做了8次修订和补充。最新一次是2019年9月10日，国际商会于法国巴黎正式在全球发布INCOTERMS® 2020(以下简称2020通则®)，该规则于2020年1月1日起全球正式生效。《国际贸易术语解释通则》是当今世界对国际贸易影响最大、使用范围最广、包括的内容最多的有关贸易术语的国际贸易惯例。

【注意】2020通则®的发布实施，并不意味着2010通则自动废止，2020通则®在2010通则的基础上，做出了小范围改善，因此，在使用贸易术语时，最好能标明2020通则®，以免引起不必要的争议。

2010年之前的INCOTERMS的版本将贸易术语按卖方承担的责任、费用和风险由小到大分为四组，即E组、F组、C组和D组。2020通则®共有11个贸易术语，按照适用运输方式不同被划分成两类，将贸易术语分为E组、F组、C组和D组，如表5—3至表5—5所示。E组有1个术语为EXW；F组有3个术语，分别为FCA、FOB和FAS；C组有4个术语，分别为CFR、CIF、CPT和CIP；D组有3个术语，分别为DAP、DPU和DDP。

表 5—3　　INCOTERMS® 2020 中的 11 个贸易术语

组　别	术语缩写	术语英文名称	术语中文名称
适用于任何运输方式的术语	EXW	EX Works	工厂交货
	FCA	Free Carrier	货交承运人
	CPT	Carriage Paid to	运费付至
	CIP	Carriage and Insurance Paid to	运费和保险费付至
	DAP	Delivered at Place	目的地交货
	DPU	Delivered Place Unloaded	目的地卸货后交货
	DDP	Delivered Duty Paid	完税后交货
适用于海运和内河水运的术语	FAS	Free alongside Ship	船边交货
	FOB	Free on Board	船上交货
	CFR	Cost and Freight	成本加运费
	CIF	Cost，Insurance and Freight	成本、保险费加运费

表 5—4　　INCOTERMS® 2020 买卖双方费用的划分

贸易术语	出口清关	装货费	运费	保险费	进口清关	卸货费
EXW	买方	买方	买方	买方	买方	买方
FCA	卖方	买方/卖方	买方	买方	买方	买方
FAS	卖方	买方	买方	买方	买方	买方
FOB	卖方	卖方	买方	买方	买方	买方
CFR	卖方	卖方	卖方	买方	买方	买方
CIF	卖方	卖方	卖方	卖方	买方	买方
CPT	卖方	卖方	卖方	买方	买方	买方
CIP	卖方	卖方	卖方	卖方	买方	买方
DAP	卖方	卖方	卖方	卖方	买方	买方
DPU	卖方	卖方	卖方	卖方	买方	卖方
DDP	卖方	卖方	卖方	卖方	卖方	买方

表 5—5　　INCOTERMS® 2020 按交货地点分类和分组

按交货地分类	组别	性质	国际代码	交货地点	适用范围
出口国境内	E 组	启运术语	EXW	商品所在地、产地	全能
	F 组	主运费未付术语	FCA	出口国指定地点	全能
			FAS	装运港船边	水运
			FOB	装运港船上	水运
	C 组	主运费已付术语	CFR	装运港船上	水运
			CIF	装运港船上	水运
			CPT	出口国指定地点	全能
			CIP	出口国指定地点	全能

续表

按交货地分类	组别	性质	国际代码	交货地点	适用范围
进口国境内	D组	到达术语	DAP	进口国指定地点	全能
			DPU	进口国指定地点	全能
			DDP	进口国指定地点	全能

每个《通则》对买卖双方各有10项义务，在编排上将卖方义务和买方义务分别以对应方式列出A/B条款，A表示卖方义务，B表示买方义务。每次INCOTERMS通则的修订，会对各条规则的内部顺序、内容和排版方式进行调整。INCOTERMS® 2020根据买卖双方义务的重要性，对A1—A10、B1—B10进行了重新排序，突出了交货、提货、风险转移的重要性。INCOTERMS® 2020A/B条款顺序调整情况，如表5—6所示。

表5—6 INCOTERMS® 2020A/B条款顺序调整情况

INCOTERMS® 2020				INCOTERMS 2010			
A	卖方义务	B	买方义务	A	卖方义务	B	买方义务
A1	一般义务	B1	一般义务	A1	卖方一般义务	B1	买方一般义务
A2	交货	B2	提货	A2	许可证、授权、安检通关和其他手续	B2	许可证、授权、安检通关和其他手续
A3	风险转移	B3	风险转移	A3	运输合同和保险合同	B3	运输合同和保险合同
A4	运输	B4	运输	A4	交货	B4	收取货物
A5	保险	B5	保险	A5	风险转移	B5	风险转移
A6	交货/运输单据	B6	交货/运输单据	A6	费用划分	B6	费用划分
A7	出口/进口清关	B7	出口/进口清关	A7	通知买方	B7	通知卖方
A8	查验/包装/标记	B8	查验/包装/标记	A8	交货凭证	B8	交货证据
A9	费用划分	B9	费用划分	A9	查对、包装、标记	B9	货物检验
A10	通知	B10	通知	A10	协助提供信息及相关费用	B10	协助提供信息及相关费用

（二）INCOTERMS® 2020

INCOTERMS® 2020具体主要修订如下：

1. 对FCA规则增加签发装船提单选项

FCA（货交承运人）是指卖方在卖方所在地或其他指定地点将货物交给买方指定的承运人或其他人。在货物海运销售中，货物在卖方运输工具上备妥待卸并置于承运人或买方指定的其他人控制之时，交货即告完成。

FOB（船上交货）是指卖方以在指定装运港将货物装上买方指定的船舶或通过取得已交付至船上货物的交货方式。货物灭失或损坏的风险在货物交到船上时转移，同时买方承担自那时起的一切费用。

FOB可能不适用于货物在上船前已经交给承运人的情况。例如，用集装箱运输的货物通常是在集装箱码头交货，货物被储藏在集装箱码头等待船只到达并装船，而不是实际将货物装到船上。该集装箱码头常常由买方的海运承运人指定。因为若集装箱在集装箱码头中损坏，即使卖方与集装箱码头经营者没有任何合同关系，损失仍由卖方承担。此时应当使用FCA术语，因为在FCA规则下，卖方将集装箱交给承运人而无须等待集装箱装船即完成了对买方的交货。

在以上情形中，卖方会坚持使用FCA术语，但同时卖方又希望使用信用证这一付款方式，而信用证通常要求出示提单；根据运输合同，承运人只可能在货物实际装船后才会签发装船提单；而在FCA规则下，卖方的交货义务在货物装船前已经完成，因此，卖方交货时无法从承运人处获得装船提单。

为解决以上问题，INCOTERMS® 2020中FCA术语A6/B6中增加了一个附加选项，即买卖双方可以约定买方指示其承运人在货物装运后向卖方签发装船提单，卖方随后方才有义务向买方（通常通过银行）提交提单。尽管国际商会意识到装船提单和FCA项下的交货存在矛盾，但这符合用户需求。值得注意的是，即使采用该附加选项，卖方并不因此受买方签署的运输合同条款的约束。

2. 费用划分条款的调整

在INCOTERMS® 2020规则的条款排序中，费用划分条款列在各术语的A9/B9（INCOTERMS 2010列在A6/B6）。除了序号的改变，在INCOTERMS® 2020中，A9/B9统一罗列了原INCOTERMS 2010中散见于各不同条款中对应的费用项目，如在FOB2010中，与获得交货凭证相关的费用仅出现在A8“交货凭证”，而非A6“费用划分”。因而INCOTERMS® 2020中的A9/B9较INCOTERMS 2010中的A6/B6篇幅更长。

对费用划分条款的修订目的在于提供给用户一站式费用列表，使买方或卖方得以在一个条款中找到其选择的INCOTERMS术语所对应的所有费用。这使得卖方与买方之间费用的分摊得到了改进和明确。

同时，原散见于各条款的费用项目仍然保留，如FOB术语中获取凭证对应的费用同时出现在A6/B6及A9/B9，方便用户在想了解某一特定事项的费用划分时可直接翻阅相关特定条款而非总括条款。

3. CIP保险条款调整为必须符合《协会货物保险条款》条款（A）的承保范围

在INCOTERMS 2010规则中，CIF（成本、保险费加运费）和CIP（运费和保险费付至）规定了卖方必须自付费用取得货物保险的责任。该保险至少应当符合《协会货物保险条款》（INSTITUTE CARGO CLAUSES，LMA/IUA）“条款（C）”（CLAUSES C）或类似条款的最低险别。

《协会货物保险条款》条款（C）规定了承保“除外责任” 各条款规定以外列明的风险，它只承保“重大意外事故”，而不承保“自然灾害及非重大意外事故”。其具体承保的风险有：①火灾、爆炸；②船舶或驳船触礁、搁浅、沉没或倾覆；③陆上运输工具倾覆或出轨；④在避难港卸货；⑤共同海损牺牲；⑥抛货。

在INCOTERMS® 2020规则中，对保险义务，CIF规则维持现状，即默认条款（C），但当事人可以协商选择更高级别的承保范围；而对于CIP规则，卖方必须取得符合《协会货物保险条款》条款（A）承保范围的保险，但当事人可以协商选择更低级别的承保范围。

《协会货物保险条款》条款（A）采用“一切风险减除外责任”的办法，即除了“除外责任”项下所列风险保险人不予负责外，其他风险均予负责。条款（A）承保的风险比条款（C）要大得多，这有利于买方，也引致卖方额外的保费。

这一修订的原因在于CIF更多地用于海上大宗商品贸易，CIP作为多式联运术语更多地用于制成品。

4. FCA、DAP、DPU及DDP允许卖方/买方使用自己的运输工具

INCOTERMS 2010中假定卖方与买方之间的货物运输将由第三方承运人进行，未考虑到由

卖方或买方自行负责运输的情况。

INCOTERMS® 2020 中则考虑到卖方与买方之间的货物运输不涉及第三方承运人的情形。因此，在 D 组规则（DAP（目的地交货）、DPU（目的地交货并卸货及 DDP（完税后交货））中，允许卖方使用自己的运输工具。同样，在 FCA（货交承运人）中，买方也可以使用自己的运输工具收货并运输至买方场所。

5. DAT 更改为 DPU

INCOTERMS 2010 中，DAT（Delivered at Terminal，运输终端交货）与 DAP（Delivered at Place，目的地交货）唯一的区别是在 DAT 中卖方将货物从抵达的运输工具上卸下至“运输终端”即完成交付；而在 DAP 中卖方将货物置于抵达的运输工具上且做好卸载货物的准备由买方处置无须卸货即完成交付。

INCOTERMS 2010 DAT 的“使用说明”中将“运输终端”广泛地定义为“任何地点，而不论该地点是否有遮盖，例如码头、仓库集装箱堆积场或公路、铁路、空运货站”。

国际商会对 DAT 和 DAP 做了两项修订。首先，INCOTERMS® 2020 中两个术语的排列位置改变了，交货发生在卸货前的 DAP 现在列在 DAT 前。其次，DAT 更改为 DPU（Delivered at Place Unloaded，目的地交货并卸货），更强调目的地可以是任何地方而不仅仅是“运输终端”使其更加笼统，符合用户需求，即用户可能想在运输终端以外的场所交付货物（虽然实质内容并无其他改变）。但若目的地不是运输终端，卖方须确保其交货地点可以卸载货物。

6. 在运输责任及费用划分条款中增加安保要求

INCOTERMS 2010 各规则的 A2/B2 及 A10/B10 中简单提及了安保要求。随着运输安全（例如对集装箱进行强制性检查）要求越来越普遍，INCOTERMS® 2020 将与之相关的安保要求明确规定在了各个术语的 A4“运输合同”及 A7“出口清关”中，因安保要求增加的成本，也在 A9/B9 费用划分条款中作了更明确的规定。

7. 升级“使用说明”为“用户注释”

INCOTERMS® 2020 中各规则首部的“使用说明”为“用户注释”。用户注释阐明了 INCOTERMS® 2020 中各术语的基本原则，如何时适用、风险何时转移及费用在买卖双方间的划分，旨在帮助用户有效及准确地选择适合其特殊交易的术语，以及就受 INCOTERMS® 2020 制约的合同或争议提供部分需要解释问题的指引。

第五节 国际货物买卖合同的违约与救济

一、救济的目标和类型

在确定救济目标时，一方面，法律应当鼓励当事人信守合同；另一方面，法律应当考虑到，在某些情况下当事人可以享有一定程度的违约自由。比如，在商事活动中，效率违约（Efficient Breach）具有促进资源配置的功能。因此，法律在提供救济时，应主要表现为对非违约方提供“替代性”补救，而非“强制履行”救济。此外，在法院或仲裁庭确定补救的“替代性”程度时，应考虑到非违约方的期待利益、信赖利益和返还利益。

在实践中，大陆法系国家和英美法系国家均承认替代性补救措施的重要性，但是在对强制履行措施的容忍度方面存在重大差异。对此，《公约》第 28 条规定，如果按照本公约的规定，一方当事人有权要求另一方当事人履行某一义务，法院没有义务做出判决，要求具体履行该义务，除非法院依照其本身的法律对不属本公约范围的类似销售合同愿意这样做。《商事通则》第 7.2.2 条（非金钱债务的履行）通过采用受一定条件限制的实际履行原则调和不同法系关于强制履行救济的冲突，该条注释还特别强调，实际履行原则对于"除货物销售合同之外的其他合同特别重要"。

《公约》关于违约与补救的规定颇具特色，按其立法框架，相关内容可以分为以下两个部分。

（1）卖方或买方违约时，另一方当事人可以寻求的具体救济措施（第45～52条；第61～65条）。

（2）对上述具体救济措施相关的一般规定（第71～88条）。

在措辞方面，对于具体救济措施，《公约》有关条款明确规定一项违约行为的主体到底是卖方还是买方，以及与之相应的另一方当事人可以采取的救济措施。

二、买方的具体救济措施

买方的具体救济措施是以卖方存在具体违约行为为前提的。《公约》第45(1)条规定，如果卖方不履行其在合同和该公约中的任何义务，买方可以行使第46～52条所规定的权利，以及按照第74～77条的规定，要求损害赔偿。

除了要求损害赔偿之外，买方可以使用的救济措施包括以下几种：

（一）实际履行

《公约》第28条规定，如果一方当事人有权要求另一方当事人履行某一义务，法院没有义务做出判决，要求具体履行该义务，除非法院依照其本身的法律对不属于《公约》范围的类似销售合同愿意这样做。第28条之所以作出这一规定，与各国关于实际履行的规定不一致存在密切关系。

《公约》第46(1)条规定，买方可以要求卖方履行义务，除非买方已采取与该要求相抵触的某种补救办法。至于何种补救方法与实际履行救济措施相抵触，要视买方的具体履行要求而定。《公约》第46条还规定了两种要求卖方实际履行的具体情形：①要求卖方交付替代货物；②要求卖方修理货物。

第46条的上述规定与《公约》第37条和第48条关于卖方主动补救形成对应关系。总体而言，第46条赋予买方要求卖方实际履行的权利，而第37条和第48条赋予卖方通过实际履行对瑕疵履行进行补救的权利。一方的权利即为另一方的义务，因此，如果卖方依据第37条和第48条对瑕疵履行进行补救时，买方与之相抵触的救济权利就会受到限制。

与第37条不同，《公约》第48条主要规范货物交付之后卖方的补救行为，主要包括以下内容：

（1）卖方进行主动补救的权利及限制。在第49条的条件下，卖方即使在交货日期之后，仍可自付费用，对任何不履行义务做出补救。

（2）补救的时间。如果卖方要求买方表明其是否接受卖方履行义务，而买方不在一段合理时间内对此要求做出答复，则卖方可以按其要求中所指明的时间履行义务。买方不得在该段时间内采取与卖方履行义务相抵触的任何补救办法。

同步案例5－15　　实际履行问题的争辩案

意大利原告向瑞士被告出售床垫，双方商业合作已有多年。2023年12月，双方因货物问题产生争议，随后达成一项仲裁协议：被告付清拖欠款。该仲裁协议签订后，被告支付了一部分拖欠款。至于尾款，被告以原告拒绝收回有缺陷的床垫为由宣告其合同义务已失效，无须再付款。随后，原告向相关职能法院起诉索要尾款，并宣称床垫有缺陷责任不在他，而是由被告或其客户的不当行为导致的，原告甚至交付给被告一些新床垫，但拒不承认自己应对货物缺陷负责。

【案例精析】　法院根据《公约》第8条审查了双方签订的仲裁协议。依据仲裁协议的内容和双方之间的惯例及习惯做法，法院最终裁定：原告的保证义务不仅包括向被告交付新的、没有缺陷的床垫，而且包括收回有缺陷的床垫。不过，法院否决了仲裁协议一项条款的适用性，该条款认为是卖方迟迟不退换有缺陷的货物才导致尚未支付的定金失效。根据《公约》第 25 条，原告实际上已经履行了其基本义务，未履行的义务实属次要，不具决定性。《公约》第 7(1)条规定的诚信原则不允许被告援引上述仲裁协议条款。不过，被告拒绝支付尾款，直至原告收回有缺陷的床垫为止的要求有理有据。法院否决了被告以更换 2014—2020 年间卖给客户的有缺陷床垫为由索要损害赔偿的反诉请求。就仲裁协议中关于账户余额的规定，法院给出的解释是：该规定会排除可能产生的损害赔偿。另外，法院发出付款令时，被告还是无法充分论证其损失。

资料来源：http://www.globalsaleslaw.com/content/api/cisg/urteile/857.pdf.

（二）宣告合同无效

《公约》的宣告合同无效与合同订立阶段的欺诈、胁迫、重大失衡、第三人的行为无关，而与当事人一方未能履行其合同项下的义务(包括瑕疵履行和迟延履行)相关。总体上，《公约》中的“宣告合同无效”类似于中国《民法典》第 563 条项下的“解除合同”和《商事通则》第 7.3.1 条项下的“终止合同”，而与《商事通则》第 3.13 条项下的“宣告合同无效”不同。

《公约》第 49(1)条规定了买方可以宣告合同无效的条件，即：(a)卖方不履行其在合同或本公约中的任何义务，等于根本违反合同；或(b)如果发生不交货的情况，卖方不在买方按照第 47(1)条款规定的额外时间内交付货物，或卖方声明他将不在所规定的时间内交付货物。

《公约》第 25 条规定了根本违约的概念，即“一方当事人违反合同的结果，如使另一方当事人蒙受损害，以至于实际上剥夺了其根据合同规定有权期待得到的东西，即为根本违反合同，除非违反合同一方并不预知，而且一个同等资格、通情达理的人处于相同情况中也没有理由预知会发生这种结果”。根据文义，构成一项根本违约，需要满足如下几个要件：①一方违约；②蒙受损害；③实际上剥夺根据合同有权期待得到的东西；④结果的可预见性。

学中做 5—4　　关于一则合同无效案的应用

瑞士一家公司向比利时一家供应商购买了一些制作素食肉片用的食品原料，打算将货物独家销售给一家食品公司。后来这家瑞士公司宣布解除合同，理由是所购买货物违反了合同规定的保证条款，含有转基因成分。案件初审时，该公司索要损害赔偿。

【解析】 巴塞尔市上诉法院对该案件进行二审，宣布根据《公约》第 1(1)(b)条，《公约》适用于本案。法院认为：根据第 6 条，双方选择瑞士法律并不排除《公约》的适用性。合同双方如果不援引《公约》，应明确协商一致。法院证实根据《公约》第 25 条，双方交易中确有根本违约，裁定买方有权根据《公约》第 49(1)(a)条宣布合同无效，其索要损害赔偿的要求也有理有据。尽管合同保证所售货物不含转基因成分，但合同有一条规定卖方对于货物缺陷应承担的责任仅限于已经付款的那部分货物。根据《公约》第 6 条，法院认为这项条款可以接受。卖方辩驳说只是对货物样品进行了检测，并不能说明整批货物都有缺陷。法院没有采纳卖方的这一辩称，认为买方确实有权宣布整个合同无效，而其所要求的损害赔偿额应以此为据来确定。

资料来源：http://www.globalsaleslaw.com/content/api/cisg/urteile/943.pdf.

当违约符合根本违约要件时，该合同是自动无效还是通知无效，抑或通知送达无效？对此，1965 年的《国际货物买卖统一法合约》采取的是“自动无效”原则，即依据事实本身无效，当事人无须发出通知，合同便自动无效。《公约》第 26 条采取的是“通知无效”原则，即“宣告合同无效的声明，必须向另一方当事人发出通知，方始有效”。第 27 条强调：“除非本公约本部分另有明文规定，当事人按照本规定的通知，以适合情况的方法发出任何通知、要求或其他通知后，这种通知如在传递上发生耽搁或错误，或者未能到达，并不使该当事人丧失依靠该项通知的权利。”而中国《民法典》第 565 条采取了“通知送达无效”的原则，即当事人主张解除合同的，应当通知对方，“合同自通知到达对方时解除。对方有异议的,可以请求人民法院或者仲裁机构确认解除合同的效力”。

（三）减价

减价作为一种违约救济措施并不为英美法系国家所采用,而大陆法系国家普遍承认减价的独特法律价值,中国《民法典》第580条也将减价作为一种承担违约责任的形式。根据《公约》第50条,如果货物与合同不符,不论价款是否已付,买方都可以减低价格,减价按实际交付的货物在交货时的价值与符合合同的货物在当时的价值两者之间的比率计算。但是,如果卖方按照第37条或第48条的规定对任何不履行义务作出补救,或者买方拒绝接受卖方按照该两条规定履行义务,则买方不得减低价格。

减价的独特性与损害赔偿救济措施密切相关。如当卖方可依据《公约》第79条寻求免责时,买方就不能要求对方承担损害赔偿责任,但是,买方依然可以寻求减价。此外,如果买方不能证明其所受损失,其也可以通过减价的方式避开计算上的困难。

如何计算减价数额常会发生错误,即将按比例减价理解为按绝对值减价。例如:

合同规定标的物为一级大米,卖方实际交付的却是二级大米。如果交货时每吨一级大米的价格是500美元,二级大米的价格是400美元,则买方可以据此要求每吨减价100美元,按每吨400美元计价。

上述例子的错误之处在于,它没有考虑到减价的对象不是符合合同的标的物在实际交付时的价格(即交付价格),而是合同价格。由于上例没有给出合同价格,所以难以计算减价的具体数额,但是根据《公约》第50条的规定,可以推算出减价的幅度,即如果买方接受二级大米,可以要求减价20%(100/500)。

三、卖方的具体救济措施

如同第45条,《公约》第61条将卖方的救济措施大体上分为两类:①行使第62～65条所规定的权利;②按照第74～77条的规定,要求损害赔偿。除损害赔偿救济措施之外,卖方可以寻求的具体救济措施有以下几种:

（一）实际履行

《公约》第62条规定,卖方可以要求买方支付价款、收取货物或履行他的其他义务,除非卖方已采取与此一要求相抵触的某种补救办法。对于金钱债务的履行,法律上的基本原则是:合同义务项下应支付的款项总是能够要求履行的,如果此要求没有满足,可向法院或仲裁庭要求强制履行。但是,在买方既不接收货物,也不付款的情况下,存在一种要求卖方重新出售货物的惯例以减少损失。在此,强制付款的问题演变为强制接收货物的问题,因而受到《公约》第28条的调整。

《公约》第63(1)条规定,卖方可以规定一段合理时限的额外时间,让买方履行义务。第63(2)条规定,除非卖方收到买方的通知,声称买方将不在所规定的时间内履行义务,卖方不得在这段时间内对违反合同采取任何补救办法。但是,卖方并不因此丧失其对迟延履行义务可能享有的要求损害赔偿的任何权利。

（二）宣告合同无效

根据《公约》第64(1)条,卖方在以下情况下可以宣告合同无效:(a)买方不履行其在合同或其公约中的任何义务,等于根本违反合同;或(b)买方不在卖方按照第63(1)条规定的额外时间内履行支付价款的义务或收取货物,或买方声明其将不在所规定的时间内这样做。

但是,根据《公约》第64(2)条,如果买方已支付价款,卖方就丧失宣告合同无效的权利,除非:(a)对于买方迟延履行义务,卖方在知道买方履行义务前这样做;或者(b)对于买方迟延履行义务以外的任何违反合同事情,卖方在已知道或理应知道这种违反合同后一段合理时间内这样做;或买方在卖方按照第63(1)条规定的任何额外时间满期后或在买方声明其将不在这一额外时间内履行义务后一段合理时间内这样做。

同步案例 5—16　　合同无效案的探讨

原告(一家瑞士公司)通过签约向被告(一家塞尔维亚公司)出租牛奶装盒设备。根据合同条款,买方必须在设备交付前15天支付一半的价款,剩余款项根据卖方出具的发票在五年内按季分期支付。此外,要求买方向卖方订购规定数量的包装盒,期限为五年。如果买方未能履行该义务,合同规定要支付预定赔偿金。该合同没有规定包装盒的购买条件,只是规定了需购买的数量以及所购买数量不足时需支付的预定赔偿金的金额。此外,该合同还规定"该设备将始终归属卖方财产,直至商定期限期满,或者直至满足了包装盒的购买条件并及时付款"。尽管卖方曾提醒买方要其履行义务,但买方在两个方面未能履行其合同义务:①买方没有支付应付款项,②订购的包装盒少于其合同项下应该订购的数量。当事双方试图达成一个都能接受的解决方案,但是买方未能及时付款。因此,卖方启动了仲裁程序,要求终止合同、归还租赁设备并支付成本及预定赔偿金。买方声称该合同已被修改,并已达成一种形式的解决方案。然而,无论是在其向仲裁员提交的呈件中或在听审时,买方都没有向卖方提出任何反请求。

【案例精析】 由于当事双方没有选择该合同的适用法律,仲裁员决定塞尔维亚法律适用于本案,由此根据第1(1)条的规定,《公约》适用于本案。鉴于合同语言(塞尔维亚语)、义务主要部分的履行地(塞尔维亚)以及卖方的塞尔维亚子公司在履行合同中发挥了重要作用这一事实,塞尔维亚法律与本合同关系最为密切。然而,该合同将被视为一项"国际交易"(根据《公约》第1条)。由于卖方有多处营业地,与该合同及其履行(《公约》第10条)最密切相关的营业地是位于瑞士的总部(在总部进行谈判、签署合同、交付机器并接受付款)。仲裁员顺便注意到批准《公约》的塞尔维亚法律使用"总部所在地"而非"营业地",为了统一解释该公约,塞尔维亚语的译文应该根据公约的官方语言所用术语进行解释。

即使当事双方把他们之间的合同命名为"租赁合同",并且卖方在其呈件中将该合同指称为一份租约,《公约》也仍然适用。该协议被视为货物销售合同,价款分期支付,并且卖方就交付的货物实行所有权留置直至合同义务全部履行。提前支付一半的价款并且在买方支付了最后一期价款后设备将归买方所有(而不是在支付了最后一期价款后购买合同标的)这一事实支持了这种解释。该解释与涉外司法实践相一致,为了按照《公约》第7(1)条实现《公约》适用的统一,应该把这些实践考虑在内。既然公约不涉及合同对所售货物所有权可能产生的影响(《公约》第4条),那么卖方所交付货物的所有权留置问题可根据塞尔维亚法律决定。

基于证据,仲裁员注意到当事双方在向仲裁员提交了呈件后仍然就合同的履行进行了谈判。卖方通过其"仲裁申请书"给予买方额外时间以履行其合同义务。结果,卖方本可以根据公约第64(1)(b)条仅凭额外时间期满就可以宣告合同无效。该额外时间约为四个月,根据《公约》第63条的规定,该时限合理。然而,卖方没有宣布合同无效。根据《公约》第8条的规定,卖方的行为表明其希望该合同仍然有效。卖方从克拉列沃地区商事法院获得的临时措施要求归还设备,这是向买方施压的一个方式。设备最终移交给卖方,根据《公约》第64(1)(b)条的规定此时合同无效。因此,仲裁员不能如卖方所要求的那样来裁决合同失效,只能承认其失效时间。

资料来源:http://cisgw3. law. pace. edu/cases/080715sb. html.

(三)确定规格

根据《公约》第65条,如果买方根据合同规定订明货物的形状、大小或其他特征,而其在议定的日期或在收到卖方的要求后一段合理时间内没有订明这些规格,则卖方在不损害其可能享有的任何其他权利的情况下，可以依照其所知的买方的要求，自己订明规格。如果卖方自己订明规格，其必须把订明规格的细节通知买方，而且必须规定一段合理时间，让买方可以在该段时间内订明出不同的规格。如果买方在收到这种通知后没有在该段时间内这样做，卖方所订的规格就具有约束力。

四、一般规定

《公约》第三部分第五章以“买方和买方一般规定”作为标题共包含六节内容，即预期违反合同和分批交货合同、损害赔偿、利息、免责、宣告合同无效的结果和保全货物。

（一）宣告合同无效的一般规定

关于宣告合同无效的一般规定包括两个部分，即特殊情况下宣告合同无效的条件，以及宣告合同无效的结果。

1. 特殊情况下宣告合同无效

《公约》规定了两种特殊情况下宣告合同无效的情形，即预期违反合同和分批交货合同。

(1)预期违反合同。预期违反合同有两种类型：一般预期违反合同和预期根本违反合同。对于前者，一方当事人主要通过“中止履行”的方式要求对方当事人提供保证；对于后者，一方当事人可以直接宣告合同无效。

《公约》第 71 条规定了一般预期违反合同时的处理方法，具体如下：

①如果订立合同后，另一方当事人由于下列原因显然将不履行其大部分重要义务，一方当事人可以中止履行义务：(a)其履行义务的能力或其信用有严重缺陷；(b)在准备履行合同或履行合同中的行为显示其将不履行其主要义务。

②如果卖方在上一款所述的理由明显化以前已将货物发运，其可以阻止将货物交付给买方，即使买方持有其有权获得货物的单据。本款规定只与买方和卖方间对货物的权利有关。

③中止履行义务的一方当事人不论是在货物发运前还是发运后，都必须立即通知另一方当事人，如果另一方当事人对履行义务提供充分保证，则其必须继续履行义务。

《公约》第 72(1)条规定了预期根本违约时的处理方法，即如果在履行合同日期之前，可以明显看出一方当事人将根本违反合同，另一方当事人可以宣告合同无效。与一般预期违约有所不同，一方当事人没有通知对方要求对方提供保证的强制性义务，第 72(2)条规定，只有在时间许可的情况下，打算宣告合同无效的一方当事人才应当向另一方当事人发出合理的通知，使其可以对履行义务提供充分保证。当然，如果另一方当事人已声明其将不履行义务，无须发出通知即可宣布合同无效。

(2)分批交货合同。分批交货合同与宣告合同无效的关系主要体现在合同的可分性方面。根据《公约》第 73 条，对于分批交付货物的合同，如果一方当事人不履行对任何一批货物的义务，便对该批货物构成根本违反合同，则另一方当事人可以宣告合同对该批货物无效。如果一方当事人不履行对任何一批货物的义务，使另一方当事人有充分理由断定对今后各批货物将会发生根本违反合同，则该另一方当事人可以在一段合理时间内宣告合同今后无效。买方宣告合同对任何一批货物的交付为无效时，可以同时宣告合同对已交付的或今后交付的各批货物均为无效，如果各批货物是互相依存的，就不能单独用于双方当事人在订立合同时所设想的目的。

同步案例 5—17　　获得额外折扣 就能废止合同吗？

一家丹麦卖方从日本进口摩托车，进而向一家德国买方大量转售，德国买方再出售给德国的顾客。实际上，买方根据在德国的预期销售量向卖方订购，卖方再从日本的供应商（即制造商）处订购相应的数量。双方当事人允许对订单进行微调，例如，如果某些颜色和（或）数量供应不上的话。

某年秋天，买方以分期付款的方式订购了1600辆摩托车。每次交货时分期付款都以日元结算，但总额由一家银行担保。后来，因为欧元与日元间的汇率出现浮动，买方要求卖方让制造商降价。制造商拒绝降价，但买方反而追加了若干张总数为2000辆的订单。然而，买方又在该年12月取消了订单。当卖方表示抗议时，双方当事人达成共识，即买方按照卖方给定的折扣接受一半的订购量，同时卖方努力争取从制造商处获得额外折扣。因为对卖方获得额外折扣的努力不满，所以买方拒绝收货和付款，也取消了银行担保。卖方称买方的行为构成重大违约，因而废止了合同，并通知买方其将在丹麦转售这些摩托车。

【案例精析】 在接踵而来的诉讼中，买方认为卖方废止合同的行为不合理，且卖方无权获得等同于合同价与转售价（卖方用了将近五年的时间才完成转售）差额的赔偿。买方还争辩说，卖方并未采取合理的措施来减少损失，因为涉及的摩托车只在丹麦转售，依其申述，丹麦的物价低于德国（卖方不同意买方的说法）。最后，双方当事人并未就如何计算可能需支付的利息达成共识。

初审中，丹麦海事和商业法院决定支持卖方，根据《公约》第72条裁定卖方废止合同属正当行为，且转售的方式和时限均合理。因此，海事和商业法院裁定卖方获得390万丹麦克朗的赔偿，赔偿金额等同于合同价与转售价的差额。根据《公约》第78条的规定，法院还裁定卖方所获的利息从转售日开始计算。

本案上诉至最高法院后，最高法院审查了该裁定并参照《公约》第73条，一致裁定卖方有权废止合同。至于赔偿，多数人（五位法官中的三位）投票支持将高等法院判处的赔偿金削减大约50%，认为卖方未能以足够高的价位或在合理的时限内转售摩托车。根据自定的赔偿金削减比例，多数法官投票裁定卖方获得200万丹麦克朗的赔偿。多数法官在未参照《公约》第78条的情况下裁定卖方有权获得的利息（仅）从起诉日算起。最高法院的另外两位法官虽未就第78条做出评论，但认为没有理由批评卖方的转售行为或最初由海事和商业法院裁定的赔偿数额。

资料来源：http://cisgnordic.net/index.php/cases/danishcases/34-danishcaselaw/100-2007-oct-17-sc.

2. 宣告合同无效的结果

在宣告合同无效的情况下，双方的归还应使当事人的状况恢复到相当于合同没有履行时的状态，因此，根据《公约》第84条，如果卖方有义务归还价款，其必须同时从支付价款之日起支付价款利息。如果买方有义务归还货物，在以下情况下，买方必须向卖方说明其从货物或其中一部分得到的一切利益：(a)如果其必须归还货物或其中一部分；或者(b)如果其不可能归还全部或一部分货物，或不可能按实际收到货物的原状归还全部或一部分货物，但其已宣告合同无效或已要求卖方支付替代货物。

（二）损害赔偿的计算与免责

1. 损害赔偿的计算

在《公约》下，一方当事人要求违约方承担赔偿责任的法律基础分别规定在买方或卖方的具体救济措施之中。但是，关于损害赔偿的计算则单独规定在第74～77条。

《公约》第74条规定了计算损害赔偿额的一般原则，即“一方当事人违反合同应负的损害赔偿额，应与另一方当事人因其违反合同而遭受的包括利润在内的损失额相等。这种损害赔偿不得超过违反合同一方在订立合同时，依照其当时已知道或理应知道的事实和情况，对违反合同预料到或理应预料到的可能损失”。在此，第74条的损害赔偿额既包括实际损失，也包括利润损失，其目的在于使非违约方达到相当于合同得到履行时的状况。当然，声称另一方违反合同的一方，必须按情况采取合理措施，减轻由于另一方违反合同而引起的损失，包括利润方面的损失。如果其不采取这种措施，违反合同一方可以要求从损害赔偿中扣除原可以减轻的损失数额。

做中学 5－3　　分批交付货物未支付货款的判决案

2023 年，一家乌克兰卖方与一家白俄罗斯买方订立了销售金属产品的货物合同。货物分别于 2023 年 5 月 15 日和 20 日分两批交付买方。买方收取货物但是没有支付货款。经过一番谈判，买方根据商定的债务清偿时间表进行了部分支付，不过大部分价款仍然未付。最后，卖方于 2024 年 2 月 1 日要求买方偿还债务，其中包括合同项下的应付价款、价款利息以及损害赔偿费（该费用为乌克兰预算局因卖方未向国家支付货币收益费用而收取的一笔罚金）。上述要求没有得到满足，卖方于 2024 年 3 月启动仲裁程序。

【解析】 仲裁庭准予追回价款及其利息。至于损害，仲裁庭裁决《公约》第 77 条适用。仲裁庭认为，如果卖方没有将仲裁程序延误至货物报关日后 90 天期满时，那么这笔罚金将不会被处罚，卖方也不会招致该损害。因此，由于卖方未能在早期启动仲裁程序相当于未能根据《公约》第 77 条减轻损害，仲裁庭驳回了其损害赔偿的主张。

资料来源：http://cisgw3. law. pace. edu/cases/990709u5. html.

《公约》第 75 条和第 76 条规定了宣告合同无效的情况下如何计算损害赔偿额。具体而言，第 75 条规定了在买方购买替代货物的情况下，相关损害赔偿额的计算方法。即如果合同被宣告无效，而在宣告无效后一段合理时间内，买方已以合理方式购买替代货物，或者卖方已以合理方式把货物转卖，则要求损害赔偿的一方可以取得合同价格与替代货物交易价格之间的差额以及按照第 74 条规定可以取得的任何其他损害赔偿。第 75 条规定了买方没有购买替代货物的情况下，相关损害赔偿额的计算方法。即如果合同被宣告无效，而货物又有时价，要求损害赔偿的一方如果没有根据第 75 条的规定进行购买或转卖，则可以取得合同规定的价格与宣告合同无效时的时价之间的差额以及按照第 74 条规定可以取得的任何其他损害赔偿。但是，如果要求损害赔偿的一方在接收货物之后宣告合同无效，则应适用接收货物时的时价，而不适用宣告合同无效时的时价。

同步案例 5－18　　根本违反合同的仲裁案

一家中国卖方与一家卢森堡买方订立了关于销售锰的合同，CFR（成本加运费）鹿特丹。卖方将货物运到鹿特丹，但买方没有提取货物也没有付款。卖方根据《公约》第 53 条的规定坚持督促买方支付货物价款。而买方一开始向卖方发送传真，声称它会支付价款，但后来拒绝付款。结果货物滞留在目的港，货运代理机构开始收取卖方滞期费和码头租赁费。卖方为减轻损失安排转售货物，但因锰的市场价格下跌而蒙受损失。

【案例精析】 仲裁庭裁定，买方根本违反合同，因此须承担《公约》第 61 条和第 64 条规定的责任。卖方履行了其交付货物的义务，但买方拒绝接收货物和支付价款，这构成根本违反合同。卖方根据《公约》第 75 条的规定随后转售该货物是合理的措施，以便按照《公约》第 77 条的规定减轻损失。由于市场价格下跌，卖方转售货物后蒙受差价造成的损失。仲裁庭进而裁定，买方必须赔偿卖方蒙受的各项损失。仲裁庭认为，卖方无权要求获取买方在与卖方订立合同时没有预知的银行贷款利息。仲裁庭也驳回了卖方关于在买方支付购买价款的情况下卖方本应赚取的利息的权利主张，因为卖方最终能够转售货物并且已经获得了差价。

资料来源：http://cisgw3. law. pace. edu/cases/021230c1. html.

同步案例 5－19　　损害赔偿的争议案

一家中国卖方和一家瑞士买方订立了 1 万吨生铁的买卖合同。买方在商定的交货日期之前出具了必要的信用证，随后应卖方的要求同意延长交货日期。在新的交货日期之前，卖方通知买方，其供应商拒绝按原先商定的价格交付货物，并将它们出售给另一个客户。在这之后，卖方通知买方不能交货，并且卖方将向买方赔偿不履行合同造成的损失。买方提交这起争端进行仲裁。

【案例精析】 买方声称因卖方违约迫使买方从其他货源地以较高的价格购买货物，以履行其对第三方负有的合同义务。买方与其他供应商订立了两份合同。买方声称蒙受利润损失。由于其中一份替代货物购买合同在卖方违约之前订立，买方主张计算损害赔偿的货物价格应是卖方违约后当月中国市场的时价(《公约》第 76 条)。此外，买方要求赔偿开具信用证和违约金产生的费用与利息。

卖方未对赔偿责任提出异议，但对计算损害赔偿的方法提出异议。卖方辩称，国际市场的时价是更适合这种情况的参照价。卖方又辩称买方提供的提单未指明其中一次替代货物交易的供应商，因此不足以证明买方购得替代货物的价格。

仲裁庭驳回卖方后一项争论点，认为根据《公约》第 74 条的规定，对有争议的替代货物交易计算利润损失必须是原合同价格与该交易的实际购入价格之间的差额。关于第二次替代货物交易，仲裁庭认同卖方关于《公约》第 76 条规定的"时价"应是国际市场价格的观点。

资料来源：http://cisgw3.law.pace.edu/cases/981225c2.html.

2. 损害赔偿的免责

《公约》第 79(1)条规定，如果违约方能证明此种不履行义务是由于某种非其所能控制的障碍，而且对于这种障碍，没有理由预期其在订立合同时能考虑到或能避免或克服它的后果，那么对于违约行为可以免责。通说认为，即使违约方瑕疵履行(而非不履行或迟延履行)，依然可以寻求第 79(1)条项下的免责。如果当事人不履行义务是由于其所雇用履行合同的全部或一部分规定的第三方不履行义务所致，根据第 79(2)条，该当事人只有在以下情况下才能免除责任：(a)其按照第 79(1)条的规定应免除责任，(b)假如该款的规定也适用于其所雇用的人，这个人也同样会免除责任。

同步案例 5—20　　损害赔偿的免责案

一家中国内地买方与一家中国香港卖方订立了购买 3 万吨氧化铝的合同。卖方声称买方未出具所需的信用证而违反了合同，因此，将货物削价转售给其他买方。卖方要求买方赔偿违约造成的损失，包括预期利润损失。卖方还要求赔偿利息、仲裁费用、律师费用及其他费用。

【案例精析】 买方辩称，其在订立合同时受到经济胁迫，并提出不可抗力的抗辩理由，声称无法开具信用证的原因是条例出现变更，向中国内地输入氧化铝受到限制。买方声称基于这些原因应当免予承担赔偿责任。

该合同于 2024 年 9 月 19 日订立，其中规定合同以中国香港法律为准，并且"双方当事人将《公约》第二部分和第三部分的规定纳入合同，但与合同的明文规定不符或违反适用法律的除外"。

仲裁庭裁定中国香港法律以及《公约》第二部分和第三部分是适用的，但与合同的明文规定不符或违反适用法律的除外。仲裁庭认为，买方并不能证明受到经济胁迫，并驳回了买方提出的不可抗力的抗辩，认为新条例没有完全禁止向中国内地输入氧化铝。因此，该条例没有使买方无法履行合同规定的职责：它仍然可以提取货物。

仲裁庭裁定，根据中国香港销售法和《公约》，买方未开具信用证就是根本违反合同(《公约》第 25 条)。因此，卖方有权宣告合同无效并要求损害赔偿，包括预期利润损失(《公约》第 74 条和《香港货物销售条例》第 52 条)。仲裁庭根据《公约》第 75 条的规定计算损害赔偿额，并认为卖方有义务根据《公约》第 77 条的规定减轻损害赔偿。仲裁庭根据《公约》第 78 条的规定，驳回卖方关于赔偿利息的权利主张，这是因为卖方要求的数额是实际的损害赔偿额，不涉及任何拖欠款项，并且卖方没有蒙受任何利息损失。

资料来源:http://cisgw3.law.pace.edu/cases/030626c1.html.

(三)保全货物

1.卖方的保全义务

《公约》第 85 条规定了卖方的保全义务,即如果买方推迟收取货物,或在买方支付价款和卖方交付货物应同时履行时,买方没有支付价款,而卖方仍拥有这些货物或仍能控制这些货物的处置权,卖方必须按情况采取合理措施,以保全货物。卖方有权保有这些货物,直至买方把所付的合理费用偿还为止。

2.买方的保全义务

根据《公约》第 86 条,如果买方已收到货物,但打算行使合同或该公约规定的任何权利,把货物退回,其必须按情况采取合理措施,以保全货物。买方有权保有这些货物,直至卖方把所付的合理费用偿还给为止。如果发运给买方的货物已到达目的地,并交给买方处置,而买方行使退货权利,则买方必须代表卖方收取货物,除非其这样做需要支付价款而且会使其遭受不合理的不便或须承担不合理的费用。如果卖方或授权代表其掌管货物的人也在目的地,则此一规定不适用。如果买方根据本款规定收取货物,其权利和义务与上一款所规定的相同。

3.保全货物的费用

保全货物的目的是为对方减少货物灭失或损坏的风险,因此,应按照“谁受益,谁支付”的原则来确定费用的负担。为了减少经济学意义上的代理成本,《公约》特别规定了几种判断费用合理的情形。

《公约》第 87 条规定,有义务采取措施以保全货物的一方当事人,可以把货物寄放在第三方的仓库,由另一方当事人担负费用,但该项费用必须合理。

《公约》第 88 条规定,如果另一方当事人在收取货物或收回货物或支付价款或保全货物费用方面有不合理的迟延,按照第 85 条或第 86 条规定,有义务保全货物的一方当事人,可以采取任何适当办法把货物出售,但必须事前向另一方当事人发出合理的意向通知。如果货物易于迅速变坏,或者货物的保全牵涉到不合理的费用,则按照第 85 条或第 86 条规定有义务保全货物的一方当事人,必须采取合理措施把货物出售,在可能的范围内,其必须把出售货物的打算通知另一方当事人。出售货物的一方当事人,有权从销售所得收入中扣回为保全货物和销售货物而给付的合理费用。其必须向另一方当事人说明所余款项。

同步案例 5-21　　辨析替代交易案

当事双方订立了一份关于一批标签纸的购销合同。第一批货物交货后,买方于 2023 年 10 月 29 日向卖方发出一份传真,通知卖方,由于买方客户取消订单,其不能接收第二批货物。买方在传真结尾说:“我们将努力采取一切可能的补救措施,为我方仍然有需求的客户收下这批货物。”由于看到买方的这句话,卖方将这批货物在仓库中存放了很长一段时间才最终售出。正如卖方向法院陈述的那样,考虑到 2023 年 10 月 29 日的传真,他们希望一段时间后买方仍会收下这批货物,因而没有在 2023 年 10 月后立即将其售出。而双方订立的购销合同到 2024 年 8 月才废止。

【案例精析】 本案的问题在于有没有发生一种旨在将损失降至最低限度的替代交易。上诉法院在临时判决中指出,买方未能证明存在这样的交易。此外,如果卖方与第三方订立购销合同,即使买方兑现与卖方订立的合同并且完成第二次交货(这些标签纸便没有必要转售出去),替代交易也不可能发生。法院同时认为,如果卖方将第二批货物卖给礼品店和书店等卖方已有的市场客户,替代交易也不会发生。

买方认为,卖方在 2024 年 8 月以后才将第二批货物卖给第三方的说法不成立;由于第二批货物的销售发生在2024年8月即双方订立的购销合同失效之前，因此，除货物保存费用之外，卖方没有权利得到《公约》第88(3)条规定的违约赔偿金。法院驳回了买方的这种观点，因为有充分证据证明，卖方在2020年8月之前一直将第二批交付的货物存放在仓库中并未出售。对于卖方声称自己因此而蒙受无法弥补的利润损失，买方表示反对，买方认为卖方所述的损失金额非常小。对于买方以其在订立合同时无法预计到卖方可能会蒙受的损失为由，认为卖方所声称的未实现利润损失金额非常有限的观点，法院予以驳斥(见《公约》第74条)。法院指出，买方没有举出而且没有出现任何事实或情形来证明其在签订合同时无法预计到卖方可能会蒙受的这些损失。在驳斥买方提出的观点时，法院认为，卖方在收到2023年10月的传真后等待一段时间再将这些标签纸转售出去是合情合理的。买方通过这份传真表示其以后可能仍然会收下第二批货物。买方没有证明，从哪一个时间点开始卖方知悉或应当已经明白买方不会再要第二批货物。买方仅凭卖方可能在2024年8月之前就已将这些标签纸卖给第三方的论点不足以证明卖方没有尽最大努力将其损失降至最低限度的结论(见《公约》第77条)。因此，法院驳回了上述观点。此外，由于没有适当的证据加以证明，法院驳回了买方关于货物保存费用不合理的主张(见《公约》第87条)。有鉴于此，法院勒令买方支付违约赔偿金。一审法院同时判定由买方支付诉讼费用。然而，上诉时，卖方只要求对相关费用收取法定利息，因此，法院没有理由将第一笔款项的任何法定利息判给卖方。对于卖方要求取得《公约》第78条所述利息的主张，法院最后判定本条款不适用于诉讼费用。

资料来源：UNICTRAL判例942。

第六节 国际货物买卖合同的法律适用

国际货物买卖法的渊源既有国际法(如国际条约和国际惯例)，又有国内法(包括本国国内法和他国国内法)。在国内冲突法模式下，法律适用主要是一个狭义国际私法问题；在国际统一实体法模式下，法律适用主要是一个条约适用范围的问题；而在折中模式下，法律适用必须同时考虑到国际法和国内法两种法律渊源。在目前的折中模式之下，鉴于各国的法律规定和具体国际条约的规定各不相同，任何泛泛而论均可能失之过宽。为此，此处仅集中讨论中国法和《公约》关于法律适用的规定。

一、挑选法院

在国际货物买卖争议中，仲裁和诉讼是两种非常普遍的争端解决程序。其中，仲裁以自愿为基本原则，故一方当事人难以通过单方挑选仲裁庭的方式迫使对方参加仲裁。与仲裁不同，原告可以通过选择具有管辖权的法院以适用对案件有利的程序和实体规则。一旦选定法院，则法院所在地的程序法和冲突法将会适用，进而会确定相关的准据法。

通说认为，挑选法院(Forum Shopping)将会使一方当事人滥用选择权“操纵”判决结果并引发道德风险。这主要体现在以下方面：①导致法律上的不确定；②增加诉讼成本；③使某些法院承担过量工作；④降低了实体法的权威性。

为减少挑选法院的现象，理论上具有如下几种方法：

1. 间接方法的改进

即通过对国际冲突法规则的改进，如通过制定统一国际冲突法，使得不管选择哪一个法院均会适用同样的实体法。该方法在可行性方面显然存在问题，如很多重要的贸易国家甚至没有一部成文的冲突法。另外，即使各国法律规定一致，也可能因为公共政策、强行法、法律规避和反制等制度而导致结果不一。

2. 直接方法的适用

即通过制定国际统一实体法来直接约束当事人之间的权利和义务。在这一方法下，无须考虑一国国内冲突法的规定，在审理案件时，缔约国法院应在适用本国冲突法之前首先确认是否存在相关的国际实体法。就此，在公约的适用范围内，国际实体法完全取代了国内实体法。这一方法的最大问题是，公约的适用范围有限度。如果适用范围较宽，很可能没有多少主权国家愿意加入该公约；如果适用范围过窄，则出现只能部分解决挑选法院的现象。

3. 就合同关系，给予当事人以自主选择实体法的权利

即通过当事人事先选定实体法，可以减少因管辖法院的改变而改变适用法律的情形。就此，当事人意思自治已为世界各国所普遍承认。

《公约》对国际货物买卖采取了折中调整模式。如前所述，在适用范围、总则、排除与保留方面，《公约》均为当事人通过挑选法院，进而适用国内准据法提供了可以利用的机会。

二、适用顺序

鉴于《公约》有限的适用范围，对于其所不调整的事项，应根据传统的冲突法方法来解决法律适用问题；即使对于《公约》所调整的事项，如果该公约并未明确规定解决方案，而且按照公约所依据的一般原则也解决不了时，仍可以利用传统冲突法的方式来解决。

中国没有统一的冲突法法典，相关的规定散落于各个具体的部门法之中。就国际货物买卖合同而言，最为相关的冲突法规定即：

"涉外合同的当事人可以选择处理合同争议所适用的法律，但法律另有规定的除外。涉外合同当事人没有选择的，适用与合同有最密切联系的国家的法律。"

除此之外，还有：

"中华人民共和国缔结或参加的国际条约同中华人民共和国的民事法律有不同规定的，适用国际条约的规定，但中华人民共和国声明保留的条款除外。中华人民共和国法律和中华人民共和国缔结或参加的国际条约没有规定的，可以适用国际惯例。"

结合《公约》的相关规定，有观点认为，如果一个国际货物买卖合同纠纷在中国法院进行诉讼，应按照十个步骤依次适用法律：①国内直接适用的强制性法律。②国内有关不同规范法源地位的规定。③中国缔结或参加的统一实体法的强制性规范。④中国缔结或参加的统一冲突法规范。⑤国内冲突规范。⑥准据法的强制性规范。⑦当事人约定条款。⑧统一实体法的任意性规范。⑨准据法的任意性规范。⑩其他可选择的国际惯例。

上述观点的特点在于将统一实体法、惯例、国内实体法相区别，并将实体法分为强制性和任意性两种。其中，第①②项属于国内法，第③④项属于国际法，第⑤⑥项属于法律规定，第⑦项属于当事人约定，第⑧项属于国际法，第⑨⑩项属于国内法。就这些项目的法律关系而言，第①②项先于第③④项意味着强制性国内法优先于强制性国际法，第⑤⑥项先于第⑦项意味着法律强制性规定优于当事人约定，而第⑧项先于第⑨项意味着任意性国际法优先于任意性国内法。

本书认为，根据国际商法的特点，在一国加入国际公约的情况下，应首先适用国际公约的规定。如果国际公约中明确规定国际惯例优先，则相关国际惯例优先于公约中的"默认规则"。

学思践悟　　**理性认识当前的中美贸易摩擦**

中美经贸关系一直是中美两个大国关系的"压舱石"和"稳定器"。但是，美国采取单边主义措施，挑起贸易战，导致中美之间贸易摩擦和争端不断升级。美国单方面挑起贸易战，不仅严重威胁

中美双边经贸关系，而且对世界经济也有负面影响。1979年中美建交以来，双边关系全面发展，经贸合作快速推进，已经形成了优势互补、利益交融、互利互惠的贸易格局。中美经贸关系本质上是互利共赢的，共同利益远大于分歧，合则两利，斗则俱伤。中美经贸关系稳定与否，不仅事关中美双方利益，而且事关世界发展。

【悟有所得】 妥善应对中美贸易摩擦，事关我国改革发展稳定大局。在以习近平同志为核心的党中央坚强领导下，保持战略定力和战略耐力，全国上下团结一致、勠力同心，进一步增强中华民族凝聚力，化压力为动力，充分发挥我国的制度优势、产业优势、市场优势，坚决维护国家利益，努力维护国家发展的国际环境，坚定不移推进改革开放，推动我国综合国力再上新台阶。

随着美国将中国定义为“战略竞争对手”，中美关系将发生深刻调整。作为两个大国，中美合作与竞争是常态，合作并不意味着没有矛盾，竞争也不意味着全面开战。我们既要丢掉幻想，坚定应战；又要保持理性，努力维护大局稳定。要充分认识中美贸易摩擦的复杂性，坚持“有理、有利、有节”，坚持“不愿打、不怕打、必要时不得不打”的原则立场。大力倡导自由贸易，维护多边贸易体制权威性。积极推进自由贸易区战略，推进“一带一路”建设。履行与自身实力和发展阶段相适应的大国责任，秉持人类命运共同体理念，为建设一个持久和平、普遍安全、共同繁荣、开放包容、清洁美丽的世界作出新贡献。

关键术语

交付货物　品质担保　权利担保　预期违约　根本违约　中止履行　宣告合同无效

本章练习

一、单项选择题

1. 关于《公约》表述不正确的是(　　)。

A. 该公约是目前最为重要的调整国际货物运输的国际公约

B. 该公约对合同形式没有特殊要求，口头或书面形式的合同都有效

C. 该公约适用于营业地处于不同的缔约国的当事人之间订立的买卖合同

D. 该公约仅对缔约国有效

2. 国际货物买卖合同是指(　　)处于不同国家的当事人所订立的货物买卖合同。

A. 国籍　　B. 交货地　　C. 营业地　　D. 承运人

3. 根据《公约》的规定，对于销售在途货物，从(　　)起，风险就转移到买方承担。

A. 卖方交货时　　B. 买方收取货物时

C. 订立合同时　　D. 货交第一承运人时

4. CIF合同的货物在刚装船后因火灾被焚，应由(　　)。

A. 卖方负担损失　　B. 卖方请求保险公司赔偿

C. 买方委托卖方向保险公司索赔　　D. 买方负担损失并请求保险公司赔偿

5. INCOTERMS® 2020的贸易术语为(　　)个。

A. 6　　B. 11　　C. 13　　D. 7

6. 大陆法系国家将(　　)作为对违约采取的最主要的救济方法。

A. 实际履行　　B. 交付替代物　　C. 损害赔偿　　D. 解除合同

7. 美国法律规定，在一方当事人重大违约的情况下，可以（　　）。

A. 解除合同　　B. 损害赔偿　　C. 实际履行　　D. 要求加价

8. 买方违约时，可以（　　）。

A. 要求卖方减价　　B. 给予卖方履行合同的宽限期

C. 给予买方履行合同的宽限期　　D. 对不符合合同的货物进行修理

9. 下列不属于不可抗力的是（　　）。

A. 山洪　　B. 海啸　　C. 罢工　　D. 货币贬值

10. 非根本性违约不能采取的救济方式为（　　）。

A. 实际履行　　B. 宣告合同无效　　C. 中止履行　　D. 损害赔偿

二、多项选择题

1. 中国A公司向巴西B公司发出传真稿："急购巴西一级白砂糖22吨，每吨350美元CIF大连，2021年4月20日至25日装船。"巴西B公司回电称："完全接受你方条件，2021年5月1日装船。"依照《公约》，巴西B公司的回电属于（　　）。

A. 反要约　　B. 一项新要约　　C. 无效承诺　　D. 有效承诺

2.《公约》规定，构成发价必须确定，即一个建议如果（　　）就为"十分确定"。

A. 写明货物的名称　　B. 规定货物的质量

C. 规定货物的数量　　D. 规定货物的价格

3. 在分批交货的成套设备的国际买卖合同中，已经提交的一批或几批设备有瑕疵，如果得不到修理、更换，买方可以采取的补救措施有（　　）。

A. 拒收不符合合同要求的货物　　B. 拒收整批货物

C. 要求损害赔偿　　D. 拒收整批货物并要求损害赔偿

4.《公约》是目前最为成功的调整国际货物买卖的国际统一实体法，但它不调整（　　）。

A. 电力的买卖　　B. 船舶、飞机的买卖

C. 买卖中货物所有权何时转移　　D. 买卖中货物风险何时转移

5. 关于国际货物买卖合同的成立，下列表述中错误的有（　　）。

A. 受要约人超过要约有效期做出的承诺一律无效

B. 受要约人必须将其不接受要约的意思表示明确通知要约人，否则视为承诺

C. 受要约人一经做出承诺，当事人之间的合同即告成立

D. 如果受要约人依据当事人之间的交易习惯在要约有效期内发出货物或者支付了款项，则为有效的承诺

6. 买方的具体救济措施有（　　）。

A. 损害赔偿　　B. 实际履行

C. 宣告合同无效　　D. 减价

7. 卖方的具体救济措施有（　　）。

A. 损害赔偿　　B. 实际履行

C. 宣告合同无效　　D. 确定规格

8. 根据《公约》的规定，买方的义务主要有（　　）。

A. 权利担保　　B. 收取货物　　C. 支付货款　　D. 检验货物

9. 根据《公约》的规定，判断合同与货物是否相符的标准有（　　）。

A. 当事人意思自治　　B. 通常使用目的

C. 特定目的　　　　　　　　　　　　D. 样品或样式

10. 在《公约》下,“惯例”具有的功能有(　　)。

A. 解释功能　　　　B. 规范功能　　　　C. 调节功能　　　　D. 法律功能

三、判断题

1. 国际货物买卖合同可以书面签订,也可以口头达成。(　　)

2. 卖方有权保留控制货物所有权的单据,并不影响风险由卖方转移给买方。(　　)

3.《公约》规定,卖方对其出售的货物必须保证有充分的物权。(　　)

4. 在国际货物销售合同中,双方当事人通常会采用国际上通行的国际贸易术语来表示履行的条件。(　　)

5.《公约》规定,买方或卖方宣告撤销合同后,就不能要求损害赔偿。(　　)

四、简答题

1. 简述 INCOTERMS® 2020 相对于 INCOTERMS 2010 的主要变化。

2. 在诉讼中挑选法院会存在哪些问题?

3. 简述国际货物买卖合同中买卖双方的义务。

4. 简述合同内容的确定性存在的三种方案。

5. 简述风险转移并分析其法律后果。

五、案例分析题

1. 2024 年 3 月 20 日,中国香港甲公司给厦门乙公司发出要约称:“鳗鱼饲料数量 180 吨,单价 CIF 厦门 980 美元,总值 176400 美元,合同订立后三个月装船,不可撤销即期信用证付款,请电复。”厦门乙公司还盘:“接受你方发盘,在订立合同后请立即装船。”对此中国香港甲公司没有回音,也一直没有装船。

请问:

厦门乙公司认为中国香港甲公司违约,并要求甲公司承担损害赔偿责任,法院应否支持这一诉求?

2. 申请人 A 公司与被申请人 B 公司签订了花生仁买卖合同,由申请人向被申请人提供每盎司标准粒数为 40/50 的中国产花生 5000 吨;价格为每吨 715 美元,FOB 天津,总金额 3575000 美元;支付方式为由买方在装船期前 15 日内开出不可撤销的、可转让的信用证;装运期为 2024 年 4 月至 5 月。

申请人诉称:合同签订后,申请人按规定积极备货,于 2024 年 3 月及 5 月间与被申请人共同看货,以便被申请人及早开出信用证。但被申请人没有开证。2024 年 5 月 31 日,被申请人以所剩时间来不及安排装船为由宣布解除其合同项下的义务。申请人仍希望继续履行合同,直至 2024 年 6 月 30 日双方谈判破裂。申请人遂提出索赔,并宣告合同解除。申请人认为,在 FOB 合同项下,申请人只有义务在货物上船时保证所交货物的质量、规格符合合同的规定,没有义务在卖方未开证、未派船的情况下履行上述义务。被申请人不履行其开证、派船的义务是根本违约。申请人因被申请人没有开立信用证,被迫将花生仁榨成油后变卖,造成巨大损失,因此被申请人应赔偿申请人全部 5000 吨花生仁的利润损失和其他损失。

被申请人答辩指出:合同签订后,被申请人一再催促申请人应在合同规定的装船期之前备妥货物以便检验,并由被申请人开证。申请人于 2024 年 3 月、5 月间与被申请人共同验货,但检验结果不符合合同标准。直至5月30日申请人曾再次请求被申请人验货这一事实证明,被申请人在与申请人长期贸易关系中已确立被申请人开证时间应为双方共同验货合格后的合理时间的惯例。双方在订立合同时对此均有明确表示,并作为双方长期合作的惯例一直被双方作为默示条件而遵照执行。因此,被申请人没有开证完全是申请人没有备妥合同所规定的货物所致。被申请人没有违约。

请问:

被申请人B公司是否根本违约?

3.德国某公司与我国某公司签订一份CFR合同,由德国公司向我国公司出口化工原料。合同规定:德国公司在2024年4月交货。德国公司按合同规定时间交货后,载货船于当天起航驶往目的港青岛。5月10日,德国公司向我公司发出传真,通知货已装船。我公司于当天向保险公司投保。但货到目的港后,经我公司检验发现,货物于5月8日在海上运输途中已经发生损失。

请问:

上述期间发生的损失由哪一方承担?

4.一家荷兰公司向一家意大利公司购买了一批焊管。卖方发出了订单确认书,其中载有"交付至(荷兰)霍尔斯特(……)的VTI霍尔斯特"的条款。买方随后以焊管未达到所要求的标准为由撤销合同,并向布雷达(荷兰)一审法院起诉卖方,要求退还货款并赔偿未来的损失。卖方称布雷达法院没有管辖权。

法院裁定,鲁尔蒙特(荷兰)一审法院应被指定为本案的主管法院。上诉法院确认了这项裁定,理由是订单确认书载有一个明文确定的交货地址,即属于鲁尔蒙特管辖的霍尔斯特的一个地址,因此,《公约》第31条所规定的条件(当事方必须已经商定交货地点)已经得到满足,从而使得鲁尔蒙特法院成为1968年9月27日缔结的《关于民商事案件管辖权及判决执行的布鲁塞尔公约》第5条意义上的主管法院。

卖方就此裁决向最高法院提出上诉,称上诉法院没有认识到,由于焊管是在巴基(意大利)交给承运方,以便将焊管从巴基运到霍尔斯特,因此《公约》第31(a)条应当解释为指定巴基为交货地(尽管订单确认书中有不同措辞),霍尔斯特只是运输地址。卖方还称,订单确认书提及交货地并不导致卖方根据《公约》第31条对在该地交货承担法律义务。最高法院驳回上诉,理由是解释当事双方之间关于交货地的协议属于上诉法院的特权,由于焊管事实上是在霍尔斯特交付的,法院指定该地点为交货地是有充分理由的。

请问:

(1)除了用于确立管辖权外,你认为确定交货地还有哪些法律意义?

(2)你认为法院应当以合同中的交货地为准来确立管辖权吗?

5.一家意大利卖方和一家丹麦买方签订了买卖1241个止回阀的销售合同。这些止回阀将用于丹麦和斯堪的纳维亚半岛其他国家的加油站设施。交易之前,买方要求卖方确认该止回阀"可供汽油使用",且卖方随后确认该止回阀"适用于汽油"。交货且安装止回阀的几个月后,买方的一位顾客投诉说安装的止回阀中有35个的橡胶垫圈出现破损,而且橡胶垫圈破损导致止回阀漏气。结果,经验证,该止回阀破损是因为受到甲基叔丁基醚(MTBE)的影响。MTBE是一种在斯堪的纳维亚半岛使用的添加剂,用来增加汽油中的辛烷值。

买方对卖方提起了诉讼,称卖方交付的这些止回阀存在缺陷,因为它们无法抵抗MTBE,买方称其有权获得赔偿,赔偿包括以能抵抗MTBE添加剂的止回阀替换现货的费用。卖方不承认其交送的货物存在缺陷,坚持认为在汽油中添加MTBE的情况罕见且仅限于斯堪的纳维亚半岛的国家。卖方还坚持称买方未能验货,且未能明确通知卖方其宣称的与合同不符之处。基于以上原因,卖方认为买方无权获得赔偿。

高等法院裁定，卖方有义务提供适用于含 MTBE 的汽油的止回阀。法院认为，卖方提出的在汽油中添加 MTBE 仅限于斯堪的纳维亚半岛国家的说法不成立，且卖方提出的其没有义务去考虑止回阀将用于含 MTBE 的汽油的说法也不成立。基于以上原因，根据《公约》第 35(1)条的规定，卖方所发货物不符合合同的要求，因为其无法达到同类货物的正常使用效果(《公约》第 35(2)(a)条)。至于通知卖方该止回阀与合同不符的问题，高等法院根据《公约》第 39 条裁定买方的通知已很明确，尽管该通知仅涉及订单中的部分止回阀。虽然高等法院并未特别参照《公约》第 38 条，但一审法院裁定买方没有义务在转售给顾客和顾客使用前测试该止回阀。

鉴于卖方未能根据《公约》第 48 条主动弥补过失，最高法院裁定，卖方须负责赔偿买方遭受的被该法院描述为“可预见”的与更换不符合要求的止回阀有关的损失(尽管没有特别参照《公约》第 74 条)。

请问：

(1)你认为卖方的观点，即在汽油中添加 MTBE 的情况罕见且仅限于斯堪的纳维亚半岛的国家，可以证明其产品具有适销性吗?

(2)你认为买方应当如何通知卖方的产品含有缺陷?

六、实训题

如果在国际贸易中，于履行期到来前发现合同对方当事人有不履行合同义务的可能性。此时，你可以采取什么行动?

第六章　国际海上货物运输与保险法

知识目标

了解：国际海上货物运输和国际海上保险的特点；国际海上货物运输方式；海上保险合同的概念及特征。

熟知：国际海上货物运输合同的国际法律规范；我国关于国际海上货物运输的法律规定；国际海上保险的基本原则。

掌握：提单的概念、法律特征、签发与收回、分类；海上保险合同的构成要素、分类；海上保险合同当事人的义务与责任、主要险别；海上保险合同的订立、变更、解除与终止；船舶保险条款；船舶战争险、罢工险条款。

技能目标

按照国际海上货物运输与保险的特点，在国际海上货物运输中灵活运用各种险别；能分析和处理有关提单等特殊法律问题。

素质目标

培养学生具有依据不同的情形选择并确定国际海上运输形式和保险内容的能力。同时，具备正确的世界观、人生观和价值观，做到学思用贯通、知信行统一；培养遵纪守法、爱岗敬业、诚实守信的职业素养；培养学生在跨国贸易中运用法律知识保护货物安全和交易利益，同时提升学生的国际视野和跨文化沟通能力。

思政目标

学生应具有国家意识和责任感，强化对国际贸易规则的理解和尊重；引导学生树立正确的国际合作观念，不仅能够知晓海上货物运输的法律框架和保险机制，深刻认识到维护国家经济安全和国际合作的重要性，提升学生的风险意识和责任担当，而且能够在全球化背景下，运用法律知识维护国家利益和商业诚信，塑造具有社会主义核心价值观的专业人才。

● 课程引例

海上货物保险损失赔偿案

2024 年 3 月，大连某货轮在某港装货后，航行途中不慎发生触礁事件，船舶搁浅，不能继续航行。事后船方反复倒行强行浮起，但船底划破，致使海水渗入货舱，造成船货部分损失。对此，船长发出求救信号，船被拖至就近港口的船坞修理，暂时卸下大部分货物。前后花了 10 天，共支出修理费 5000 美元，增加各项费用支出(包括员工工资)共 3 000 美元。当船修复后继续装上原货起航。次日，又遇恶劣气候，使船上装载的某货主的一部分货物被海水浸湿。

请问：

以上所述的各项损失，各属于什么性质的损失；在投保了平安险的情况下，被保险人有权向保险公司提出哪些赔偿要求？

● 知识支撑

第一节 国际海上货物运输法

国际海上货物运输是指在两个不同国家港口之间进行的货物运输。国际海上货物运输是诸多国际货物运输方式中最主要和最重要的一种。海上货物运输法是指调整海上货物运输法律关系的法律规范的总和。国际海上货物运输法调整的海上货物运输法律关系，具有涉外因素。

一、国际海上货物运输的特点

(一)货物遭遇风险的可能性大

由于从事国际运输的船舶通常是长时间在海洋上航行，加上海洋环境复杂、气象条件多变，随时可能遭遇狂风巨浪、暴雨、大雾、雷电、海啸、浮冰等人力难以抵御和克服的海洋自然灾害的袭击，导致国际货物运输的风险比陆上、内河甚至航空运输的风险大得多。

(二)海上货物运输中发生的损失往往数额巨大

从事国际海上货物运输的船舶在遭遇海上风险或者意外事故时，产生的损失往往是惊人的。由于船舶作为大型运输工具，其本身的价值巨大，加上其载运货物数量也庞大，一旦遭受危险，船舶和货物所遭受的巨额损失可想而知。另外，当船舶在大洋中遭遇风险时，由于离陆地遥远，很难得到及时的外来救援，常常因得不到及时救助或根本无法救助而造成已发生损失的进一步扩大。

【注意】在油轮遭遇事故的情况下，除了油轮和货物本身损失外，还可能因石油泄漏造成严重的海洋环境污染，带来难以估计的后果。

(三)海上货物运输具有一套与海上特殊风险相适应的特殊法律制度

为了克服海上运输中所遭遇的特殊风险，以及在发生损失后能够得到及时补偿，并恢复航运生产，人们除了不断发展和提高有关的航海技术及配备先进的航海设备以外，同时逐步形成了被广泛接受的特殊的法律制度，包括共同海损制度、海上保险制度、海上救助制度和海事赔偿责任限制制度等。

(四)有关海上运输法规的国际统一性

目前，在国际海上货物运输法领域，已形成《海牙规则》《维斯比规则》《汉堡规则》三大国际公约共存的局面，尤其是《海牙规则》和《维斯比规则》，世界上大多数航运国家要么已加入或批准，要么已按照其规定制定了相应的国内法，在很大程度上促进了国际海上货物运输法律的统一。

2008 年 12 月 11 日，联合国第 63 届大会第 67 次会议审议通过了联合国贸发会提交的《联合国全程或部分海上国际货物运输合同公约》，并于 2009 年 9 月 23 日在荷兰鹿特丹举行签字仪式，该公约又被称为《鹿特丹规则》(United Nations Convention on Contract for the International Carriage of Goods Wholly or Partly by Sea)，是国际海上货物运输的国际公约，共有 96 条。与其他公约相比，《鹿特丹规则》扩大了公约的适用范围，包括海上运输和其他运输方式等；确立了电子运输记录的效力；扩展了承运人的责任期间；适航义务贯穿全航程；进一步提高了承运人的赔偿责任限额等。

二、国际海上货物运输方式

(一)定期船舶运输

定期船舶运输(Liner Shipping)又称班轮运输，是指船舶按预定的船期表，在固定航线上以既定顺序挂靠事先确定的港口，经常性地从事某航线各港口之间货物运输的一种船舶营运方式。

从 20 世纪 60 年代后半期开始，随着集装箱运输的迅速发展，班轮运输进一步分化为传统杂货船班轮运输和集装箱班轮运输。由于集装箱运输具有船速快、装卸方便、效率高、保证货运质量和便于开展多式联运等特点，目前集装箱班轮运输已逐步取代传统的杂货船班轮运输。

(二)不定期船舶运输

不定期船舶运输(Tramp Shipping)又称租船运输，是指没有事先制定的船期表、航线和挂靠港口，船舶运输货物数量、种类和装卸港口等事项根据船舶出租人(实务中称为船东)和承租人(实务中称为租家)双方签订的租船合同来确定的船舶营运方式。

租船运输的基本特点有：①根据租船合同的内容组织运输，因此出租人和承租人一般首先要签订租船合同，然后安排营运。租船合同中的条款是确定双方权利和义务关系以及解决争议的依据。②租船运输的运价或租金率的高低随订约时国际航运市场行情的不同而具有很大的波动性。③租船运输中有关费用的支出一般在合同中订明。因租船方式的不同，出租人和承租人承担的费用的范围也不相同。④租船运输一般适用于粮食、钢材、矿砂、石油和化肥等大宗散装货物的运输，往往是整船装运的。

租船运输包括航次租船、定期租船和光船租赁等基本营运方式。①航次租船(Voyage Charter)又称航程租船或程租，是指出租人提供一条特定船舶，在特定港口之间进行一个或多个航次运输指定的货物的租船方式；②定期租船(Time Charter)又称期租，是指出租人提供一条特定船舶在一定期间内供承租人使用，而由承租人支付租金的租船方式；③光船租赁(Bare Boat Charter)又称光船租船或光租，是指出租人提供一条不配备船员的船舶供承租人使用一个时期，而由承租人支付租金的租船方式。严格来说，光船租赁合同并不是真正意义上的运输合同，基本体现的是财产租赁合同的特点，因此可以将光船租赁合同排除在货物运输合同之外。

三、国际海上货物运输合同的国际法律规范

国际海上货物运输合同，是指承运人收取运费，负责将托运人托运的货物经海路由一国港口运至另一国港口的合同。国际海上货物运输法律的三大公约分别为《1924 年统一提单若干法律规定的国际公约》(简称《海牙规则》，即 Hague Rules)、《1968 年关于修订统一提单若干法律规定的国际公约的议定书》(简称《维斯比规则》，即 Visby Rules)和《1978 年联合国海上货物运输公约》(简称《汉堡规则》，即 Hamburg Rules)。它们是调整定期船舶运输或称提单运输的国际公约，而对于不定期船舶运输，如航次租船合同和定期租船合同，目前国际上并没有专门的关于租船合同的国际公约。

（一）国际海上货物运输法律的三大公约

1.《海牙规则》

动漫视频

海牙规则

海牙规则（Hague Rules）全称为《统一提单的若干法律规定的国际公约》，是关于提单法律规定的第一部国际公约。1924 年关于统一提单若干法律规定的国际公约（International Convention for the Unification of Certain Rules of Law Relating to Bills of Lading，1924），简称《海牙规则》（Hague Rules：H. R.），1924 年 8 月 25 日在比利时首都布鲁塞尔签订，1931 年 6 月 2 日起生效，是为统一世界各国关于提单的不同法律规定，并确定承运人与托运人在海上货物运输中的权利和义务而制定的国际协议，共有 99 个参加国。《海牙规则》共 16 条，其中第 1 至第 10 条是实质性条款，第 11 至第 16 条是程序性条款。根据《海牙规则》，承运人承担的责任和义务是最低限度的责任和义务，享有的免责和权利是最大限度的免责和权利。而且，《海牙规则》所规定的承运人的最低义务和最大权利是强制性的，不允许承运人通过提单条款降低承运人的责任或增加其权利。如果提单条款的规定违背了《海牙规则》的有关强制性规定，此种提单条款就是无效的。关于《海牙规则》对海上货物运输的适用期间，《海牙规则》对自货物在装货港装上船开始至在卸货港卸离船舶为止的期间强制适用；同时，规则允许承运人和托运人自由约定货物在装上船前和卸离船后承运人对货物灭失或损坏的责任，在此阶段承运人对货物的责任《海牙规则》不强制适用。《海牙规则》规定了承运人谨慎处理使船舶适航的义务以及妥善、谨慎地管理货物的义务，对于违反该义务造成的货物损失，承运人应当负赔偿责任。同时，考虑到航运业风险特殊，应对承运人的利益予以保护，《海牙规则》规定了承运人对 17 项免责事由造成的货损可以免除赔偿责任。17 项免责事由包括：承运人的受雇人驾驶或管理船舶过失、非由于承运人的实际过失或私谋造成的火灾、海上危险、天灾、战争行为、公敌、暴乱、政府行为、检疫、托运人行为（过失或疏忽）、罢工、救助海上人命或财产、货物固有缺陷、包装不足、标志有缺陷、经谨慎处理仍无法发现的船舶潜在缺陷以及其他不属于承运人的实际过错或私谋的原因。这些承运人的免责事由表明，关于承运人的责任基础，《海牙规则》实行的是不完全过错责任原则。所谓不完全过错责任，是指承运人对货物在其责任期间发生的灭失或损坏是否负赔偿责任，原则上应根据承运人本人、其受雇人或代理人对货损是否有过错来确定。有过错，就应当负责；如无过错，则可以免责。但如果货损系船长、船员或承运人其他受雇人驾驶或管理船舶的过失所致，或者由于上述人员的过错所造成的火灾所致，承运人仍可以免责。

除了上述免责规定以外，根据《海牙规则》，承运人还有权就货物的灭失或损坏享有单位责任限制，即在任何情况下，当每件或每单位货物的灭失或损坏金额超过 100 英镑或其他等值货币时，承运人的赔偿责任以 100 英镑为限。但是，如果托运人在货物装运前已将货物价值和性质向承运人做出申报并在提单上注明的，则承运人的赔偿责任不受此限。在发生货损的情况下，收货人应当在承运人于卸货港向其交付货物之前或当时，或在货损不明显情况下，在货物交付后三日以内，以书面方式将货损情况通知承运人或其代理人，否则此种货物交付视为承运人已经按照提单记载交付货物的初步证据；而且，就货损向承运人提出的诉讼应当在货物交付之日或应当交付之日起一年之内提出，否则在任何情况下承运人和船舶将解除其对货损的一切责任。

《海牙规则》生效实施后，对于统一国际海上货物运输法律起到了积极作用，较好地维持了船货双方的利益平衡。但随着时间的推移和航运技术的进步，人们发现《海牙规则》存在许多问题，主要表现在：①《海牙规则》规定的承运人可以对其受雇人驾驶和管理船舶过失免责的事由过多地保护了承运人的利益；②由于通货膨胀的存在，使得承运人的责任限额过低；③《海牙规则》的规定不适应集装箱货物运输的发展；④承运人的代理人、受雇人的法律地位不够明确等。

2.《维斯比规则》

《维斯比规则》(Visby Rules)是《修订统一提单若干法律规定的国际公约的议定书》(Protocol to Amend the International Convention for the Unification of Certain Rules of Law Relating to Bills of Lading)的简称，于1968年2月23日在比利时布鲁塞尔召开的外交会议上通过了对《海牙规则》进行修订的议定书，即《维斯比规则》，自1977年6月23日起生效。截至2006年，参加该规则的国家共有30个，其中包括英、法、德、荷、西、挪、意、日等主要航运国家。因该议定书的准备工作在瑞典的维斯比完成而得名。由于该议定书并没有对《海牙规则》进行根本性修改，只是对《海牙规则》明显不合理的条款做了修订和补充，对《海牙规则》原有的责任制度仍予保留，故常与《海牙规则》一起，该规则又称为《海牙—维斯比规则》(Hague-Visby Rules)。《维斯比规则》共17条，但只有前6条才是实质性的规定，对《海牙规则》的第3、4、9、10条进行了修改。《维斯比规则》对《海牙规则》所做的修改和补充主要包括：①提高了《海牙规则》规定的单位责任限额；②增加了关于提单证据效力的规定；③规定了承运人的受雇人或代理人的法律地位等。

【提示】《维斯比规则》虽然对《海牙规则》进行了一定修改，但没有改变《海牙规则》的核心，即承运人对货损承担不完全过错责任的责任基础并没有改变。

3.《汉堡规则》

随着国际社会特别是发展中国家对《海牙规则》《维斯比规则》的批评不断增加，在发展中国家的努力下，其以联合国贸发会为主要机构开始起草《汉堡规则》，于1978年在汉堡召开的外交会议上审议并通过，正式定名为《1978年联合国海上货物运输公约》，又称《汉堡规则》。该规则已于1992年11月生效，现有34个参加国，均为航运不发达国家。

《汉堡规则》完全改变了《海牙规则》和《维斯比规则》规定的承运人不完全过错责任原则，明显扩大了承运人的责任，其主要内容包括：承运人对货物的责任期间包括在装货港、运输途中卸货港，货物在承运人掌管下的全部期间。当货物灭失、损坏或迟延交付所造成的损失发生在承运人责任期间的情况下，首先推定承运人对损失有过失而应承担责任。如果承运人要免除责任，就应承担举证责任，证明其本人、受雇人或代理人没有过失，而且为避免事故的发生及其后果而采取了一切所能采取的合理措施。由于这一责任原则首先推定承运人对货损发生有过错，故又称为推定过错责任原则。关于对货损承担责任的责任人，《汉堡规则》分别规定了承运人和实际承运人两个概念。承运人是"以其名义或代表其与托运人签订海上货物运输合同的任何人"，而实际承运人是"根据承运人指示进行货物全部或部分运输的任何人，包括接受转委托从事运输的人"。承运人根据运输合同对全程运输负责，而实际承运人对其实际履行的运输区段负责，但如果承运人签发的提单中已注明货物将由其他承运人运输并载明其名称，则承运人对该区段的运输不再负责。《汉堡规则》还规定了承运人对迟延交付货物的责任，即如果货物未能在明确约定的时间内，或虽无此项约定，货物未能在考虑到实际情况，对一个勤勉的承运人所能合理要求的时间内，在卸货港交付货物，则为迟延交付。承运人对因迟延交付货物所造成的损失应承担赔偿责任，对迟延交付产生的经济损失的赔偿责任以相当于迟延交付货物应付运费的2.5倍为限，但不得超过海上货物运输合同规定的应付运费总额。关于单位责任限额，《汉堡规则》规定承运人对货物灭失或损坏造成货损所负的赔偿责任为每件或每货运单位货物835特别提款权或毛重每千克2.5特别提款权，二者以高者为准。

(二)《海牙规则》《维斯比规则》《汉堡规则》的条款比较

1. 公约适用范围比较

(1)《海牙规则》只适用于缔约国所签发的提单。因此，如果当事各方没有事先约定，那么对同一航运公司所经营的同一航线上来往不同的货物，可就能会出现有的适用《海牙规则》，有的则不能适用《海牙规则》的情况。

(2)《维斯比规则》对公约适用范围未作改进。

(3)《汉堡规则》不仅规定公约适用于两个不同缔约国间的所有海上运输合同，而且规定被告所在地、提单签发地、装货港、卸货港、运输合同指定地点，这五个地点之中任何一个在缔约国的都可以适用《汉堡规则》。

2. 承运人的责任基础比较

(1)《海牙规则》对承运人的责任基础采用了"不完全过失原则"，它是相对于"过失原则(即有过失即负责，无过失即不负责)"而言的。具体来说，《海牙规则》总的规定是要求承运人对自己的过失承担责任，但同时规定"船长、船员、引航员或承运人的雇用人员在驾驶或管理船舶上的行为、疏忽或不履行合同"可以要求免责，虽然有过失也无须负责，即不完全过失原则。《海牙规则》采取的"不完全过失原则"是由当时的历史背景下，船东的强大势力和航运技术条件的限制等条件决定的。

(2)《维斯比规则》对承运人的责任基础仍然采用了"不完全过失原则"。

(3)《汉堡规则》对承运人的责任基础改为了"推定的完全过失原则"，从而大大加重了承运人的责任。具体来说，它不仅以是否存在过失来决定承运人是否负责，而且规定举证责任也要由承运人承担，即第五条规定的"除非承运人证明他本人、其受雇人或代理人为避免该事故发生及其后果已采取了一切所能合理要求的措施，否则承运人应对货物灭失或损坏或延迟交货所造成的损失负赔偿责任"。

3. 承运人的责任期间比较

(1)《海牙规则》规定承运人的责任期间是"自货物装上船舶开始至卸离船舶为止的一段时间"，有人称之为"钩至钩"。

(2)《维斯比规则》规定的承运人的责任期间与《海牙规则》一样。

(3)《汉堡规则》则将承运人的责任期间扩大为承运人或其代理人从托运人或托运人的代理人手中接管货物时起，至承运人将货物交付收货人或收货人的代理人时止，包括装货港、运输途中、卸货港、集装箱堆场或集装箱货运站在内的承运人掌管的全部期间，简称为"港到港"。

4. 承运人的最高责任赔偿限额比较

(1)《海牙规则》规定船东或承运人对货物或与货物有关的灭失或损坏的赔偿金额不超过每件或每单位 100 英镑或相当于 100 英镑的等值货币。

(2)《维斯比规则》将最高赔偿金额提高为每件或每单位 10000 金法郎或按灭失或受损货物毛重计算，每千克 30 金法郎，两者以较高金额的为准。同时，明确一个金法郎是一个含有 66.5 毫克黄金、纯度为 900‰的单位。

(3)《汉堡规则》再次将承运人的最高赔偿责任增加至每件或每货运单位 835 特别提款权(Special Drawing Rights，SDR，或称记账单位)或每千克 2.5 特别提款权，两者以金额高的为准。

可见，从《海牙规则》到《汉堡规则》，依次提高了对每单位货物的最高赔偿金额。

5. 对灭失或损坏货物的计量方法的比较

(1)《海牙规则》是以每件或每单位来计量货物的。

(2)《维斯比规则》和《汉堡规则》都规定，如果以集装箱或托盘或类似集装运输工具运送货物，当提单内载明运输工具内货物的包数或件数时，以集装箱或托盘所载货物的每一小件为单位，逐件赔偿；当提单内未载明货物具体件数时，则以一个集装箱或一个托盘作为一件货物进行赔偿。

6. 对货物的定义的比较

(1)《海牙规则》对货物定义的范围较窄，将活动物、甲板货都排除在外。

(2)《汉堡规则》扩大了货物的定义，不仅把活动物、甲板货列入货物范畴，而且包括了集装箱和托盘等包装运输工具，"凡货物拼装在集装箱、托盘或类似运输器具内，或者货物是包装的，而这种运输器具或包装是由托运人提供的，则'货物'包括它们在内"。

7. 对承运人延迟交货责任的规定的比较

(1)《海牙规则》和《维斯比规则》对延迟交货未作任何规定。

(2)《汉堡规则》第 2 条规定:“如果货物未能在明确议定的时间内,或虽无此项议定,但未能在考虑到实际情况对一个勤勉的承运人所能合理要求的时间内,在海上运输合同所规定的卸货港交货,即为延迟交付。”承运人要对延迟交付承担赔偿责任。赔偿范围包括:行市损失、利息损失、停工和停产损失。赔偿金额最多为延迟交付货物所应支付运费的 2.5 倍,且不应超过合同运费的总额。

8. 对诉讼时效的比较

(1)《海牙规则》的诉讼时效为一年,一年后“……在任何情况下,承运人和船舶都被解除其对灭失或损害的一切责任”。

(2)《维斯比规则》规定诉讼时效经当事各方同意可以延长,并且在“……一年期满之后,只要是在受诉讼法院的法律准许期间之内,便可向第三方提起索赔诉讼……”,但时间必须在三个月以内。

(3)《汉堡规则》一方面直接将诉讼时效延长至两年,另一方面仍旧保留了《维斯比规则》90 天追赔诉讼时效的规定。

9. 其他责任比较

除以上各条外,《汉堡规则》还在海上运输合同的定义、举证责任等方面有别于《海牙规则》和《维斯比规则》,扩大了承运人的责任范围。

(三)鹿特丹规则

2008 年 12 月 11 日,在纽约举行的联合国大会上,《联合国全程或部分海上国际货物运输合同公约》(United Nations Convention on Contracts for the International Carriage of Goods Wholly or Partly by Sea)正式得到通过,并且大会决定在 2009 年 9 月 23 日于荷兰鹿特丹举行签字仪式,开放供成员国签署,因而该公约又被命名为《鹿特丹规则》(The Rotterdam Rules)。从内容上看,《鹿特丹规则》是当前国际海上货物运输规则之集大成者,不仅涉及包括海运在内的多式联运、在船货两方的权利义务之间寻求新的平衡点,而且引入了如电子运输单据、批量合同、控制权等新的内容。此外,公约还特别增设了管辖权和仲裁的内容。从公约条文数量上看,公约共有 96 条,实质性条文为 88 条,是《海牙规则》的 9 倍、《汉堡规则》的 3.5 倍。因此,该公约被称为一部“教科书”式的国际公约。

《鹿特丹规则》的目标是取代现有的海上货物运输领域的三大国际公约,即《海牙规则》《维斯比规则》和《汉堡规则》,以统一国际海上货物运输法律制度。根据公约规定,《鹿特丹规则》于第 20 份核准书、批准书、接受书或加入书提交之日起满 1 年后生效。目前共有 24 个国家签署该公约,其中只有西班牙一国完成批准加入该公约的法律手续,中国、日本、德国、英国、意大利、加拿大、澳大利亚等航运贸易大国尚未签字。

在已生效的三个国际海上货物运输公约中,《海牙规则》在 99 个国家生效,其参加国既包括代表货主利益的国家,也包括代表船东利益的国家;《维斯比规则》在 32 个国家和地区生效;《汉堡规则》共有 34 个缔约国,基本上都是发展中国家,还有一些是非洲内陆国家。有一些国家虽然未加入上述任何一个公约,但是在制定本国的海商法时参照和借鉴了三个公约的内容。此外,还存在一些国家既未加入任何一个公约,也没有明确的相关国内法。运输规则的不统一给国际贸易带来诸多不便,影响了货物自由转让,增加了交易成本。这种现象引起了国际社会的高度重视,在国际海上货物运输领域构筑一个统一规则的呼声日益高涨。

《鹿特丹规则》与现在国际上普遍采用的《海牙规则》《维斯比规则》《汉堡规则》以及我国的《海商法》相比较,大大加重了承运人的责任,具体如下:

1. 扩大承运人的责任期间

《海牙规则》和《维斯比规则》没有明确规定承运人的责任期间，只是规定公约强制适用于装货到卸货的海上货物运输期间；《汉堡规则》明确规定承运人对货物的责任期间包括货物在装货港、运输途中以及卸货港处于承运人掌管下的全部期间；我国《海商法》规定承运人对集装箱货物的责任期间为装货港到卸货港，承运人对非集装箱货物的责任期间为装货到卸货；《鹿特丹规则》规定承运人对货物的责任期间自承运人或履约方为运输而接收货物时开始，至交付货物时终止。由此可见，《鹿特丹规则》下承运人的责任期间除包括装船到卸船的海运区段外，还包括装前卸后的陆运区段，从而将海上货物运输及包含海上货物运输在内的多式联运均纳入该公约的调整范围内，在一定程度上增加了承运人的责任。

2. 实行完全过错责任制

《海牙规则》和《维斯比规则》实行不完全过错责任制，即承运人对其本人、受雇人、代理人或分包人在承运人责任期间内的过错导致的货物灭失、损坏或迟延交付承担赔偿责任，但对航海过失和火灾过失免责。

《汉堡规则》实行完全过错责任制。虽然该公约废除承运人航海过失免责和火灾过失免责，但要求索赔人对承运人的火灾过失承担举证责任。由于实践中索赔人很难举证证明承运人的火灾过失，使得承运人在很大程度上依然享有火灾过失免责权。

《鹿特丹规则》实行完全过错责任制，废除承运人航海过失免责和火灾过失免责。该规则第 17 条第 1 款规定："如果索赔人证明，货物的灭失、损坏或迟延交付，或造成、促成货物灭失、损坏或迟延交付的事件或情形发生在承运人责任期间内，承运人应当对货物灭失、损坏及迟延交付承担赔偿责任。"这就确保承运人的管船义务贯穿航次始终，承运人不再受免责条款保护。

3. 加重承运人的举证责任

《海牙规则》和《维斯比规则》未明确规定举证责任的分配原则，仅规定由于船舶不适航引起的货物灭失或损坏，由承运人或主张免责的其他人承担举证责任。

《汉堡规则》采取过错推定原则。该规则第 5 条第 1 款规定，如果导致货物灭失、损坏或迟延交付的原因发生在承运人责任期间内，由承运人承担赔偿责任，除非承运人证明其已采取一切合理措施以避免该原因及其结果形成。该规定对索赔人很有利。

我国《海商法》未明确规定举证责任的分配原则。

《鹿特丹规则》对船货双方的举证责任分配按层次作出详细规定，在举证顺序和内容上构建"三大推定"的立法框架：第一，如果索赔人证明货物的灭失、损坏或迟延交付，或造成货物灭失、损坏或迟延交付的原因发生于承运人责任期间内，则推定承运人有过错，承运人必须证明其无过错才能免除赔偿责任；第二，如果承运人证明导致货物灭失、损坏或迟延交付的原因属于规则第 17 条第 3 款列明的免责事件或情形，则推定其无过错，索赔人必须反证承运人有过错才能使其承担赔偿责任；第三，如果索赔人证明货物灭失、损坏或迟延交付的原因是或者可能是船舶不适航，则推定承运人有过错，承运人要免除赔偿责任，必须证明货物灭失、损坏或迟延交付的原因不是船舶不适航，或证明其已做到谨慎处理使船舶适航。由此可见，《鹿特丹规则》明确了船货双方的举证顺序和内容，加重了承运人的举证责任，具有较好的可操作性。

4. 提高承运人的赔偿责任限额

《鹿特丹规则》规定的承运人单位赔偿责任限额为每件或每个其他货运单位 875 个特别提款权，比《维斯比规则》和我国《海商法》规定的单位赔偿责任限额提高 31%；货物毛重每千克 3 个特别提款权，比《维斯比规则》和我国《海商法》规定的单位赔偿责任限额提高 50%。该规定使承运人援引赔偿责任限额的机会减少，大多数情况下承运人需要全额赔偿，传统的国际海上货物运输法律制度赋予承运人的赔偿责任限制权实际上将难以发挥作用。

5. 确立总量合同制度

承托双方可以在总量合同中约定增加或减少公约规定的权利、义务和赔偿责任。换言之，总量合同对承托双方权利、义务和赔偿责任的约定可以背离公约规定，这是《鹿特丹规则》确立的总量合同的核心内容所在。

四、我国关于国际海上货物运输的法律规定

我国关于海上货物运输合同的法律规范主要有《中华人民共和国海商法》(下称《海商法》)第4章“海上货物运输合同”、第6章“船舶租用合同”以及《民法典》第19章“运输合同”。我国《海商法》第4章是对海上货物运输合同的专门性规定，按照《海商法》第2条，该章仅对国际海上货物运输适用，而不适用于沿海货物运输。具体规定分为8节，即一般规定、承运人的责任、托运人的责任、运输单证、货物交付、合同的解除、航次租船合同的特别规定和多式联运合同的特别规定。而不定期船舶运输中的定期租船合同并未规定在第4章，而是规定在第6章“船舶租用合同”中。另外，《海商法》第13章“时效”和第14章“涉外关系的法律适用”中也包括一些与海上货物运输有关的法律规定。

《海牙规则》《维斯比规则》《汉堡规则》这三个关于海上货物运输的国际公约，我国均没有参加，也没有像有些国家那样直接将公约的内容转化为国内法。我国《海商法》第4章在充分考虑我国国情的基础上，根据海上货物运输国际性强的特点，在很大程度上也参考并借鉴了三个国际公约中符合国际航运实际和发展趋势的有关规定。其中，在承运人责任制度方面，基本采纳了《海牙规则》《维斯比规则》中的不完全过错责任原则，以及《维斯比规则》中关于单位责任限额的规定。而在其他问题上又汲取了《汉堡规则》的合理规定，如参照《汉堡规则》引入了实际承运人的概念，为货方向船方索赔提供了便利；同时，还明确规定了承运人关于迟延交付的责任。我国《海商法》的这种立法方式，具有现代气息浓厚、与国际接轨的好处，但也有不足之处，如与我国现有的民商法体系和有关理论不能很好地衔接，以及参考有关国际公约时缺少正确理解，无法很好地解决实际中的问题。

根据我国《海商法》，国际海上货物运输合同中的承运人和托运人主要有如下基本权利和义务：

1. 承运人的主要义务

(1)提供船舶并谨慎处理使之适航的义务。《海商法》第47条规定，承运人在船舶开航前和开航当时，应当谨慎处理，使船舶处于适航状态，妥善配备船员、装备船舶和配备供应品，并使货舱、冷藏舱、冷气舱和其他载货处所适于并能安全收受、载运和保管货物。

(2)照管货物的义务。《海商法》第48条规定，承运人应当妥善、谨慎地装载、搬移、积载、运输、保管、照料和卸载所运货物。

(3)合理速遣运送货物的义务。《海商法》第49条规定，承运人应当按照约定的或者习惯的或者地理上的航线将货物运往卸货港。船舶在海上为救助或者试图救助人命或者财产而发生的绕航或者其他合理绕航，不属于违反前款规定的行为。

(4)交付货物的义务。承运人应当在卸货港凭正本提单将货物交付给收货人。

如果承运人违反了上述基本义务或其他法律规定或合同约定而造成货物灭失或损坏，或使托运人遭受其他经济损失，除非承运人可以依据法律或合同约定免责，否则应当承担赔偿责任。

2. 承运人的基本权利

(1)运费等费用的请求权。在班轮运输条件下，运费有预付和到付两种支付方式。若是预付运费，托运人一般应当在货物装船后，承运人签发提单前付清；若是到付运费，即由收货人在卸货港提取货物时支付运费，则只有在货物安全到达卸货港后，承运人才有权收取。在航次租船合同下，出租人也有权就其运输的货物向承租人收取运费。除了运费以外，在航次租船合同下，出租人还有权

向承租人收取亏舱费和滞期费。

(2)留置货物的权利。《海商法》第 87 条规定，应当向承运人支付的运费、共同海损分摊、滞期费和承运人为货物垫付的必要费用以及应当向承运人支付的其他费用没有付清，又没有提供适当担保的，承运人可以在合理的限度内留置其货物。

(3)损害赔偿责任的免除及赔偿责任限制的权利。如果货物在运输过程中发生的灭失、损坏或迟延交付，或者托运人或收货人遭受的其他损害是由法定事由造成的，承运人可以免除赔偿责任。

3. 托运人的主要义务

(1)提供约定货物并如实申报货物资料的义务。《海商法》第 66 条规定，托运人托运货物，应当妥善包装，并向承运人保证，货物装船时所提供的货物的品名、标志、包数或者件数、重量或者体积的正确性；由于包装不良或者上述资料不正确，对承运人造成损失的，托运人应当负赔偿责任。

(2)及时办理货物运输所需的各项手续，并将有关单证送交承运人；否则，根据《海商法》第 67 条的规定，对由此造成承运人的利益的损害，托运人应予赔偿。

(3)托运人托运危险货物的，应当妥善包装，采取适当预防措施，并将有关情况书面如实通知承运人，否则应对由此产生的损失负责。

(4)及时提取货物的义务。托运人或收货人应当在目的港及时提取货物；否则，船长可以将货物卸在仓库或其他适当场所，由此产生的费用和风险由收货人承担。

4. 托运人的基本权利

(1)按合同约定取得货物的装船舱位，并在货物装船后，要求承运人及时签发提单，据以在目的港提取货物。

(2)当承运人不履行合同或违反上述有关义务时，有权对其因此遭受的损失要求承运人赔偿。

五、提单

(一)提单的概念

提单(Bill of Lading, B/L)作为海上货物运输合同的一种货运单证，我国《海商法》第 71 条规定："提单是指用以证明海上运输合同的订立和货物已经由承运人接收或者装船，以及承运人保证据以交付货物的单据。提单中载明的向记名人交付货物，或者按照指示人的指示交付货物，或者向提单持有人交付货物的条款，构成承运人据以交付货物的保证。"上述提单的定义是由 1978 年的《汉堡规则》首先规定的。

动漫视频

提单

(二)提单的法律特征

1. 提单是海上货物运输合同的证明

(1)海上货物运输合同的证明是指用以表明承运人与托运人之间存在货物运输合同关系的文件。这种证明关系是就承运人与托运人之间的关系而言的，提单是承运人签发的，是一种单方法律行为。因此，提单不是合同本身而是合同的证明。

(2)当提单被转让后，提单就成了承运人与收货人或提单持有人之间的运输合同。因为根据《海商法》第 78 条第 1 款规定："承运人与收货人、提单持有人之间的权利、义务关系，依据提单规定确定"，所以收货人或提单持有人与承运人之间除提单之外，别无其他合同关系。

(3)在实践中，承托双方往往只是就合同的主要事项达成口头或书面协议，而提单背面有大量的权利和义务条款，因此提单的签发证明了海上货物运输合同的最终成立，同时证明了海上货物运输合同的内容。在提交不了海上货物运输合同时，就成了合同内容的最后证据。

因此，提单在托运人手中，是货物运输合同的证明；提单在托运人以外的受让提单的第三人手中，是运输合同条款和实体内容的证明，直接调整提单持有人与承运人之间的关系。如果有其他证据证明运输合同与提单记载不符，依据运输合同决定。

学中做 6－1　　理解提单是运输合同的证明

承运人与托运人口头约定将柑橘直接运到伦敦，但实际上承运人先到别的港口。托运人知晓后起诉承运人，承运人以提单上的绕航条款抗辩。

【解析】 法院判决认为：在托运人手中，提单不是合同而是合同证明，提单条款不能推翻承运人的口头承诺。因为提单是合同订立后才签发的，而且是由承运人单方签发的，托运人根本没有反驳的机会。

2. 提单是承运人接收货物或货物已装船的收据

提单是在承运人收到所交运的货物后向托运人签发的，无论是货物装船后签发的已装船提单还是未装船签发的收货待运提单，都是承运人接管货物的收据。货物的标志，货物的包装、数量或重量及货物的表面状况等需要在提单上进行记载。

提单的这种货物收据作用，对托运人和收货人或其他善意提单持有人是不同的。对托运人来说，是承运人已按其上所记载情况收到货物的初步证据。当提单转移或转让至善意的第三者收货人或提单的受让人时，是承运人已按其上所记载情况收到货物的绝对证据。

做中学 6－1　　承运人所交货物数量与提单记载不符的审理案

中国 A 公司委托中国 B 航运公司将 1 万袋枸杞从中国上海港运往巴西某港口。船长签发了清洁提单，载明每袋枸杞重 60 千克，其表面状况良好。货到目的港卸货后，收货人巴西 C 公司发现其中 600 袋有重量不足或松袋现象，经过磅约短少 25%。于是，C 公司提起诉讼，认为承运人 B 公司所交货物数量与提单的记载不符，要求 B 公司赔偿货物短少的损失。B 公司出具有力证据证明货物数量的短少在货物装运时业已存在，并抗辩称，因其在装船时未对所装货物一一进行核对，所以签发了清洁提单。货物数量的短少不是因承运人 B 公司的过失所造成，所以 B 公司不应对此承担赔偿责任。经查，货物数量的短少的确不是因承运人的原因所造成，而属托运人 A 公司的责任。

【案例精析】 法院审理认为，B 公司签发的清洁提单是其已经按提单所载状况收到货物且货物表面状况良好的初步证据，B 公司虽能提供证据证明货物数量的短少在装船时已存在，而不是因其过失所造成，但该证据和理由不能对抗善意受让提单的包括收货人在内的第三人。据此，法院判决 B 公司应对货物数量的短少向收货人 C 公司承担赔偿责任。

3. 提单是货物的物权凭证

远途海上货物运输的时间长，提单持有人为了资金的需要，有时会在货物的运输途中将提单项下的货物出卖，这时提单原持有人不可能向受让人交付运输途中的货物。提单的流通性决定了提单具有物权凭证的特性，这是国际贸易与海运相结合的一种特有现象。虽然无法满足民商法中所有权转移的一切条件，但仍应满足一定的条件：①提单转让人须对货物具有所有权；②货物尚在运输途中；③提单的转让人必须具有转移货物所有权的真实意图。

提单代表提单上记载的货物，证明提单持有人对货物的占有。货方凭提单提货，船方按提单的规定交货。[①] 转让或处分提单等于转让或处分提单载明的货物。只要不是记名提单，提单都可以转让流通，如用于结汇、买卖、抵押、融资等。

① 《海商法》第 71 条规定，如果是记名提单，承运人只能将货物交给提单上的记名人；如果是指示提单，承运人只能按提单上的记名人的指示交货；如果是空白提单，承运人可以向任何持有该提单的人交货。

同步案例 6－1 提单项下货物控制权的纠纷案

2023 年 3 月，A 公司向 B 国际物流有限公司托运货物，从中国上海到韩国釜山，2023 年 3 月 29 日，B 国际物流有限公司签发了货物已装船正本提单。提单记载的托运人为 A 公司，承运人为 B 国际物流有限公司，收货人凭 DAGEU BANK 指示，通知人为 S 公司；承运船舶及航次为 KMTC PORT KELANG 604N，装货港为中国上海，卸货港为韩国釜山；货物为全涤布，装载于编号为 KMTU7236491/2334061 的 20 尺集装箱内，数量为 346 卷，毛重为 3450 千克，由托运人装箱和计数；CY/CY，运费到付。2023 年 4 月 3 日在目的港进行进口申报并已受理，货物经进口申报受理后又被搬出仓库，并且未指定管理对象，现货物已不知去向。A 公司得知后遂向 B 国际物流有限公司索赔损失，B 公司拒绝赔付。2024 年 3 月 13 日，A 公司提起诉讼，请求判令被告赔偿货款损失 10969.02 美元，返还运费损失人民币 2670 元，并承担本案诉讼费用。

【案例精析】 上海海事法院审理认为：本案原、被告之间的海上货物运输合同关系依法成立。原告作为托运人和正本提单的持有人，有权行使对提单项下货物的控制权。被告为出运原告的货物签发了提单，有义务按照合同约定将货物安全出运，并在目的港凭 DAGEU BANK 的指示完好地交付货物。被告既未证明货物仍然处于其控制之下，也未证明货物到港后的合理去向或下落，违反了运输合同的约定，应对由该违约行为所造成原告的货款损失承担赔偿责任。

（三）提单的签发与收回

提单签发是指制作提单并交付于人的一种行为。《海商法》第 72 条规定，货物由承运人接收或者装船后，应托运人的要求，承运人应当签发提单。提单可以由承运人授权的人签发。提单由载货船舶的船长签发的，视为代表承运人签发。

提单要经过签发才具有法律效力，签发提单是承运人的义务，应当及时进行。承运人本人和承运人授权的人都可以签发提单。承运人授权的人包括船长和承运人的其他代理人。船长的提单签发权是船长代理职能中的一项，不需要承运人的个别授权；但是承运人的其他代理人签发提单要经过承运人的明确授权，否则就不能签发提单。

提单签发，一般签发正本（Originals）一式三份（In Triplicate），每一份都具有同等的法律效力。提单签发必须如实记载签发时间、地点和货物状况等，并签发给正确的对象，否则会产生相应的法律问题。

通常承运人都会在提单中印明："凭其中一份完成提货手续后，其余各份失效。"因此，在目的港，收货人凭一份正本提单提货后，其余正本提单作废。如果收货人或提单持有人请求在某一中途港交付货物，承运人有权要求其提供全套正本提单，否则难以免除在目的港向正本提单持有人交货的义务。

（四）提单的分类

1. 按照提单签发时货物是否已装船，可分为已装船提单和收货待运提单

已装船提单（Shipped B/L 或 On Board B/L）是指表明货物已由承运人装船的提单。收货待运提单（Received for Shipment B/L）是指承运人已接管货物但未装船而签发的提单。在实务中，如果承运人在收货待运提单上加注船名和货物的实际装船日期，该提单即构成已装船提单。区分两者的法律意义在于按照国际信用证的规定，银行在办理支付业务时一般只接受已装船提单。

2. 按照提单上关于收货人名称的记载情况，可分为记名提单、空白提单和指示提单

记名提单（Straight B/L）是指提单正面"收货人"一栏内记明特定收货人的提单。空白提单（Blank B/L 或 Open B/L）又称不记名提单或来人提单（Bearer B/L），是指"收货人"一栏内未指明以任何特定的人或机构作为收货人，仅注明"交给持有人"（To Bearer）字样的提单。指示提单（Order B/L)是指在“收货人”一栏内载明凭指示或凭某人指示的提单。

记名提单不能转让或流通，承运人也只有将货物交给该记名收货人，因而在国际贸易中通常不适用记名提单，一般仅限于个人物品、展览品和贵重物品等运输。空白提单流通性较强，承运人可向任何提单持有人交货。但是，此种提单一旦丢失，货主的权益将难以得到保障，安全性较小，在贸易实践中较少使用。指示提单的流转比较灵活，通常由指示人在提单背面作背书而转让提单和提单项下的货物。在当今的国际贸易中得到了普遍的应用。

3. 按照提单对货物表现状况是否有不良批注，可分为清洁提单和不清洁提单

清洁提单(Clean B/L)是指承运人未在其上批注或者批注表面状况良好的提单。不清洁提单(Foul B/L 或 Unclean B/L)是指承运人在其上批注货物表面状况不良的提单。按照国际惯例，签发清洁提单的标准是船长目力所及的货物表面状况是否良好。

区分二者的意义在于确定货物在运输过程中因外观破损所产生的货物灭失或损害是由承运人负责还是由托运人负责以及能否结汇。跟单信用证要求的提单必须是清洁提单，如果接收的货物有瑕疵，如“包装破损”“渗漏”“锈蚀”等而签发不清洁提单，托运人则无法凭以结汇。所以实践中，托运人为了换取清洁提单往往采用向承运人出具保函的方式，保证承担由于签发清洁提单给承运人造成的损失。

做中学 6—2　　记名提单下的无单放货案

中国甲公司向菲律宾乙公司出口机械设备，货物装上船后，承运人丙公司签发了一式三份正本提单，提单载明：托运人为甲公司，收货人为乙公司，承运人是丙公司。货物运到目的地后，承运人丙公司在未收回其签发的全套正本提单的情况下，接受了乙公司签发的保函，放货给乙公司。因单证不符，甲公司未收到货款，于是向法院起诉丙公司无单放货。最终法院判决承运人丙公司承担全部责任。

【解析】 根据我国《海商法》的规定，在记名提单的情况下，承运人只能向记名提单持有人交货，并且需要凭全套正本提单交货。

学中做 6—2　　对是否签发清洁提单的理解

承运人在接收托运人托运的货物时发现装运的木薯片表面有霉迹，因此承运人要签发不清洁提单，但是托运人认为货物品质已符合买卖合同约定而拒绝接受不清洁提单，双方争执不下，导致船期损失，最终诉至法院。

【解析】 广州海事法院审理认为：不能根据买卖合同中对货物品质的约定决定是否签发清洁提单。签发清洁提单的唯一标准是船长目力所及的货物外表状况。

4. 按照提单所适用的运输方式，可分为直达提单、转船提单和多式联运提单

直达提单(Direct B/L)是指为中途无须换船直接运抵卸货港的货物所签发的提单。转船提单(Tansfer B/L)是指货物需要在途中更换装港港口和接运船舶的提单。多式联运提单(Combined Transport B/L)是指多式联运经营人以两种或两种以上的运输方式，将货物从一地运至另一地而签发的提单，其中必须包括海上运输方式。

在国际贸易中，有的买方出于担心货物转船影响交货期限和运输质量的考虑，可能会提出只接受直达提单的要求。多式联运提单是适应集装箱货物运输而产生的一种提单，所以很多内容与传统的提单不同。

5. 按照提单的签发日期，可分为顺签提单、倒签提单和预借提单

顺签提单(Post－date B/L)是指在货物装船完毕后，承运人或其代理人应托运人的要求而签

发的提单。但是该提单上记载的签发日期晚于货物实际装船完毕的日期，即托运人从承运人处得到的以晚于该票货物实际装船完毕的日期作为提单签发日期的提单。实签提单是指按照货物实际装船的日期签发的提单。倒签提单(Anti－dated B/L)是指在货物实际装船日期超过信用证规定的装船日期时，承运人根据托运人的请求按照早于实际装船的日期而签发的提单。预借提单(Postponed B/L)是指货物实际装船日期早于信用证规定的日期的情况下，承运人根据托运人的请求签发与信用证规定的装船日期相吻合而签发的提单。

在航运实践中，由于国际贸易的需要，承运人有时不得不考虑通过接受保函而签发倒签提单的做法。如倒签的时间与实际装船的时间间隔较短或者所签的日期在船舶抵港后并已处在装船期间的某一天。预借提单在实践中也经常出现，有时确实由于特殊原因使货物无法按时装船，待实际装船后，银行就会拒绝结汇，给托运人带来经济损失。承运人为了不影响与托运人的关系，凭托运人出具的保函而签发预借提单。

【提示】无论是倒签提单还是预借提单，都具有一定的违法性，承运人和托运人对第三者具有一定的欺诈性，承运人要承担一定的风险，在预借提单的情况下承运人所承担的风险更大。

同步案例 6—2　　一则关于签发倒签提单的思考

2024 年 5 月 16 日，丰益公司与雅仕公司签订了购买硫黄 10 000 吨(±10%)的合同，付款方式为不可撤销可转让信用证，货物最晚装船日期为 2024 年 6 月 15 日。买方丰益公司以雅仕公司为受益人向交通银行天津市分行申请开立了第 LCL0200360264 号信用证，金额为 848400 美元。航运公司以“Iran Sarbaz v. 63654”轮承运该批货物，并签发了编号为 IRSLBLK3654OFA4085 的提单，记载事项为：托运人为雅仕公司，收货人凭指示，货物数量 10100 吨，装运地为伊朗阿巴斯港，目的地为中国天津港，提单签发日期为 2024 年 6 月 15 日。货物自 2024 年 6 月 12 日开始装船，6 月 20 日装完，轮上大副签发了大副收据。2024 年 7 月 14 日，货物运抵天津港。同日，开证行交通银行天津市分行通知丰益公司付款赎单并将全套提单交付丰益公司。7 月 15 日，丰益公司持提单在航运公司的代理人处换取了提货单。同日，丰益公司以雅仕公司交货迟延、货物市场价格下跌为由要求雅仕公司每吨货物降价 4 美元，雅仕公司同意并补偿丰益公司 40400 美元。2024 年 7 月 30 日，丰益公司以附随信用证的提单被倒签，雅仕公司和航运公司共同欺诈为由在天津海事法院提起诉讼。

【案例精析】 天津海事法院审理认为承运人在签发提单时对善意的第三人(收货人)应负有保证货物已装上船并符合提单记载的义务，航运公司在只有 10100 吨货物的情况下签发两套 10100 吨货物提单的行为构成倒签提单。

航运公司倒签提单的欺诈行为客观上掩盖了货物装船的真实情况，致使丰益公司在不明真相的情况下接受包括提单在内信用证项下单据并提取了货物，丧失了对货物卖方拒付信用证项下货款的权利，因此航运公司应向丰益公司承担相应赔偿责任。

6. 过期提单

过期提单(Stale Bill of Lading，Stale B/L)，是指出口商取得提单后未能及时到银行，或过了银行规定的交单期限未议付而形成过期提单，习惯上也称为滞期提单。按照(UCP 600)规定，凡超过发运日期 21 个日历日后提交的提单为过期提单，但在任何情况下都不得迟于信用证的截止日。如信用证效期或信用证规定的交单期早于此期限，则以效期或规定的交单期为最后期限。

【提示】一般银行不接受过期提单，但过期提单并非无效提单，提单持有人仍然可持凭要求承运人交付货物。

7. 电子提单

电子提单(Electronic Bill of Lading),是指通过电子数据交换系统(Electronic Data Interchange, EDI)传递的按一定的规则组合而成的有关海上货物运输合同的数据。电子提单的出现推动了国际贸易从"有纸贸易"向"无纸贸易"转变,并对国际航运的发展产生深远的影响。

但是,电子提单的出现也对各国的海商法提出挑战,使法律规制显得相对滞后,并使电子提单在海运实务中的法律性质、法律适用等问题亟待解决。有鉴于此,国际海事委员会于1990年6月在巴黎召开的第34届大会上,通过了《国际海事委员会电子提单规则》(CMI Rules for Electronic Bill of Lading),以解决实践中出现的问题。

除上述诸种提单外,根据提单背面是否有条款,还可以将提单分为全式提单和简式提单。全式提单(Long Form Bill of Lading),是指在提单背面详细列有承运人、托运人及收货人之间的权利和义务等详细条款的提单。全式提单在海运实务中被广泛使用。简式提单(Short Form Bill of Lading),是指在提单背面未列有关于当事人权利义务的详细条款。这种提单的正面一般列有"简式"的字样,以示区别。

【注意】海运实务中较少使用简式提单。

六、国际多式联运

(一)国际多式联运的概念

国际多式联运(Multimodal Transport),是指按照多式联运合同,以至少两种不同的运输方式,由多式联运经营人将货物从一国境内接管货物的地点运至另一国境内指定交付货物的地点。国际多式联运必须具备以下基本条件:

(1)发货人与多式联运经营人必须签订一份多式联运合同。该运输合同确定了多式联运经营人与发货人之间权利、义务和责任,这也是区别多式联运与单一运输的主要依据。

(2)多式联运是使用两种或两种以上不同运输方式的运输。多式联运必须涉及至少两种不同的运输方式。同时,多式联运必须是不同运输方式下的连续运输。

(3)多式联运经营人必须对全程运输负责。多式联运经营人在履行多式联运合同所规定的运输责任的同时,可将全部或部分运输委托他人完成并订立分运合同,但分运合同的承运人与发货人之间不存在合同关系。

(4)国际货物运输时,涉及国际运输法的适用问题。

(5)货物全程运输由多式联运经营人签发一张多式联运单证,且应满足不同运输方式的需求,并计收全程运费。

(二)多式联运合同

《海商法》第102条第1款将多式联运合同定义为"多式联运经营人以两种以上的不同运输方式,其中一种是海上运输方式,负责将货物从接收地运至目的地交付收货人,并收取全程运费的合同"。《海商法》第102条第2款将多式联运经营人定义为"本人或者委托他人以本人名义与托运人订立多式联运合同的人"。

《海商法》第103条规定,多式联运经营人对多式联运货物的责任期间,自接收货物时起至交付货物时止。因此,多式联运经营人的责任期间可以自托运人的仓库、堆场到收货人的仓库、堆场;多式联运经营人指定的仓库、堆场到收货人的仓库、堆场;托运人指定的仓库、堆场到多式联运经营人的仓库、堆场等,在多式联运经营人或其组织参加的各种运输方式运输货物的全部期间。

《海商法》第104条到第106条规定了多式联运经营人的责任形式,主要包括:多式联运经营人负责履行或者组织履行多式联运合同,并对全程运输负责。多式联运经营人与参加多式联运的各区段承运人,可以就多式联运合同的各区段运输,另以合同约定相互之间的责任。但是,此项合同不得影响多式联运经营人对全程运输所承担的责任。货物的灭失或者损坏发生于多式联运某一运输区段的，多式联运经营人的赔偿责任和责任限额，适用调整该区段运输方式的有关法律规定。这一规定体现出多式联运经营人实行的是“网状责任制”。

货物的灭失或者损坏发生的运输区段不能确定的，多式联运经营人应当依照关于海上货物运输合同中关于承运人赔偿责任和责任限额的规定负赔偿责任。

我国《民法典》对多式联运合同作了如下规定：

第 838 条：多式联运经营人负责履行或者组织履行多式联运合同，对全程运输享有承运人的权利，承担承运人的义务。

第 839 条：多式联运经营人可以与参加多式联运的各区段承运人就多式联运合同的各区段运输约定相互之间的责任；但是，该约定不影响多式联运经营人对全程运输承担的义务。

第 840 条：多式联运经营人收到托运人交付的货物时，应当签发多式联运单据。按照托运人的要求，多式联运单据可以是可转让单据，也可以是不可转让单据。

第 841 条：因托运人托运货物时的过错造成多式联运经营人损失的，即使托运人已经转让多式联运单据，托运人仍然应当承担赔偿责任。

第 842 条：货物的毁损、灭失发生于多式联运的某一运输区段的，多式联运经营人的赔偿责任和责任限额，适用调整该区段运输方式的有关法律规定；货物毁损、灭失发生的运输区段不能确定的，依照规定承担赔偿责任。

学思践悟　　21 世纪海上丝绸之路

2013 年秋，习近平总书记西行哈萨克斯坦、南下印度尼西亚，先后提出建设丝绸之路经济带和 21 世纪海上丝绸之路重大倡议。在习近平总书记的亲自谋划、亲自部署、亲自推动下，“一带一路”这个根植于历史厚土、顺应时代大势的重大国际合作倡议，走深走实、行稳致远，在高质量发展中成为推动构建人类命运共同体的重要实践平台，为各国开拓出一条通向共同繁荣的机遇之路。“一带一路”倡议逐渐得到海上丝绸之路沿线国家和地区的认同，从中国倡议上升为相关国家与地区的共识，从方案的提出落实为具体的行动，为推动区域经济融合、文化包容、政治互信、国际战略等方面安全注入了强劲动力。2019 年 4 月 23 日，习近平总书记在青岛集体会见应邀出席中国人民解放军海军成立 70 周年多国海军活动的外方代表团团长时，提出“海洋命运共同体”重要理念。21 世纪海上丝绸之路所倡导的共商、共建、共享原则以及政策沟通、设施联通、贸易畅通、资金融通、民心相通“五通”价值理念，不仅对于国际合作具有划时代意义，而且对于海洋的开发利用同样具有重要意义。目前，我国已与 152 个国家、32 个国际组织签署了 200 多份共建“一带一路”合作文件，覆盖我国 83%的建交国。

【悟有所得】 推动共建“一带一路”高质量发展，推进一大批关系沿线国家经济发展、民生改善的合作项目，建设和平之路、繁荣之路、开放之路、绿色之路、创新之路、文明之路，使共建“一带一路”成为当今世界深受欢迎的国际公共产品和国际合作平台。进入新发展阶段、贯彻新发展理念、构建新发展格局的中国，将为共建“一带一路”提供更强动力、更大空间、更优路径，为世界提供更多新机遇。

习近平主席在亚洲文明对话大会上指出：“文明因多样而交流，因交流而互鉴，因互鉴而发展。”“21 世纪海上丝绸之路”沿线国家和地区之间既有中华文明、伊斯兰文明，又有基督教文明，不同文明如何相处是人类亘古不变的话题。中华文明在历史长河中以其亲仁善邻协和万邦的处世之道、惠民利民安民富民的价值导向以及革故鼎新与时俱进的精神气质，在继承和弘扬联合国宪章的宗旨和原则的基础上，中华文明与其他文明相互尊重、平等相待，美人之美、美美与共，共同构建人类命运共同体。

第二节 国际海上保险法

海上保险属于财产保险的范畴，是指保险人对于承保财产因海上风险所造成的损失给予经济补偿的制度。

一、国际海上保险的特点

（一）承保风险的综合性和复杂性

海上保险所针对的风险主要是航海中所遇到的自然灾害和意外事故。由于海上地理环境和自然条件的特殊性，使得航海风险大于陆上风险，致损原因也更为复杂。它可以来自台风、海啸等自然灾害，也可以是船舶本身的缺陷导致船舶碰撞、触礁、搁浅、沉没等，甚至航海事故可以起因于海盗、船员的不法行为或者有关当局对船舶扣押等人为灾难。海上保险的承保风险不仅具有复杂性，而且以综合性为特点。因为它所承保的风险不限于在海上发生，也包括与海上航行有关的发生于内河或者陆上的事故。随着国际多式联运和集装箱运输综合保险的发展，海上保险承保风险综合性的特点更为突出。

（二）承保标的的多样性和流动性

海上保险的保险标的具有多样性，具体包括：船舶、货物、运费、法律责任（诸如船舶碰撞或漏油污染等事件引起的赔偿责任）及其相关的经济利益。海上保险合同主要是围绕船舶和运输的货物，为海上运输活动提供保障，而这些船舶或运输货物往往是处于流动状态的，因而海上保险的承保标的以流动性为特色。

（三）承保内容的多变性和国际性

海上保险是与海上货物运输紧密联系的，从而要受海上运输活动的影响。由于在海上运输中经常会出于贸易经营的需要而转让提单、转让或出售船舶、将船舶予以抵押等，相应地也就引起海上保险合同的转让较为频繁。这对保险人来说，意味着承保对象的变化。与此同理，海上运输是为国际贸易提供服务的，从而决定了海上保险合同具有国际性。

二、国际海上保险的基本原则

（一）赔偿原则

所谓赔偿，是指当保险事故发生导致被保险人遭受损失时，保险人在其保险责任范围内对被保险人所受到的实际损失给予补偿。根据赔偿原则，被保险人只有在因保险事故而遭受实际经济损失的情况下，才有权根据保险合同从保险人处得到赔偿。

赔偿原则要求保险人及时赔偿被保险人的损失，并且应赔偿被保险人的实际损失。但是，在海上保险实务中，被保险人所遭受的实际损失并不能完全通过保险赔偿弥补，其原因可能在于：被保险人的某些损失是由于保险人的除外责任造成的，或者不属于保险人的保险赔偿范围；被保险人没有足额投保，部分风险没有转移给保险人，而由被保险人自己承担。

从赔偿原则中，又派生出两个重要原则，即代位原则和分摊原则。而代位原则包括两个方面，即债权代位原则和保险利益所有权代位原则。债权代位原则，是指如果保险标的发生保险事故的损失是由第三人造成的，被保险人向第三人要求赔偿的权利自保险人支付保险赔偿之日起相应转移给保险人，这通常称为代位求偿权，我国《海商法》第 252 条至 254 条对此有详细规定。这一原则能够避免被保险人因存在对第三人和保险人的双重请求权而获得额外不当利益，保障了赔偿原则的实现。保险利益所有权代位原则，是指保险人在赔付全损后，有权获得保险合同所承保的被保险人对保险标的的保险利益的全部权利。例如，保险标的的损余价值或中途处理受损货物所得应归保险人或从保险赔偿中折价扣除。相关规定见《海商法》第 256 条。

（二）因果关系原则

海上保险合同是一种限定性赔偿合同。也就是说，根据海上保险合同及有关法律，保险人在保险合同中的赔偿责任范围并不是保险标的发生的全部损失、损害、费用和责任，而是一定原因造成的特定损失、损害、费用和责任。因此，只有在保险合同约定的保险事故与保险标的的损失结果之间具有直接因果关系的情况下，保险人对该损失结果才负责赔偿。此种因果关系在英国法中被称为近因(Proximate Cause)。所谓近因，并非是在时间上最接近损失的原因，而是指促成损失结果的最有效或最有支配力的原因。基于海上保险合同的这一性质，引致了海上保险合同另一个基本原则的产生，在英国法中称为近因原则，而在我国则称为因果关系原则。这一原则在海上保险理赔中有着十分重要的作用。

（三）保险利益原则

在海上保险合同中，由于被保险人所支付的保险费与保险人将来可能承担的保险赔偿责任之间不是一一对等的关系，而按照赔偿原则的要求，保险人依据海上保险合同仅负责赔偿被保险人实际遭受的损失。为了防止保险流于纯粹的赌博，尽量降低为牟取利益而故意或放任保险事故发生的道德风险，保障保险业的健康发展，海上保险合同法规定了保险利益原则，要求被保险人对保险标的应具有保险利益，否则保险合同无效。保险利益是指对保险标的具有的法律上承认的、可以确定的经济利益。非法的利益，非现有的、不能合理期待的或不能用金钱计算的利益都不能作为保险利益。

（四）最大诚信原则

海上保险合同是一种对人合同。由于保险标的一般均处于被保险人的掌管、控制之下，被保险人的知识水平、管理能力甚至道德状况等诸多因素与保险标的风险都有着密切关系。同时，由于被保险人了解保险标的风险的方便和容易程度要比保险人大得多，考虑到提高缔约效率、降低缔约成本的经济原则，在订立海上保险合同过程中，保险人主要也应当依赖被保险人所告知的有关保险标的的情况来评估、判断风险。在合同成立后的履行过程中，被保险人的防损水平和责任心等对保险标的安全有着重要影响。另外，从被保险人的角度看，保险人的偿付能力和信誉对被保险人也非常重要，保险公司如果拒不履行赔偿责任或因资不抵债而破产，将给大量被保险人造成不利影响。鉴于海上保险合同的这些特点，法律对海上保险合同双方当事人诚实信用程度的要求远远大于其他民事合同，因此英国法将最大诚信原则作为海上保险合同的一项基本原则。在我国，虽然法律上没有对这一原则加以明确规定，但法理上一直将最大诚信原则公认为我国海上保险法的基本原则之一。

另外，海上保险合同还是一种附意合同，即海上保险合同中所采用的保险条款一般是保险人单方面拟就并预先印备的标准合同，因此，当保险条款的含义不明确时，应当作对被保险人有利的解释。这种解释原则称为“逆利益解释”原则，是英美普通法对附意合同的一条重要解释原则，我国《保险法》第 30 条的规定也已明确采纳这一原则。

三、海上保险合同的概念及特征

（一）海上保险合同的概念

保险合同是现代商业保险制度的表现形式，也是保险法主要规范的内容之一。保险合同在海上保险中的体现形式即为海上保险合同。我国《海商法》第12章对海上保险合同进行了专门规定。同时，我国2015年4月24日修订的《中华人民共和国保险法》(简称《保险法》)第182条规定，海上保险适用《海商法》的有关规定；《海商法》未作规定的，适用《保险法》的有关规定。

我国《海商法》第216条规定，海上保险合同是指保险人按照约定，对被保险人遭受保险事故造成保险标的物的损失和产生的责任负责赔偿，而由被保险人支付保险费的合同。

（二）海上保险合同的特征

由于海上保险合同所发生的权利和义务关系有其特殊性，所以海上保险合同除具有一般经济合同的共同属性外，还具有以下特征：

1. 海上保险合同是射幸合同(Aleatory Contract)

由于约定的保险事故是一种不确定的事件，它是否发生、何时发生，以及发生以后，保险标的物遭受损失的程度如何，都带有偶然的性质。

2. 海上保险合同是有条件的双务合同(Bilateral Contract)

海上保险合同的双务性在于，就投保人或被保险人而言，是以支付保险费为义务而取得保险保障的权利；就保险人而言，以履行损失补偿责任为义务而取得收取保险费的权利。双方的权利和义务是相互关联、互为条件的。

3. 海上保险合同是保障合同(Guarantee Contract)

投保人向保险人支付保险费，目的在于通过保险保障其对保险标的物的经济利益，而保险人以收取保险费为条件，当保险标的物遭受损失时，向被保险人提供保障。

4. 海上保险合同是最大诚信合同(Utmost Good Faith)

最大诚信原则是保险合同的双方在签订保障合同时必须遵循的原则，海上保险合同的签订也必须遵守最大诚信原则。

5. 海上保险合同是附和合同(Adhesive Contract)

海上保险合同不同于一般经济合同，它不是议商合同，而是附和合同，由保险人根据过去承保、理赔工作的经验以及有关资料事先制定，并印成固定的条款。海上保险合同采取附和合同的形式，可免除保险人分别与所有的被保险人逐项商议合同条件的麻烦。

【提示】被保险人在投保时，只能根据制作好的合同基本条款做出选择。即使有特别的情况需要扩大或限制基本条款的权利和义务，也只能作为附加条款。原来的基本条款，原则上不能改变。

四、海上保险合同的构成要素

保险合同是一种经济合同，是调整合同当事人之间符合民事法律规定、具有民事权利和义务内容的社会关系。任何一种民事法律关系都包括主体、客体和内容三个方面。

（一）海上保险合同的主体

海上保险合同的主体(Subject of Marine Insurance Contract)包括与海上保险合同有直接关系的当事人：保险人、投保人和被保险人。

1. 保险人(Insurer)

在海上保险合同中，保险人是指按照合同约定，收取保险费，承担赔偿责任的一方当事人。根据各国保险业的实际情况，保险人是经营保险业务的经济组织或个人。他们的组织形式各不一样，其形式包括股份有限公司、相互保险公司、保险合作社、国家经营保险和个人经营保险等。不论哪种形式的保险组织要成为海上保险合同的保险人必须经过政府机构的批准，取得保险人资格。同时，应当具有经营海上保险业务的资格。在我国，财产保险公司都可以经营海上保险业。

2. 投保人(Proposer)

投保人又称要保人(Applicant),是指经申请与保险人订立海上保险合同、负有缴纳保险费义务的一方当事人。投保人的条件:投保人可以是法人,也可以是自然人;投保人必须具有民事权利能力和民事行为能力,否则合同无效;投保人在投保时可以不具有保险利益;投保人必须承担缴付保险费的义务,即使海上保险合同已经转让。

3. 被保险人(Insured)

海上保险合同的被保险人是指承受保险事故所造成保险标的损失的后果,并有权请求赔偿的一方当事人。被保险人是在海上保险合同中获取保险保障的直接承受者,是享有保险金请求权的人。

海上保险中的投保人与被保险人的关系如下:投保人与被保险人是一体的;投保人与被保险人是不同的人。

保险人在经营业务中,为了更好地开展保险业务,往往通过保险代理人代理保险业务。在国外,投保人也往往委托保险经纪人代办保险手续。保险代理人、经纪人和公证人在保险合同的订立和履行中,起到了一定的作用。

(二)海上保险合同的客体

海上保险合同的客体不是保险标的本身,而是投保人或被保险人对保险标的所具有的可保利益。具有可保利益的人可以将其利益的全部或一部分投保,如投保的是全部利益则称之为"足额保险",如部分利益投保的则为"不足额保险",如保险金额超过保险价值的便为"超额保险"。海上运输货物保险中所要求的可保利益有其特殊之处:虽然被保险人对保险标的应具有可保利益,但并不要求其在投保时就应对保险标的具有可保利益,而仅要求其在保险标的发生损失时必须具有可保利益。这一点与一般财产保险合同有所不同。

(三)海上保险合同的内容

1. 保险人与被保险人名称

保险人是指与投保人签订保险合同,并承担赔偿或者给付保险金责任的保险公司,是保险合同的一方当事人。在我国,保险人均为保险公司,其他任何单位和个人不得经营保险业务。

被保险人是指保险合同的另一方当事人。我国《保险法》第 9 条第 2 款规定,投保人是指与保险人订立保险合同,并按照保险合同负有支付保险费义务的人。投保人可以是法人,也可以是自然人。

2. 保险标的

保险标的(Subject Matter Insured)是指保险人与被保险人在海上保险合同中约定给予保险的财产、责任或利益。保险标的的范围很广,主要有船舶、货物以及其他与航海有关的财产和利益。

3. 保险价值

保险价值(Insured Value)是指保险责任开始时保险标的的实际价值和保险费的总和。在实际保险业务中,被保险人在投保时,要正确确定保险标的实际价值是较为困难的,无论是对设备异常复杂、国际市场价值变动不定的现代船舶,还是对品种繁多、运杂费不易准确计算的货物来说,都是如此,所以通常是由保险人与被保险人来议定约束双方的保险标的的价值。

4. 保险金额

保险金额(Insured Amount)是指保险人与被保险人约定在保险单中载明对保险标的所受损失给予赔偿的最高数额。其约定应以不超过被保险人对保险标的所具有的可保利益为限。如此金额与保险价值一致即为全额保险。如果保险标的因保险事故遭受全损,保险人应按保险金额赔偿。如果被保险人只投保保险价值的一部分,这种保险称为不足额保险。在不足额保险条件下,被保险人应对保险金额与保险价值之间的差额自行负责,保险人对此不负赔偿责任。

5. 保险责任和除外责任

保险责任(Insurance Liability)是指海上保险合同成立后，保险人只对发生在保险责任范围内的保险事故造成保险标的损失负责赔偿。

除外责任(Excluded Liability)是指根据法律规定或约定，保险人不承担赔偿责任的风险范围。在不同的海上保险合同中，除外责任的风险范围是不同的。我国《海商法》第 242 条、第 243 条和第 244 条规定了保险人在货物、船舶保险责任中的除外责任。

6. 保险期间

保险期间(Insurance Period)又称保险期限，是指保险合同的有效期间，即明确规定海上保险合同效力发生和终止的期限。不同的保险合同有着不同的保险期限。它一方面是计算保险费的依据，另一方面是保险人与被保险人履行权利和义务的责任期限。

7. 保险费

保险费(Premium)是保险合同的对价。双方当事人关于保险费条款必须达成一致，合同方能成立，否则，保险合同不能成立。合同成立后，如果被保险人拒绝缴纳保险费，保险人仍有权解除合同。

五、海上保险合同的分类

(一)按保险标的分类

按保险标的的不同，可以将海上保险分为船舶保险(Hull Insurance)、海上货物运输保险(Marine Cargo Transportation Insurance)、运费保险(Freight Insurance)和保赔保险(Protection & Indemnity Insurance)等。

1. 船舶保险

它是以各种类型的船舶为保险标的的保险。事实上，目前船舶保险承保的保险标的的种类已超出船舶范围，还包括浮船坞、浮码头、钻井平台等海上作业船，以及其他各种财产设备。船舶保险承保的财产范围主要包括船壳、机器、锅炉、设备、仪器、救生艇筏等财产损失以及与此相关的利益，包括船东因船舶而产生的赔偿责任等。

2. 海上货物运输保险

它是以处于海运为主的运输过程中的各种货物作为保险标的的保险。海上货物运输保险不仅承保运输中的货物本身的灭失或损坏，而且承保货物运输过程的完成。

3. 运费保险

运费是无形财产，是船东从船舶营运中所获得的利益。船东对一定时间内的预期运费和具体航次的到付运费具有保险利益，同时，货方对预付运费也具有保险利益。由于货方支付的运费往往包含在货价中一起投保，故运费保险一般是指船东的运费保险。运费保险相当复杂，在我国保险业务中也开展得很不普遍。

4. 保赔保险

它是承保船东在船舶经营中可能产生的、一般不属于船舶保险承保范围的责任风险的保险。保赔保险承保的船舶责任风险主要有：船舶保险负责的船舶碰撞责任以外的超额碰撞责任、货损货差责任、船员及其他人员人身伤亡和疾病的赔偿责任、污染责任，以及沉船打捞、清理航道和遣返船员的费用等。保赔保险一般是由船东之间的互助保险组织，即船东保赔协会负责承保，但也有一些保险公司承保保赔保险，并分保给保赔协会。

(二)按约定保险价值分类

按是否约定保险价值，可以将海上保险分为定值保险(Valued Insurance)和不定值保险(Unvalued Insurance)。

1. 定值保险

它是保险人和被保险人在保险合同中约定了保险标的的保险价值的保险。保险人根据约定的保险价值计算确定保险赔偿数额,不论出险时保险标的的实际价值是否高于或低于该约定价值,除非被保险人故意约定过高保险价值或存在欺诈行为。海上保险中的货物运输保险和船舶保险一般均采用定值保险,因为船舶和货物流动性大,实际价值往往难以确定,如货物在启运地、中转地和目的地的价值很可能不一样,船舶的价值同样也波动很大。采用定值保险,避免了实际价值难以确定的困难。

2. 不定值保险

它是保险人和被保险人在保险合同中没有约定保险标的的保险价值的保险。根据《海商法》第219条规定,在此情况下,保险价值按照法律规定确定,可称为法定保险价值。如果法定保险价值高于保险金额,则保险人按照保险金额与保险价值的比率计算保险赔偿;如果法定保险价值低于保险金额,则保险人按照法定保险价值确定保险赔偿。

(三)按承保方式分类

按承保方式,可以将海上保险分为逐笔保险(Specific Insurance)、浮动保险(Floating Insurance)和预约保险(Open Cover Insurance)。

1. 逐笔保险

它是保险人和被保险人双方就单独保险标的分别商定承保条件的保险方式,即被保险人按一批货物或一条船舶向保险人提出保险要求,保险人根据保险标的的状况以及要求的保险条件来考虑是否承保,以及确定保险费率并签发保险单。逐笔保险适用于船舶保险和货物批量分散的海上货物运输保险,在海上保险业务中被广为采用。

2. 浮动保险

它是保险人对被保险人在约定的期限内所运输的一定量的货物实行总承保的保险。在浮动保险合同中,载明货物的名称、承保险别、启运港和目的港,以及一个总的保险金额。例如,"上海到东京,6个月,价值10万美元的皮货"。在合同有效期内,被保险人每发运一批货物,均应通知保险人发运货物的情况,直到发运货物的保险金额综合达到合同约定的总保险金额,保险人的保险责任即告终止。

3. 预约保险

它是比浮动保险更加自由的一种长期货物运输保险方式。预约保险合同规定承保货物的范围、保险期限、承保险别、保险费率等条件,但对保险货物的总保险金额不作限制。装运货物的船名及其他情况事后按被保险人的通知予以确定。根据预约保险合同,保险人对每一批货物的保险责任在约定的时间自动开始。对保险人而言,订立预约保险合同可以取得长期稳定的保险费收入;对被保险人来说,可以有效地避免漏保造成的不利后果。

六、被保险人的义务与保险人的责任

(一)被保险人的义务

1. 被保险人的告知义务

所谓告知义务,是指在海上保险合同订立前,被保险人应当将其知道的或者在其通常业务中应当知道的有关影响保险人据以确定保险费率或者确定是否同意承保的重要情况,如实告知保险人。海上保险合同的被保险人应当主动如实向保险人告知有关重要情况,不论保险人是否问及。但保险人实际知道的或者在其通常业务中应当知道的重要情况,保险人没有询问的,被保险人无须告知。

在我国海上保险法中，违反告知义务的法律后果因被保险人是否出于故意而不同。根据《海商法》第223条，由于被保险人的故意，未将有关重要情况如实告知保险人的，保险人有权解除保险合同，并不退还保险费。合同解除前发生保险事故造成损失的，保险人也不负赔偿责任。不是由于被保险人的故意，未将有关重要情况如实告知保险人的，保险人有权解除合同或者要求相应增加保险费。保险人解除合同的，对于合同解除前发生保险事故造成的损失，保险人应当负赔偿责任；但是，未告知或错误告知的重要情况对保险事故的发生有影响的除外。

2.严格遵守保证的义务

海上保险合同中的保证（Warranty），是指保险人和被保险人在合同中约定的，被保险人承诺对某一事项作为或不作为，或担保某一事项的真实性的条款。保证条款在我国海上保险实务中称作保险单特款规定，起源于英国海上保险法。在我国，海上保险法中的保证是一项特殊法律制度，没有其他法律制度可供参考。

保证条款是海上保险合同的基础，属于合同的重要条款。如果被保险人违反保证，根据《海商法》第235条的规定，保险人有权解除合同，也可以要求修改承保条件、增加保险费。

3.出险时的通知义务和出险后的施救义务

出险时的通知义务是指，一旦保险事故发生，被保险人有义务立即通知保险人，以便保险人及时安排检验，以确定损失的范围和事故性质，同时保险人也有机会及时采取施救措施，尽力减少损失。出险后的施救义务是指，一旦保险事故发生，被保险人除了应立即通知保险人外，还应当采取合理必要的施救措施，防止或减少损失的进一步扩大。被保险人若收到保险人发出的有关采取防止或减少损失的合理措施的特别通知的，应按保险人的通知去做。被保险人如违反其施救义务，对因此产生的扩大的损失，保险人不予赔偿。当然，对于被保险人采取施救措施而发生的合理施救费用，保险人应在赔偿保险标的本身损失之外另行支付给被保险人。

4.被保险人提供索赔单证和协助追偿的义务

《海商法》第251条规定：“保险事故发生后，保险人向被保险人支付保险赔偿前，可以要求被保险人提供与确认保险事故性质和损失程度有关的证明和资料。”同时，如果保险人认为被保险人提供的证明或资料不完整、不充分，有权通知被保险人补充提供有关证明材料。如果保险事故的发生是由第三人的责任而引起的，在保险人向被保险人支付保险赔偿时，被保险人向第三人要求赔偿的权利相应转移给保险人。被保险人应当向保险人提供必要的文件和保险人所需要知道的情况，并尽力协助保险人向第三人追偿。未经保险人同意，被保险人不应就事故的责任与分摊擅自与第三人达成和解或放弃对第三方的索赔权。

（二）保险人的责任

1.保险人对全部损失的赔偿

在海上保险合同中，保险人对一次保险事故所造成的保险标的的损失的赔偿数额以保险金额为限，即保险人赔偿保险标的的损失的最高限额为保险金额。同时，保险合同中约定的保险金额不得超过保险价值，否则对超过部分保险人不予赔偿。因此，在保险金额等于或小于保险价值的情况下，保险人对全部损失的赔偿数额为保险金额；在保险金额大于保险价值的情况下，保险人对全部损失的赔偿数额为保险价值。

2.保险人对部分损失的赔偿

《海商法》第247条规定：“不属于实际全损和推定全损的损失，为部分损失。”部分损失主要包括单独海损、救助费用、共同海损分摊三种。单独海损是指自然灾害或意外事故等保险事故直接造成的保险标的的部分损失。救助费用是指独立于合同的救助人根据《海商法》有权获得的费用。共同海损是指在同一海上航程中，船舶、货物和其他财产遭遇共同危险，为了共同安全，有意地、合理地采取措施所直接造成的特殊牺牲、支付的特殊费用，包括共同海损牺牲和共同海损费用。共同海损应当由同一航程中因共同海损行为而获益的各受益方按各自的分摊价值的比例分摊，保险人所承担的实际上是被保险人对共同海损的分摊责任部分，即共同海损分摊。

当保险标的发生部分损失时，如果保险金额等于保险价值，保险人按单独海损的实际数额给付保险赔偿；如果保险金额小于保险价值，则按保险金额与保险价值比率赔偿单独海损。如果保险金额等于共同海损分摊价值，保险人按共同海损分摊的实际数额给付；如果保险金额小于共同海损分摊价值，则按保险金额与共同海损分摊价值的比率赔偿共同海损分摊。

3. 保险人对连续损失的赔偿

保险人赔偿保险事故造成的损失，以保险金额（等于或低于保险价值时）为限，是基于事故原则。也就是说，在一次保险事故的情况下，保险人的赔偿责任以一个保险金额为限。如果保险标的在保险期间发生几次保险事故均遭受损失，即产生连续损失，则即使损失金额总和超过保险金额，保险人也应当赔偿，只是对一次事故的保险赔偿额不得超过一个保险金额。但是，对发生部分损失后未经修复又发生全部损失的，保险人只需按照全部损失赔偿，而对此前发生的部分损失则不再承担赔偿责任。

4. 对施救费用的赔偿

施救费用是指被保险人为防止或减少根据保险合同可以得到赔偿的损失，而支出的必要的、合理的费用。施救费用必须是由承保危险引起的。保险人对一次保险事故所发生的施救费用的赔偿责任以单独一个保险金额为限，而且保险人应在保险标的损失赔偿之外另行支付。另外，凡是能够作为单独海损、共同海损或救助费用的，不能作为施救费用向保险人索赔。

七、海上保险合同的主要险别

（一）海上货物运输保险条款

我国目前使用的海上货物运输保险条款是中国人民保险公司 1981 年 1 月 1 日修订的《海洋运输货物保险条款》（Ocean Marine Insurance Cargo Clauses）。该条款包括平安险、水渍险和一切险三种基本险。除了这三种基本险外，海上货物运输保险合同的被保险人还可选择投保附加险条款，附加险分为普通附加险、特别附加险和特殊附加险三类。下面主要介绍基本险。

动漫视频

平安险

1. 平安险

平安险（Free from Particular Average，FPA），英文意思是“单独海损不赔”，即最初平安险的保险人只负责赔偿货物的全损。但是，经过不断发展，目前的平安险已大大超过只赔全损的范围。简言之，平安险是保险人负责赔偿因自然灾害造成的货物全损和部分意外事故造成的货物损失（包括全部损失和部分损失）及费用的一种海上货物运输保险。平安险项下保险人的具体赔偿责任包括：

（1）被保险货物在运输途中由于恶劣气候、雷电、海啸、地震、洪水等自然灾害造成整批货物的全部损失或推定全损。当被保险人要求赔付推定全损时，须将受损货物及其权利委付给保险人。被保险货物用驳船运往或运离海轮的每一驳船所装的货物可视作一个整批。推定全损是被保险货物的实际全损已经不可避免，或者恢复、修复受损货物以及运送货物到原定目的地的费用超过该目的地的货物价值。

（2）由于运输工具遭受搁浅、触礁、沉没、互撞、与流冰或其他物体碰撞以及着火、爆炸意外事故造成货物的全部或部分损失。

（3）在运输工具已经发生搁浅、触礁、沉没、焚毁意外事故的情况下，货物在此前后又在海上遭受恶劣气候、雷电、海啸等自然灾害所造成的部分损失。

(4)在装卸或转运时由于一件或数件整件货物落海造成的全部或部分损失。

(5)被保险人对遭受承保责任内危险的货物采取抢救、防止或减少货损的措施而支付的合理费用,即施救费用,但以不超过该批被救起货物的保险金额为限。

(6)运输工具遭遇海难后,在避难港由于卸货所引起的损失,以及在中途港、避难港由于卸货、存仓及运送货物所产生的特别费用。

(7)被保险货物遭受的共同海损牺牲,被保险人应承担的对共同海损费用的分摊部分和应分担的救助费用。

(8)运输合同中订有"船舶互撞责任"条款的,根据该条款规定应由货方偿还船方的损失。

同步案例 6—3　　正确理解平安险的责任范围

大连某公司有批玻璃制品出口日本,由甲、乙两轮分别载运,货主投保了平安险。甲轮在航行途中与他船发生碰撞事故,玻璃制品因此发生部分损失;乙轮在航行途中遇到暴风雨致使玻璃制品相互碰撞而发生部分损失。事后,货主向保险人提出索赔。

请问:保险人该如何处理?

【案例精析】 在第一种情况下,由于造成玻璃制品部分损失的原因是船舶在航行途中与他船相撞,这一意外事故导致的部分损失属于平安险的承保责任范围,保险人应当赔偿。在第二种情况下,由于造成玻璃制品部分损失的原因不是船舶发生意外事故而是暴风雨袭击船舶,使之颠簸的结果,而暴风雨属于自然灾害。由自然灾害造成的部分损失不属于平安险的承保范围,故而保险人也就无须承担赔偿责任。当然,如果船舶在遭遇暴风雨前后发生了碰撞、搁浅、沉没、触礁或焚毁等意外事故,由此造成的玻璃制品的损失,货主还是能够从保险人处获得赔偿的。

2. 水渍险

水渍险(With Particular Average,WA 或 WPA),英文意思为"单独海损包括在内"(With Average)。其责任范围除包括上述平安险项下的八项责任外,保险人还承担被保险货物由于恶劣气候、雷电、海啸、地震、洪水等自然灾害所造成的部分损失。

动漫视频

水渍险

3. 一切险

一切险(All Risks)的责任范围,除包括平安险和水渍险的责任外,还包括被保险货物在运输途中由于一般外来原因所造成的全部或部分损失。

保险人在一切险下的责任范围是被保险货物在运输途中由于外来原因所致的全部或部分损失,再加上平安险项下因第(5)项至第(8)项承保危险而产生的费用,即施救费用、续运费用、共同海损牺牲、共同海损费用分摊和救助费用,以及根据运输合同中的"船舶互撞责任"条款应由货方偿还船方的损失。

动漫视频

一切险

(二)主险的保险期间

该部分内容规定在海洋运输货物保险条款第三条"责任起讫"中,由两款组成。在海上保险实务中,第一款称为"仓至仓条款",第二款是由"延伸条款"和"运输合同终止条款"合并而成。

1. 仓至仓条款

仓至仓条款(Warehouse to Warehouse,W/W),规定了在正常运输情况下货物保险人的责任期间,即保险人的责任期间自被保险货物运离保险单所载明的启运地的仓库或储存处所时开始,在正常运输过程中持续,直至货物到达保险单所载明的目的地收货人的最后仓库或储存处所或被保险人用作分配、分派或非正常运输的其他

动漫视频

仓至仓条款

储存处所为止。

如货物未抵达上述仓库或储存处所，则保险期间到被保险货物在最后卸载港全部卸离海轮后满 60 天终止，如在上述 60 天内被保险货物需转运到非保险单所载明的目的地时，则以该货物开始转运时终止。

2. 延伸条款和运输合同终止条款

它们对在非正常运输下货物保险人的责任期间终止作了相应的具体规定。

同步案例 6—4　　对“仓至仓”条款的正确理解

有一份 CIF 合同，卖方在装船前向保险公司投保了“仓至仓条款一切险”，但货物在从卖方仓库运往码头的途中，发生了承保范围以内的货物损失。事后，卖方以保险单含有“仓至仓条款”为由，要求保险公司赔偿此项损失，但遭到保险公司拒绝。保险公司认为货物未装运，损失不在承保范围内。

请问：在上述情况下，保险公司能否拒赔？为什么？

【案例精析】 保险公司不能拒赔。因为本案例中的卖方在装船前向保险公司投保了“仓至仓条款一切险”，保险公司应该对发生的承保责任范围以内的损失给予赔偿。根据“仓至仓条款”，保险公司应对从卖方仓库运往码头的途中的承保范围以内的货物损失进行赔偿，并且在 CIF 条件下，由卖方投保，卖方与保险公司间存在合法有效的合同关系；同时，装船前的风险由卖方承担，也具有可保利益，因此保险公司应给予赔偿。

（三）主险的除外责任

根据现行海洋运输货物保险条款，保险人对下列损失不负赔偿责任：①被保险人的故意行为或过失所造成的损失；②属于发货人责任所引起的损失；③在保险责任开始前，被保险货物已存在的品质不良或数量短差所造成的损失；④被保险货物的自然损耗、本质缺陷、特性以及市价跌落、运输延迟所引起的损失或费用；⑤中国人民保险公司海洋运输货物战争险条款和货物运输罢工险条款规定的责任范围和除外责任。

（四）附加险的责任范围

1. 一般附加险

一般附加险包括在一切险责任范围之内，但平安险和水渍险不包括一般附加险。当被保险人投保平安险和水渍险时，可根据需要选择加保一种或几种普通附加险，经保险人同意，并增收适当保险费，附加险条款即可生效。现行一般附加险有 11 种，包括偷窃、提货不着险（Theft，Pilferage & Non delivery），淡水雨淋险（Fresh Water and/or Rain Damage），短量险（Risk of Shortage），混杂、玷污险（Risk of Intermixture & Contamination），渗漏险（Risk of Leakage），碰损、破碎险（Risk of Clash & Breakage），串味险（Risk of Taint of Odour），受潮受热险（Risk of Sweat & Heating），钩损险（Risk of Hook Damage），包装破裂险（Risk of Breakage of Packing）和锈损险（Risk of Rusting）。

2. 特别附加险

特别附加险不属于一切险的责任范围，即使投保了一切险，也需要附加投保。其主要承保风险包括与政治、国家政策法令和行政措施等行政权力相关联的特殊风险，或者超出一般海上运输意外事故范围的风险等。常见的特别附加险包括进口关税险、舱面险、拒收险、黄曲霉素险和虫损险等。

3. 特殊附加险

（1）战争险。国际海上运输货物一般都加保战争险。海上货物运输战争险条款的保险期间原则上限于货物海运途中，而不是仓至仓责任。保险人的责任范围为：直接由于战争、类似战争行为和敌对行为、武装冲突或海盗行为所致的损失；由于上述行为引起的捕获、拘留、扣留、禁制、扣押所造成的损失；各种常规武器，包括水雷、鱼雷、炸弹所致的损失；上述责任范围引起的共同海损的牺牲、分摊和救助费用。

（2）罢工险。货物运输罢工险适用于海运、空运、陆运等运输方式，而各种运输方式的战争险条款却各不相同。该条款承保被保险货物由于罢工者、被迫停工工人或参加工潮、暴动、民众斗争的人员的行动，或任何人的恶意行为所造成的货物的直接损失，以及上述行动或行为引起的共同海损牺牲、分摊和救助费用。保险人承担被保险货物因罢工风险所造成的直接损失，间接损失属于罢工险的除外责任。

八、海上保险合同的订立、变更、解除与终止

（一）海上保险合同的订立

任何合同的订立都必须经过要约和承诺两个阶段，海上保险合同的订立也不例外。在海上保险合同实务中，大多是由被保险人根据需要向保险人提出订立海上保险合同的要求或建议，这种保险要求就是要约。对于被保险人的这种提议，保险人接受提议表示同意承保，即为承诺。在实务中，保险人的承诺方式有在投保单上盖章、接受被保险人支付的保险费等。

海上保险合同自保险人承诺之时起成立。海上保险合同成立后，双方当事人就受该合同的约束。海上保险合同的成立对于判断合同是否存在、认定合同是否有效、判定有关当事人应当承担什么样的责任具有重要意义。

（二）海上保险合同的变更

海上保险合同的变更包括合同主体的变更和合同内容的变更。合同主体的变更，一般是指合同的转让，即被保险人将其在保险合同中的权利转移给第三方的行为，我国《海商法》对海上货物运输保险合同和船舶保险合同的转让作出了不同的具体规定。① 合同内容的变更主要是指保险标的的变更、保险风险的变更、保险责任的变更等，被保险人和保险人均可要求变更保险合同的内容，但需要经过对方的同意。根据我国《保险法》的规定，被保险人和保险人经协商同意，变更保险合同的，应当由保险人在原保险单或其他凭证上批注或附贴批单，或者订立变更的书面协议。

（三）海上保险合同的解除与终止

1. 海上保险合同的解除

海上保险合同的解除即保险合同的当事人取消其之间的法律关系的行为。我国《海商法》第226条至第228条对保险合同在保险责任开始前和开始后的解除进行了不同的规定：在保险责任开始前，被保险人可以要求解除合同；在保险责任开始后，被保险人是否可以解除合同须依情况而定。

2. 海上保险合同的终止

（1）自然终止。自然终止是海上保险合同终止最基本、最常见的原因，是指海上保险合同规定的保险期限届满时，保险合同即告终止。

（2）协议终止。协议终止是指海上保险合同中被保险人和保险人达成协议，在某些特定情况下任何一方可以随即终止合同。海上保险实务中，一般都给予保险人在一定情况下终止合同的权利。

（3）义务履行终止。义务履行终止是指在保险人按照海上保险合同规定履行赔偿全部保险金

---

① 《海商法》第229条规定："海上货物运输保险合同可以由被保险人背书或者以其他方式转让，合同的权利、义务随之转移。"《海商法》第230条规定："因船舶转让而转让船舶保险合同的，应当取得保险人同意。未经保险人同意，船舶保险合同从船舶转让时起解除；船舶转让发生在航次之中的，船舶保险合同至航次终了时解除。合同解除后，保险人应当将自合同解除之日起至保险期间届满之日止的保险费退还被保险人。"

额的义务后，保险合同即行终止。

(4)特殊终止。特殊终止通常是指被保险人在保险合同期限内违反保险合同规定时，保险人可以终止合同。它包括法定解除和违约解除两种。

九、船舶保险条款

我国现行使用的供国际航线上营运的船舶投保的条款是 1986 年 1 月 1 日修订的《船舶保险条款》。

(一)保险标的

1986 年《船舶保险条款》首先明确了作为该条款保险标的的范围，即船舶，包括其船壳、救生艇、机器、设备、仪器、索具、燃料和物料。

(二)险别与承保范围

1986 年《船舶保险条款》将全损险和一切险两种险别合并规定在一个条款中。全损险是指只有当被保险船舶因列明承保危险而遭受全损时，保险人才承担赔偿责任。因此，在全损险下，如果船舶并未达到全损，不论其遭受的部分损失多么严重，保险人均不予赔偿。在船舶因列明承保危险遭受全损时，保险人按保险金额予以赔偿，但是如果保险金额超过保险价值，则保险人按保险价值赔偿。根据全损险条款，保险人对下列原因造成的被保险船舶的全损予以赔偿：①地震、火山爆发、闪电或其他自然灾害；②搁浅、碰撞、触碰任何固定或浮动物体或其他物体或其他海上灾害；③火灾或爆炸；④来自船外的暴力盗窃或海盗行为；⑤抛弃货物；⑥核装置或核反应堆发生的故障或意外事故。

在一切险下，保险人的赔偿责任范围是在上述全损险赔偿责任范围的基础上，加上相同的列明承保危险造成的被保险人船舶的部分损失，以及船舶的碰撞责任、共同海损、救助费用和施救费用。换言之，在一切险项下，保险人除负责赔偿船舶的全损和部分损失外，还负责承保被保险船舶所产生的下列责任和费用：

(1)碰撞责任。根据碰撞责任条款，对于被保险船舶与其他船舶碰撞以及触碰任何固定、浮动物体或其他物体引起被保险人应负的法律赔偿责任，由保险人负责赔偿。在《海商法》中，碰撞仅指船舶之间相互接触产生的事故，而触碰是指船舶与其他船舶以外的物体发生接触而产生的事故。

当被保险船舶与其他船舶或物体对碰撞或触碰的发生均有过失时，除一方或双方所有人对因此产生的赔偿责任受法律限制外，保险人对被保险船舶的碰撞责任的赔偿按交叉责任原则计算。所谓交叉责任原则，是指碰撞船舶双方的保险人分别按各自承保的被保险船舶对碰撞所承担的责任比例负担对方的碰撞损失。例如，甲、乙两船发生碰撞，甲船对碰撞承担 30%的责任，而乙船则承担 70%的责任。甲船因碰撞产生的损失由乙船保险人承担 70%，而乙船因碰撞产生的损失则由甲船保险人承担 30%。

船舶保险人承保的被保险船舶对他船或其他物体承担的碰撞责任和触碰责任风险，是船舶保险这一财产保险中唯一附带承保的责任保险。在一起碰撞或触碰事故中，不同的损失须根据不同的条款向保险人要求赔偿，对于因碰撞、触碰造成的船舶本身的损失，应根据“搁浅、碰撞、触碰任何固定或浮动物体或其他物体或其他海上灾害”这一承保危险请求保险赔偿，而被保险人因碰撞、触碰而对其他财产负有的赔偿责任，则应根据碰撞责任条款请求保险赔偿。

船舶保险人根据碰撞责任条款对每次事故所负的保险赔偿责任是对船舶本身损失赔偿的增加部分，也就是说，保险人对碰撞责任是在船舶本身损失之外另行赔偿的，但保险人对每次碰撞事故的碰撞责任的赔偿，以船舶的保险金额为限。

(2)共同海损和救助。保险人负责赔偿被保险船舶应当分摊的共同海损和救助费用。共同海损包括共同海损牺牲和共同海损费用两种形式。对于被保险船舶遭受的共同海损牺牲，船舶保险人将按单独海损处理，直接全部赔偿给被保险人，被保险人无须先向其他各方索取共同海损分摊。这一规定对被保险人十分有利。但对于船舶产生的共同海损费用，船舶保险人并不直接赔付，而只承担被保险船舶应当分摊的共同海损费用，即船舶保险人承担的是被保险船舶的共同海损分摊部分。

另外，保险人还负责赔偿被保险船舶应分担的救助费用。

(3)施救。该条款列明承保危险使被保险船舶造成损失或处于危险中时，对于被保险人为防止或减少根据该保险可以得到赔偿的损失而付出的合理费用，即施救费用，保险人予以赔付。保险人对施救费用的赔偿责任，与保险人对碰撞责任的赔偿责任一样，是在该保险条款规定的保险赔偿责任之外另行赔付的，但是保险人对每次事故的施救费用的赔付，不超过一定的保险金额。

如果有关费用构成共同海损、救助或救助费用或该保险中另有规定的费用，则该费用不能作为施救费用向保险人索赔。

(三)除外责任

除外责任条款规定，保险人对下列原因所致的损失、责任或费用，不予赔偿：

(1)被保险船舶不适航，包括人员配备不当、装备或装载不妥，但以被保险人在船舶开航时，知道或应该知道此种不适航为限。

(2)被保险人及其代表的疏忽或故意行为。但船长、船员及其他受雇人员的疏忽或故意行为引起的损失、责任和费用，保险人仍负责赔偿。

(3)被保险人恪尽职责应予发现的正常磨损、锈蚀、腐烂或保养不周，或材料缺陷，包括对不良状态部件的更换或修理，即船舶自然损耗与维修保养费用，保险人不予以承保。

(4)属于战争险和罢工险条款承保和除外的责任范围。对战争险和罢工险条款承保范围的损失，如被保险人已投保战争险和罢工险条款，则应根据战争险和罢工险条款向保险人索赔。如果被保险人未投保战争险和罢工险，则无权向保险人索赔此种损失。对于战争险和罢工险的除外责任，即使被保险人已投保战争险和罢工险，也不得索赔。

(四)保险期限

定期保险是指保险期间为一段固定的时间的保险合同。在定期保险合同中，保险期间从合同约定的具体日期开始到约定的具体日期终止。最长时间为一年，起止时间以保险单规定为准。但如果保险到期时，被保险船舶尚在海上航行中或处在危险中，或在避难港或中途港停靠，则经被保险人通知保险人并按日比例加付保险费后，保险期限延续至船舶抵达目的港之日为止。

航次保险是指保险期间为具体的一个或数个航次的保险合同。在航次保险合同中，保险期间从合同约定的具体航次开始时开始到约定的航次结束时终止。保险期间以保险单订明的航次起止时间为准。如船舶未载货，则航次自起航港解缆或起锚时起，至目的港抛锚或系缆完毕时为止；如船舶载货，则航次自起航港装货时起，至目的港卸货完毕时止，但自船舶抵达目的港当日午夜零点起不超过 30 天。

(五)免赔额

根据免赔额条款的规定，对于船舶因保险事故而遭受的损失，保险人按每次事故扣除一个保险单中规定的免赔额之后，将剩余的部分支付给被保险人。该条款规定的免赔额为绝对免赔额，即当保险标的的损失数额低于免赔额时，保险人对该损失不予赔偿；当损失数额超过免赔额时，保险人在从应付的损失额中扣除免赔额后，将剩下部分支付给被保险人。

(六)保险费的退还

在定期保险情况下，保险人将因下列情形而退还被保险人支付的部分保险费：

(1)被保险人退保或保险终止时,保险费应自保险终止之日起,按净保费的日比例计算退还给被保险人,但因被保险船舶在货物、航行区域等方面违反保证而导致保险自动终止时除外。

(2)船舶在保险人同意的港口或区域停泊超过30天,不论在此期间船舶是否在修理或装卸货,停泊期间的保险费按净保费的日比例的50%计算退还给被保险人,但船舶发生全损时除外。

如系航次保险,则不退还保险费。

(七)被保险人的义务

被保险人的义务包括以下方面:

(1)当被保险船舶发生事故或遭受损失时,被保险人应在获悉后48小时内通知保险人。如船舶在国外,还应立即通知距离最近的保险代理人,并采取一切合理措施,避免或减轻保险人所承保的损失。

(2)被保险人与有关方确定被保险船舶应负的责任和费用时,应事先征得保险人的同意。

(3)被保险人要求保险人赔偿损失时,如涉及第三者的责任或费用,被保险人应将必要的文件或单证移交给保险人,并尽力协助保险人向第三者追偿。

(4)除非事先征得保险人同意,并加付保险费,被保险船舶不得从事下列行为:①从事拖带或救助服务。②与他船(非港口或沿海小船)在海上直接装卸货物,包括驶近、靠拢和离开。③为拆船意图或为拆船出售的意图航行。如果被保险人未事先征得保险人同意从事以上行为,则保险人对以上情况所造成的船舶遭受的损失或产生的责任均不负赔偿责任。④船级变更、注销或撤回,或者船舶所有权或船旗改变,或转让给新的管理部门,或光船出租,或被征购或被征用,如果未事先征得保险人的同意,则保险责任自上述情况发生时自动终止。⑤被保险船舶在货物、航程、航行区域、拖带、救助工作或开航日期方面违背保险单中约定的保证条款。在此情况下,如果被保险人在接到违反有关保证的消息后,立即通知保险人并同意接受修改后的承保条件及所需加付的保险费,该保险仍继续有效,否则,该保险应自动终止。

十、船舶战争、罢工险条款

(一)承保范围

我国现行采用的条款是中国人民保险公司1986年1月1日修订的船舶战争、罢工险条款。根据该条款,对于下列原因造成的被保险船舶的损失、碰撞责任、共同海损和救助或施救费用,保险人予以承保:①战争、内战、叛乱或由此引起的内乱或敌对行为;②捕获、扣押、扣留、羁押、没收或封锁,但自事件发生之日起满六个月后,保险人才能受理;③各种战争武器,包括水雷、鱼雷、炸弹;④罢工、被迫停工或其他类似事件;⑤民变、暴动或其他类似事件;⑥任何怀有政治动机的恶意行为。

(二)除外责任

对于下列原因引起的被保险船舶的损失、责任和费用,保险人不负赔偿责任:①原子弹、氢弹或其他核武器的爆炸;②由被保险船舶的船籍国或登记国的政府或地方当局所采取的或命令的捕获、扣押、扣留、羁押或没收;③被征用或征购;④联合国安理会常任理事国之间爆发的战争,不论宣战与否。

关键术语

国际海上货物运输合同　海上保险合同　平安险　定期保险　航次保险

本章练习

一、单项选择题

1. 下列规则中不属于关于海上货物运输的三大国际公约的是（　　）。

A. 1968 年《维斯比规则》　B. 1978 年《汉堡规则》

C. 1974 年《约克-安特卫普规则》　D. 1924 年《海牙规则》

2. 下列说法中正确的是（　　）。

A.《海牙规则》对海上货物运输的强制适用期间为承运人接收货物时开始至交付货物时终止

B. 根据《海牙规则》，承运人对于火灾造成的货损不负赔偿责任

C. 关于承运人责任基础，《海牙规则》实行的是完全过错责任原则

D. 根据《海牙规则》，就货损向承运人提出的诉讼应当在货物交付之日或应当交付之日起一年之内提出，否则在任何情况下承运人和船舶将解除其对货损的一切责任

3. 根据我国《海商法》，下列不可以作为海上保险合同保险标的的是（　　）。

A. 船舶　B. 存放在生产车间内的半成品

C. 船舶营运收入　D. 对第三人的责任

4. 按照固定的航线、船期、港口和运费进行运输的是（　　）。

A. 班轮运输　B. 租船运输　C. 光船运输　D. 定期租船

5. 不属于国际海上货物运输的国际公约的是（　　）。

A. 海牙规则　B. 维斯比规则

C. 汉堡规则　D. 国际海事委员会海运单统一规则

6. 海运提单按签发时间可以分为（　　）。

A. 清洁提单和不清洁提单　B. 记名提单和不记名提单

C. 已装船提单和备运提单　D. 直达提单和转船提单

7. 下列不属于国际货物运输保险的基本原则的是（　　）。

A. 禁止竞业原则　B. 保险利益原则　C. 最大诚信原则　D. 近因原则

8. 投保人或被保险人对保险标的所具有的法律上所承认的利益称为（　　）。

A. 近因原则　B. 保险利益原则　C. 补偿原则　D. 合法原则

9. 投保人向保险人缴纳的费用是（　　）。

A. 保险费率　B. 保险事故赔偿　C. 保险金额　D. 保险费

10. 以下（　　）不是国际海上货物运输承保的一般附加险。

A. 战争　B. 串味险　C. 短量险　D. 淡水雨淋险

二、多项选择题

1. 按照承保保险标的的种类和范围不同，海上保险可以分为（　　）。

A. 船舶保险　B. 海上货物运输保险

C. 海上责任保险　D. 海上人身保险

2. 下列不属于我国目前使用的海上货物运输保险条款基本险险别的有（　　）。

A. 战争险　B. 平安险　C. 舱面险　D. 一切险

3. 按照提单的签发日期，提单分为（　　）。

A. 顺签提单　B. 倒签提单　C. 预借提单　D. 记名提单

4. 承运人的义务有（　　）。

A. 交付货物　　B. 交付运费
C. 签发提单　　D. 妥善包装和正确申报货物

5. 海运提单按是否记载收货人名称可分为(　　)。
A. 记名提单　　B. 不记名提单　　C. 指示提单　　D. 不清洁提单

6. 特殊附加险包括(　　)。
A. 战争险　　B. 罢工险　　C. 舱面险　　D. 渗漏险

7. 保险原则中的补偿原则体现在(　　)。
A. 赔偿应以实际损失为限　　B. 赔偿金额应以保险金额为限
C. 禁止重复保险　　D. 保险人有代位求偿权

8. 保险原则中的保险利益原则体现在(　　)。
A. 投保人要有告知的义务　　B. 保险利益必须具有合法性
C. 保险利益必须具有确定性　　D. 保险利益必须具有经济性

9. 中国海上货物运输保险中的附加险有(　　)。
A. 一般附加险　　B. 平安险　　C. 一切险　　D. 特别附加险

10. 下列关于海上货物运输保险除外责任描述正确的有(　　)。
A. 被保险人的故意或过失行为造成的损失
B. 战争险和罢工险不是除外责任
C. 发货人的过失造成的损失
D. 保险责任开始前被保险货物已存在的品质不良和数量短差

三、判断题

1. 平安险就是指"单独海损不赔"。(　　)
2. 保证条款是海上保险合同的基础,属于合同的重要条款。(　　)
3. 调整班轮运输法律关系的三个国际公约都不适用于租船运输法律关系。(　　)
4. 提单不具有书面形式,不可能经过背书或交付而进行转让。(　　)
5. 海上保险合同具有财产保险合同的赔偿性特点。(　　)

四、简答题

1. 我国《海商法》规定的承运人的主要义务有哪些?
2. 提单的主要作用是什么?
3. 海上保险赔偿原则的具体内容有哪些?
4. 海上保险的特点有哪些?
5. 班轮运输的基本特点有哪些?

五、案例分析题

1. 某承运人所承运货物提单记载,有5000包小麦在装货港装货,但在卸货港交货时发现货物短缺50包。承运人称:原本装运时就少50包,因此不承担短货责任。

请问:承运人所述是否合理?为什么?

2. 某货轮在某国港口装载一批白糖。装船过程中,船长先后向托运人和装货人发出书面声明和抗议,指出货物存在污染和数量差异问题。但在托运人保证承运人不须对货物短少等负责的情况下,承运人仍签发了清洁提单。船到目的港卸货时,收货人就货物短少和变质问题提出索赔。

请问：收货人能否要求承运人赔偿？

3. 甲、乙公司签订运输合同，由乙公司负责用冷藏集装箱将一批香菇运到日本，乙公司以自己名义签发了提单。此后，乙公司又与丙公司联系运输事宜，由丙公司实际承运了该批货物。由于冷藏集装箱在运输中发生故障导致箱内温度升高，香菇全部腐烂变质。

请问：权利人可以请求谁对货损承担赔偿责任？

4. 某公司因运输一批货物，装运前向保险公司按发票总值投保平安险。6 月初货物装妥顺利开航。载货船舶于 6 月 13 日在海上遇到暴风雨，致使一部分货物受到水浸，损失价值 2100 美元。数日后，该轮触礁，致使该批货物又遭到部分损失，价值为 8000 美元。

请问：保险公司对该批货物的损失是否赔偿？为什么？

六、实训题

一批投保水渍险的被保险货物装载在一条船上。该船在上海港黄浦江上系泊时，由于船壳锈蚀严重，导致江水由船板裂缝进入舱内造成货物湿损。

试问：保险人根据我国海洋运输货物保险水渍险条款对本案货损是否应予赔偿？

第七章　票据法

● 知识目标

了解：票据的概念、法律特征和分类；票据的功能。

熟悉：票据法的概念和性质、票据法体系及历史沿革。

掌握：票据法的一般法律原则；汇票、本票和支票的基本概念、法律特点。

● 技能目标

能够完全掌握票据的法律规定与特点，把握票据在实践运作中的法律程序和基本技巧。

● 素质目标

具有在商事交易实践中依照各国的法律规范正确使用票据的能力。同时，具备正确的世界观、人生观和价值观，做到学思用贯通、知信行统一；践行严谨细致、精益求精的职业规范，增强遵纪守法、爱岗敬业、诚实守信的职业品格。

● 思政目标

培养学生具有票据风险意识，明白进出口货物交易中货款结算涉及的票据法律问题，识别票据自由流通中的安全性问题，在商业活动中使用票据时应当秉持诚信，遵规守法，正确行使票据权利。

● 课程引例

无货情况下的票据纠纷案

2024年3月7日，甲公司出于缓解流动资金紧张的目的，在无现货可供的情况下，仍与外地的乙公司签订了一份购销合同，约定由甲公司向乙公司供应优质纸浆30吨，价款56万元。为此，乙公司开具了一张以其开户行A银行为承兑人的付款期为3个月的银行承兑汇票。甲公司收到汇票后即向其开户行B银行申请贴现，B银行在审查凭证时发现无供货发票，便向A银行查询该汇票是否真实，收到的回复是"承兑有效"。据此，B银行给甲公司办理了汇票贴现，并将56万元转入甲公司账户。一个月后，乙公司因迟迟未收到货，派人去催货时才发现甲公司根本无货可供，于是立即告知A银行。2024年9月10日，B银行提示付款，A银行拒付。B银行以A银行、甲公司、乙公司为被告提起诉讼，请求三方支付汇票金额及利息。

请问：

(1)A银行能否以该汇票所依据的购销合同是虚构的为由拒绝付款？理由何在？

(2)如果甲公司没有向B银行贴现而直接向A银行提示付款，A银行可否拒付？为什么？

(3)B银行以甲、乙公司为被告依据的是什么？

● 知识支撑

第一节 票据法概述

一、票据的概念和法律特征

(一)票据的概念

票据有广义和狭义之分。广义的票据是指商业上的权利单据(Document of Title)，即用来表明某人对不在其实际控制下的资金或物资所有权的书面凭证，如股票、债券、仓单、提单、保险单、汇票、本票、支票等。狭义的票据是指资金单据(Financial Document)，是由出票人签发，约定自己或命令他人在一定日期无条件支付确定金额的书面凭证。它是以支付金钱为目的的特定凭证。若约定由出票人自己付款的是本票，命令第三者付款的则是汇票或支票。

(二)票据的法律特征

票据不是货币，但可以代替货币行使某些职能，主要因为其具有以下法律特征。

1. 票据为设权证券

设权证券是指票据的持有人凭票据上记载的内容可以证明票据的权利，以取得金钱或财产。这种票据权利，随票据的设立而产生，随票据的转移而转让，离开了票据，就无法证明票据的权利。票据权利的产生，必须做成票据；票据权利的转移，必须交付票据；票据权利的行使，必须提示票据。

2. 票据为要式证券

票据的要式性是指票据形式必须符合票据法的规定，其上记载的必要项目必须齐全。因此，各国法律均强调票据的要式性，不仅要求票据的格式和记载事项必须符合法律的规定，而且要求票据的签发、转让、承兑、付款、追索等行为必须严格按照票据法规定的程序进行方为有效。

3. 票据为文义证券

票据的文义性是指票据上的权利和义务，是依据票据上所记载的文义而决定的，不能以票据文义以外的事项确定票据的权利和义务。在票据上签字盖章的人，要对票据的文义负责。

4. 票据为无因证券

“因”是指产生票据权利和义务关系的原因。无因证券即当债权人持票行使票据上的权利时可以不受票据原因的影响。对受让人来说也无须证明原因，只要要式齐全就能取得票据定义所载明的权利。

票据的行为(如产生与转让)是有原因的，是以签名及交付而完成的。但票据设立后，就有了独立的权利和义务的关系，与产生或转让票据的原因相分离。票据是否成立不受票据原因的影响，票据当事人的权利和义务也不受票据原因的影响。

5. 票据为流通证券

票据的流通性是指票据上的权利，可以经过背书转让流通，从一个人流通到另外一个人。票据作为一种流通证券，可以通过交付或背书的方式自由转让，无须通知原债务人，受票人基于此而取得票据的全部权利。各国票据立法表明，只要受票人获得票据且支付了对价，即使票据转让人的票据权利有瑕疵，如票据是捡来的，该善意受让人对票据的权利也不受前手权利缺陷的影响。这是票据最重要的特征。

6. 票据为提示证券

票据的提示性是指票据上的债权人请求债务人履行付款的义务时，必须向债务人提示票据，才能请求给付；如果不提示票据，则付款人就没有履行付款的义务。因此，票据法规定了提示期限，超过期限，付款人责任即被解除。

7. 票据为返还证券

票据的返还性是指票据的持票人领到票据的票款后，应将票据交还付款人，付款人应要求持票人写证明收讫字样的签名为证，收回票据，以防再度取款。因此，票据不能无限期地流通，付款后即结束其功能，即仅有货币的部分功能。

8. 票据为金钱证券（有价证券）

票据的金钱性是指票据是以金钱为给付标的物的证券，不能支付其他形式的物品或服务。

9. 票据为债权证券

票据的债权性是指票据是表示一定债权的有价证券，谁拥有了票据，谁就拥有了票据文义表明的权利。

二、票据的分类

关于票据的种类，一般可以从票据法律规定和票据法学理论两个角度进行划分。

（一）从票据法律规定角度划分的票据种类

各国票据立法对票据的种类均采法定主义，即票据法对票据的种类作出明文的、封闭性的规定，不允许有法律规定以外的票据存在。不过，不同国家票据法对票据的种类规定得很不一致。现行的美国《统一商法典》将票据分为汇票、支票、存款单和本票四种。此法典还规定：如果是委托付款，则是汇票；如果是银行付款并见票即付的票据，则是支票；如果是银行声明接收到现金，并承诺清偿，则是存款单；如果是承诺而不是存款单，则是本票。德国、法国、日本、瑞士的票据法（或债法）以及《日内瓦票据法统一公约》则将票据仅分为汇票和本票，不包括支票，支票由专门制定的支票法规制。

我国现行《票据法》也规定了票据的种类，采取包括法定主义模式，在第 2 条第 2 款明确规定："本法所称票据，是指汇票、本票和支票。"

1. 汇票

动漫视频

汇票

汇票是出票人签发的、委托付款人在见票时或者在指定日期无条件支付确定的金额给收款人或者持票人的票据。我国《票据法》第 19 条第 2 款，将汇票进一步划分为银行汇票和商业汇票。所谓银行汇票，是指以银行为出票人，同时以银行为付款人的汇票。商业汇票是以银行以外的其他企业或者组织等为出票人，以银行或者其他企业、组织等为付款人的汇票，又分为银行承兑汇票和商业承兑汇票。

2. 本票

动漫视频

本票

本票是出票人签发的、承诺自己在见票时或者指定日期无条件支付确定的金额给收款人或者持票人的票据。然而，根据我国《票据法》第 73 条的规定，在我国使用的本票仅为即期本票，要求见票即付，不包括在指定日期进行付款的远期本票。

3. 支票

动漫视频

支票

支票是出票人签发的、委托办理支票存款业务的银行或者其他金融机构在见票时无条件支付确定的金额给收款人或者持票人的票据。根据我国《票据法》第 84 条的规定，支票分为普通支票、现金支票和转账支票。普通支票可以用于支取现金，也可以用于转账；现金支票专门用于支取现金；转账支票专门用于转账，不能支取现金。

(二)从票据法学理论角度划分的票据种类

1. 根据票据付款期限的不同做出的划分,可分为即期票据与远期票据

即期票据,也称为见票即付的票据,是指票据上无到期日的记载或者明确记载为见票即付,在收款人或者持票人向付款人提示票据、请求付款时即为到期,付款人应当即时承担付款责任的票据。

远期票据,是指在票据上记载到期日,付款人在到期时承担付款责任的票据。根据到期日记载方式的不同,远期票据又可以划分为定期票据、约期票据和注期票据三种类型。①定期票据,又称为定日付款票据,即以确定的日期为到期日的票据;②约期票据,又称为出票后定期付款票据,即约定以出票日后的一定期间届满时为到期日的票据;③注期票据,又称为见票后定期付款票据,即在收款人或者持票人向汇票上所载的付款人、向本票的出票人提示见票,并自汇票付款人、本票出票人在票据上注明见票日后,一定期间届满时为到期日的票据。

【提示】根据我国现行《票据法》规定,只有在汇票中存在远期票据(多为商业汇票),本票和支票均为即期票据,见票即付。

2. 根据票据对权利人的不同记载方式做出的划分,可分为记名票据、无记名票据、指示票据

记名票据,是指在票据上记明特定的人为权利人,即只能由该特定的人行使权利的票据。记名票据只能以背书交付方式转让。

无记名票据,是指票据上不记载权利人的姓名或者名称,或者将权利人记作"持票人"或"来人",只要持有票据就可以享有和行使票据权利。无记名票据以单纯交付的方式转让。

指示票据,是指在票据上记载"特定人或其指定的人"为权利人。这种票据应以背书方式转让,出票人、背书人不得做"禁止转让"的记载。

3. 根据票据当事人地位的不同做出的划分,可分为一般票据与变式票据

一般票据,是指票据上的基本当事人分别由不同的人担当的票据。变式票据,是指由同一当事人兼具票据基本当事人中的两个或两个以上身份的票据。

变式票据一般存在于汇票和支票中,又分为对己票据、指己票据、付受票据和己付己受票据。其中,对己票据是出票人同时为付款人的票据;指己票据是出票人同时为收款人的票据;付受票据是付款人同时为收款人的票据;己付己受票据是出票人、付款人和收款人均为同一人的票据。

4. 根据票据由自己付款还是委托他人付款做出的划分,可分为预约票据和委托票据

预约票据,又称为自付票据,是指出票人约定自己于到期日无条件地按票载金额付款的票据。

委托票据,是指出票人不作为票据付款人,而是委托他人于到期日无条件按票载金额付款的票据。在我国《票据法》规定的票据分类中,本票属于预约票据,汇票、支票属于委托票据。

5. 根据制作票据的出票人不同做出的划分,可分为银行票据和商业票据

银行票据,是指出票人为银行的票据,即由银行签发或由银行承担付款义务的票据。银行票据主要包括银行本票、银行汇票、银行支票等。

商业票据,是指出票人为银行以外的人的票据。商业票据的可靠程度依赖于发行企业的信用程度,可以背书转让,也可进行贴现。

【注意】在我国,本票和银行汇票均属于银行票据,支票和商业汇票均属于商业票据。

6. 根据票据功能不同做出的划分,可分为支付票据和信用票据

支付票据,是指其功能仅限于见票即付,并且只能由银行或其他金融机构充当付款人的票据。如,支票限于银行或者其他金融机构见票即付,属于支付票据,它只代替了现金支付,更为便捷、安全而已,无信用功能。

信用票据,是指票据金额在出票日后的指定到期日才能支付的票据。如,汇票大多有到期日,

持票人在票据没有到期之前，系信赖出票人的信用而为之，属于典型的信用票据。本票虽然也是见票即付，但付款期自出票日起可长达12个月，也有信用功能。

7. 根据票据格式完成与否做出的划分，可分为完全票据、不完全票据与空白票据

完全票据，又称为完成票据，是指票据的绝对应记载事项应完整，记载事项无欠缺和瑕疵的票据。

不完全票据，是指出票时没有将绝对应记载事项记载完全，也没有授权填充空白的票据。不完全票据是无效票据。

空白票据，是指票据行为人在票据上签章后将票据上其他记载事项全部空白或者部分空白而授予他人完成的票据。

【提示】从我国现行《票据法》的规定来看，只规定了空白支票，没有规定空白汇票和空白本票。

8. 根据票据付款是否以事先承兑为前提做出的划分，可分为承兑票据和非承兑票据

承兑票据，是指根据法律和票据上的记载，付款人须在承兑提示期间合法进行承兑后，方能依法负有确定的付款义务的票据。承兑票据在获得承兑前实际上不使付款人负有确定的付款义务，在权利人逾期提示的情况下，还可丧失对票据上第二债务人的追索权。

非承兑票据，是指根据法律和票据上的记载，付款人无须进行票据承兑即依法负有付款义务的票据。根据我国现行《票据法》，远期票据为承兑票据，如汇票；即期票据为非承兑票据，如本票和支票。

9. 根据票据所涉及的各种行为发生地域不同做出的划分，可分为国内票据和国际票据

国内票据，是指出票、背书、承兑、保证、付款、追索等行为均发生在我国境内的票据。

国际票据，是指出票、背书、承兑、保证、付款、追索等行为，既有发生在我国境内也有发生在我国境外的票据。对此，我国《票据法》上称之为涉外票据。

三、票据的功能

（一）支付功能

担当支付工具、代替现金使用，是票据的最基本和原始的功能。在频繁的交易关系中，支付已经成为经济生活中必不可少的内容。用票据来代替现金作为支付工具，既可以避免携带大量现金的不安全性，又可以避免清点现钞可能产生的错误和所花费的时间。票据的这一支付功能，不仅可以替代现金支付从而使票据成为一种新的支付手段，而且体现商法所规制的商业社会对商事交易效率与安全的要求。票据法上的汇票、支票和本票，均可作为支付手段在商事交易中加以使用。

（二）汇兑功能

票据通过汇兑功能可以克服异地距离带来的支付困难，使现金与票据之间在异地相互转化。随着商事交易的不断发展，异地之间的送款方式也出现了诸如“电汇”“划拨”“信汇”“电子货币”等新手段，在一定程度上使票据的汇兑功能较之过去有所衰退，但是，在现代各国票据法中，充分发挥票据的汇兑功能却依然是其在商事工具功能上的价值追求。就我国而言，异地汇兑功能主要是通过银行汇票和银行承兑汇票实现的，现行汇票制度也主要是基于票据的汇兑功能而构建的。

（三）结算功能

结算功能，又称为债务抵销功能。简单的结算就是互有债务的双方当事人各签发一张本票给对方，待两张本票都至到期日即可抵销债务。若有差额，仅一方用现金支付。也就是说，使用票据在债权人与债务人之间进行相互支付，简易结算可在双方当事人之间分别签发本票，复杂结算可以通过票据交换制度实现，从而使当事人之间的债权与债务相互抵销，账目得以结清。应该说，这不仅是票据结算功能的显著体现，而且是票据支付功能的一个重要体现。

（四）流通功能

票据既是一种金钱债权证券，表示的是一定数量的货币，又是一种流通证券，其流通方式比民法上的普通财产权利更为灵活。所以，票据本身就具有流通转让的属性。一方面，票据可以作为信用货币代替现金用于异地支付和流通，从而节约商品流通环节中的货币资金，加快商品周转速度。另一方面，由于依照背书制度，背书人对票据付款负有担保义务，因此背书的次数越多，对票据负责的人数也越多，该票据可靠性也越高，这样就提高了票据的流通性，使票据的流通日益频繁和广泛。汇票、本票和支票都具有这种流通作用，票据法也通过各种制度设计来促进票据的流通性，最大限度地发挥票据的流通功能。

（五）信用功能

信用是商法的价值追求，票据的信用功能是票据的核心功能，并且在现代商事交易中发挥着越来越重要的作用。交易有现金交易和信用交易。现金交易是以现金支付对价。信用交易是以现金以外的支付工具或以记账方式支付对价。通过签发票据的方式，可以实现信用交易，且可以克服现金交易的缺陷。如果取得票据的人急需用现金，他就可以将未到期的票据予以贴现换取现金，银行在扣除到期日以前票据金额的利息以后，把票据金额支付给持票人。这样，卖方既可以利用票据信用，将商品出售给买方，又可以通过票据贴现从银行得到贷款。此外，如果取得票据的人在票据到期日以前需要履行债务，也可以将票据转让交付给债权人，以达到履行债务的目的。最后，票据背书制度在客观上又增强了票据的信用功能。因为在票据上背书的人，都对票据持有人负有付款义务，所以票据上背书的人越多，票据的信用就越高。

（六）融资功能

票据的融资功能就是利用票据筹集、融通或调度资金的功能，主要通过票据流通来实现，具体表现为票据贴现、转贴现和再贴现。贴现是指持有未到期的票据的人卖出票据以取得现款。在我国，贴现和转贴现多由商业银行经营，再贴现则由中国人民银行进行。现在国际票据市场之所以繁荣，在一定程度上是因为其经营未到期票据的交换和买卖。如今，票据贴现业务是商业银行经营的一项重要业务，该业务在本质上就是向持有未到期票据而又急需使用现金的人提供资金。这充分说明了票据具有融资功能。

四、票据法的概念和性质

（一）票据法的概念

票据法是指调整票据关系以及与票据关系相关的社会关系的法律规范的总称。票据法有广义和狭义之分。

从广义上说，票据法是指各个法律部门中有关票据法律规范的总和，即除了票据专门立法以外，还包括民法典、刑法、诉讼法、破产法、税法等法律中有关票据的一切规定。例如，民法典中关于民事法律行为、代理、质押、各种期间的计算等的规定；刑法中关于伪造、变造有价证券的规定；破产法中关于票据当事人受破产宣告的规定；税法中关于票据印花税的规定等。

从狭义上说，票据法仅指有关票据的专门立法，即以“票据法”为名称的法律、法规，如《票据法》《票据管理实施办法》等。

（二）票据法的性质

1. 票据法具有公法性

票据法调整的是平等主体之间因票据而产生的社会关系，属于私法范畴。但是，为了打击票据欺诈行为，规范社会经济秩序，国家会对票据活动进行必要的干预，因而票据法中包含一定的公法规范，使票据法具有公法性。

2. 票据法具有强行性

票据关系属于债的关系，但又不同于一般的债的关系。因为票据经过流通后，使得没有交易关系的不特定当事人之间建立起票据关系。为了保证票据流通的安全，票据法的规定带有更多的强制性。它主要体现在两个方面：①票据的种类法定，即票据的种类由票据法规定，当事人自己创设的票据不产生票据法上的效力；②票据行为的要求法定，即行为人的票据行为必须遵循法定的、严格的形式，不允许当事人自主决定或变更，否则不能产生票据法上的效力。当然，这种强制性也是相对的，票据法也规定了由当事人可以决定的事项。

3. 票据法具有技术性

票据是商品经济发展过程中产生的支付工具和信用工具，票据法则保证当事人合理正确地使用这种工具。因此，票据法中的大多数规范属于技术性规范，不涉及恶与善的伦理道德问题。当然，票据法上也有包含伦理道德价值的规范。例如，《票据法》第 12 条规定："以欺诈、偷盗或者胁迫等手段取得票据的，或者明知有前列情形，出于恶意取得票据的，不得享有票据权利。"

4. 票据法具有国际性

票据作为一种金钱支付工具，具有流通性。它不仅在国内流通，而且跨越国界流通。因此，为了使票据在不同国家得以流通，发挥其金钱支付功能，各国努力将票据法内容统一起来，并尽可能将本国票据法与国际上的票据法规范接轨，同时票据法的技术性也使得这种统一和接轨变得可能。经过努力制定的 1930 年《日内瓦票据法统一公约》和 1931 年《日内瓦统一支票法》，被许多国家票据立法时所采纳或者参考。

五、票据法体系及历史沿革

（一）票据法的体系

1. 法国票据法体系

它又称拉丁法系，是世界上最早形成的票据法体系。最早的立法可推及 1673 年法国路易十四颁布的《商事条例》中相关的票据法规范。该票据法体系影响了西班牙、意大利、土耳其、拉丁美洲各国等，但由于该体系产生于资本主义发展早期，当时的国家经济并不发达，票据主要用来作为汇兑工具。该体系将票据关系与作为票据关系基础的原因关系紧密相连，不利于票据的流通，因此逐渐解体。1935 年法国根据《日内瓦票据法统一公约》修改本国的票据法，至此法国票据法体系终结。

2. 德国票据法体系

它又称日尔曼法系，最早形成于 1847 年制定的《普通票据条例》。这是德国为统一地方票据规则在普鲁士票据法的基础上制定出来的。德国票据法与法国票据法的不同之处在于德国当时的资本主义发展已经取得了长足的进展，德国票据法已经开始关注票据的信用功能和支付功能，而不把票据局限于作为汇兑工具来使用。因此，在德国票据法中原因关系与票据获得了根本性的脱离，此后欧洲各国开始模仿德国票据法制定自己的票据法，形成了大陆法系比较一致的票据立法。在德国票据法体系中，由于认为支票不能起到票据的信用功能，流通功能也非常有限，与汇票和本票不同，因此将支票单独立法，未规定在票据法体系中。

3. 英国票据法体系

它又称英美票据法体系，最早是以习惯法的形式存在的，到 1882 年英国整理形成了英国票据法。英美票据法体系与德国票据法体系最大的不同在于，它将支票和汇票、本票一起规定在票据法体系中而未单独立法。

比较三种票据法体系可知，法国票据法体系和德国票据法体系虽然在形式上大体相同但却存在着实质的不同，是古票据法体系与现代票据法体系的区别；而德国票据法体系与英美票据法体系虽然在形式上存在着不同，但在实质上却没有很大的区别，是现代票据法体系之间的细微不同。

（二）国际票据法的统一

为了统一国际票据法，让国际交易更为顺畅，国际法学会等组织进行了种种努力，先后经历了海牙统一票据法、日内瓦统一票据法和联合国统一票据法三个发展阶段。

1. 海牙统一票据法

1910 年经德国、意大利两国提议由荷兰政府主持，在海牙召开了第一次国际统一票据法会议，31 个国家与会。在这次会议上通过了一系列的公约和规则，这些公约和规则被称为海牙统一票据法。海牙会议结束后由于英、美等四国未在公约上签字，公约签订后，还未等到各国批准手续完成，第一次世界大战爆发，海牙统一票据法遂告中止。

2. 日内瓦统一票据法

到了 1930 年，在国际联盟的主持下，一些国家在瑞士日内瓦召开了国际票据法统一会议，签订了《日内瓦票据法统一公约》《关于解决汇票和本票的若干法律冲突的公约》；次年，又签订了《日内瓦统一支票法》《关于解决支票的若干法律冲突的公约》。日内瓦公约的签订逐步消除了大陆法系各国在票据法上的分歧。

3. 联合国统一票据法

现在，大多数欧盟国家、日本以及一些拉丁美洲国家已经采用了上述各项日内瓦公约，有些国家还在此基础上对本国的票据法进行了修改。但是，由于英、美等国拒绝参加日内瓦公约，使日内瓦公约签订国形成与英美法系并存的两大法系。

由于日内瓦公约并没有达到统一各国票据法的目的，联合国国际贸易法委员会自 1971 年起就开始起草国际结算的统一票据法，并在 1988 年的联合国第 43 次大会上正式通过了《联合国国际汇票和本票公约》，目前，该公约因批准国不足而尚未生效。

（三）我国票据法的发展

在我国，票据立法始于清朝末年。1907 年，日本学者志田钾太郎受宪政编查馆的聘请起草票据法，并于 1911 年完成《大清票据法草案》，该法因清政府被推翻而未公布。1913 年和 1922 年，我国又制定过两部票据法，但都因各种原因而未实施。1929 年，国民政府立法院订立了《票据立法原则》，经中央政治会议通过。立法院商法委员会遵循该立法原则，在参考了以往各次票据法草案、1912 年海牙国际会议议定的《统一票据规则》以及德、日、英、美诸国的票据法，起草了《票据法》，共 5 章 139 条，该法于 1929 年 9 月 28 日经立法院第 21 次会议通过，并由国民政府于同年 10 月 30 日公布施行。该法的施行，标志着我国历史上第一部正式票据法的诞生。

中华人民共和国成立后，废除了以前所有的法律，包括票据法。在相当时期内，票据的功能弱化，使用范围缩小，管理票据主要采用行政手段。改革开放后，随着商品经济的发展，票据为经济生活所必需，票据立法活动开始进行。起初，票据法规主要是地方法规和行政规章，如 1984 年中国人民银行发布的《商业汇票承兑、贴现暂行办法》、1988 年中国人民银行发布的《银行结算办法》、1988 年上海市人民政府发布的《上海市票据暂行规定》等。1990 年，在全国人大会议上，一些代表提出制定票据法的议案，同年年底中国人民银行成立了票据法起草小组。经过几年的起草、修改和审议，《票据法》于 1995 年 5 月 10 日经八届全国人大常委会第 13 次会议通过，并于 1996 年 1 月 1 日起施行。至此，新中国第一部票据法诞生了。之后，为配合该法的实施，中国人民银行颁布了《票据管理实施办法》《支付结算办法》等行政规章，最高人民法院颁布了《关于审理票据纠纷案件若干问题的规定》等司法解释。2004 年 8 月 28 日，十届全国人大常委会第 11 次会议对《票据法》作了修改，并重新公布。

第二节 票据法的一般法律原则

一、票据行为

(一)票据行为的概念

票据行为有广义与狭义之分。广义的票据行为是指以发生、变更或消灭票据债权和债务关系为目的的法律行为,主要包括出票、背书、承兑、参加承兑、保证、保付、付款、见票、划线、涂销、伪造、变造等。狭义的票据行为是指能产生票据债权和债务关系的要式法律行为,主要包括出票、背书、承兑、参加承兑、保证和保付六种。下面介绍狭义的票据行为。

1. 出票

出票,是指出票人签发票据,并将其交付给他人的行为。出票是最基本的票据行为,其目的在于创设票据权利。如果出票行为无效,票据将自始无效,并将导致在此无效的票据上所做出的其他票据行为也是无效的。

2. 背书

背书,是指持票人在票据的背面或者粘单上记载有关事项,并将其交付给被背书人,从而转让票据权利或将票据权利交予他人行使的行为。背书是票据流通的基本手段。

3. 承兑

承兑,是指远期汇票的付款人在汇票上记载承兑文句,允诺到期由付款人承担付款责任的行为。除汇票外,本票、支票均无承兑制度。汇票经承兑后,付款人即成为承兑人。承兑人一般需在票据的承兑栏中签名并记载承兑的日期。

4. 参加承兑

参加承兑,是指因汇票不获承兑,为维护票据债务人的权益,防止持票人行使追索权,由票据债务人之外的第三人于汇票到期日前参加到票据关系中,代替付款人承兑的行为。参加承兑人与承兑人的身份不同,其是票据债务中的从债务人。当付款人拒绝承兑时,参加承兑人仍可依据票据关系对出票人行使追索权。

5. 保证

保证,是指保证人为担保特定的票据债务人履行票据债务,在票据上记载保证文句并签章后交付给持票人的行为。依据票据行为独立性原理,即使被保证的债务实际上不存在或无效,保证人仍需在其保证责任的范围内向善意持票人承担责任。保证责任仅在以下两种情况下才可免除:①被保证的票据债务由保证人主动履行;②票据债务因形式上欠缺而使票据无效。

6. 保付

保付,是指支票的付款人在支票上记载“保付”“照付”等字样并签名,从而使支票上除付款人之外的所有债务人解除票据责任的行为。可见,保付制度仅存在于支票中。此项制度源于美国《统一流通证券法》,后为其他国家所采用。我国《票据法》未规定保付制度。

(二)票据行为的特征

1. 票据行为的要式性

它主要体现在以下方面:①票据行为必须采用书面形式;②行为人意思表示内容要求具有严格的格式;③票据行为人必须在票据上签章。

2. 票据行为的文义性

票据行为的内容必须在票据上以文字的形式做出,以后判断其内容也完全以票据上记载的文字为准。即使出现票据上的记载事项与实际不符的情况，为了保护善意持票人的利益，票据债权人不能向债务人主张票据记载文字以外的事项，票据债务人也不能以票据上文字记载以外的事项对抗债权人。

同步案例 7—1　　票据行为的文义性认知

甲签发一张支票购买乙的货物，并授权乙对支票金额进行补记。后乙补记的金额超出了甲应付金额的一倍，并背书转让给了丙用以偿还债务。当丙向甲主张票据权利时，甲必须按照票据上记载的金额对丙履行票据债务，即使他能证明自己应付金额只是票据金额的一半。

【案例精析】 票据是文义证券，当出现票据上的记载与实际不相符合时，法律仍要求以票据上记载的文字来判断票据行为的内容，禁止以票据行为以外的其他证明方法对票据内容加以变更或补充，尤其不能以票据上文字记载以外的事项对抗善意持票人。

3. 票据行为的无因性

它是指票据行为一旦成立，其原因关系（如买卖关系、借贷关系等）的有效与否，甚至存在与否都不会影响到票据行为的效力。票据行为只要具有抽象的形式即可生效，而不去探究其实质内容。

4. 票据行为的独立性

它是指票据上的数个票据行为之间都是独立的，每一个票据行为人都对其记载的内容承担责任，不受其他票据行为的影响。除出票行为外，一个票据行为无效，不会影响到同一票据上其他票据行为的效力。

5. 票据行为的连带性

尽管票据行为具有独立性，但由于各行为的标的均为票据债务，且均记载在同一票据文本上，因而所有在票据上进行了票据行为的人，都是持票人的债务人，他们对持票人承担法定的连带责任。《日内瓦票据法统一公约》（本项目以下内容简称《票据法公约》）以及德国、日本、中国等多国票据法对此作了规定。

（三）票据行为要件

1. 实质要件

票据行为的实质要件包括票据行为能力和票据行为意思表示。票据行为能力是指票据行为人应当具有权利能力和行为能力，通常适用民法的一般规定。票据行为的意思表示，原则上适用民法关于意思表示的一般规定。

2. 形式要件

形式要件包括：①应采用书面形式，口头票据行为无效；②表明票据种类的文字，即应表明其为汇票、本票或支票；③一定的票据金额；④无条件支付或无条件委托支付的文字；⑤出票的年、月、日；⑥签名；⑦交付，票据记载完成后，必须由票据行为人将票据交付与持票人，票据行为方为有效。

（四）票据行为的代理

票据行为代理是指代理人基于本人的授权，在授权范围内，代本人实施票据行为的行为。票据行为代理的成立应具备形式要件和实质要件。我国《票据法》第 5 条的规定："票据当事人可以委托其代理人在票据上签章，并应当在票据上表明其代理关系……"从这一规定可以看出，票据行为的形式要件包括：①必须明示本人的名义，不得采用隐名代理；②必须表明代理的意思；③必须有代理人的签名或盖章，票据行为代理的实质要件为代理权的存在，即代理权的发生以票据当事人的委托授权为必要条件。

（五）票据行为的无权代理和越权代理及其法律后果

我国《票据法》第 5 条规定："……没有代理权而以代理人名义在票据上签章的，应当由签章人承担票据责任；代理人超越代理权限的，应当就其超越权限的部分承担票据责任。”

二、票据法律关系

（一）票据法律关系的概念与特征

1.票据法律关系的概念

票据法律关系简称为票据关系，是指票据当事人基于票据行为而发生的票据权利和义务关系。作为一种特殊的民事法律关系，票据关系受票据法的调整。

2.票据法律关系的特征

（1）票据关系基于票据行为而产生。票据法规定的票据行为是唯一能够引起票据关系发生的法律行为。除此以外的任何行为，均不能引发票据权利和义务关系。

（2）票据关系主体的多重性和相对性。票据是流通证券，在有效期内，持票人可以通过背书转让票据。每多一次背书，票据关系就多一个人参加，再加上承兑、保证等票据行为，票据关系的主体就更多，此为票据关系主体的多重性。同时，在票据的转让过程中，背书人相对于其前手为债权人，而相对于被背书人则为债务人，此为票据关系主体的相对性。

（3）票据关系的客体为票据记载货币金额。票据是一种货币证券，所以票据关系的客体只能是货币。至于货币的种类，一般不加限制，可由当事人依法自由选择。

（4）票据关系的内容为票据权利和义务。这种权利和义务有两类：一类是票据债权人的付款请求权与债务人的付款义务；另一类是票据债权人的追索权与债务人的偿付义务。

（二）票据法律关系的种类

如前所述，狭义的票据行为一般包括出票、背书、承兑、参加承兑、保证、保付六种，基于这些票据行为而产生的票据关系相应地就有票据发行关系、票据背书关系、票据承兑关系、票据参加关系、票据保证关系和支票保付关系。

（三）票据法律关系的当事人

票据法律关系的当事人是指在票据上为一定票据行为，享有票据权利或承担票据义务的法律主体，包括出票人、承兑人、收款人、付款人、背书人、保证人等。其中，收款人是权利主体，出票人、承兑人、付款人（对票据做出承兑后）、背书人和保证人是义务主体。

三、票据权利

（一）票据权利的概念

票据权利是指持票人向票据债务人请求支付票据金额的权利，包括付款请求权和追索权。

1.付款请求权

付款请求权是指持票人对主债务人享有的依票据而请求支付票据上所载金额的权利。根据被请求的人不同，付款请求权包括对本票出票人的、对汇票付款人的、对支票付款银行的付款请求权。

2.追索权

追索权是指在付款请求权未能实现时发生的，持票人对从债务人所享有的、请求偿还票据上所载金额及其他有关金额的权利。它是第二次请求权，是从票据权利。它以第一次请求权未实现为前提。追索权包括持票人向前手行使的追索权，也包括由已履行追索义务的背书人向自己的前手背书人行使的追索权，这称为再追索权，前者是向在票据上签名的任意前手背书人行使的，后者只能向自己以前的任意前手背书人行使。

（二）票据权利的特征

票据权利具有以下法律特征：①票据权利是证券性权利和完全的金钱债权。作为证券性权利，票据所体现的权利和作为证券的票据是合二为一的，只有取得证券，才能取得票据权利。所谓票据权利，是完全的金钱债权，是指票据的持票人仅可以请求票据债务人给付票面金额，不得为其他申请请求权，同时，持票人实现票据权利不负任何对价义务，票据的债务人单方面负担无对价的给付义务。②票据权利是单一性权利。就统一票据而言，不可能有两个以上的所有人同时占有同一票据。③票据权利具有确定性。票据上确定的票据种类、金额、支付日期和收款人一旦由出票人依法确定，就不得更改。④票据权利是二次性权利。票据权利人可首先对主债务人行使付款请求权，如未获付款，则可以向从债务人行使追索权，追索权为票据的第二次权利。⑤票据权利是只能对票据行为关系人行使的权利。

（三）票据权利的取得

票据权利以占有票据为前提，取得票据权利的方式有以下几种：①原始取得，依出票行为取得票据和善意受让取得。也就是说，出票人从无处分权人那里善意取得票据的，也是原始取得。②继受取得，是指受让人从票据权利人手中以法定方式取得票据。它包括：因票据权利人背书转让或无记名票据的交付票据而继受取得票据权利；依票据法以外的原因，如公司合并或分立、税收、继承或赠与等行为受让票据取得；票据债务人因被追索偿还票据金额，取得票据后，继受取得票据权利。

根据我国《票据法》第 10～12 条的规定，取得票据应遵守以下原则：第一，票据的签发、取得和转让，应当遵循诚实信用的原则，具有真实的交易关系和债权债务关系。第二，票据的取得，必须给付对价。第三，因税收、继承、赠与可以依法无偿取得票据的，不受给付对价的限制。但是，所享有的票据权利不得优于其前手的权利。第四，以欺诈、偷盗或者胁迫等手段取得票据的，或者明知有前述情形，出于恶意取得票据的，不得享有票据权利。持票人因重大过失取得不符合本法规定的票据的，也不得享有票据权利。

（四）票据权利的行使和保全

票据权利的行使是指票据权利人向票据债务人提示票据并请求其履行票据债务的行为。票据权利的保全是指票据权利人为防止票据权利的丧失而进行的一切行为。票据权利的行使和保全方法有三个：①按期提示，是指票据权利人依票据法规定的期限向票据债务人出示票据，请求其履行票据债务。②做成拒绝证书，是指为了证明持票人曾依法行使票据权利而遭拒绝或者根本无法行使权利而由法定机关制作成一种公证书。③时效中断，如当事人一方起诉，从而导致票据时效中段。票据权利行使和保全的时间和地点，根据我国《票据法》第 16 条的规定，应当在票据当事人的营业场所和营业时间内进行，票据当事人无营业场所的，应当在其住所进行。

（五）票据权利的消灭

票据权利的消灭包括以下事由：①付款；②被追索人清偿票据债务及追索费用；③因票据时效期间届满而消灭；④保全手续欠缺；⑤票据记载事项欠缺。我国《票据法》第 18 条规定："持票人因超过票据权利时效或者因票据记载事项欠缺而丧失票据权利的，仍享有民事权利，可以请求出票人或者承兑人返还其与未支付的票据金额相当的利益。"

同步案例 7—2　　票据追索权纠纷案

生活中，电子商业汇票凭借其流转效率高、结算便捷等优势，受到了不少企业的青睐。然而在实际交易中，付款人出于种种原因拒付的情形也时有发生。2022 年 10 月，某创公司与某建公司签订合同一份，约定由某建公司承包某创公司发包的一处办公楼装修工程。2023 年 1 月工程完工后，双方进行了结算，某创公司向某建公司出具了一张可转让电子商业承兑汇票，票据金额为 30 万元，票据到期日为 2024 年 1 月 31 日。随后，某建公司将该票据背书转让给了某成公司。汇票到期后，某成公司提示付款，但遭到拒绝，遂向法院提起诉讼，要求某建公司与某成公司连带支付欠款

30 万元及利息。

对此，某建公司辩称，某成公司并未按照法律规定向某创公司发出拒付追索通知，因出票人拒付产生的利息等相关损失，不应由该公司承担。某创公司则表示，某成公司未举证取得涉案汇票所基于的法律关系，应该承担不利责任，法院应依法驳回某成公司的诉讼请求。

【案例精析】 法院经审理认为，票据的签发、取得和转让，应当遵循诚实信用原则，具有真实的交易关系和债权债务关系。汇票到期被拒绝付款，持票人可以对背书人、出票人以及汇票的其他债务人行使追索权。汇票的出票人、背书人、承兑人和保证人对持票人承担连带责任。

本案中，根据在案证据显示，某成公司与某建公司存在真实的交易关系，涉案电子商业承兑汇票系某成公司合法取得，且涉案电子商业承兑汇票记载事项符合法律规定、背书连续，反映的票据关系明确。某成公司通过背书转让的方式，取得涉案电子商业承兑汇票，成为最后合法持票人，其票据权利应受法律保护。某创公司作为出票人，应支付某成公司 30 万元及利息；某建公司作为背书人，应对上述债务承担连带清偿责任。某创公司关于某成公司不能证明合法取得涉案票据、未举证其在法定期限内提示付款，及未出示相关拒付证明材料等抗辩意见，与事实不符，不予采纳。某建公司辩称某成公司未向其发出追索通知，其不应承担逾期兑付产生的利息。

根据《中华人民共和国票据法》第 66 条的规定，某成公司未在规定期限发出追索通知，也不影响其行使追索权，且现并无证据证明某建公司因某成公司的延期通知行为遭受损失，故某建公司主张不承担逾期兑付利息，缺乏法律依据，对其该项抗辩理由不予采纳。

法院遂依照相关法律规定，作出民事判决：①某创公司于判决生效后十日内向某成公司支付票据款项 30 万元，并以 30 万元为本金支付利息；②某建公司对上述第一项债务承担连带清偿责任。

四、票据瑕疵

票据瑕疵分为四种，即票据伪造、票据变造、票据涂销和票据毁损。此处仅介绍前三种。

（一）票据伪造

票据伪造是指行为人假借或虚构他人名义所进行的票据行为。从这一意义上来说，票据伪造也就是票据签章的伪造。

票据伪造的效果：(1)对被伪造人的效力，①如果被伪造人没有任何过错，对被伪造人来说，由于被伪造人没有在票据上签章，因此，无须承担票据责任，即使是善意持票人也可对抗之；②如果被伪造人基于自己的过错造成票据代行的，例如，将公章交给伪造人保管，此时足以构成表见代理，因此，应按照民法负表见代理的责任。(2)对伪造人的效力，①由于伪造人未在票据上签名因此其不负票据责任，但应负刑法、侵权行为上的法律责任；②如果伪造人也在票据上签名的，则比照无权代理处理。同时，伪造人仍应负刑法及侵权行为上的法律责任。(3)对其他真正签名人的效力，基于票据行为的独立性，其他在票据上真实签章的人不受影响。(4)对持票人的效力，①被伪造人对票据伪造不成立表见代理，票据持票人无论在取得票据时是善意或是恶意，都不得对被伪造人主张任何票据权利，而只能对伪造人提出不法行为的损害赔偿请求；②在持票人为善意，且被伪造人就票据伪造成立表见代理时，持票人可以对被伪造人主张票据权利；③在持票人是从真实签名人受让票据，或者是从无权利人手中善意取得票据时，虽然不能对被伪造人主张权利，但仍可对所有票据上的真实签名人主张票据上的权利。

（二）票据变造

票据变造是指无权更改票据内容的人，以行使票据权利为目的，对票据上签章以外的有效记载事项加以改变的行为。在英美法系国家，日期的更改、应付金额的更改、付款时间的更改、付款地的更改以及未经承兑人的同意加注付款地的更改等票据的变造行为被称为票据的实质更改。我国

《票据法》第 9 条规定："票据金额、日期、收款人名称均不得更改，更改的票据无效。"此条规定表明，无论任何人更改了此三种记载事项，票据都无效。

变造与伪造不同，票据变造时，票据上所有的签章都是真实有效的，且变造前后票据都是有效的。但是，对于票据变造前后责任的承担问题，各国规定不同。大陆法规定，签章在变造之前的，按照变造前的文义负责；签章在变造之后的，按变造后的文义负责。英美法规定，未经全体票据前手同意而对票据进行实质性更改的，可以更改为抗辩理由对抗进行更改的人、授权更改的人和同意更改的人及其后手背书人，但更改不能对抗后来的正当持票人，正当持票人按照原有文义行使票据权利。

（三）票据涂销

票据涂销是指将票据上的签名或其他记载事项加以涂抹或消除的行为。例如，汇票的付款人将其在汇票上记载的"承兑"字样涂去，持票人将其前手的签名涂去。

票据涂销包括法定涂销和任意涂销。法定涂销是票据法上明确规定其法律效力的涂销，分为票据背书的涂销、汇票承兑的涂销和支票划线的涂销三类。任意涂销是在票据法上未规定其效力，而是按照民法规定确定其效力的涂销，分为保持票据效力的涂销和丧失票据效力的涂销。

票据涂销与票据变造均属于对票据上记载事项的变更，但两者的法律性质不同，具体表现在：①变更的内容不同。票据涂销仅限于对票据上记载内容的消除，不包括对票据上记载内容的增加，而票据变造既包括对票据上记载内容的消除，也包括对票据上记载内容的增加。②变更的主体不同。票据涂销一般为有相应权限的人所为，而票据变造则为无变更权限的人所为。③变更的责任不同。票据涂销多为合法行为，不承担票据伪造、变造的法律责任，而票据变造属于违法行为，应承担相应的法律责任。

五、票据的抗辩与解救

（一）票据的抗辩

票据的抗辩是指票据的债务人依据票据法的规定，对票据债权人拒绝履行义务的行为。

票据抗辩主要有两种：①物的抗辩，是指基于票据本身的内容（票据上记载的事项和票据的性质）发生的事由而为的抗辩。这一抗辩可以对任何持票人或债务人提出，称为绝对的抗辩或客观的抗辩。②对人的抗辩，是指票据债务人对抗特定债权人的抗辩。它主要是因债务人与特定的债权人之间的关系而发生的抗辩，因而只能向特定的债权人行使，故又称为相对抗辩或主观抗辩。

票据的抗辩是有限制的，我国《票据法》第 13 条规定："票据债务人不得以自己与出票人或者与持票人的前手之间的抗辩事由，对抗持票人。但是，持票人明知存在抗辩事由而取得票据的除外。"

（二）票据丧失的补救

票据的丧失是指持票人并非出于自己的本意而丧失对票据的占有，包括绝对丧失如烧毁、撕碎等和相对丧失如遗失、被盗等。对于票据丧失的补救措施，我国《票据法》第 15 条规定了三种措施：挂失止付、公示催告、提起诉讼。

（三）票据权利丧失的补救措施

为了弥补票据权利人因超过票据权利时效或者因票据记载事项的欠缺而丧失的票据权利，我国《票据法》第 18 条规定了"利益返还请求权"，具体规定如下：持票人因超过票据权利时效或者因票据记载事项欠缺而丧失票据权利的，仍享有民事权利，可以请求出票人或者承兑人返还其与未支付的票据金额相当的利益。

第三节 汇 票

一、汇票的概念、特征和类型

（一）汇票的概念

尽管各国票据法对汇票的定义不尽相同，但多数国家认为，汇票在本质上属于一种不附条件的书面支付命令。在我国，汇票是出票人签发的、委托付款人在见票时或者在指定日期无条件支付确定的金额给收款人或者持票人的票据。

（二）汇票的特征

1. 汇票是一种最具代表性的票据

汇票作为最典型的票据，为各国票据法和《票据法公约》所确认。汇票涉及出票人、付款人、收款人三方当事人。综合各国的法律规定，汇票权利人可以是收款人、持票人，也可以是收款人的指定人。汇票关系具有票据关系的最一般的内容。

2. 汇票是委付证券

汇票的出票人本身不是票据付款人，而是委托他人（可以是银行，也可以是一般工商企业等）支付一定的金额。支票虽然也属于委付证券，但支票的出票人仅能委托办理支票业务的银行或者其他金融机构进行付款，付款人付款也仅以出票人所存的资金为限。

3. 汇票设有承兑制度

承兑是汇票特有的制度。由于汇票是委付证券，汇票付款人是否付款取决于付款人的意愿。承兑就是付款人做出的汇票到期无条件付款的意思表示。付款人在承兑前没有绝对付款的义务，在承兑后，则成为汇票上的第一债务人，负有到期无条件付款的义务。本票与支票均没有此项制度。

4. 汇票是信用证券

汇票除了见票即付的以外，均须记载在将来的某个日期付款。汇票的信用功能主要是通过这种远期汇票实现的。一般而言，汇票记载的期限越长，就越能体现出汇票的信用功能。按照国际上通行的立法规定，本票也是信用证券，但我国《票据法》规定本票仅限于见票即付，其出票人只限于银行，因而其信用功能受到一定的限制。

（三）汇票的类型

1. 根据汇票上记载的到期日的不同，可分为即期汇票与远期汇票

（1）即期汇票（Sight Draft or Demand Draft）。这是指以出票日为付款到期日，付款人见票即付的汇票。根据多数国家票据法的规定，即期汇票包括明确记载有“见票即付”（on Demand）字样的汇票、没有记载到期日的汇票、记载的到期日与签发日相同的汇票。

（2）远期汇票（Time Draft or Usance Draft）。这是指在票据上记载的到期日届至时，收款人或持票人才能依法请求付款的汇票。远期汇票需要承兑，通常又称为承兑汇票。根据出票人对付款日期记载方式的不同，远期汇票又可分为定日汇票、计期汇票和注期汇票。

2. 根据汇票上对收款人记载方式的不同，可分为记名汇票、无记名汇票与指示汇票

（1）记名汇票（Straight Bill）。它又称为抬头汇票，是指出票人明确记载了收款人姓名和名称的汇票。根据各国票据法的规定，记名汇票必须背书转让。我国《票据法》仅规定了记名汇票。

（2）无记名汇票（Bearer Bill）。它又称空白汇票，是指出票人未记载收款人姓名或名称，或仅记载“持票人”或“来人”的汇票。一些国家的票据法认为，收款人并非汇票的必要记载事项，因而无

记名汇票的存在是合法的，其可依交付方式转让，也可通过记载收款人的姓名或名称，使其变为记名汇票。

(3)指示汇票(Order Bill)。这是指出票人在记载收款人的姓名或名称的同时，又附加记载“或其指定人”字样的汇票。指示汇票也须以背书方式转让。出票人不得记载“禁止转让”字样，否则将与指示汇票的性质相违背。我国《票据法》目前未对指示汇票作出规定。

3. 根据当事人的资格是否兼任，可分为一般汇票与变式汇票

(1)一般汇票。这是指汇票的三方当事人分别由不同的主体担当、互不兼任的汇票。这是汇票的基本形态。

(2)变式汇票。这是指汇票的三方当事人中有一方兼具两种身份的汇票，包括汇票出票人以自己为收款人的“指己汇票”、由汇票出票人兼任付款人的“己付汇票”、由付款人兼任收款人的“付受汇票”。我国的《票据法》在实践中仅存在“指己汇票”和“己付汇票”，且其规则较传统的变式汇票也发生了改变。

4. 根据汇票的承兑或付款是否要求附有单据，可分为光票与跟单汇票

(1)光票(Clean Draft)。这是指无须附带任何商业单据，付款人或承兑人仅依汇票本身即可付款或承兑的汇票。理论上，仅光票属于国内票据法上的汇票。

(2)跟单汇票(Documentary Draft)。这又称为押汇汇票或信用汇票，是指必须附带相关的商业单据才能获得承兑或付款的汇票。跟单汇票的单据包括提单、仓单、保险单、商业发票、原产地证书、卫生检疫证明、商品检验书等。跟单汇票实际上是国际贸易结算支付工具的一种，并不具有传统汇票“无条件支付命令”的性质。

二、汇票的出票

(一)汇票出票(Issue)的格式

汇票的出票是基本的票据行为，其有效性直接影响其后发生的附属票据行为的效力。如前所述，票据行为具有要式性和文义性的特征，因而汇票的出票格式就显得尤为重要。

1. 绝对必要记载事项

它是指出票时必须在汇票上记载，如有欠缺将不产生票据效力的记载事项。

(1)表明“汇票”字样。其作用在于使汇票与其他票据相区别。《票据法公约》要求汇票必须表明“汇票”字样，并按其规定的必要内容记载才能有效。

(2)无条件支付确定金额的命令。这就要求汇票在措辞上不能用“希望……”等虚拟请求式的语句，而只能用“付××美元给××”的格式。

(3)确定的金额。由于汇票的支付标的是金钱，因此汇票的金额必须确定。如果同时以文字和数字表示，两者必须相符。如果不符，根据《票据法公约》和英国《票据法》的规定，应以文字为准。

(4)付款人名称。汇票上付款人的名称应当记载清楚，付款人通常为进口商或其开户银行。各国票据法一般将“付款人名称”视为绝对必要记载事项。

(5)收款人名称。收款人是接受票据金额的当事人，是票据关系中的主债权人。收款人名称记载在汇票的抬头栏里。

(6)出票日期。《票据法公约》认为汇票的出票日期是汇票的必要记载事项，它不仅可以确定付款日和期限届满的有效性，而且涉及法律适用的时效性问题。

(7)出票人签章。签章表明出票人承担了汇票的付款责任。汇票出票人必须在汇票上签章，汇票才能生效。

2. 相对必要记载事项

它是指本应在汇票上记载，但出票人未做记载时则可依法推定其内容，而不会因此导致汇票出票无效的记载事项。

(1)到期日。它也称付款期限。汇票的付款期限一般有两种：即期付款和远期付款。即期付款是指在汇票上载明"立即付款"或"见票时或提示时付款"的字样，通常称为即期汇票；远期付款是指除见票即付外的汇票付款方式，通常称为远期汇票。

(2)付款地。它是出票人提示票据请求付款的地点，该地点是汇票承兑或付款的行为发生地。《票据法公约》第 1 条要求汇票上必须写明付款地点，又在第 2 条第(2)款进一步规定，如汇票欠缺此项记载，除有特殊记载外，受票人姓名旁记载的地点视为付款地。

(3)出票地。《票据法公约》第 2 条第(3)款规定，未载出票地的汇票，出票人姓名旁所载的地点视为出票地。而英美法系国家则认为，如果汇票上的出票地点没有注明，汇票仍然有效，出票地以出票人的营业所、住所或居住地为准。

3. 其他可能记载的事项

按照多数国家的票据立法，汇票出票时除了上述必要记载事项外，出票人还可自由选择一些记载事项，这些任意记载事项不记载并不影响汇票的效力，但一经记载，即发生票据法上的效力。实践中，一般包括代理付款人、预备付款人、利息、担保责任免除、分期付款等条款。

(二)汇票出票的效力

1. 出票人承担保证汇票承兑和付款的责任

出票人在汇票得不到承兑或者付款时，应当向持票人清偿票面金额、利息和其他费用。按照我国的《票据法》，只要出票人签发的汇票被拒绝承兑或被拒绝付款(Dishonor)，持票人即可向出票人行使追索权。

2. 收款人取得汇票并享有票据权利

出票人将做成的汇票交付收款人后，收款人即取得兑付请求权和追索权，并可背书转让。

3. 付款人取得承兑和付款的资格

即期汇票的出票使付款人直接成为汇票的债务人，负有付款的义务。

三、汇票的背书

(一)背书的概念

背书是指持票人以转让票据权利给他人或授予他人行使一定的汇票权利为目的，在票据背面或者粘单上记载有关事项并签章，然后将其转让给被背书人的附属票据行为。在汇票上签章的是背书人，背书人背书转让的直接对象是被背书人，又称受让人。被背书人可以将受让的票据通过背书而转让给他人，称为再背书。这种票据的连续转让，形成票据的流通。

(二)背书的特征

1. 背书是一种单方法律行为

按照各国的票据法，背书行为仅由持票人的记载、签章以及交付行为构成，无需出票人的同意，也无需受让人的合作行为而做成。

2. 背书的整体性

要求背书人只能将全部票据权利转让给同一人，如果只将汇票金额的一部分背书转让或将汇票金额分别转让给数人，此项背书无效。例如，《票据法公约》第 12 条第(2)款规定："部分背书无效。"

3. 背书不得附加条件

由于背书的附加条件将会影响到票据的流通，所以各国票据法均禁止背书附加条件，如在背书时做了附加条件的记载，则此项记载不产生效力或视为无记载。

（三）背书的种类

1.转让背书与非转让背书

(1)转让背书的目的在于转让汇票的权利。它是最基本的背书类型。

(2)非转让背书又可进一步分为委托收款背书与设质背书。

①委托收款背书又称委任背书或代理背书，是指以委托他人代理收款为目的而做的背书。从理论上看，此种背书实质上并未转让票据权利，而仅是一种以背书形式所做的委托。其主要效力在于使受托人取得了代理背书人请求付款的请求权。被背书人作为受托人，其代理权的行使也受到了一定的限制。例如，被背书人在依票据行使权利时以受托收款为限，所取得的金额也应归于背书人。

②设质背书又称质权背书或质押背书，是指背书人为担保债务履行，在票据上设定质权而做的背书。设质背书的目的是使被背书人取得质权，因而它有别于转让背书和委任背书，是一种特殊的背书形式。在票据质押期间，质权人实际持有票据，当质权实现时，其即成为真实的票据权利人，可直接请求支付票据金额。在设质背书中，债务人不能以自己与质押背书的背书人之间的抗辩事由对抗被背书人。

2.一般转让背书与特殊转让背书

(1)一般转让背书。这是指持票人以转让汇票权利为目的，依据票据法基本原则所做的，一经完成即产生法律效力的背书。此种背书以是否记载被背书人为标准，又可进一步分为记名背书与无记名背书。

①记名背书，又称完全背书或正式背书，是指背书人依法记载了背书的类型、被背书人名称并完成签章的背书。我国《票据法》目前只认可记名背书的效力。

②无记名背书，又称空白背书或略式背书，是指仅由背书人签章而不记载被背书人的背书。《票据法公约》和英国《票据法》以及我国香港特别行政区均规定了空白背书制度。

(2)特殊转让背书。这是指持票人以转让汇票权利为目的，依据票据法特殊规则所做的背书。此种背书实际上包括限制背书、回头背书和期后背书三种形式。

①限制背书是指背书人在记载背书的有关事项时，对转让的票据权利给予一定限制的背书。例如，甲在将汇票转让给乙时记载了“不得转让”的字样，随后，乙又将该汇票背书转让给了丙，丙又背书转让给了丁……那么，甲只对其直接后手乙承担保证责任，而对乙的所有后手都不承担保证责任。

②回头背书，又称还原背书或逆背书，是指背书人以汇票上债务人为被背书人所做的背书。依据票据法理论，在原先的票据债务人成为被背书人时，票据权利依然存在，回头背书的持票人仍享有票据权利，也可以再做背书转让。我国《票据法》虽未明确规定回头背书，但从该法第 69 条关于追索权的规定可以推出，我国票据立法是承认回头背书的。

③期后背书是指在票据被拒绝承兑、被拒绝付款或超过付款提示期限后所做的背书。各国票据法对期后背书的界定不一。尽管如此，关于期后背书的效力，《票据法公约》及多数国家的票据法的态度是一致的，均规定期后背书仅具有“通常债权转让之效力”。所谓通常债权转让之效力，是指民法中规定的一般债权转让的效力。据此，票据债务人对于背书人所能主张的抗辩，也可以对被背书人主张。背书人对被背书人不承担票据上的担保责任，被背书人不获付款时，只能依民法向背书人请求损害赔偿。在此问题上，我国《票据法》第 36 条作出了与票据法理论不相符合的规定。

四、汇票的提示

（一）汇票提示的概念

汇票提示又称见票，是指汇票的持票人依法向付款人出示票据，并要求付款人承诺付款的行为。提示承兑行为的提示人是汇票的持票人，被提示人是汇票上记载的付款人。

从票据法理论上看，提示承兑是进行承兑的必要前提，但提示行为本身并不是票据行为，不要求提示人在汇票上记载或签章。其效力在于行使和保全票据权利。

（二）汇票提示的规则

1. 提示期间规则

根据《票据法公约》第 22 条的规定，出票人在任何汇票中均可规定汇票应提示承兑，并可规定或不规定提示的期限。出票人可规定在指定日期前不得提示承兑。除出票人已禁止承兑，所有背书人均可规定汇票应提示承兑，并可规定或不规定提示期限。此外，《票据法公约》第 24 条第(1)款规定，受票人应要求在第一次提示后的次日做第二次提示。有关当事人不得以该项要求未在拒绝证书上注明而作为不履行该要求的理由。

2. 提示地点规则

持票人提示承兑必须在法律规定的地点进行。《票据法公约》在第 21 条对此作了规定："汇票在到期前可由持票人或仅是占有汇票的人在受票人住所向受票人提示承兑。"我国《票据法》第 23 条规定，提示承兑的地点为票据上载明的付款地，票据上未载明的，持票人提示承兑应当在汇票上记载的付款人的营业场所、住所地或者经常居住地进行。

3. 提示交付规则

综合不同国家的票据立法，提示行为未必均须将票据交付给付款人。在德国等采取"即时承兑主义"的国家中，持票人只要向付款人出示票据，付款人必须立即决定是否承兑；而在法国、意大利等采取"考虑期限主义"的国家中，持票人的"提示"实际上是将票据交付承兑，给付款人留有考虑的时间，但此期限一般仅有一天。

根据我国《票据法》第 41 条的规定，持票人在进行承兑提示时，应当将形式合法的票据交付给付款人，并请求付款人承兑。"付款人收到持票人提示承兑的汇票时，应当向持票人签发收到汇票的回单。回单上应当记明汇票提示承兑日期并签章。"

五、汇票的承兑与参加承兑

（一）汇票的承兑

1. 承兑的概念

汇票的承兑是指汇票的付款人承诺在汇票到期时对汇票的票面金额予以付款，并在汇票的正面写上"承兑"的票据行为。

2. 承兑的基本条件

按照各国票据法的规定，一项有效的承兑必须符合以下条件：①承兑作为一种要式行为，必须在票据上进行，票据外的承兑、口头的承兑均不发生承兑的效力。②与汇票背书、保证等行为不同，承兑行为必须在汇票的正本上进行。③承兑行为一般记载有"兑付""承付""照付"等字样，但不得进行附条件承兑。《票据法公约》第 26 条第(1)款规定："承兑是无条件的，但受票人可将其承兑限于应付金额的一部分。"④承兑应在汇票的正面进行，如为格式汇票，承兑人则须在相应的栏目中记载签章。⑤交还已承兑的汇票，持票人则应向承兑人交还回单。

3. 拒绝承兑

拒绝承兑是指付款人对持票人提示的远期汇票依法做出的不同意到期付款并签署拒绝证书的行为。

根据《票据法公约》第 26 条第(2)款的规定，除了允许受票人将其承兑限于应付金额的一部分外，所有其他在承兑时将汇票的主要条件修改者，均视为拒绝承兑。承兑人应按其承兑条件承担责任。

我国《票据法》则将付款人做出的部分承兑、附条件承兑均视为拒绝承兑，对此，持票人可依汇票本身作为拒绝证明行使追索权。但在付款人直接做出拒绝承兑的情况下，可由付款人做成拒绝证明(Protest)，并将汇票连同拒绝证明交付给持票人，由持票人向票据出票人、背书人行使追索权。

对于付款人在汇票上完成了承兑记载，在交还汇票前，又改变主意涂销其承兑的行为，《票据法公约》第 29 条第(1)款规定："在汇票上做出承兑的受票人，如在归还汇票时涂销承兑，视为拒绝承兑。如无相反证明，该涂销视为在归还汇票前所为。"英国《票据法》第 21 条第(1)款也作了类似的规定。我国《票据法》对此没有规定。

学中做 7—1　　承兑汇票能被涂销吗？

甲作为付款人在乙提示的汇票上进行了承兑，但交还汇票给乙之前，甲反悔，于是又在汇票上将其所做的承兑记载涂销。

【解析】 按照国际上通行的做法，甲的行为是被允许的。因为汇票的承兑必须由承兑的记载和汇票的交付两部分组成，汇票交付之前，承兑尚未生效，付款人当然可将自己所做的承兑记载涂销。

(二)汇票的参加承兑

1. 参加承兑的概念

参加承兑是指票据债务人以外的第三人为了特定票据债务人的利益，代替付款人进行票据承兑，以防止持票人在到期日前行使追索权的一种票据行为。

2. 参加承兑的基本条件

(1)参加承兑行为必须以不获承兑，并做成拒绝证书为前提。各国票据法均规定，仅在汇票不获承兑时，参加人方可参加承兑。

(2)参加承兑的时间是在汇票不获承兑之后、到期日之前。之所以有此时间限制，是因为参加承兑只能在持票人可以行使追索权的期限到来之前完成，此时，参加承兑人可通过承受付款义务而阻止追索权的发生。至于不获承兑，是指票据被拒绝承兑或者出现付款人死亡、逃匿、破产等情形导致持票人在提示期间不能提示承兑。

(3)参加人须具有法律所认可的资格。根据多数国家的票据立法，参加承兑人实际上包括两类人：一类是出票人或背书人在票据上指定的预备付款人；另一类是经持票人同意的预备付款人以外的其他人。由此可见，持票人有权拒绝参加承兑。

3. 参加承兑的效力

对持票人来说，参加承兑的效力在于防止其在到期日前向其前手行使追索权，其只享有对参加承兑人的付款请求权。对参加人来说，参加承兑行为使其具有了票据债务人的身份。

对被参加人的后手来说，参加承兑人在票据到期日履行了付款义务后，被参加人的全体后手作为其债权人即可免除再追索权的债务。

六、汇票的付款

（一）汇票付款的概念

汇票的付款有广义和狭义之分。广义的付款，是指一切票据债务人向持票人支付票据金额的行为；狭义的付款，是指汇票上记载的付款人或代理付款人依法向持票人支付汇票金额，以消灭汇票关系的行为。此处讨论的是狭义的付款行为。

（二）汇票付款的程序

汇票的付款程序一般包括提示付款、付款审查、付款并缴回汇票三个步骤。

1. 提示付款

所谓提示付款，是指汇票的持票人向付款人或代理付款人依法出示汇票，并请求其付款的行为。根据各国票据法理论，持票人提示付款应当在提示付款期间内进行。持票人如果未在规定期限提示付款，将丧失对其前手的追索权。

此外，持票人提示付款应当在汇票上记载的付款地进行；汇票上未记载付款地的，应当在被提示人的营业场所、住所或经常居住地进行。

2. 付款审查

付款人或代理付款人在收到持票人提示交付的汇票后，应当依法对票据的形式进行审查。这种形式审查的主要内容有：

（1）票据形式的审查。这主要指对票据记载事项的审查，包括：汇票上的法定必要记载是否完备；票据金额等记载事项是否被伪造或变造；是否存在危及票据效力的记载事项；提示付款人的付款提示是否符合提示期间规则等。

（2）背书连续的审查。这是对持票人进行的形式审查，主要看汇票的背书是否连续，只有连续背书最后的被背书人才能成为形式上合法的持票人。《票据法公约》第 40 条第（3）款对此作了规定："付款人应负认定背书连续之责，但对背书人的签名，不负认定真伪之责。"

（3）附带审查责任。这是审查提示付款人的合法身份证明或有效证件是否与持票人相吻合。其目的在于防止或发现不法分子假冒他人名义，利用票据骗取票据款项的违法行为。

3. 付款并缴回汇票

付款人或代理付款人在收到合法提示的汇票并经过审查后，对于合法有效的汇票应当及时支付票款。付款人在履行付款时，有权要求持票人在汇票上签收，并将该已付讫的汇票交给付款人。对此，《票据法公约》与大陆法系各国的规定大体相同。例如，《票据法公约》第 39 条第（1）款规定："对汇票付款的受票人，应要求持票人在汇票上注明收讫后交还受票人。"我国《票据法》第 55 条也作了类似规定。

《票据法公约》及有些国家的票据立法还允许对汇票进行部分付款，并对汇票付款时当事人的签收规则和给付收据义务作了详细的规定。例如，《票据法公约》第 39 条第（2）（3）款规定："持票人不得拒绝部分付款。在部分付款的情况下，受票人应要求在汇票上载明该部分付款，并应给以收据。"

（三）汇票付款的效力

根据各国票据立法，付款人或代理付款人在不存在恶意或重大过失的情况下，履行了足额付款义务，汇票法律关系即全部归于消灭，所有票据债务人的票据责任也因此得以免除。例如，英国《票据法》第 53 条规定："汇票经付款人或承兑人或他们各自委托的人做适当付款而解除。"我国《票据法》第 60 条也有类似规定。

在代理付款人依法付款的情况下，该代理付款人有权向被代理的付款人要求返还汇票金额。

做中学 7—1 对汇票付款的效力理解

甲作为付款人已依法履行了付款义务，但出票人乙却未按约定提供票据资金或提供票据资金不足。此时，付款人的付款行为仍有效，原票据关系归于消灭。

【解析】 依据多数国家票据法的规定，票据关系具有无因性的特征，即使基础关系（资金关系）有瑕疵，也不会影响到付款的效力。但该付款人依法可向持票人追偿，此持票人须依法承担赔偿责任和惩罚性责任。

（四）特别付款

在通常情况下，付款应在到期日进行支付。在法定付款期限之外进行的付款则作为特别付款。

1. 期前付款

它是指在票据到期日未至时进行的付款。在汇票上记载的到期日未到来之前，付款人有权不予付款。在期前付款中，由于付款人放弃的是自己的权利，所以法律一般予以认可。

2. 期后付款

它是指汇票的持票人在法定的付款提示期限届满之后才向付款人进行提示，由付款人所进行的付款。依据票据法理论，期后付款意味着自票据到期日起至票据消灭失效期间届满之前，承兑人实际上负有确定的付款义务；而对未承兑的付款人、代理付款人来说，其期后付款行为仅发生民法上的代为清偿的效力。

3. 提存支付

这是《票据法公约》规定的一项票据制度。根据《票据法公约》第 42 条的规定，汇票如未在规定的期限内提示付款，所有债务人有权将款项存于主管当局，所有费用、风险和危险由持票人承担。我国《票据法》无此项制度。

学思践悟 弘扬诚实守信的社会风尚

海南一中院在执行涉票据追索权纠纷系列案时，既执行又普法，充分向被执行人普及“商事诚信”政策法规及“诚信兴商”的理念，释明失信惩戒机制，一个月内顺利将 24 起涉案金额高达 3600 万元的案件执行到位，得到双方当事人一致好评。

涉案票据由某集团公司出票，其关联公司负责承兑，并承诺：汇票到期无条件付款。但票据到期后，关联公司拒绝承兑，以致成讼。某钢公司将连续背书人某集团有限公司深圳分公司等诉至海南一中院，经审理，判决出票人、承兑人、连续背书人对票据承兑承担连带责任。判决生效后，被执行人均未主动履行承兑义务，某钢公司遂向海南一中院申请强制执行。

进入执行程序后，执行法官仔细查阅卷宗材料，考虑到被执行人均为大型上市企业，且信誉较好，初步判断应该具有偿债能力，如果简单采取强制执行措施，可能会对企业生产经营造成严重不良后果。据此，执行法官当即转变执行策略，约谈被执行人，向其充分释明若法院采取强制措施可能造成企业失信惩戒、征信降级、账户冻结等影响企业经营的一系列不利后果。同时，从情理和款项到位效率方面，多次做申请执行人某钢公司的工作。经过法官多次沟通，最终，双方达成和解协议，某钢公司主动减免利息，被执行人 10 日内一次性付款 3600 万元。

【悟有所得】 人无信不立，业无信不兴。诚信经营是自古以来就被看重的经商原则，也是商业繁荣发展的重要基石。营造良好的营商环境，需要社会各界的共同参与和努力，增强企业的诚信意识、质量意识和责任意识。“诚信兴商，你我共筑”是商业活动的核心主题。“商务诚信”“诚信兴商”是每一个商业组织的基本理念。因此，提升社会诚实守信意识，持续践行善意文明是商事活动组织基本的准则。

第四节 本票与支票

一、本票

（一）本票的概念

可以用本票的本质特征对本票的概念加以概括，即"本票是出票人做出的无条件支付一定金额的承诺"。

（二）本票的种类

1. 记名本票、指示式本票与无记名本票

这是以本票对权利人的记载方式为标准所做的分类。《票据法公约》及大陆法系的德国、法国、日本票据法中规定的本票，只包括记名本票和指示式本票两种。英美法系国家承认上述三种形式的本票，我国《票据法》只承认记名本票。

2. 即期本票与远期本票

这是以本票到期日的记载方式为标准所做的分类。远期本票又可分为定日本票、计期本票和注期本票。其内容与汇票中的同一分类相同。《票据法公约》和英国《票据法》均承认即期本票和远期本票，但对远期本票的各种形式的规定则有所不同。我国《票据法》只承认即期本票。

3. 国内本票与外国本票、涉外本票

这是以本票出票行为地为标准所做的分类。依据英国《票据法》的规定，本票以签发地、付款地的不同为标准，可分为国内本票和外国本票。凡签发与付款均在不列颠群岛境内或其票面文义是这样表示的本票，均为国内本票；此外，皆属外国本票。我国《票据法》将本票分为国内本票和涉外本票两类。

4. 银行本票与商业本票

这是以本票出票人的身份为标准所做的分类。银行本票是指以银行为出票人签发的本票。商业本票则是由银行以外的企业或个人签发的本票。从票据法理论上讲，多数国家并不区分这两种形式的本票，两者适用完全相同的法律规定。我国《票据法》只承认银行本票，这是我国本票制度的一个重要特点。

（三）关于汇票规则的准用

由于本票与汇票相同之处甚多，所以，各国票据法大多将汇票与本票合并立法，且一般都对汇票的各项制度作了详细的规定，而对本票只作了特别规定，其他规则均准用汇票的规定。

各国关于本票准用汇票规则的立法模式不尽相同，其中，《票据法公约》及日内瓦统一法系各国多采用列举式立法，将本票可以适用汇票的规定一一列举。英美法系国家则多采用概括式立法，规定除法律有特殊规定外，均适用对汇票的规定。我国《票据法》第 80 条则采取了列举式与概括式相结合的立法模式。

二、支票

（一）支票的概念和特征

1. 支票的概念

英美法将支票定义为"是以银行为付款人的即期付款的汇票"。《日内瓦统一支票法》（以下简称《统一支票法》）则未对支票下明确的定义，仅规定了支票应包含的内容。我国《票据法》第 81 条规定："支票是出票人签发的、委托办理支票存款业务的银行或者其他金融机构在见票时无条件支付确定的金额给收款人或者持票人的票据。"由此可见，我国《票据法》与国际通行的关于支票的定义大致相同。

2. 支票的特征

(1)支票的付款人仅限于银行或其他金融机构。将支票的付款人限定为银行或其他金融机构，可以使支票金额的支付在资金上和技术上得到更多的保障。《统一支票法》和各国票据法对此均作了相同规定。

(2)支票的签发以出票人与付款人存在资金关系为前提。《统一支票法》及各国票据法均要求，只有在银行或其他金融机构开户并与之订立有支付委托合同的存款人，才可使用支票。需明确的是，票据法理论上要求的资金关系不仅是指存款关系，例如，付款人允许出票人进行一定限额内的透支，而且是一种资金关系。在该限额内，付款银行应进行支付。

(3)支票是见票即付的票据。对此，《统一支票法》及各国票据法的观点相同。例如，《统一支票法》第 28 条规定："支票限于见票即付。任何相反规定视为无记载。"德国《支票法》、法国《支票法》、日本《支票法》均在第 28 条规定支票限于见票即付。

(4)支票未设承兑制度。各国票据法均认为，支票是即期票据，且提示付款期极短，因而无须承兑。《统一支票法》也在第 4 条规定："支票不得承兑。有承兑记载者视为无记载。"

(二)支票的出票

支票的出票是创设支票关系的基本票据行为。它建立在出票人与付款银行之间的账户合同关系基础之上。

根据《统一支票法》第 1 条的规定，支票应包含以下内容：①支票字样；②无条件支付一定金额的命令；③付款人(受票人)的姓名；④付款地；⑤出票日期与地点；⑥出票人签名。但是，许多国家的票据法认为，支票的出票日期同样可以为授权补记事项，有些国家甚至不限制出票人或持票人早填或迟填与实际出票日不同的出票日期，如英国《票据法》第 13 条和美国《统一商法典》第 3 条第 114 款的规定。

(三)特殊支票

根据各国票据立法，特殊支票是指对付款给予特别保障的支票，主要包括保付支票和划线支票两类。

1. 保付支票(Confirmed Check)

作为支票特有的制度，保付制度既不同于汇票的承兑，也不同于支票的保证。美国《统一商法典》第 3 条第 411 款对此作了明确规定。根据该条款的规定，保付是指支票的付款人在支票上记载"保付"字样并签章，对支票承担绝对付款责任的行为。经"保付"记载的支票为保付支票。保付一经做成，出票人的责任随之解除。《统一支票法》及大陆法系国家的支票法对保付制度未作规定，日本《支票法》虽规定支票可以由付款人进行担保，但不能因此而免除出票人及背书人的责任。我国《票据法》未规定保付制度。

2. 划线支票(Crossed Check)

划线支票又称平行线支票或横线支票，是指票据行为人依法在支票正面划两道平行线，并依此取得票据法上的特殊保障效力的支票。此种类型的支票源于英国《票据法》，由于其具有安全维护功能，从而为各国票据立法所普遍运用。

划线支票的收款人仅限于银行或特定的金融机构，其划线记载起到了限定收款人的作用。根据《统一支票法》第 37 条的规定，划线支票分为普通划线支票与特别划线支票两种。只划线不做其他记载或仅在线内记载"银行"二字的为普通划线支票；在所划线内同时记载有特定银行或其他金融机构名称的为特别划线支票。其中，普通划线支票可以转换成特别划线支票，而特别划线支票则不能转换成普通划线支票。划线支票不得涂销，划线或划线内的银行业者名称被涂销者，视为没有涂销。

除《统一支票法》认可划线支票外，英国《票据法》、法国《支票法》、日本《支票法》等对划线支票作了详细的规定。我国《票据法》虽未规定划线支票，但从我国《支付结算办法》第115条的规定可以看出，我国票据立法是承认划线支票的。

关键术语

票据　票据行为　保证　票据法律关系　汇票　背书　提示　承兑　参加承兑　付款　本票　支票

本章练习

一、单项选择题

1. 下列付款方式中，适用于支票的付款方式是（　　）。

A. 见票即付　　B. 见票后定期付款

C. 定日付款　　D. 出票后定期付款

2. 甲为16岁的公民，背书转让一汇票给乙，乙又背书转让，最后持票人丙提示承兑被拒绝后，向甲追索。甲的哪些主张可构成抗辩？（　　）

A. 甲为限制民事行为能力人，其签章无效，不负票据责任

B. 甲不是付款人，没有义务付款

C. 甲为限制民事行为能力人，经其签署的票据无效，因而不负票据责任

D. 甲、乙间接受票据时所依据的买卖合同归于无效，甲、乙间转让票据的行为归于无效，因而甲不是票据债务人

3. 甲签发票据给乙，丙从乙处窃取票据，丁明知丙是窃取而受让票据，丁又将票据赠与不知情的戊。下列说法正确的是（　　）。

A. 戊为基于善意的合法持票人，可以请求付款

B. 付款人可以经乙通知支付为由拒绝付款

C. 戊提示付款遭拒绝后可向甲追索

D. 戊被拒绝付款后可以向丁追索，丁清偿后可以再追索

4. 下列关于支票表述正确的是（　　）。

A. 支票必须承兑

B. 支票在付款人与出票人之间无须具有资金关系

C. 可以开具空头支票

D. 支票见票即付

5. 下列哪一项不是汇票必须记载的事项？（　　）。

A. 出票地点　　B. 确定的金额　　C. 付款人名称　　D. 出票日期

6. 无须提示承兑的汇票是（　　）。

A. 见票后定期付款的汇票　　B. 出票后定期付款的汇票

C. 见票即付的汇票　　D. 定日付款的汇票

7. 背书为(　　)。

A. 基本票据行为　　B. 附属票据行为　　C. 辅助票据行为　　D. 准法律行为

8. 依票据法原理,票据被称为无因证券,其含义是指(　　)。

A. 取得票据无需合法原因

B. 转让票据须以向受让方交付票据为先决条件

C. 占有票据即能行使票据权利,不问占有原因和资金关系

D. 当事人发行、转让、背书等票据行为须依法定形式进行

9. 汇票的“背书不可分割性”意味着(　　)。

A. 可背书转让汇票金额的一部分

B. 可将汇票金额背书转让给两人或两人以上

C. 须将汇票上的全部金额同时转让给同一人

D. 只能把汇票金额转让给与自己有债权和债务关系的人

10. 联合国国际贸易法委员会主持起草统一票据法并通过的是(　　)。

A.《联合国国际汇票和本票公约》

B.《日内瓦票据法统一公约》

C.《日内瓦统一支票法》

D.《关于解决汇票和本票的若干法律冲突的公约》

二、多项选择题

1. 票据的主要特征有(　　)。

A. 票据是金钱债权证券　　B. 票据是流通证券

C. 票据是无因证券　　D. 票据是要式证券

2. 汇票出票时的绝对必要记载事项包括(　　)。

A. 表明“汇票”字样　　B. 无条件支付确定金额的命令

C. 付款地　　D. 付款人名称

3. 根据背书的目的不同,可将汇票的背书分为(　　)。

A. 转让背书　　B. 非转让背书　　C. 一般转让背书　　D. 特殊转让背书

4. 一项有效的承兑必须符合的条件包括(　　)。

A. 必须在汇票上进行

B. 必须在汇票的正本上进行

C. 承兑不得附条件

D. 交还已承兑的汇票,持票人应向承兑人交还回单

5.《日内瓦公约》由(　　)构成。

A.《日内瓦票据法统一公约》

B.《关于解决汇票和本票的若干法律冲突的公约》

C.《日内瓦统一支票法》

D.《关于解决支票的若干法律冲突的公约》

6. 下列各项中,可以导致汇票无效的情形有(　　)。

A. 汇票上未记载付款日期

B. 汇票上未记载出票日期

C. 汇票上未记载收款人名称

D. 汇票金额的中文大写和数码记载不一致

7. 下列有关票据背书的表述中，正确的有(　　)。

A. 背书人在背书时记载“不得转让”字样的，被背书人再行背书无效

B. 背书附条件的，背书无效

C. 部分转让票据权利的背书无效

D. 分别转让票据权利的背书无效

8. 下列事项中，汇票必须记载的有(　　)。

A. 确定的金额　　B. 必须或不得提示承兑

C. 无条件支付的委托　　D. 利息及利率

9. 下列各项中，属于汇票法定禁止背书的情形有(　　)。

A. 汇票被拒绝承兑

B. 汇票被拒绝付款

C. 汇票超过付款提示期限

D. 汇票背书的次数过多以致在汇票上无法记载

10. 下列各项中，关于本票的表述正确的有(　　)。

A. 无条件支付的委托是其绝对记载事项之一

B. 本票仅限于银行本票，且为记名式本票和即期本票

C. 本票自出票日起，付款期限最长不得超过 2 个月

D. 本票的出票人是票据上的主债务人，即使持票人未按法定期限提示付款，但仍可对出票人进行追索

三、判断题

1. 票据是一种可转让的有价证券。我国《票据法》规定的票据可以通过背书方式转让，也可以直接交付转让。(　　)

2. 持票人善意取得伪造的票据，对被伪造人不能行使票据权利。(　　)

3. 汇票上未记载付款日期的，无须提示承兑。(　　)

4. 本票的持票人未按照规定期限提示本票的，丧失对出票人的追索权。(　　)

5. 持票人未在法定期限内提示付款的，则承兑人的票据责任解除。(　　)

四、简答题

1. 简述背书的连续性规则。

2. 简述对票据形式审查的主要内容。

3. 简述各国关于本票准用汇票规则的立法模式。

4. 简述背书的特征。

5. 简述汇票的绝对记载事项和相对记载事项。

五、案例分析题

1. 甲公司从乙公司进货拖欠了 100 万美元货款，乙公司又因借贷而拖欠丙公司 100 万美元，现距借款到期日还有 4 个月。乙公司在征得甲、丙两家公司同意后，决定以汇票结清他们之间的债权和债务关系。乙为出票人，甲为付款人，丙为受款人，票据金额为 100 万美元，出票日后 4 个月内付

款。丙得到汇票后向甲提示承兑，甲履行了承兑手续。一个月后，丙从丁公司处进货，将汇票背书转让给了丁。丁不慎将汇票丢失，遂向甲办理了挂失止付手续，但未采取其他措施。戊捡到了该汇票并伪造了丁的印章，以丁为背书人、自己为被背书人，持票到某汽车公司购买了一辆价值100万美元的汽车。汽车公司于汇票到期时持票请求甲付款，甲以汇票已挂失止付为由拒绝付款。汽车公司遂行使追索权向所有的前手发出了通知。丁接到通知后提出自己是票据权利人，汽车公司的票据有缺陷，请求返还票据。双方发生争执，诉至法院。

若你是法官，请问：

(1)甲能否对汽车公司行使拒付权？

(2)如汽车公司遭拒付，其可采取什么补救措施？

(3)丁公司是否有权要求汽车公司交回汇票？

(4)丁公司有何补救措施？

2. 无行为能力人甲向乙签发了一张符合《票据法》规定的票据，乙将其背书转让给了丙，丙又将其背书转让给了丁。当丁向甲主张票据权利时，甲为无行为能力人，其在票据上的签章无效，其不承担票据义务。但乙和丙仍须承担票据义务。

请问：他们为何要承担票据义务？

3. 广州某(中外合资)鞋业有限公司(下称鞋业公司)与英国Y公司(下称Y公司，该公司为鞋业公司的外国合营者)于10月3日签订了一份补偿贸易合同，约定：鞋业公司向Y公司进口价值50万美元的意大利产鞋面真皮革，用于生产Y公司定做的某名牌皮鞋，成品全部返销。进口意大利鞋面真皮革的交易先行通过托收方式结算，具体托收方式为D/A(承兑交单)。鞋业公司的中方上级主管公司某石化公司(下称石化公司)按要求在上述皮革的进出口合同上签署了保证，承诺鞋业公司若不能依约支付进口货款，其将承担付款保证责任。各方并签订了适用于整个补偿贸易合同(包括进出口合同)的仲裁条款。同年11月18日，Y公司通过中国香港汇丰银行向鞋业公司的开户行中行某市分行传递了托收凭证。其中，托收凭证项下的承兑汇票的出票人及收款人均记载为Y公司，付款人记载为鞋业公司，到期日为次年2月28日。经中行某分行传递和提示汇票后，鞋业公司承兑了汇票，并取得了有关装运提单。其后，因所进口的真皮革出现质量问题，双方发生纠纷而诉诸仲裁。仲裁期间，Y公司将前述已承兑汇票背书转让给了其子公司中国香港某商行。因汇票到期不获付款，香港该商行提供了前述皮革进出口合同、托收凭证副本及汇票等，向内地某中级人民法院起诉鞋业公司和石化公司，诉求前者支付票款，后者承担汇票的连带付款责任。被告方则立即以仲裁条款为依据，对法院提起管辖异议。

请问：

(1)本案诉讼是属于国内票据纠纷，还是属于涉外票据纠纷？

(2)鞋业公司提起管辖异议的理由是否成立？

(3)石化公司是否应当成为本案诉讼的当事人？

(4)假设票据纠纷的诉讼能够继续进行，而诉讼期间，上述仲裁案的仲裁机构做出了所进口意大利真皮革具有严重质量问题，Y公司应承担解除合同责任和赔偿鞋业公司所有损失的裁决。那么，中国香港该商行在诉讼中的胜诉机会如何？

六、实训题

前往当地的外贸公司，查找一份以往的业务记录，运用本项目学习的知识，自己独立地完成该业务的货款结算。然后与原业务记录做比对，总结成功的经验和失败的教训。

第八章 产品责任法

● 知识目标

了解：产品责任法的沿革；中国产品责任法。

熟知：产品责任的概念及其构成；产品责任法的概念、特征、性质与作用。

掌握：产品质量法的主要内容；美国产品责任法；欧盟产品责任法；产品责任适用的国际公约。

● 技能目标

能够根据不同产品责任归责原则的原理和规定，掌握避免产品责任或实现产品责任追偿的方法技巧。

● 素质目标

具有依照产品责任的特点及相关的法律规范，确定特定情形下的产品责任能否适用免责条款的能力。同时，具备正确的世界观、人生观和价值观，做到学思用贯通、知信行统一；培养规则意识、风险意识和责任意识，增强诚实守信、尊重他人的职业品格。

● 思政目标

能够认识到产品缺陷给当事人、社会和国家造成的严重后果，明确生产者、销售者在追逐商业利益的同时应承担的产品责任、社会责任、国际责任；作为社会公民应有公民责任，作为生产者和销售者应有社会责任，从事国际贸易进出口工作者应有国家责任；培养学生在商业社会中的风险意识，以后在不同的岗位上，要具有奉献担当的社会责任感和爱国守法的家国观念。

● 课程引例

产品责任应由谁负责？

霍被朋友李邀请到史的酒店喝啤酒，霍即将饮完其中一瓶啤酒时，发现瓶底有腐烂的蜗牛，惊厥过去。霍被送到医院救治。事后，霍起诉史，请求赔偿损失。史拒绝赔偿，认为应由啤酒生产商甲赔偿，理由是：①啤酒由李购买，与霍无买卖合同，与霍没有法律关系；②造成霍伤害的啤酒系甲公司生产，啤酒质量应由生产商负责。

请问：

(1)霍能否向史索赔？对生产商呢？

(2)霍能否一并起诉史与生产商，为什么？史与生产商的法律责任应如何划分？

(3)如果本案霍某是因啤酒瓶爆炸住院，无法证明啤酒瓶缺陷，也不能证明酒店有过失，还能够索赔吗？

● 知识支撑

第一节 产品责任法概述

一、产品责任的概念及其构成要件

(一)产品责任的概念

动漫视频

产品责任

所谓产品责任(Product Liability)，是指由于产品存在瑕疵或缺陷而导致产品消费者或第三者遭受人身或财产损害时，该产品生产者和销售者应承担的一种损害赔偿责任。

(二)产品责任的构成要件

1. 产品存在瑕疵或缺陷

对于瑕疵或缺陷的认识，各国法律的规定不同，但一般认为缺陷应是指产品欠缺人们有权期待的安全性，主要包括：①设计缺陷，即产品的设计存在不合理的危险性，如没有安装必要的安全保护装置，一般由配方(或处方)的错误、原理的错误、结构设计的错误等方面造成。②制造缺陷，主要是指产品在制造过程中存在的原材料、零部件方面的选择缺陷及装配缺陷等。③指示缺陷，即产品提供者对产品的危险性没有做出必要的说明、警告或安全使用方面的指导，从而给使用者构成不合理的危险。指示缺陷通常存在于产品的广告、说明书、标签等书面形式中。如果产品存在上述的一种情况，该产品就构成缺陷产品。

2. 给产品的消费者或第三者造成人身或财产的损害

这里强调两点：一是有损害的事实，这种事实可以是人身的伤害，也可以是除缺陷产品以外的财产的损失。如果产品有缺陷但没有给人造成损害，不能要求生产者或销售者承担产品责任。二是损害的承担者应做广义的理解，既包括从生产者或销售者那里购买产品并使用产品的人，包括虽不购买产品但使用了产品的人，还包括虽非上述购买人或使用人但遭受了产品对其的损害的人。

3. 消费者或第三者所遭受的损害必须与产品的缺陷之间存在因果关系

如果损害是由于消费者或第三者的过错造成的，就不存在产品责任的问题。例如，微波炉的说明书声明不可以将金属制品放入其中，但使用者未加注意，结果引起爆炸造成损害，此时不得要求产品生产者或销售者承担产品责任。

同步案例 8—1　　产品责任谁来承担案

我国某玩具进出口公司向美国某玩具公司出口塑料弹弓。出口后不久，美方就反映质量有问题，称美国儿童使用弹弓时弓柄断裂，并已发生多起伤害案件，有的眼睛致残。经法院审理，美方提出证明表示，我方出口的弹弓所使用的材料不安全，仅经受 9 磅拉力弓柄就断裂，我国香港同类弹弓弓柄能承受 60 磅拉力。

请问：这款产品是属于质量不合格还是属于缺陷产品？我国出口商是否应承担产品责任？应对谁承担产品责任？

【案例精析】 如果我国出口公司与美国公司在订立合同时约定弓柄承受拉力应超过9磅，则由于该玩具弹弓的弓柄仅经受9磅拉力就断裂，属产品质量不合格，但这不影响它构成缺陷产品。如果该缺陷产品给消费者造成了损害，生产者或进口商应承担产品责任，对受损害的消费者承担赔偿责任；如果涉及产品质量不合格，应由出口商对美国的进口公司承担违约责任。

二、产品责任法的概念和特征

（一）产品责任法的概念

产品责任法（Product Liability Law）是调整产品的制造者或销售者因所制造或销售的产品具有某种瑕疵或缺陷给消费者或第三者造成损害而引起的赔偿关系的法律规范的总称。

（二）产品责任法的特征

（1）调整的范围是消费者因缺陷产品所遭受的人身或除缺陷产品以外的其他财产损害的赔偿关系。例如，电视机爆炸给消费者造成人身损害和周围家具的损坏，属于产品责任法所调整的赔偿范围，而对于电视机本身的损害赔偿则依据合同法来调整。

（2）调整对象主要是没有合同基础的侵权关系。例如，上例中的电视机在超市中陈列时爆炸，给周围顾客造成损害，即可依据侵权关系适用产品责任法。当然，对于存在合同关系的购买者遭受的损害也可以适用产品责任法，但其也可以根据合同法或买卖法得到救济。

（3）调整的手段为强制性。产品责任法体现了现代商法发展的典型趋势——具有公法性和强制性，为体现国家对处于弱势地位的公众消费者的保护意志，产品责任的产生不以约定为先决，也不得以无约定而排除。例如，产品生产者或销售者在出售商品时以店堂告示声称出现任何问题概不负责，即使消费者以默示表示同意，该声明也是无效的。

三、产品责任法的性质与作用

（一）产品责任法的性质

产品责任法是调整产品的经营者（生产者和销售者）和消费者（包括第三者）之间因缺陷产品造成的损害赔偿关系，从根本上是调整平等民商事主体之间权利和义务关系的法律，因此在性质上属于私法。由于早期的产品责任以“直接合同关系”理论作为责任承担的依据，所谓“无合同，无责任”，因此产品责任法属于合同法的范畴。随着社会经济的发展，保护消费者利益的呼声日渐高涨，原有的合同关系理论无法适应新的要求，因此产品责任的承担基础过渡到过失（侵权）责任，进而转为严格（侵权）责任。这样，产品责任法就成为侵权法的重要组成部分。

从各国对产品责任法的立法状况来看，更多体现出国家保卫社会经济生活安全，对社会生活进行积极干预的思想：产品责任法中的大多数规范属于强制性规范，不允许有关当事人通过合同或其他任何方式加以排除或变更；并且在责任承担方式上，除民事责任外，还可能要求产品经营者承担行政甚至刑事上的责任等，因此可以说产品责任法在性质上属于具有较强公法色彩的私法范畴。

（二）产品责任法的作用

1. 保护消费者权益

产品责任法从加强经营者责任的角度，使产品的生产者和销售者对于他们提供的缺陷产品给无过失的消费者造成的损害承担赔偿责任。之所以要求产品的生产者和销售者承担这种仅因产品存在缺陷，而并非他们自身存在过错，给他人造成损害的赔偿责任，是因为他们比普通消费者更有能力防止损害的发生并承担因此所造成的损失。因此，产品责任法的这种索赔机制增强了消费者购买产品的安全感，给予消费者更好的保护。

2. 促进企业提高质量管理意识

由于经营者的责任加重，迫使企业为生存考虑，一定要向市场提供优质产品、安全产品，并不断消除自身的生产和销售环节存在的各种可能影响产品安全性能的隐患。这样企业就必须建立质量监督管理体系，以提高产品的质量，促进自身的发展。

3. 有利于建立良好的经贸秩序

产品在国内、国际的顺畅流通是以产品具有良好性能和品质为保障的。产品责任的国内和国际立法，对生产者和销售者起到了警戒和惩戒的双重作用，使其尽可能地向市场和广大消费者提供符合消费安全的产品，减少或避免因产品欠缺合理的安全性而发生的索赔，节约了贸易中的机会成本和经济成本，进而保障经贸关系的健康发展。

四、产品责任法的沿革

产品责任法的出现可以追溯到普通法系的判例。1842 年，英国上诉法院（Exchequer of Pleas）判决的温特伯特姆诉赖特案（Winterbottom v. Wright）是关于产品责任方面最古老的案例。但该案所确立的产品责任诉讼的基础是合同关系（Privity），即缺陷产品的受害人与责任人之间需要有直接的合同关系，如果没有合同关系，受害人就不能要求生产者或销售者承担赔偿责任，即所谓“无合同，无责任”。该判例在普通法系国家奉行了近百年。虽然该判例对于消费者权益的保护有一定的作用，但由于受到合同关系的限制（Privity Bar），消费者的合法权益并没有得到有力的保护。

产品责任法的沿革可以美国产品责任法的发展为代表。随着社会经济的向前发展，买卖关系的天平开始由“买主当心”（Caveat Emptor）向“卖主当心”（Caveat Venditor）倾斜，消费者的权益逐渐开始受到重视。从 20 世纪 20 年代开始，在普通法系国家尤其是美国，疏忽责任理论开始在产品责任诉讼中占据主导地位。疏忽责任理论属于侵权归责理论的范畴，该理论的纳入摒弃了产品责任诉讼附属于合同关系的限制，使产品责任真正开始进入侵权责任的领域。消费者即使与生产者或销售者之间不存在合同关系，但如果其能够证明产品的缺陷是出于生产者或销售者的疏忽，其权利请求就可能获得支持。到了 20 世纪 60 年代，随着新判例的产生，以及美国法学会（American Law Institute，ALI）《侵权法重述》（第二版）的出版，严格责任理论逐渐被美国各州的立法和司法判例所采纳。由于严格责任理论要求生产者或销售者对产品缺陷所导致的损害承担的是一种无过错责任，因此其更有利于消费者权益的保护。严格责任理论也是目前世界上大多数国家在产品责任立法上所采纳的主要归责原则。进入 20 世纪 90 年代，美国法学会颁布的《侵权法重述》（第三版）标志着美国产品责任理论的发展进入一个新的阶段，主要体现了美国法学界对严格责任理论法律适用的反思和建议；其颁布对此后的美国各州乃至世界各国的产品责任立法和司法工作产生了深远的影响。

在各国产品责任立法发展的同时，为协调各国的产品责任法律制度，产品责任的国际立法也应运而生。其中，欧洲的区域性国际立法工作尤为突出。1985 年，欧洲经济共同体《产品责任指令》的颁布（详情在本章第三节介绍），代表着其在协调统一各成员国产品责任法律制度的重大成果。

五、中国产品责任法

（一）中国产品责任法概述

我国的产品责任法起步较晚。1986 年全国人大制定通过的《民法通则》（已废止）中的相关规定，可以视作我国在产品责任立法上的正式开端。1993 年 2 月 22 日，我国第七届全国人大常务委员会第 30 次会议制定通过了《中华人民共和国产品质量法》（以下简称《产品质量法》）。我国的《产品质量法》并非严格意义上的关于产品责任的单独立法，其内容包括我国政府对产品质量进行监督管理的规定，但也包含了大量有关产品责任的规定。

《产品质量法》的施行，对于遏制假冒伪劣产品泛滥、保护消费者的合法权益起到了一定的作用，但我国所面临的产品质量和安全问题依旧严峻。2000 年 7 月 8 日，第九届全国人大常务委员会第 16 次会议通过了《关于修改〈产品质量法〉的决定》（第一次修正），该决定主要强化了产品质量的行政管理和行政责任，并适当扩大了产品责任中关于人身伤害的赔偿范围。2009 年 8 月 27 日第十一届全国人民代表大会常务委员会第十次会议《关于修改部分法律的决定》第二次修正。2018 年 12 月 29 日第十三届全国人民代表大会常务委员会第七次会议《关于修改〈中华人民共和国产品质量法〉的决定》第三次修正。2020 年 5 月 28 日第十三届全国人民代表大会第三次会议通过的《民法典》第 7 编“侵权责任”第 4 章对产品责任进行了重述。《产品质量法》是我国目前关于产品责任的最主要的法律渊源，此外关于产品责任的规定还可散见于各相关法律法规中，如《消费者权益保护法》《食品卫生法》等。

（二）《产品质量法》的主要内容

1. 产品

《产品质量法》第 2 条规定：“本法所称产品是指经过加工、制作，用于销售的产品。建设工程不适用本法规定；但是，建设工程使用的建筑材料、建筑构配件和设备，属于前款规定的产品范围的，适用本法规定。”根据上述规定，可以看到我国对产品的范围界定比较狭窄，主要是指加工过的、用于销售的动产，不动产和原始农产品并不包含在内。此外，对于一些特殊的产品，如电力、输血用的血液等，是否包含在上述的产品定义中，我国《产品质量法》并未作明确的规定。

2. 缺陷

《产品质量法》第 46 条规定：“本法所称缺陷，是指产品存在危及人身、他人财产安全的不合理的危险；产品有保障人体健康和人身、财产安全的国家标准、行业标准的，是指不符合该标准。”我国对产品缺陷的定义采用双重标准，前一标准，即产品缺陷是指产品含有不合理的危险；后一标准，即在有国家标准或行业标准的前提下，缺陷是指产品不符合该标准。前一标准的规定基本与欧美国家的缺陷定义相同，但对于后一标准，欧美国家在其缺陷定义中基本没有规定。在欧洲经济共同体的《产品责任指令》中，产品执行国家强行性法律规定是作为产品责任的免责理由之一。

3. 责任主体和归责原则

我国《产品质量法》将产品责任的承担者限定在产品的生产者和销售者。在产品责任的认定上，《产品质量法》对生产者和销售者采用了不同的归责原则。根据《产品质量法》第 41 条和第 42 条的规定产品生产者对缺陷产品所造成的损害承担严格责任，而产品销售者则承担过错责任，即如果产品的缺陷是因为销售者的过错所致，销售者应承担赔偿责任。但是，如果销售者不能指明缺陷产品的生产者也不能指明缺陷产品的提供者，即使销售者对产品缺陷没有过错，也应当承担赔偿责任。虽然生产者和销售者的归责原则不同，但两者对消费者因缺陷产品所遭受的损失须承担连带责任，也就是说，销售者即使对产品缺陷没有过错，消费者也可以要求销售者赔偿，只不过销售者可以就支付的赔偿向生产者进行追偿。《产品质量法》如此规定，有利于充分保护消费者的利益。

我国《民法典》第 1206 条规定，产品投入流通后发现存在缺陷的，生产者、销售者应当及时采取停止销售、警示、召回等补救措施；未及时采取补救措施或者补救措施不力造成损害扩大的，对扩大的损害也应当承担侵权责任。采取召回措施的，生产者、销售者应当负担被侵权人因此支出的必要费用。

4. 损害赔偿的范围

根据《产品质量法》第 44 条的规定，损害赔偿的范围包括财产损失和人身伤害。因产品存在缺陷造成受害人人身伤害的，侵害人应当赔偿医疗费、治疗期间的护理费、因误工减少的收入等费用；造成残疾的，还应当支付残疾者生活自助具费、生活补助费、残疾赔偿金以及由其扶养的人所必需的生活费等费用；造成受害人死亡的，并应当支付丧葬费、死亡赔偿金以及由死者生前扶养的人所必需的生活费等费用。因产品存在缺陷造成受害人财产损失的，侵害人应当恢复原状或者折价赔偿。受害人因此遭受其他重大损失的，侵害人应当赔偿损失。我国《民法典》第 1207 条规定，明知产品存在缺陷仍然生产、销售，或者没有依据前条规定采取有效补救措施，造成他人死亡或者健康严重损害的，被侵权人有权请求相应的惩罚性赔偿。

5. 侵权责任

我国《民法典》第 1202～1205 条对侵权责任进行了规定：

第 1202 条：因产品存在缺陷造成他人损害的，生产者应当承担侵权责任。

第 1203 条：因产品存在缺陷造成他人损害的，被侵权人可以向产品的生产者请求赔偿，也可以向产品的销售者请求赔偿。产品缺陷由生产者造成的，销售者赔偿后，有权向生产者追偿。因销售者的过错使产品存在缺陷的，生产者赔偿后，有权向销售者追偿。

第 1204 条：因运输者、仓储者等第三人的过错使产品存在缺陷，造成他人损害的，产品的生产者、销售者赔偿后，有权向第三人追偿。

第 1205 条：因产品缺陷危及他人人身、财产安全的，被侵权人有权请求生产者、销售者承担停止侵害、排除妨碍、消除危险等侵权责任。

6. 免责事项

根据《产品质量法》第 41 条的规定："生产者能够证明有下列情形之一的，不承担赔偿责任：①未将产品投入流通的；②产品投入流通时，引起损害的缺陷尚不存在的；③将产品投入流通时的科学技术水平尚不能发现缺陷的存在的。"该规定与欧洲经济共同体《产品责任指令》规定的免责事项基本相同。

7. 诉讼时效

产品责任损害赔偿请求权的诉讼时效期间与我国民法规定的普通诉讼时效期间相同，即为 2 年，自当事人知道或者应当知道其权益受到损害时起算。

对此，我国《产品责任法》第 45 条规定，因产品存在缺陷造成损害要求赔偿的诉讼时效期间为 2 年，自当事人知道或者应当知道其权益受到损害时起计算。因产品存在缺陷造成损害要求赔偿的请求权，在造成损害的缺陷产品交付最初消费者满 10 年丧失；但是，尚未超过明示的安全使用期的除外。

学思践悟　日本如何由"二战"的战败国发展成为排行前列的经济体？

第二次世界大战后，日本遍地废墟，经济水平跌落谷底。然而，仅仅几十年后，这个战败国就成为排行前列的经济体，创造了令人惊叹的"日本经济奇迹"。"二战"后，美国作为胜利国，在日本实施了占领和改造政策。美国不仅帮助日本制定了新宪法，而且对日本进行了大量的经济援助。20 世纪 50 年代后期，日本的经济完全恢复。1956 年，日本政府制订"电力五年计划"，建立电力工业以及用石油取代煤炭，由此带来的良好影响带动了耐久财消费(Durable Good Consumption)，出现"二战"后第一次经济发展高潮。1958 年，日本政府开始引导企业生产如汽车、电视等家用电器和钢铁，出现了第二次经济发展高潮，称为岩户景气。

日本的企业在经济复苏和崛起中也发挥了重要的作用。日本的企业有着合作厂商、供应商、经销商和银行紧密相连成一个团体的特色，因而这个团体被称为财阀。财阀往往与政府有着良好的关系。公司与工厂里强大的工会和终身雇用制度保证了员工的利益。日本的企业在产品质量、技术创新、市场开拓等方面都表现出了强大的竞争力。日本的汽车、电子、机械等行业成为世界领先的产业，打入了欧美等发达国家的市场。日本人民在战争中遭受了巨大的苦难，对战争和军国主义深恶痛绝。日本人民也积极参与了反对美日安保条约、反对核武器等各种社会运动，表达了自己的意愿和诉求。日本社会也形成了一种勤劳、节俭、敬业、团结的文化和价值观，为经济发展提供了良好的社会基础。

【悟有所得】 产品质量的高低决定着一个民族的形象和声誉，国家的竞争也是质量的竞争，“二战”后的日本大力推行质量管理，日本制造从低劣产品代名词迅速变为高质量、高品质的代名词，日本经济得到大力发展。日本制造业走过的路，如今的中国制造业正在经历。如何提升中国制造在世界范围内的形象，实现中华民族的伟大复兴，需要全员参与，推行质量管理，人人都是建设者，实现中国制造到中国“质”造的转变。各国制造业质量蜕变的过程，引导我们需要用扎实的基础知识、严谨求实与一丝不苟的大国工匠精神以及系统的管理思维对待自己的学习以及未来的职业规划，让自己做一个有品质的人。

第二节 美国产品责任法

一、美国产品责任法

（一）美国产品责任法概述

根据美国《布莱克法律辞典》的规定，产品责任是指“生产者和销售者对因其制造和出售有缺陷的产品而使该产品的购买者、使用者及第三者遭受人身伤害或财产损失而进行赔偿的法律责任”。调整这种法律责任而引起的权利和义务关系的各种法律规范的总称就是产品责任法。按照有关美国法律的解释，产品责任是一种侵权行为，因此产品责任法是侵权行为法的重要组成部分。美国的产品责任法是一种以严格责任为主要归责原则的特殊的侵权行为法。

美国的产品责任的立法表现形式多样，既有习惯法（Common Law），又有成文法（Statute Law），既包括联邦产品责任法、各州产品责任立法和判例以及适用于各州的有关产品责任的规定、判例，也包括对司法实践有着指导作用的有关产品责任的示范法。

美国是联邦制国家，由于联邦宪法对联邦政府立法权的限制，美国产品责任法的正式法律渊源主要表现为美国各州的普通法判例，以及各州的相关制定法。对美国各州立法和司法判例具有重大影响的则是美国法学会编纂的《法律重述》。1965 年，美国法学会颁布了《侵权法重述（第二版）》（以下简称《重述Ⅱ》）。《重述Ⅱ》中关于产品责任的核心条款是第 402A 条款，该条款彻底否定了产品责任诉讼的合同原则，同时确定了产品责任的归责原则为严格责任。严格责任对消费者权益的保护非常有利，但在随后的发展中，严格责任逐渐向低效率的绝对责任发展，对产品生产者或销售者的责任要求越来越严格，抗辩的理由也越来越狭窄，从而导致企业生产成本的增加和经营风险的加重。

到了 20 世纪 90 年代，对《重述Ⅱ》第 402A 条款进行修改的呼声日益高涨。1997 年 5 月，美国法学会颁布了《侵权法重述（第三版）：产品责任》（以下简称《重述Ⅲ》）。《重述Ⅲ》包括四章共 21 条。《重述Ⅲ》对《重述Ⅱ》第 402A 条款所确立的严格责任原则作了重大修改，限制了严格责任适用的范围，并力图对产品责任的相关主要问题做出清晰的整理和阐释。本节也主要结合《重述Ⅲ》的规定展开对美国产品责任法的介绍。

（二）产品责任的概念解析

1. 产品

从经济学上讲，产品是指具有价值和使用价值的人类生产劳动的成果，既包括物质劳动成果，也包括智力精神成果。但是，产品责任法所调整的产品的范围则与经济学上的不尽一致。美国1979年《统一产品责任示范法》第102条(C)项将“产品”定义为：“具有真正价值的，为进入市场而生产，能够作为组装整件或作为部件、零件交付的物品。但人体组织、器官、血液组成成分除外”，“本法所称‘相关产品’是指引起产品责任索赔的产品及其部件和零件”。然而在司法实践中，法官出于各种对保护消费者和公共利益的考虑，常常会做出比法律条文更为宽松、灵活的解释。在美国，凡经过某种程度、某种方式处理的东西，包括任何可销售的(有偿转让)、可使用或可移动的制成品，无论是工业的还是农业的，也不论是整件的还是部件、原材料等，只要由于使用它们或通过使用它们造成损害，都可归为产品责任法调整的“产品”范畴。不仅如此，美国产品责任中的“产品”概念已扩展到无形资产及土地上，甚至为了使消费者能够依据严格责任原则获取赔偿，越来越多的法院将房屋和出租的公寓等不动产视为产品。

2. 瑕疵或缺陷

产品责任制度的核心在于对“缺陷”的解释和定义，因为缺陷是任何权利要求的基础，无缺陷则无责任。因此美国虽然没有明确的立法定义，但《重述Ⅱ》第402条A款规定：“凡销售有不合理的危险的缺陷产品者应对最终使用者或消费者因此而遭受的人身或财产损失承担赔偿责任。”可见“不合理的危险”是美国产品缺陷的核心概念。对于那些在正常用途范围内存在的不可避免的危险属于合理的危险，并不构成产品的缺陷，比如雷管、炸药、各种运输工具、药品等。只有当产品的危险是应该避免而且能够避免而未避免的，才被认为属于不合理的危险(Unreasonable Danger)。也就是说，产品存有缺陷，缺陷产品的制造者或销售者对此应承担责任。

关于产品缺陷的种类，美国《统一产品责任示范法》第104条有明确的规定，具体界定为，“产品制造、设计上存在不合理的不安全性，未给予适当警示或不符合产品销售者的品质担保致使产品存在不合理的不安全性”。

(1)产品的制造缺陷(Manufacturing Defect)

产品的制造缺陷，是指产品存在与该产品的设计意图相背离的物理状况，从而使产品含有不合理的危险。例如，某罐装食品中混杂有一颗小石子，导致消费者在食用时受伤，而小石子的混入并非生产者的意图。产品的制造缺陷往往是生产者在产品的生产或管理过程中的疏忽所致，但也不能排除生产者已经尽了合理注意义务，产品依旧存在制造缺陷。产品的制造缺陷一般只涉及整批产品中的个别产品。

(2)产品的设计缺陷(Design Defect)

产品的设计缺陷，是指产品虽然符合产品的设计意图，但该设计本身含有不合理的危险。例如，一种新奇的“爆炸雪茄”，在点燃时能产生轻微爆炸并带巨响和冒烟的恶作剧效果，购买者在给使用者使用时，导致使用者在点燃时因雪茄爆炸燃着他的络腮胡子而受伤。该案的雪茄符合生产者的设计意图，但该产品的设计显然含有不合理的危险，因为产品的危险性高于产品的实际效用。产品的设计缺陷不仅影响个别产品的安全性，而且会导致该设计下的整批产品存在缺陷。

(3)产品的警告缺陷(Warning Defect)

产品的警告缺陷，是指产品存在可以合理预见的危险，但产品的生产者或销售者没有提供必要和充分的产品使用说明或警告以降低或避免产品存在的危险。例如，生产者没有对杀蟑喷雾剂的使用安全提出充分警告，从而导致使用者在使用该产品时因靠近火源而爆炸。产品的警告缺陷与产品的设计缺陷相类似，其同样会影响整批产品的安全性。对于生产者承担产品危险警告义务的范围，《重述Ⅲ》作了比较详细的阐释。一般原则是，生产者或销售者应对产品使用中可以合理预见的危险做出充分的说明和警告，但并非针对一切可能的危险。另外，需要注意的是，单纯的警告并不能免除生产者应当承担的其他产品责任义务。比如，一个产品存有不合理的危险，而该不合理的危险可以通过更安全的设计予以降低或消除，那么生产者就不应将自己的义务仅仅停留在警告上。警告的作用是有限的，警告“并不能代替一个具有合理安全性的设计”。

3. 责任主体(Persons Liable)

从产品制造的分工合作，到产品的批发和零售，产品最终到消费者手里需要经过很多环节，这意味着在其中的各个环节的产品经营者都有可能成为产品责任的承担者。根据《重述Ⅲ》第1条和第20条的规定，产品责任承担者可分为两类：其一是生产性销售商(Manufacturing Sellers)，主要是指产品的生产者；其二是非生产性销售商(Non-manufacturing Sellers)和其他类型的产品分销者，主要是指从事产品销售或分销的销售者，包括产品的批发、分销和零售业者，此外还可包括从事产品出租(Product Lease)的经营者、在销售—服务混合经营(Sales-service Combinations)中提供产品的经营者以及提供产品寄托(Product Bailment)的经营者。《重述Ⅲ》强调销售应为商业性销售，不包括非商业性销售或分销。销售的产品包括商业活动中的赠品。

虽然美国产品责任法中责任主体的范围较广，但各州法律对不同的责任主体所施加的责任基础并不相同，所有责任主体并非一律对产品的缺陷承担严格责任。在《统一产品责任示范法》中，要求产品制造者承担的是严格责任，而对于产品销售者要求承担的是疏忽责任。根据《统一产品责任示范法》第195条的规定，消费者只有证明产品缺陷所导致的损害是因为销售者没有尽到合理注意义务所致，才可以要求销售者承担产品责任。对于上述问题，《重述Ⅲ》主张，产品的销售者应该与生产者就产品的制造缺陷承担同样的严格责任，因为销售者比消费者具有更强的分担风险的能力，而且在大多数情况下，销售者可以将承担产品责任所负担的损失向产品的生产者进行追索。

4. 权利请求者(Claimants)

在美国产品责任法中没有对产品责任的权利请求者作出统一的界定。但依美国各州的司法实践，在产品责任案件中，凡是其人身或财产因产品缺陷遭受损害的受害者(Victim)都有权向产品的生产者或销售者提出产品责任的权利请求，无论前者与后者是否有合同关系，因此也包括可以合理预见的旁观者。

(三)产品责任法的归责理论

产品责任的归责理论(Doctrine of Liability Fixation)是指缺陷产品的生产者或销售者承担责任的责任基础；从裁判的角度而言，也就是指法官以何种责任理论来认定缺陷产品提供者的法律责任。产品责任的归责理论是产品责任法中的核心制度。相较于世界上的其他国家，美国的产品责任归责理论最具代表性，其主要包含以下三种，即疏忽责任理论、担保责任理论和严格责任理论。

1. 疏忽责任理论(Doctrine of Negligence)

疏忽责任是指产品的生产者或销售者因其在产品生产或销售过程中存有疏忽导致产品存在缺陷，从而应对消费者所遭受的损失承担产品责任。

当原告以疏忽为理由向法院起诉要求被告赔偿其损失时，必须提出证据证明：①被告没有尽到“合理的注意”(Reasonable Care)，即被告有疏忽之处；②由于被告的疏忽直接造成了原告的损失。

美国早期的产品责任理论受到英国判例的影响。最具代表性的是1842年英国最高法院受理的温特博特姆诉赖特案(Winterbottom v. Wright)，要求产品责任诉讼的当事人必须要有合同关系。合同关系理论在美国的影响持续了70多年，虽然其间在产品责任的个别领域突破了合同关系限制，如食品，但合同关系理论的真正突破要等到美国1916年麦克弗森诉别克汽车公司(MacPherson v. Buick Motor Co.)一案的出现。该案的基本案情是，被告别克公司将生产的汽车卖给零售商，零售商又将其卖给原告麦克弗森，之后因为轮子的缺陷，导致汽车倾覆，并致原告受伤。被告主要提出两项抗辩：一是原告、被告之间无合同关系，二是轮子并非由被告生产。但该案法官首先否决了产品责任诉讼须有合同关系的限制，并认为被告作为成品生产商有义务检验产品零部件的质量，应当发现其中的缺陷，因此认定被告疏忽责任成立。该案确立了产品生产者的疏忽责任，并排除了合同关系的要求，由此将产品责任正式导入侵权责任领域，为消费者的产品责任诉讼敞开了大门。

学中做 8—1 英国温特博特姆诉赖特案

原告温特博特姆是一名受雇的马车夫，雇主与被告赖特订有一份契约，约定由赖特提供一辆安全的马车供雇主用于运送邮件。被告按照约定将马车交给雇主，后者让原告驾驶马车运送邮件。但是，原告在驾驶时，马车的一个轮子突然坍塌，造成原告受伤。为此，原告对赖特提起损害赔偿之诉，而被告则以原告不是合同的当事人为由拒绝赔偿。

【解析】 法院认为，动产的债务不发生侵权行为的损害赔偿请求权。而合同责任仅发生在合同的当事人之间。对于非合同的当事人，商品的制造者无注意义务。据此，法院判决原告败诉，由此确立了“无契约无责任”的原则。

做中学 8—1 美国麦克弗森诉别克汽车公司案

别克汽车公司将生产的汽车卖给零售商，零售商又将其中一辆汽车出售给原告麦克弗森。当原告驾车行驶时，因车轮破裂，致使汽车在行进中突然翻倒，原告被抛出车外而受伤。经查，车轮存在缺陷。如果出厂前进行合理检查的话，该缺陷很容易被发现。为此，原告起诉被告别克汽车公司。被告辩称原告受伤是由于汽车车轮破裂造成的，而汽车的车轮并非被告制造，而是由另一家公司提供的，因此被告不应当承担损害赔偿责任。

【解析】 卡多佐法官认为，根据证据显示，该汽车的第一个车轮是用存在缺陷的木材做成的，其轮辐已经成为碎片。如果被告在制造该汽车时检查车轮就能发现瑕疵，而该瑕疵足以危害汽车使用者的生命安全，那么其属于危险商品。被告可以预见买方不经检验会使用该产品，而由于被告疏于检查，因此被告应对该商品承担注意的义务。如果未尽到合理的注意义务，那么无论买方与制造商是否有合同关系，均要承担赔偿责任。纽约州上诉法院依此维持了别克汽车公司应向麦克弗森承担赔偿责任的判决。

本案确立了产品生产者的疏忽责任，排除了合同关系的要求，将产品责任正式导入侵权责任领域，给那些非合同买卖的受害者提供了法律救济途径，并扩大了合同受害人的诉讼理由，为消费者的产品责任诉讼铺设了道路。本案判决也反映了美国一种立法价值取向，即从契约自由下对生产者和销售者的保护开始转向了对处于社会弱势地位的消费者的保护。

2.担保责任理论(Doctrine of Warranty)

担保责任理论是指产品的生产者或销售者违反对产品的品质担保义务而承担的责任。担保责任来源于合同法，销售者有义务保证出售产品的品质。担保可以分为明示担保(Express Warranty)和默示担保(Implied Warranty)。明示担保是销售者通过合同、广告、产品的说明、标签等明示的形式担保产品具有一定的品质。默示担保主要是指销售者担保产品具有商品性(Merchant-ability)，即产品符合产品的一般使用用途。默示担保其实质是销售者对产品所承担的法定义务，保证产品具有起码的品质和效用。

为了保护消费者的利益，早在 19 世纪后期，美国许多州的法院通过对销售者施加默示担保的义务来改变“买主当心”的规则。由于这种产品责任源于合同关系，消费者基于担保责任原则提起诉讼时，原告无须证明被告确有疏忽导致产品有缺陷。但是，原告必须证明：①产品存在缺陷；②原告的损失确由产品缺陷所致；③被告违反了对产品明示或默示的担保。从一定意义上说，担保责任相当于一种严格责任。然而，由于担保责任归属于合同责任，担保责任的认定也受制于合同法上的各种抗辩,如原被告之间应当具有直接的合同关系、明示的弃权条款,以及消费者及时通知产品缺陷及损害的义务等要求。因此,美国法院在司法实践中又逐步突破了这些抗辩限制。

进入 20 世纪,尤其是随着美国《统一商法典》(Uniform Commercial Code, UCC)在 20 世纪五六十年代的起草和通过,默示担保被美国各州的立法所采纳。对于产品责任案件,消费者基于担保责任理论提起诉讼,除证明产品缺陷外,如能证明销售者违反担保即可要求赔偿,而无须证明销售者存在疏忽,因此担保责任相当于一种严格责任。尽管如此,由于担保责任归属于合同责任,担保责任的认定因此也受制于合同法上的各种抗辩,如合同关系要求、明示的弃权条款(Notable Disclaimers),以及消费者及时通知产品缺陷及损害的义务等。这些抗辩限制或削弱了担保责任在产品责任诉讼中的作用。但在司法实践中,美国法院又逐步突破了这些抗辩限制,其中有两个代表性的案例。其一是 1932 年的巴克斯特诉福特汽车公司案(Baxter v. Ford Motor Co.),该案针对明示担保。法院的判决认为,尽管原告、被告之间没有合同关系,但原告有理由信赖被告作的担保;而且法院进一步认为,生产者对产品所作的明示担保,其受众对象并非只是具有合同关系的买方,而是一般的公众,因此合同关系不能成为该案诉讼的障碍。该案突破了担保责任的合同抗辩限制,将担保责任延伸至侵权责任领域。其二是 1960 年的海宁森诉布鲁姆费尔德汽车公司案(Henningsen v. Bloomfield Motor, Inc.),该案法院判决首先排除了合同关系要求,担保责任覆盖可以合理预见的使用者;其次,合同中作为格式条款的消费者弃权条款,无论是在其订立上还是在结果上,都明显不公平,而且与生产者或销售者的默示担保义务相违背,损害了公共利益,因而判定该条款无效。上述判例逐步突破了担保责任的合同抗辩限制,将担保责任延伸至侵权责任领域,丰富了产品责任诉讼的基础。

在判例发展的同时,立法上的进展主要体现在美国的《统一商法典》。《统一商法典》在 1966 年修订时,对于担保责任诉讼,提出了三个方案(Alternative)供各州立法采纳:①方案 A,销售者的担保,无论是明示还是暗示的担保,其范围不仅涵盖合同的买方(Immediate Buyer),而且包括买方的各家庭成员以及其他可以合理预见的使用、消费产品或受产品影响的客人;②方案 B,销售者的担保延伸至可以合理预见的使用、消费产品或受产品影响的任何个人(Any Individual);③方案 C,销售者的担保延伸至可以合理预见的使用、消费产品或受产品影响的任何人,并且销售者不能将责任仅局限于人身伤害赔偿。方案 C 意味着法人也可以成为担保责任诉讼的原告,并且如果受害人只是遭受财产损害也可以提出诉请。对于上述三个方案,美国大多数州的立法采纳了方案 A,也有相当数量的州立法采纳了方案 B,少数几个州的立法采纳了方案 C。

同步案例 8-2　　美国巴克斯特诉福特汽车公司案

原告巴克斯特从汽车零售商处购买了一辆被告福特汽车公司生产的福特牌汽车。在该汽车的使用手册上,被告宣称汽车的挡风玻璃是防碎玻璃。但是,当原告在驾驶汽车时被一颗小石子击中挡风玻璃,玻璃的碎片伤及原告的眼睛。为此,原告以违反担保为由起诉福特公司。被告福特公司以原告与被告之间没有直接的合同关系作为抗辩。

【案例精析】 法院的判决认为,尽管原告与被告之间没有合同关系,但原告有理由信赖被告所作的担保。同时,被告能够预见对其产品的明示担保范围涉及购买者和使用者,即受众对象并非只是具有合同关系的买方,因此合同关系不能成为该案诉讼的障碍。

3. 严格责任理论(Doctrine of Strict Liability)

严格责任是指对于产品存在的缺陷,即使产品的生产者或销售者不存在任何过错,也应当对缺陷产品所造成的损失承担赔偿责任。严格责任是一种无过错责任(Liability without Fault),因此在该责任下,消费者证明的核心在于产品的缺陷,而无须证明产品的缺陷是否由于生产者或销售者的疏忽所致。

严格责任理论的发展和确立也是一个渐进的过程。1944 年，在埃斯科拉诉可口可乐瓶装公司(Escola v. Coca-Cola Bottling Co. of Fresno)一案中，虽然原告不能证明被告对产品的缺陷是否存有过失，但法院支持原告引用“事实不言自明”原则(Doctrine of Res Ipsa Loquitur)，从而推定被告存在过失。“事实不言自明”原则虽然还是在过错责任的范畴内，但其通过过错推定的方式，从而减轻了消费者的举证责任，使产品责任向严格责任的方向发展。1960 年，海宁森诉布鲁姆费尔德一案中所确认的默示担保理论也对严格责任的产生发挥了重要的影响。1963 年，格林曼诉尤巴电机公司案(Greenman v. Yuba Power Products, Inc.)标志着严格责任的正式确立。该案法官引用了埃斯科拉诉可口可乐瓶装公司一案中特雷诺法官的观点，即“当产品投入市场时，生产者明知产品将不经检验而使用，那么其就应当对产品缺陷所造成的损害承担严格责任”，因为相较于消费者，生产者更有能力了解和控制产品缺陷所带来的风险。两年后，即在 1965 年，《重述Ⅱ》第 402A 条正式在立法上确立了严格责任。该条第 2 款规定：“尽管有下列情况(销售者依然承担责任)：①在制备或销售产品时，销售者已经尽到了一切可能的注意；②使用者或消费者没有从销售者手中购买产品或与销售者没有任何合同关系。”“尽到了一切可能的注意”意味着，即使生产者或销售者对产品缺陷不存在任何过错依然要承担产品责任。《重述Ⅱ》第 402A 条款颁布后迅速被美国各州的立法和司法所采纳。

严格责任理论对于消费者提起产品责任诉讼非常有利，但这并不意味着疏忽责任理论和担保责任理论的消失。相反，在美国产品责任诉讼中，还是有相当数量的案件，消费者选择疏忽责任或担保责任作为诉讼的责任基础。毫无疑问的是，大多数案件消费者选择的是严格责任。

同步案例 8—3　　格林曼诉尤巴电机公司案

原告格林曼的妻子购买了一件组合电动工具(既能当锯、钻，又能当木料车床)作为 1955 年圣诞节礼物送给原告。1957 年，原告买来能使该工具作为车床使用的必要附件。原告按照制造商宣传册的说明正常使用了几次。在之后的一次使用中，机器中突然飞出一个木块击中他的前额，使他受了重伤。10 个多月后，原告以违反担保和过失为由起诉了零售商和制造商，要求赔偿。

【案例精析】 初审法院判决驳回原告对零售商的诉讼请求，支持了原告对制造商的诉讼请求，并判决制造商应向原告支付损害赔偿金 65000 美元。原告和制造商不服，提起上诉。

特雷诺法官发表了判决意见：“……原告提供了实质性证据证明他的伤害是由于产品本身的设计和构造缺陷造成的。专家证明，由于没有使用适当的一组螺丝来使该工具各部件紧固在一起，导致正常的振动引起车床的尾座偏离木头，并导致木块飞出车床。他们也证明，有许多其他更有效的办法使该工具的各个部分紧固在一起，这样就可以防止事故的发生。陪审团因此合理地得出了两个结论：第一，制造商在组装该工具的过程中存在过失；第二，制造商的宣传小册子构成明示担保，原告的伤害是被告违反担保造成的……

根据本案的情形，只要要求制造商承担严格责任，原告就无须证明明示担保的存在。当一个制造商将一件产品投放到市场中时，如果明知它将不经检查而被使用，而此项产品被证明含有使人受到伤害的缺陷，那么该制造商在侵权方面负有严格责任。……严格责任的目的是确保因缺陷产品所致损害的费用应由将这些产品推向市场的制造商承担而非由无力保护自己的受害人承担。……受害的消费者无须依靠复杂的买卖法寻求救济。在本案中，确立被告责任的证据已经足够，因为原告证明了他是在按照该工具的用途使用时，由于产品的制造或设计的某种缺陷而受伤的。这种使该工具处于不安全的缺陷是原告无法预料到的。……维持原判。

本案中，法院判决原告胜诉，依据的不是担保责任，而是侵权法中的严格责任。特雷诺法官在判决中指出：当一个制造商将一件产品投放到市场中时，如果明知它将不经检查而使用，而此项产品被证明含有致人受到伤害的缺陷，那么该制造商在侵权方面负有严格责任。此即产品责任法上著名的“格林曼规则”。该规则标志着严格责任在产品责任领域被正式确立下来

该判决表明，法院的侧重点从生产者的行为转移到产品的性能上。只要产品存在缺陷，并造成人身损害或者财产损害，该产品的生产者就应承担责任，不管生产者是否存在过失，也不管生产者是否提供了担保，从而避免了在过失责任下的举证困难，也消除了担保责任下的种种限制。

4. 严格责任的发展和《重述Ⅲ》的重述

严格责任理论为消费者的产品责任诉讼提供了非常有利的条件，但这也对美国产业的发展乃至相关的公共利益产生了重大的影响。严格责任理论在其后沿着两个方向发展：一方面，严格责任朝着更有利于保护消费者的方向发展，比如“市场份额责任理论”的提出；又如，对“业内技术发展水平”抗辩的限制。这在为消费者提供更充分救济的同时，也加重了生产者的责任。另一方面，美国法律界开始考虑对严格责任的适用做出适当的限制，从而更为公平地分配生产者与消费者之间对产品危险的风险分担，在整体上促进社会公共利益的发展。《重述Ⅲ》对严格责任的重述代表了这一发展方向。

《重述Ⅲ》第 2 条对产品缺陷的界定与严格责任的适用具有直接的关系。该条把产品缺陷分为三类，即制造缺陷、设计缺陷和警告缺陷。对于制造缺陷，该条规定：(a)对于产品背离设计意图，即便在制备或销售产品过程中，(销售者)已经尽到了一切可能的注意，该产品即存在制造缺陷。但对于产品的设计缺陷和警告缺陷，该条规定：(b)对于产品存在的可以合理预见的损害风险，如果销售者或其他分销者，或者他们在产业销售环节中的前手，可以通过采用合理的替代设计(Reasonable Alternative Design)减少或避免该风险的话，而他们疏于采用该替代设计以致产品不具有合理的安全性，那么该产品即存在设计缺陷；(c)对于产品存在的可以合理预见的损害风险，如果销售者或其他分销者，或者他们在产业销售环节中的前手，可以采用合理的说明或警告减少或避免该风险的话，而他们疏于采用该说明或警告以致产品不具有合理的安全性，那么该产品因缺乏适当的说明或警告而存在缺陷。

由此可见，对于产品的设计缺陷和警告缺陷，《重述Ⅲ》规则设置的目的“与基于过失的侵权责任达到的目的是相同的”。这意味着生产者或销售者对此承担的是过错责任，而非严格责任。这一点是《重述Ⅲ》对《重述Ⅱ》的最大修改。

(四)产品责任的抗辩

产品责任的抗辩(Defense)，是指产品责任人主张减轻或免除责任的理由。在美国立法和司法实践中，常见的抗辩主要有以下几种：

1. 不可预见性(Unforeseeability)

不可预见性是指产品含有不可预见的危险(Unforeseeable Danger)。在 20 世纪 80 年代中期以前，由于《重述Ⅱ》第 402A 条款所确立的严格责任原则，因此美国法院一般不认可不可预见的危险作为产品责任的抗辩。但随着严格责任适用范围的缩小，尤其是《重述Ⅲ》的颁布，不可预见的危险成为一项非常重要的抗辩，特别是针对产品的设计缺陷和警告缺陷。因为《重述Ⅲ》以及众多法院的司法判决已经在实质上把上述两种产品缺陷所产生的产品责任界定为是一种过错责任。

2. 业内技术发展水平(State of Art)

业内技术发展水平往往是指产品的设计代表了产品投入流通时的业内最高水平。从产品缺陷的角度而言，“业内技术发展水平”意味着，当产品投入流通时，依当时的科学技术水平难以发现产品存在的缺陷。对此抗辩，多数法院持肯定态度。《重述Ⅲ》中“合理替代设计”概念的引入，也意味着“业内技术发展水平”可以作为产品责任的抗辩。但《重述Ⅲ》也指出，由于这个概念具有一定模

糊性，因此该项抗辩能否成立，最根本的标准还是在于是否存在更合理的替代设计。

3. 显而易见的危险(Obvious Danger)

显而易见的危险或可称为众所周知的危险(Generally Known Danger)。对于该类危险，几乎所有的法院都认为产品的生产者没有义务对此提出警告。正如前文所述，如果要求对显而易见的危险提出警告，会降低警告总体上的有效性。但需要注意的是，“风险的显而易见性并不必然排除(生产者)提供更安全设计的义务”，因为即使危险显而易见、警告足够充分，但消费者还是有可能因为产品设计的不安全性而不可避免地卷入危险之中。

4. 产品固有的危险(Inherent Product Danger)

很多产品含有天生的或固有的危险，该危险不可避免，比如一把刀或含有天然副作用的药品。消除该产品的固有危险可能会根本上改变产品的性质和功能。产品固有的危险能否作为一项成功的抗辩，与产品缺陷的判断标准有密切联系。依产品缺陷的“风险—效用比较标准”，该项抗辩能够成立的产品往往是因为产品的实际效用明显高于产品的固有危险；反之，如果危险低于效用，那么该项抗辩不能成立，而且其后果往往是该产品被逐出市场。

5. 产品的误用和改造(Product Misuse and Alteration)

消费者对产品的误用和改造并非罕见，因此而造成的损害，生产者能否免责，关键在于产品的误用和改造是否可以合理预见。一般而言，美国法院认为生产者有义务采取措施防止可以合理预见的误用和改造所造成的危险，比如采用更合理的设计或更充分的警告。但对于不可预见的误用和改造，生产者没有义务采取防护措施，因此而导致的损害往往是因为消费者自身严重的过失。

6. 合同中的免责或限制责任条款(Disclaimers and Limitations)

因为关涉公共利益和消费者权益的保护，美国法院不允许生产者或销售者通过在合同中订立免除责任或限制责任的条款来减免自身的责任。不过《重述Ⅲ》允许一个有限的例外，即当消费者在获取充分信息和具备充分实力的条件下，承认减免责任条款的效力。

7. 原告的过错(Plaintiff's Fault)

对于原告的过错行为能否成为生产者或销售者的抗辩理由，《重述Ⅱ》主要考虑了两种情况。其一是共同过失(Contributory Negligence)。根据《重述Ⅱ》第463条的定义，共同过失是指原告遭受的损害是由于原告没有尽到注意义务与被告的过失所共同造成的。其二是自担风险(Assumption of Risk)。自担风险是指原告明知产品存在危险，但仍自愿且不合理地将自己置于产品的危险之中。《重述Ⅱ》的上述主张在其颁布后的最初10年，基本上被美国各法院所接受。但随着对严格责任态度的改变，上述两个概念逐渐被“比较过错”(Comparative Fault)所代替，原告的过失可以成为产品责任的抗辩理由。《重述Ⅲ》第17条也认为：“原告因产品缺陷所导致的损害，如果也缘于原告没有尽到适当的注意义务，那么将减少原告的赔偿请求。”目前，美国绝大多数州在产品责任诉讼中采用比较过错原则来确定责任的分担，只是有些州采用的是纯比较过错(Pure Comparative Fault)原则，即责任的划分纯粹按照双方过错所占的比例；而有些州采用的是经过改造的比较过错原则(Modified Comparative Fault)，比如多数州规定，如果原告负有超过50%的过错，那么其赔偿请求将完全被禁止。

二、损害赔偿

美国产品责任法中的损害赔偿范围主要由美国各州的判例法所决定，因此损害赔偿的具体内容非常繁杂。但有一个突出的普遍特点，即相较于世界上其他国家，美国产品责任诉讼判决的赔偿金额相当高昂，普通案件动辄几十万、上百万美元，个别案件甚至高达上百亿美元。有时一个案件的判决足以构成对涉案生产企业的致命打击，甚至对整个产业产生重大影响。美国产品责任法中的赔偿范围一般包括以下方面：

1. 人身伤害赔偿(Damages for Personal Injury)

人身伤害赔偿一般可包括：①受害人已花费的和将来花费的必要的医疗费用；②因人身伤害而导致的间接经济损失，如收入损失及因收入能力的减退而导致的经济损失；③肉体痛苦和精神伤害(Pain and Suffering)，该项赔偿在全部赔偿金额中往往占很大的比例，这也是美国产品责任赔偿的一个特点；④受害人死亡后，其近亲属因此而遭受的损失，如抚养费、精神损害等。

2. 财产损害赔偿(Damages for Property Damage)

该项赔偿的对象是缺陷产品以外的财产损失，不包括缺陷产品本身的损失以及因缺陷产品本身的损害所导致的间接损失。对于财产损害所导致的间接损失的赔偿问题，美国侵权法的规定比较复杂，需考虑该损失的可预见性、近因性和确定性等因素。一般情况下，美国法院支持该赔偿请求。

3. 惩罚性赔偿(Punitive Damages)

惩罚性赔偿是指侵权行为人实施侵权行为出于恶意或存有重大过失，因而法院在判令支付补偿性赔偿金的基础上，再要求侵权行为人向受害者支付额外的赔偿金。惩罚性赔偿是对侵权行为人的惩罚，从而达到抑制该类侵权行为的目的。惩罚性赔偿是美国产品责任法的一个重要制度。根据《统一产品责任示范法》第 120 条的规定，“如果原告通过清晰且信服的证据证明，产品消费者、使用者或其他人所遭受的损害是因为销售者对产品安全所采取的轻率漠视的态度所致，那么原告将获得惩罚性赔偿”。惩罚性赔偿在美国产品责任案件中被广泛应用，但法院在具体判决中一般需考虑下列因素：①销售者不当行为(Misconduct)导致严重损害的可能性；②销售者对上述可能性的认知程度；③销售者因不当行为所能获得的非法利益；④销售者不当行为的持续时间和隐瞒程度；⑤销售者发现不当行为后所采取的态度，以及不当行为是否已经终止；⑥销售者的经济状况；⑦对销售者已经施加的或可能施加的其他惩罚措施的总体效果；⑧原告所遭受的损害是否缘于原告本身对产品安全的轻率漠视。

第三节 欧盟产品责任法

欧盟的产品责任统一法主要由《斯特拉斯堡公约》《产品责任指令》《欧洲产品安全指令》等构成。欧盟的各成员国有义务使其国内的产品责任法与后两项指令相符。目前，欧盟的各成员国都已完成了此项义务。

一、《斯特拉斯堡公约》(《产品责任公约》)

该公约全称是《关于造成人身伤害和死亡的产品责任公约》(Convention on Product Liability in Regard to Personal Injury and Death，以下简称《产品责任公约》)。它由欧洲理事会拟订并在 1976 年欧洲理事会会议上获得通过，次年 1 月起由各成员国正式签订。《产品责任公约》共有 19 条和 1 个附件。其基本内容如下：

(一)适用范围

《产品责任公约》只适用于缺陷产品造成的人身伤害或死亡的产品责任案件。缺陷产品包括天然的产品加工或未加工的工业品，以及被组装在动产或不动产内的产品，但不包括不动产。

(二)应负产品责任的生产者范围

公约中应负责任的生产者包括：

(1)制造商。即成品或零配件的制造者以及天然产品的生产者。

(2)产品进口商。即任何以将产品投入商品流通为目的按商业惯常做法进口产品者。

(3)任何使自己名字、商标或其他标识特征出现在产品上将其作为自己产品的出示者。

(4)产品供应商。即产品没有标明生产者时,每一供应者应视为生产者,除非根据索赔人的要求,供应者将生产者或前供应者的身份在合理的时间内通知索赔人。

(三)归责原则及赔偿责任

《产品责任公约》规定了严格责任原则。如果数人对同一损害都负有责任时,则每个人应承担连带责任。

(四)生产者的抗辩事由

存在下列情形时,生产者不负责任:①未将产品投入流通;②产品投入流通造成损害的缺陷尚不存在或缺陷是投入流通后由第三人造成的;③该产品的制造既非为销售、出租或生产者为了经济目的进行其他形式的分销,又非按其惯常商业做法制造或分销;④受害人或索赔人本身的过失。不过在最后一种情况下,应考虑所有情况后再决定免除或减少生产者的责任。此外,《产品责任公约》第 8 条明确规定,本公约规定的生产者责任,不得以任何免责或解除义务的条款加以排除或限制。

(五)赔偿限额

《产品责任公约》附录规定,对每一死者或伤者的赔偿额不得少于相当于 7 万特别提款权的国内货币;对同类产品的相同缺陷所造成的一切损害的赔偿额不得少于相当于 1000 万特别提款权的国内货币。

(六)诉讼时效

索赔人的诉讼时效为自其知道或应当知道损害、缺陷及生产者身份之日起算 3 年;生产商对其产品负责的时效为 10 年,自其造成损害的产品投入流通之日起计算。上述两种时效以先过者为准。

二、《产品责任指令》

该指令的全称为《缺陷产品责任指令》(Directive Concerning Liability for Defective Products,以下简称《责任指令》),于 1985 年正式获得欧共体理事会通过。《责任指令》的基本内容如下:

(一)实行严格责任

《责任指令》第一条明确法律原则:"生产者应当对缺陷产品所造成的损害承担责任。"该原则未提及"过错",因而确立了生产者承担严格责任原则。《责任指令》规定,如果产品使用者因使用某一有缺陷的产品而遭受了损失(死亡、致残或财产损失)时,受害人应当对损害、缺陷及两者之间的因果关系负举证责任,即只需证明产品有缺陷且其所受的损失就是由该缺陷造成的,无须证明被告存在过失。

(二)明确了产品定义

《责任指令》所指的产品是指除初级农产品和狩猎产品以外的所有动产内的物品,但不包括赌博用品。但《责任指令》允许各成员国对初级农产品和狩猎产品做出不同于《责任指令》的国内立法,因此,法国、瑞典、奥地利、芬兰、希腊等国立法均未将初级农产品排除。1999 年,欧共体理事会通过了第 34 号《责任指令》,将初级农产品和狩猎产品纳入"产品"之中,德国《产品责任法》也做了相应修改,不再排除对初级农产品的适用。现各成员国的规定趋于统一。

(三)规定了生产者范围

《责任指令》规定的生产者包括:产品生产商;原材料生产商;零部件制造商;任何将其名称、商标和其他标志附于产品上表明自己是生产者的人;任何将产品进口至欧盟内用于销售、雇用、出租或任何经销的人等;若不能确认实际生产者时,则由供应商承担生产者责任。如进口商品未标明进口商的，则由供应商承担产品责任。

（四）采用了客观标准界定缺陷

《责任指令》规定，在考虑所有情况后，如果某产品未能提供消费者有权期待的安全，该产品就被认为是缺陷产品。所有应考虑的情况，包括产品状况、产品的使用说明、对产品的合理预期及产品投入流通的时间等。

（五）列举了抗辩理由

《责任指令》允许被告提出的抗辩理由有：①未将产品投入流通领域；②在产品投入流通时缺陷并不存在；③产品非生产者为销售或经济目的而制造或分销；④产品的缺陷是由于遵守了政府强制性法规所致；⑤在将产品投入流通时的科学与技术水平尚不能发现产品存在缺陷（即发展风险。对于发展风险，《责任指令》允许各成员国决定是否采纳。多数成员国规定发展风险可以免责。但卢森堡、芬兰未作规定，西班牙则规定不适用于人用药品和食品）；⑥受害者自己的误用或过失是否可作为抗辩理由由各国自行决定；⑦如果伤害是由于产品设计中的缺陷或者生产者所提供的说明不当所致，则产品零部件及原材料的供应者不承担责任；⑧在某些情况下，原告的过失，被告只能减轻责任。此外，时效也能作为被告抗辩理由之一。《责任指令》规定，受害者的索赔权利自生产者将缺陷产品投放市场之日起 10 年届满即告消灭。《责任指令》要求成员应在立法中规定提起损害赔偿的诉讼时效，此诉讼时效为 3 年，从原告知道或者应当知道受到损害及缺陷产品生产商之日起计算。

（六）规定了损害赔偿的范围

《责任指令》允许各成员国通过国内法对同类产品的同样缺陷造成的人身伤害或死亡的赔偿总额不得多于 700 万欧洲货币单位。同时规定，每一诉讼财产损失最低赔偿额不得低于 500 欧洲货币单位。《责任指令》未规定对间接经济损失的赔偿责任，但有一些国家规定了非物质赔偿（精神损害赔偿），但德国、荷兰、希腊不予规定。

三、《欧洲产品安全指令》

为协调成员国关于保护消费者不受危险消费品损害方面的规则，欧盟理事会于 1992 年 6 月 29 日通过了《欧洲产品安全指令》（The European Product Safety Directive，以下简称《安全指令》）。《安全指令》于 1994 年 6 月 29 日正式实施，其基本内容如下：

（一）生产者安全责任的一般要求

根据《安全指令》第 1 条和第 2 条的规定，生产者应确保其投入欧洲市场上的产品在正常的或合理可预见的使用条件下是安全的。在涉及对个体的安全和健康的保护水平时，《安全指令》要求生产者应考虑其产品的特点，受其他产品的影响情况、产品的供应情况，使用产品时处于严重危险状态中的消费者特别是未成年人的类别。换言之，生产者不仅要确保其产品投入流通时不存在缺陷，而且要保证产品在合理可预见使用条件下的安全性。

（二）生产者的范围

《安全指令》第 2 条第 1 款规定，应承担产品安全责任的生产者是指产品的制造者、以生产者商标或其他标识列于产品上的准制造者、产品的修理者、在供应环节中可能影响市场中产品安全性能的其他职业者。

（三）生产者的产品安全措施

根据《安全指令》规定，生产者不仅有义务生产无缺憾产品，而且有义务在产品投入市场后采取相关的产品安全措施。该安全措施由售后监督措施和必要的行动措施所构成。售后监督措施是指在投入市场的产品中发现可能会给消费者带来危险而采取的适当措施。必要的行动措施包括向消费者提供产品安全使用的信息或危险的警告，并于必要的时候将有问题的产品从市场中收回以避免这些危险发生。《安全指令》明确规定，单纯的警告并不能免除生产者按《安全指令》所承担的其他义务。

第四节　产品责任法适用的国际公约

随着产品生产和销售的国际化，国际上涉及不同国家当事人的产品责任案件频繁发生。由于各国政治、经济发展水平的差异，各国在产品责任涉及的规定和做法不尽相同，由此产生产品责任承担的不确定性。这对国际经济的交往不利，在一定程度上阻碍了国际商品流通和自由竞争的发展。解决这一问题，可以通过两种途径：其一是制定国际产品责任的统一实体法，如《关于造成人身伤害和伤亡的产品责任公约》；其二就是利用冲突规范确定产品责任适用的准据法，如《产品责任法律适用公约》。

一、《关于造成人身伤害和死亡的产品责任公约》(《产品责任公约》)

欧洲各国由于传统上的密切联系，其最先感受到产品责任的国际化发展与各国产品责任法律制度巨大差异之间的矛盾所带来的对商品流通和自由竞争的阻碍。为了解决这一问题，20 世纪 70 年代以来，欧洲理事会、欧洲经济共同体等区域性政治和经济组织，积极致力于统一产品责任国际立法活动，并缔结了专门性的国际公约。《关于造成人身伤害和死亡的产品责任公约》(或称《关于人身伤亡的产品责任公约》，简称《产品责任公约》)是由欧洲理事会拟定并于 1976 年召开的理事会会议上通过的。欧洲理事会各成员国于 1977 年 1 月 27 日在斯特拉斯堡正式签订，故又称《斯特拉斯堡公约》。该公约的基本内容在本项目的第三节已有述及，为方便教学，此处再简要介绍。

(一)适用范围

《产品责任公约》的适用范围仅限于对人的伤害、致死方面的案件，调整由于缺陷产品造成人身伤害和死亡所引起的赔偿责任问题，但不包括缺陷产品对财产造成的损害所引起的产品责任。

(二)关于产品的定义

根据《产品责任公约》第 2 条规定，“产品”一词是指所有动产，包括天然动产或工业动产，无论是未加工的还是加工过的，即使是组装在另外的动产内或组装在不动产内。例如，桥梁是不动产，但建造桥梁用的钢筋和水泥仍可作为动产对待，如果桥梁内钢筋和水泥等建筑材料有缺陷致使桥梁断裂造成人员伤亡，那么该钢筋和水泥的生产厂商应承担产品责任。

(三)关于缺陷的定义

《产品责任公约》第 2 条第 3 款规定，考虑包括产品说明在内的所有情况，如果一件产品没有向有权期待安全的人提供安全，则该产品有缺陷。

(四)关于责任主体

《产品责任公约》将生产者确定为产品责任的承担主体，并进一步解释了生产者的范围：①成品或零配件的生产者；②任何以将产品投入流通为目的的按商业惯例进口产品的人；③任何使自己名字、商标或其他标志特征出现在产品上将其作为自己产品的出示者；④产品没有标明生产者时，每一供应者应被视为生产者，除非根据索赔人的要求，供应者将生产者或前供应者的身份在合理的时间内告知索赔人。

(五)归责原则

《产品责任公约》规定了严格责任原则，并且如果数人对同一损害都负有责任时，他们之间承担连带责任。

（六）赔偿和免责

《产品责任公约》没有对赔偿额进行最高限制，而是相反，确立了最低限制。它规定，对每个死者或伤者的赔偿额不得少于相当于 7 万特别提款权的国内货币；对同类产品的相同缺陷造成的一切损害的赔偿额不得少于相当于 1 000 万特别提款权的国内货币。

但如果存在以下情形，生产者可以不承担责任：①生产者未将商品置于市场销售；②依据情况判断，在产品投入流通时，造成损害的缺陷尚不存在或缺陷是投入流通后由第三人造成的；③该造成损害的缺陷产品不是用于销售、出租或为经济目的的分销，又非在商业过程中制造或分销；④受害人本身的过失。不过在最后一种情况下，应考虑所有情况后决定减少或免除生产者的责任。如果损害既是由产品的缺陷，又是由第三方的行为或疏忽造成的，则不应该减轻生产者的责任。此外，该公约第 8 条规定，本公约规定的生产者责任不得以任何免责或解除义务的条款加以排除或限制。

（七）时效

《产品责任公约》规定诉讼时效为 3 年，自申请人发觉或必须合情合理地发觉损害、缺陷及生产者的身份之日起计算。如果诉讼未在自生产者将造成损害的单个产品投入流通之日起 10 年内提出，根据《产品责任公约》的规定，则受损害者丧失对生产者要求赔偿的权利。

二、《产品责任法律适用公约》（《海牙公约》）

《产品责任法律适用公约》(Convention of the Law Applicable to Product Liability)，又称《海牙公约》，是由 1964 年第 10 届海牙国际私法会议各成员国签署的，1977 年 10 月 1 日正式生效。《海牙公约》是目前国际上唯一的产品责任方面的冲突法公约，其宗旨是在国际范围内解决产品责任法律适用的问题。它主要适用于有关产品的国际性诉讼案件，而且仅适用于无合同关系的当事人之间所发生的纠纷。

（一）《海牙公约》的适用范围

根据《海牙公约》第 1 条的规定，公约适用的责任范围包括产品存在制造缺陷、设计缺陷和错误说明或警示缺陷时给产品的使用者或消费者造成的损害，而如果该使用者或消费者是买卖合同、赠与合同、租借合同或其他合同关系的对方当事人，则在该产品的所有权或使用权已由被控负有责任的人转移到上述的合同对方当事人时，所产生的损害不适用本公约，而由相关的合同准据法进行解决，即公约不适用于合同关系当事人之间的争议。

《海牙公约》所调整的“产品”的范围，包括一切可供使用或消费的天然产品和工业产品，而无论是加工的还是未加工的，也无论是动产还是不动产。

《海牙公约》中所指的承担责任的主体范围包括：产品的制造商；成品或零配件的制造商；天然产品的生产者；产品的供应者；修理人、仓库管理人等在产品准备或销售等商业环节中的其他人；上述所有人的代理人或雇员。

《海牙公约》认为，损害是指对人身的伤害或对财产的损害及经济损失。但对于缺陷产品自身的损失及间接损失，《海牙公约》没有完全排除在赔偿之外，而是规定如果这种损害是与其他损害联系在一起的，则也应包含在赔偿范围之内。例如，某饭店因一高压锅安全阀有缺陷致使高压锅爆炸无法营业，由于该安全阀的损失及营业损失与高压锅及其他损害联系在一起，因此产品提供者应该一并承担责任，赔偿相关损失。

（二）准据法的确定

《海牙公约》在第 4 条至第 7 条对于产品责任纠纷的法律适用问题作出了规定。该公约的突出特点是以两个以上的连接点来确定所适用的准据法，以避免单独连接点不能得到满意的结果。此外，公约也允许受损害者在一定范围内自己选择准据法。

《海牙公约》所提供的基本连接点有四个：①损害地，是指权益最初被侵害的地方或损害最初发生的地方。②直接遭受损害的人的经常居住地。③被控负有责任的人的主要营业地。如果直接受损害的人的经常居住地或被控负有责任的人的主要营业地发生变化，则一般认为以损害事实发生时其所处的经常居住地或主要营业地为确定准据法的连接点。④直接遭受损害的人取得产品地。这里取得产品地是指事实上占用产品，而并非取得法律上的权限。

根据以上四个连接点确定的法律适用规范，《产品责任公约》提供了以下规则：

(1)以损害地所在国的国内法为基本的适用法律时，必须同时满足下列条件之一：①该国又是直接遭受损害的人的经常居住地所在的国家；②该国又是被控负有责任的人的主要营业地所在国；③该国又是直接受损害的人取得产品地的所在国。

(2)以直接受损害的人的经常居住地所在国的国内法为基本适用的法律时，也必须同时满足下列条件之一：①该国又是被控负有责任的人的主要营业地所在国；②该国又是直接受损害的人取得产品地的所在国。

(3)如果四个连接点分散在不同的国家，或者虽然被控负有责任的人的主要营业地与直接受损害人取得产品地是在同一个国家，但是，损害地和直接遭受损害人的经常居住地分别在其他国家时，通过上述两种方法均不能确定准据法。在此种情况下，《海牙公约》认为可以首先考虑适用被控负有责任的人的主要营业地所在国的国内法，但《产品责任公约》还是赋予原告在损害地与被控负有责任的人的主要营业地之间进行选择的权利。该公约第 6 条规定，凡第 4 条和第 5 条指定的法律都不适用时，则适用的法律应为被控负有责任的人的主要营业地所在国的国内法，除非请求人根据损害发生地所在国的国内法提出请求。《产品责任公约》的此项规定尽管可能不会给受损害方带来诉讼上的便利(因为损害发生地也并非受损害人的经常居住地)，但至少不会给受损害方带来诉讼上的不便，或者说这种规定毕竟给了受损害方一个选择的权利，使其可以按照自己的意愿选择救济的途径。

(4)如果被控负有责任的人证明其不可能合理地预见该产品或同类的产品会经由商业渠道在《产品责任公约》规定的损害地所在国或直接受损害人经常居住地所在国出售，则由于该产品引起的诉讼只能适用被控负有责任的人的主要营业地所在国的国内法，而损害地所在国的国内法和直接受损害的人的经常居住地所在国的国内法都不能适用。例如，被告所生产的一种玩具在 X 国被常年禁止进口，后来解禁，被告并不知晓。X 国一玩具零售商从被告的一个批发商手中购买了该玩具回国销售，由于玩具存在缺陷造成一个儿童受伤，向被告索赔。此时被告可依《产品责任公约》的此项规定，以不能合理预知为抗辩理由，要求适用被告主要营业地所在国的国内法解决该纠纷。

(5)《产品责任公约》还规定，即使是按照第 4～7 条规定确定了上述的准据法，也不应不考虑产品销售生产所在国通行的行为规则和安全规则。也就是说，《产品责任公约》认为，受理案件的法院有权根据市场国的安全标准作为判断生产者责任的地方性材料，即使市场国的法律不是按照公约规定所确定的准据法。如果根据市场国的安全法律可以认定生产者负有责任的话，法院也可以将这一事实作为判决的参考。

(三)准据法的适用范围

《海牙公约》第 8 条列举了准据法的适用范围，即准据法所能够解决的问题包括：①责任的条件和范围；②免除、限制和划分责任的依据；③可予赔偿的责任种类；④赔偿的方法及范围；⑤损害赔偿的权利可否转让或继承的问题；⑥可依自己的权利要求损害赔偿的人；⑦委托人对其代理人或雇员行为所承担的责任；⑧举证责任；⑨关于时效及起诉期限的规定，包括有关时效或起诉期限的开始、中断和终止的规定。

(四)其他规定

《海牙公约》规定根据《产品责任公约》所确定的准据法必须得到适用，只有这种适用明显地与该国的公共政策或公共秩序相抵触或不一致时，才可以拒绝适用。

关于准据法，只要依据《产品责任公约》所提供的规则是确定的，即使所确定的是非缔约国的法律，也是公约所允许的；并且这种非缔约国法律的适用不受任何互惠条件的影响，是一种独立的适用。

关于《产品责任公约》的适用顺序，在第 15 条这样规定：对于缔约国参加的，或可能参加的其他专门方面的公约中有关产品责任的规定，本公约不应优先适用。换言之，如果某国既是《产品责任指令》的缔约国，又是《海牙公约》的缔约国，则在有关产品责任的确定上，前者优先于后者被适用。

根据《产品责任公约》的规定，其缔约国在加入该公约时最多享有两项保留，其一为公约关于"时效规则"被包括在准据法适用的范围的规定，如果做了此项保留，则意味着该国在运用《产品责任公约》确定准据法时，该准据法中关于时效规则的规定将不被审理案件的法院所采用，而有可能适用法院所在国关于时效问题的规定。其二是对"本公约不适用于未加工的农产品"的保留。除上述两项外，《产品责任公约》不允许缔约国做其他的或更多的保留。

关键术语

产品责任法　产品责任　缺陷　疏忽责任　严格责任　免责

本章练习

一、单项选择题

1. 美国的产品责任法主要是(　　)。

A. 各州的普通法判例及相关制定法　　B. 联邦统一的宪法

C.《统一产品责任示范法(草案)》　　D. 国际公约

2. 根据中国法律规定，生产者的责任采用(　　)。

A. 过错责任原则　　B. 严格责任原则

C. 过失责任原则　　D. 连带责任

3. 产品责任法属于(　　)的范畴。

A. 合同法　　B. 国际私法　　C. 诉讼法　　D. 海商法

4.《产品责任公约》对每个死者或伤者的赔偿额不得少于相当于(　　)万特别提款权的国内货币。

A. 6　　B. 7　　C. 8　　D. 9

5. 下列各项学说中，不属于美国产品责任法的法学理论依据的是(　　)。

A. 疏忽说　　B. 违反担保说　　C. 违反条件说　　D. 严格责任说

6.《产品责任指令》对产品"缺陷"的定义采用的标准是(　　)。

A. 主观标准　　B. 客观标准

C. 主观为主、客观为辅的标准　　D. 客观为主、主观为辅的标准

7. 最早产生产品责任判例的国家是(　　)。

A. 美国　　B. 德国　　C. 英国　　D. 日本

8. 甲公司向乙商场销售一批玻璃花瓶，称花瓶上有不规则的抽象花纹为新产品，乙商场接货后即行销售。此后，很多消费者投诉说花瓶上的花纹实际上是裂缝，导致花瓶漏水，要求乙商场退货并赔偿损失。乙商场与甲公司交涉，甲公司称此类花瓶是用于插装塑料花的，裂缝不影响使用，且有特殊的美学效果，拒绝承担责任。经查，消费者所述属实。下列答案中不正确的是（　　）。

A. 乙商场应予退换并赔偿损失

B. 乙商场退换并赔偿损失后可向甲公司追偿

C. 消费者丙被花瓶裂缝划伤，可向甲公司直接索赔

D. 乙商场无过错，不应当对此负责

9. 某公司发运一批玻璃器皿，以印有“××牌方便面”的纸箱包装，在运输过程中，由于装卸工未轻拿轻放而损坏若干件，该损失应由（　　）承担。

A. 装卸工承担　　B. 装卸工的雇主承担

C. 运输部门承担　　D. 该公司承担

10. 某日，李女士在家中做饭时高压锅突然爆炸，李女士被炸飞的锅盖击中头部，经抢救无效死亡。后据专家鉴定，高压锅发生爆炸的直接原因是设计不尽合理，使用时造成排气孔堵塞而发生爆炸。本案中，可以下列何种依据判定生产者承担责任？（　　）

A. 产品存在的缺陷　　B. 产品买卖合同约定

C. 产品默示担保条件　　D. 产品明示担保条件

二、多项选择题

1. 下列不属于美国《统一产品责任示范法》和德国《产品责任法》共有的损害赔偿范围的有（　　）。

A. 财产损害赔偿　　B. 精神损害赔偿

C. 人身损害赔偿　　D. 惩罚性损害赔偿

2. 产品“缺陷”的种类有（　　）。

A. 设计缺陷　　B. 发展缺陷　　C. 制造缺陷　　D. 指示缺陷

3. 在《海牙公约》中，可以成为准据法的是（　　）的法律。

A. 损害地所在国

B. 直接受损害的人的惯常居住地所在国

C. 直接受损害的人取得产品地所在国

D. 赔偿责任人的主营业地所在国

4. 下列产品中存在《产品质量法》所称的“缺陷”的有（　　）。

A. 致人中毒的假酒

B. 口感不佳的劣酒

C. 易醉人的高度酒

D. 突然爆炸炸坏家具的汽酒（爆炸原因为气压过高）

5. 下列产品中应有警示标志或中文警示说明的有（　　）。

A. 有副作用的药品　　B. 需稀释方可使用的农药

C. 易燃易爆物　　D. 书籍

6. 在美国立法和司法实践中，常见的抗辩主要有（　　）。

A. 不可预见性　　B. 业内技术发展水平

C. 显而易见的危险　　D. 产品固有的危险

7. 产品存在瑕疵或缺陷主要包括(　　)。

A. 设计缺陷　　B. 制造缺陷　　C. 指示缺陷　　D. 生产缺陷

8. 以下产品中,哪些不是存在《产品质量法》所称为"缺陷"的产品?　　(　　)

A. 损伤皮肤的化妆品　　B. 制冷效果不好的空调机

C. 图像效果不佳的电视机　　D. 保温效果不好的暖水瓶

9. 根据美国《统一产品责任示范法》规定,产品的缺陷包括(　　)。

A. 设计缺陷　　B. 生产缺陷　　C. 运输缺陷　　D. 说明缺陷

10. 目前,国际社会最具代表性的有关产品责任的三个国际公约是(　　)。

A.《产品责任公约》　　B.《产品责任指令》

C.《产品责任法律适用公约》　　D.《纽约公约》

三、判断题

1. 产品责任法属于社会经济立法的范畴,其各项规定和原则都是强制性的,双方当事人在订立合同时不得事先加以排除或变更。　　(　　)

2. 只要有关产品存在瑕疵,使用者在使用该产品时又发生了损害事故,该产品的生产者和销售者就应该承担产品责任。　　(　　)

3. 只有经过人类劳动而获得的产品才是产品责任法中的产品。　　(　　)

4. 产品责任法不仅调整有合同关系的当事人之间的产品责任关系,而且调整没有合同关系的当事人之间的产品责任关系。　　(　　)

5. 美国产品责任法由联邦政府统一制定。　　(　　)

四、简答题

1. 简述产品责任的构成要件。

2. 比较美国《统一产品责任示范法》和《产品责任公约》的免责范围。

3. 试比较分析产品责任归责理论。

4. 试比较美国《统一产品责任示范法》与《产品责任公约》规定的异同。

5. 简述产品责任法的作用。

五、案例分析题

1. 2024 年 4 月 12 日,江西赣州某大酒店与赣州某能源有限公司签订了一份协议,约定:2024 年 5 月 30 日前,由能源公司为大酒店提供并安装两台大型热水器,大酒店于热水器安装完毕交付使用时支付该能源公司 6.5 万元。同年 4 月 15 日,该能源公司与广州某热水器生产厂家签订了一份购买两台大型热水器的购买合同,约定总价格为 3.5 万元,于 4 月 20 日前交货。能源公司收货后将这两台热水器为大酒店安装完毕并交付使用。使用不到一个月,热水器出现质量问题,不能产生热水。经交涉,两台热水器退回广州该热水器生产厂家,生产厂家将 3.5 万元货款退回大酒店。后大酒店以产品责任提起诉讼,要求赣州该能源有限公司与广州该热水器生产厂家赔偿 3 万元损失。

请问:大酒店的诉求是侵权之诉还是违约之诉?

2. H 国的公民 A 听说日本的食品很昂贵,就在被指派去日本出差前在国内购买了很多本国产的方便面以备食用。但由于该方便面细菌超标,A 在日本食用时出现严重不适,为此花去了医疗费数万日元。

请问：

(1)依《产品责任法律适用公约》(《海牙公约》)，该方便面的生产商应根据哪国法律对A的损失承担产品责任？为什么？

(2)如果该方便面从未经商业渠道销往日本，情况又怎样？

3. 美国加利福尼亚州某当事人A从美国纽约州B商店购买了由外国C公司生产的一辆自行车，并随后改装了自行车的踏脚板，在一次骑车旅行时因自行车踏脚板打滑而遭受伤害并因此向加利福尼亚州的联邦地区法院提起产品责任诉讼。

请问：

(1)根据美国产品责任法的有关规定，法院在选择适用美国哪个州法律时应遵循什么原则？

(2)谁可以成为该诉讼案的被告？

(3)原告A能否打赢这场诉讼？为什么？

六、实训题

假如你是某外贸企业的销售经理，在对美国的贸易中，有一种产品给美国的消费者造成了损害，诉讼在美国提起并适用美国法律。你作为中方代表，可以提出哪些抗辩理由争取免责？

第九章　国际商事仲裁法

知识目标

了解：国际商事仲裁的概念、特点和类型；世界主要国际商事仲裁机构。

熟悉：国际商事仲裁裁决的承认与执行。

掌握：国际商事仲裁协议、程序。

技能目标

能够具备熟悉解决争议的仲裁协议和程序的能力。

素质目标

具有根据解决国际商事纠纷的相关规定和案件特点，掌握和选择适当的解决程序的能力。同时，具备正确的世界观、人生观和价值观，做到学思用贯通、知信行统一；培养具有坚定理想信念、强烈家国情怀、扎实法学根底和国际视野的高素质法治人才，为全面依法治国提供坚实支撑。

思政目标

习近平总书记指出，全面依法治国是一个系统工程，法治人才培养是其重要组成部分。高素质法治人才是建设中国特色社会主义法治体系、建设社会主义法治国家的基础性、战略性支撑。以习近平法治思想为根本遵循，增强在国际商事活动中应具有的法治思想和法治观念，培养诚实守信的职业操守和维护国家利益的爱国情操。

课程引例

国际商事仲裁法

第一申请人××家用电器(集团)公司、第二申请人××市××公司与被申请人××有限公司签订了××××号合同。合同中有仲裁条款，申请人据此于 2023 年 3 月 28 日提交中国国际经济贸易仲裁委员会，仲裁委员会受理了此案。被申请人于 2024 年 5 月 18 日提交了“仲裁管辖异议书”，理由如下：根据《仲裁规则》第二条规定，中国法人或自然人之间的非产生于国际或涉外的经济贸易争议不在仲裁委员会的仲裁管辖范围之内。本案的三方当事人均是中国法人，合同只是一般的货物买卖合同，合同的签订地和履行地都在国内，并无涉外因素，因此，申请人和被申请人的买卖合同有关或由其引起的争议不在仲裁委员会仲裁管辖范围内，合同的仲裁条款无效。第一申请人对管辖权异议的答辩称：根据《仲裁规则》第七条，凡当事人同意将争议提交仲裁委员会仲裁的，均视为同意按照本仲裁规则仲裁。双方在合同中签订了仲裁条款，这足以认定双方当事人同意按照仲裁规则仲裁，故仲裁委员会有管辖权。仲裁委员会审查合同及有关材料，认为：本案合同三方当事人均为中国法人，但本案合同仍具有涉外因素，属于涉外仲裁案件。

请问：

(1)国际商事仲裁中，“国际性”和“商事”这两个概念如何认定？

(2)本案中，有无涉外因素？

● 知识支撑

第一节 国际商事仲裁概述

一、国际商事仲裁的概念和特点

(一)国际商事仲裁的概念

仲裁(Arbitration)也称公断，是根据争议当事人事前或者事后达成的仲裁协议，自愿将其争议提交仲裁机构，由其按照一定程序进行审理并做出裁决的制度。仲裁包括国际仲裁、国内仲裁、国际商事仲裁。其中，国际商事仲裁是最具普遍意义的仲裁。

国际商事仲裁(International Commercial Arbitration)是指国际商事交易中的当事人按照协议的方式自愿地将他们之间商事方面的权利与义务的争议交给他们选定的第三人(称仲裁人或仲裁员)审议，并由该第三人做出对争议各方皆有约束力裁决的活动。

对“国际”一词，1985 年联合国《国际商事仲裁示范法》第一条(3)规定，仲裁如有下列情况即为国际仲裁：(A)仲裁协议的当事各方在缔结协议时，他们的营业地点位于不同的国家。(B)下列地点之一位于当事各方营业地点所在国以外：(a)仲裁协议中确定的或根据仲裁协议而确定的仲裁地点；(b)履行商事关系的大部分义务的任何地点或与争议标的关系最密切的地点。(C)当事各方明确地同意，仲裁协议的标的与一个以上的国家有关。

关于“商事”的含义，我国给予了一种比较广义的解释。1986 年 12 月 2 日，中国加入《纽约公约》时做了商事保留声明。根据声明，中国仅对按照中国法律属于契约性和非契约性商事法律关系所引起的争议适用该公约。所谓“契约性和非契约性商事法律关系”，具体指的是由于合同、侵权或者根据有关法律规定而产生的经济上的权利与义务关系，例如货物买卖，财产租赁，工程承包，加工承揽，技术转让，合资经营，合作经营，勘探开发自然资源，保险，信贷，劳务，代理，咨询服务，水路、民用航空、铁路、公路的客货运输，以及产品责任，环境污染，海上事故和所有权争议等，但不包括外国投资者与东道国政府之间的争端。

关于国际商事仲裁的定义问题，各国立法和司法实践存在较大的差异。根据我国有关立法和司法实践的规定，在定义国际商事仲裁时，双方当事人的国籍、住所以及仲裁机构的所属国籍都具有决定性的意义。中国当事人与外国当事人之间进行的仲裁、两个不同国籍的当事人在任何国家境内进行的仲裁、相同国籍的双方当事人在外国境内的仲裁机构进行的仲裁都属于国际商事仲裁。

【注意】国际商事仲裁的内涵具有广泛性。国际商事仲裁主要是指国际经济贸易仲裁，但不限于此。

【提示】商事仲裁的争议可以是合同性质的，也可以是侵权性质的；可以是纯货物交易纠纷，也可以是海事纠纷或者其他类型的平等主体之间发生的纠纷。

（二）国际商事仲裁的特点

1. 涉外性

提交仲裁的双方当事人一般都是不同国家的法人或者自然人，只有在少数情况下，才都是一国的自然人或者法人。

2. 自愿性

仲裁庭受理案件的权力并非出于强制性的法定管辖，而是来源于争议当事人的自愿授权，是以当事人提交的书面仲裁协议为基础的。

3. 灵活性

争议当事人有权选择仲裁机构、仲裁员、仲裁地点等，而且仲裁具有保密、程序简练、结案快、节省时间和费用的特点。

4. 终局性

通过仲裁程序做出的仲裁裁决一般是终局性的，对双方当事人都有约束力，如果一方不自动执行裁决，另一方有权提出申请，请求法院承认裁决效力并强制执行裁决。另外，仲裁的效率相对较高、费用较低，是国际商事纠纷的重要解决方式。

二、国际商事仲裁的类型

（一）根据是否依法进行划分，可分为一般仲裁和友谊仲裁

1. 一般仲裁

一般仲裁（General Arbitration）又称依法仲裁，即依照法律进行仲裁。依世界各国的通行做法，国际商事纠纷的当事人有权通过协议选择仲裁时所应根据的实体法。在当事人未约定仲裁应该适用的实体法时，仲裁庭或仲裁员可按其认为合适的冲突规则适用某种准据法。

2. 友谊仲裁

友谊仲裁（De Facto Arbitration）又称事实仲裁或友好仲裁，是指仲裁员有权根据自认为公平合理的原则（而非法律），做出对各当事人皆有约束力裁决的仲裁。世界上承认友谊仲裁制度的国家很多。一些有影响的国际商事仲裁公约和仲裁规则也规定了“友谊仲裁制度”。不过，由于友谊仲裁不必依据法律，而所谓“公平合理”原则并无客观的硬性标准，因此，友谊仲裁的裁决结果很可能因人（仲裁员）而异。正是基于友谊仲裁的这种主观性和不确定性，一些英美法系国家和我国等至今尚未采纳友谊仲裁制度。即使在那些承认友谊仲裁制度的国家，其法律和仲裁规则仍强调：友谊仲裁须以当事人间的明示协议为前提；如果当事人在仲裁协议中没有明确规定仲裁庭（员）可以按“公平合理”原则仲裁，则仲裁庭（员）只能依照有关法律做出裁决。

（二）根据是否有常设仲裁机构进行划分，可分为常设机构仲裁和临时仲裁

1. 常设机构仲裁

常设机构仲裁是指由常设性机构负责组织管理的仲裁。这种常设性机构长期存在，它们拥有固定的地址和一定的组织机构，并制定了仲裁程序规则。多数常设仲裁机构还配备有可供当事人选择的仲裁员名单，并为仲裁提供相应的辅助服务，如当事人选择仲裁员出现僵局时负责指定仲裁员，为仲裁案件配备秘书负责文件的记录、送达、存档等。

2. 临时仲裁

临时仲裁一般是指没有常设机构参与的仲裁。不过，仅将常设机构作为仲裁员的任命机构而对其他全部或绝大多数程序规则自留决定的仲裁现在也往往归入临时仲裁范畴。在法律允许的情况下，有丰富的仲裁经验的当事人、具有较高诚信水准的当事人，特别是以后仍需保持交往的当事人选择临时仲裁作为有约束力的争议解决方式，可以降低大额的常设仲裁机构服务管理费，并能节

省时间成本等。由于种种原因,我国《仲裁法》尚不允许举办临时仲裁。

三、世界主要国际商事仲裁机构

(一)国际性常设仲裁机构

1. 国际商会仲裁院

国际商会仲裁院(The ICC Court of Arbitration,ICCCA)成立于1923年,是附属于国际商会的一个国际性常设调解与仲裁机构,是当今世界上提供国际经济贸易仲裁服务较多并具有广泛影响力的国际仲裁机构。国际商会仲裁院是国际性民间组织,具有很大的独立性。该仲裁院总部设在巴黎,仲裁院成员独立于其国家和地区行事。国际商会体裁院不要求根据仲裁协议提请仲裁的当事人具有国际商会会员资格。国际商会仲裁院成员由国际商会理事会任命,任期3年、包括主席1人、副主席15人、秘书长1人、技术顾问以及其他成员若干。国际商会仲裁院本身不解决争议,其主要职责是组织、监督仲裁程序按照2017年修订的《仲裁规则》和2014年生效的《调解规则》进行,以解决国际性商事争议,至于具体的仲裁则由独立的仲裁员进行。

设立国际商会仲裁院的目的在于通过处理国际性商事争议,促进国际经济贸易合作与发展。该院最初受理的案件主要是有关货物买卖合同和许可证贸易的争议。

国际商会仲裁员现有国家会员多个,与任何国家没有关系,隶属于国际商会,其总部和秘书局设在巴黎,委员来自多个国家,工作人员也来自不同的国家。其仲裁的一个主要特点,是可以在世界的任何地方进行仲裁程序。

2. 解决国际投资争端中心

解决投资争端国际中心(The International Center for Settlement of lnvestment Disputes,IC-SID)成立于1966年10月14日,是根据1966年10月14日生效的《关于解决国家和他国国民之间投资争端公约》(简称《华盛顿公约》)而设立的,总部设在华盛顿特区。解决投资争端国际中心的任务在于增加投资者进行国家间投资的信心,并通过仲裁和调解方式解决外国投资者与东道国政府之间的投资争端。解决投资争端国际中心是世界银行下设的独立机构,由行政理事会和秘书处组成。行政理事会是最高权力机构,由各成员国派一名代表组成,所有代表享有平等的投票权,世界银行行长为理事会主席,但没有投票权。

解决投资争端国际中心只受理《华盛顿公约》缔约国和另一缔约国国民之间直接因投资而产生并经双方书面同意提交给解决投资争端国际中心的争端。目前,《华盛顿公约》有154个缔约国。我国于1990年2月9日签署了该公约,于1993年2月6日正式生效。

(二)地区性常设仲裁机构

1. 美洲国家国际商事仲裁委员会

美洲国家国际商事仲裁委员会是拉丁美洲国家成立的一个区域性国际仲裁组织。1975年,拉美12个国家签订了《美洲国家国际商事仲裁公约》。

2. 亚洲及远东经济委员会商事仲裁中心

亚洲及远东经济委员会商事仲裁中心由联合国亚洲及远东经济委员会组织设立并制定仲裁规则。该仲裁中心设在泰国曼谷。

(三)国别性常设仲裁机构

1. 英国伦敦国际仲裁院(London Court of International Arbitration,LCIA)

英国仲裁历史悠久,但其仲裁制度1697年才正式被英国国会承认。1698年,英国国会制定第一部《仲裁法》。1892年11月23日,伦敦仲裁院(London Chamber of Arbitration,LCA)正式成立。该仲裁院1903年开始用现名——伦敦国际仲裁院。

伦敦国际仲裁院由伦敦市政府、伦敦商会和女王特许仲裁员协会共同组成联合管理委员会管理。日常工作由女王特许仲裁员协会负责。仲裁员协会会长兼任伦敦国际仲裁院的执行主席。

伦敦国际仲裁院是目前英国最主要的国际商事仲裁机构。该机构 1981 年制定了《伦敦国际仲裁院仲裁规则》。仲裁院的裁决是终局裁决,但当事人可以根据 1979 年英国《仲裁法》的规定,请求法院对仲裁中的法律问题做出裁定。为此,当事人还可以通过排除协议的方式,排除法院对仲裁中法律问题的裁定或审查。伦敦国际仲裁院在国际上的声誉比较高,每年受理案件的数量也居世界前列。

2. 美国仲裁协会(American Arbitration Association,AAA)

它是美国主要的国际常设仲裁机构,1926 年设立,总部在纽约。该协会分支机构遍布美国的主要城市。协会现行的《国际仲裁规则》1991 年 3 月 1 日生效。协会受理的仲裁案件主要是货物买卖合同、代理合同、工业产权、公司的成立与解散,以及投资等方面的争议。海事仲裁案件由专门的海事仲裁机构受理。

美国仲裁协会受理的国际商事仲裁案件在裁决上实行终局裁决制。根据美国联邦仲裁法规定,法院对仲裁的干预较少,只有在仲裁员被指控有受贿、欺诈、明显偏袒一方的情况时,法院才可以撤销仲裁裁决,法院对仲裁员在仲裁中有关事实和法律适用上是否错误不予过问,体现出很强的仲裁独立性。

3. 中国香港国际仲裁中心(Hong Kong International Arbitration Center, HKIAC)

中国香港国际仲裁中心成立于 1985 年,是依据香港公司法注册的(有限保证责任)非营利公司。该中心受到香港商界和政府的资助,但完全独立,财政上自给自足,不受政府或其他任何官员的影响或控制。该中心的管理机构是理事会,由不同国籍的商界、法律界和其他相关人士组成;该中心的首席行政人员和登记主管是秘书长,由一名律师担任;该中心的行政工作,由理事会下属的管理委员会通过秘书长进行。

4. 斯德哥尔摩商会仲裁院(The Arbitration Institute of the Stockholm Chamber of Commerce,SCC)

斯德哥尔摩商会仲裁院成立于 1917 年,总部设在瑞典首都斯德哥尔摩,包括秘书局和三名成员组成的委员会,委员任期三年、由商会任命,其中一名须具有解决工商争议的经验、一名须具有律师实践经验、一名须具备与商业组织沟通的能力。该仲裁院主要解决工业、贸易和运输领域的国际争议,尤以解决涉及远东或中国的争议而著称。

5. 日本商事仲裁协会(The Japan Commercial Arbitration Association,JCAA)

日本商事仲裁协会成立于 1950 年 3 月,是日本工商联合会和其他一些全国性的工商组织根据日本民法典设立的社团法人,总会设在东京,在横滨等大城市设有分会。日本国际商事仲裁协会是日本唯一的专门处理国际经济贸易仲裁案件的常设机构。日本海运集会所是日本唯一专门处理国际海事争议仲裁案件的常设机构。在现阶段,日本国际商事仲裁实际上就是指在日本国际商事仲裁协会和日本海运集会所进行的仲裁。

6. 新加坡国际仲裁中心(Singapore International Arbitration Centre,SIAC)

新加坡国际仲裁中心于 1990 年 3 月经新加坡政府经济委员会提议成立。该中心是依据新加坡公司法设立的担保公司,以解决建筑工程、航运、银行和保险等方面的争议见长,并致力于培养熟悉国际仲裁法律和实践的仲裁员和专家。

7. 中国国际经济贸易仲裁委员会(China International Economic and Trade Arbitration Commission,CIETAC)

中国国际经济贸易仲裁委员会简称中国国际商会仲裁院,成立于 1956 年 4 月,从 1994 年起步入世界主要仲裁机构行列,其受案量一直排在世界各仲裁机构前列。现在不仅是一个国际商事仲裁机构,而且也受理中国国内性质的各类具备仲裁要件的纠纷案件。仲裁委员会受理当事人之间因金融交易发生的或与此有关的争议,包括但不限于下列交易:贷款、存单、担保、信用证、票据、基金交易和基金托管、债券、托收和外汇汇款、保理、银行间的偿付约定、证券和期货等。

中国国际商事仲裁机构设立在中国国际经济贸易促进委员会(中国国际商会)内,分为中国国际经济贸易仲裁委员会和中国海事仲裁委员会,总部设在北京。

中国国际经济贸易仲裁委员会总会设在北京,并在深圳、上海、天津、重庆、杭州、武汉、福州、西安、南京、成都、济南分别设有华南分会、上海分会、天津国际经济金融仲裁中心(天津分会)、西南分会、浙江分会、湖北分会、福建分会、丝绸之路仲裁中心、江苏仲裁中心、四川分会和山东分会,同时在中国香港特别行政区设立中国香港仲裁中心,在加拿大温哥华设立北美仲裁中心,在奥地利维也纳设立欧洲仲裁中心。

根据仲裁业务发展的需要,以及就近为当事人提供仲裁咨询和程序便利的需要,仲裁委员会先后设立了 29 个地方和行业办事处。中国国际经济贸易仲裁委员会是国内首家推出独具特色的行业争议解决服务的机构,为不同行业的当事人提供了适合其行业需要的仲裁法律服务,如粮食行业争议、商业行业争议、工程建设争议、金融争议等。此外,除传统的商事仲裁服务外,仲裁委员会还为当事人提供了多元争议解决服务,包括域名争议解决、网上仲裁、调解、投资争端解决、建设工程争议评审等。中国国际经济贸易仲裁委员会于 2009 年 5 月 1 日发布了《网上仲裁规则》,为当事人提供快捷高效的网上仲裁服务。

2022 年 7 月 22 日,中国国际经济贸易仲裁委员会知识产权仲裁中心揭牌仪式暨知识产权保护与争议解决研讨会在北京举办。2023 年 5 月,中国国际经济贸易仲裁委员会东盟庭审中心开庭审理首案。

学思践悟　依法维护公序良俗——王某与李某申请撤销仲裁裁决案

2024 年 1 月,李某以其与王某签订的借款合同为依据向某仲裁委员会申请仲裁,要求王某还款 100 万元。2024 年 8 月,某仲裁委员会作出裁决:王某向李某偿还借款本金及利息。王某主张仲裁庭忽视案涉借款系为赌博提供资金的事实,其将本案定性为单纯的民间借贷,违背了公序良俗原则,请求贵州省贵阳市中级人民法院撤销上述仲裁裁决。

贵州省贵阳市中级人民法院认为,从案涉借款资金流向来看,李某妹妹李某某先将款项转给李某,李某再将款项转给王某,王某又将款项转给李某某用于购买赌币,从本案证据看,李某对其妹李某某在澳门所从事的放贷赌博抽成职业应该知晓,故应当认定案涉 100 万元实际是李某某向王某提供的用于赌博的赌资。李某主张王某向其借款 100 万元的事实不符合常理,也不符合双方经济往来的交易习惯,其所主张的正当借款基础事实不存在。鉴于各方均明知借款用途为赌博,而赌博行为系违反内地公序良俗的行为,案涉款项依法不应受法律保护。据此,该院裁定撤销某仲裁委员会作出的上述仲裁裁决。

【悟有所得】　司法实践中,出借人为借款人从事违法犯罪活动提供民间借贷的情形时有发生,且出借人和借款人均明知或应知借款用作赌资、毒资等,此类借贷行为属于违背公序良俗的民事法律行为。《中华人民共和国仲裁法》第 58 条第 3 款规定:"人民法院认定该裁决违背社会公共利益的,应当裁定撤销。"人民法院依据该条规定,明确了公序良俗原则在申请撤销仲裁裁决案件中的适用规则,依法撤销案涉仲裁裁决。

让法治观念在人们心中牢固树立起来,是新时代中国特色社会主义法治建设的一项重要内容。

国家治理现代化离不开对权力的法治监督和对秩序的法治维护。只有增强法治观念，才能凝聚起建设社会主义法治国家的强大精神动力。弘扬公序良俗，自觉履行法定义务、社会责任，增强法治观念，形成守法光荣、违法可耻的制度环境。

第二节 国际商事仲裁协议

一、国际商事仲裁协议的概念及形式

（一）国际商事仲裁协议的概念

动漫视频

仲裁协议

国际商事仲裁协议是指在国际商事交往中，争端双方当事人自愿把他们之间的争端交付仲裁机构解决的意思表示。根据各国有关仲裁法规和国际公约的规定，仲裁协议是仲裁机构受理当事人争端的依据。仲裁机关只能受理当事人根据仲裁协议提交的案件，不能受理没有仲裁协议的案件。

仲裁协议一般以仲裁条款或仲裁协议书的形式表现出来。仲裁条款是在争议发生之前由双方当事人在合同中就有关争议解决约定的条款，它是仲裁协议最基本和最常见的形式。仲裁条款是合同的一部分，不能单独存在，可以规定提交仲裁的事项、仲裁地点、仲裁机构、仲裁庭的组成、仲裁程序、仲裁应适用的法律以及裁决的效力等。仲裁协议书则是在争议发生后双方经协商同意将争议提交仲裁的单独订立的书面协议。仲裁协议书是单独的协议，独立于合同而存在。虽然表现形式不同，但是仲裁条款和仲裁协议书具有相同的法律效力。

（二）国际商事仲裁协议的形式

1. 口头仲裁协议和书面仲裁协议

世界上大多数国家包括我国要求仲裁协议须具有书面形式，但是仍有部分国家没有禁止当事人采取口头的仲裁协议，如瑞士、日本等。

尽管如此，它们在实践中也倾向于鼓励当事人采取书面形式。美国法律也规定，根据口头仲裁协议做成的仲裁裁决是不能要求法院强制执行的。

2. 仲裁条款和单独仲裁协议

当事人在争端发生前，为了使争端能够得到迅速有效的解决，一般都在国际商事合同中事先约定将未来争端提交仲裁的条款，即为仲裁条款。

单独仲裁协议，是指当事人在争端发生之前或之后，就该争端的仲裁问题单独达成的协议。该协议可以约束当事人双方的合同关系或其他关系中的纠纷，如经济侵权赔偿争端。单独仲裁协议涉及的问题往往比仲裁条款广泛，但二者的效力是相同的。

二、国际商事仲裁协议的作用

（一）约束当事人的行为

国际商事仲裁协议对双方当事人都有严格的约束力。一方面，因仲裁协议约定的特殊法律关系发生的争端，只能通过仲裁方式解决，任何一方不得就该争端向法院起诉。另一方面，任何一方原则上都只能就仲裁协议所规定的事项提交仲裁，而对于任何超出仲裁协议范围以外的事项，双方当事人都有权自由决定是否承认和参加涉及该项争端的仲裁，有权对仲裁庭就该项争端所进行的仲裁提出异议。

（二）排除法院的管辖权

这是仲裁协议最重要的作用。这一作用已得到了世界上许多国家的承认。只要双方当事人订

立了仲裁协议,他们就不能把有关争端案件提交法院处理;否则,对方可根据仲裁协议请求法院停止司法诉讼程序,把案件发还仲裁。我国《民事诉讼法》第 278 条规定,涉外经济贸易、运输和海事中发生的纠纷,当事人在合同中订有仲裁条款或者事后达成书面仲裁协议,提交中华人民共和国涉外仲裁机构或者其他仲裁机构仲裁的,当事人不得向人民法院起诉。当事人在合同中没有订有仲裁条款或者事后没有达成书面仲裁协议的,可以向人民法院起诉。

(三)强制执行仲裁裁决的依据

当事人在仲裁协议中一般都会规定双方承认仲裁裁决的效力,承诺主动履行仲裁裁决。对于一方当事人不履行仲裁裁决的,另一方当事人可以向有关法院申请强制执行。申请强制执行时,除提交裁决书外,通常还必须提供仲裁协议的正本或经正式证明的副本。

三、仲裁协议的基本内容

(一)仲裁事项

仲裁事项是指可提起仲裁的争端范围。世界各国对可仲裁的事项都不是毫无限制的,一般都在仲裁法中概括地规定,凡允许当事人和解的争端与当事人拥有自由处分权的争端都可交付仲裁。也就是说,争端应当具有私法性质。据此,民商事中的大多数争端可以提起仲裁。但是很多国家规定,下列商事争端不得提起仲裁:工业产权和版权有效性纠纷;涉及公共利益的破产案件;证券交易案件和反垄断案件;仲裁过程中涉及的财产保全程序和裁决后的执行程序。

在国际商事争端中,双方当事人也应当慎重考虑提交仲裁的争端范围,首先,并非任何争端都是交付仲裁成本最低;其次,如果仲裁事项有遗漏,日后的争端超出了范围,仲裁庭就无权审理,即使审理,对超出仲裁协议范围的裁决也是没有效力的,不能得到强制执行。

(二)仲裁地点

当事人一般都倾向于选择本国作为仲裁地点,而本国法在不影响国际关系的前提下总是会较多地考虑本国人的利益。但是,如果双方当事人都坚持在本国进行仲裁,那么协议就无法达成。为避免这种情况的发生,当事人还可选择被申请人所在地或第三国作为仲裁地点。从实践来看,选择被申请人所在地作为仲裁地点在涉及货品质量不符、延迟履行的纠纷中较常见,这样的选择还有利于财产保全和仲裁裁决的执行。选择第三国作为仲裁地点往往可以获得更大的权威性和公正性,一般应选择友好或中立的国家。在选择仲裁地点时,当事人事先应了解当地的仲裁法,以及综合考虑仲裁费用、相关花费和往返签证等因素。

学中做 9－1 出口水果腐烂由谁负责?

中国新绿公司以 FBO 条件向韩国 YUNO 公司出口 100 吨水果。在大连港装船时,通过中国商检机构检验,水果并无问题,并出具相应的合格证明书。但该批水果运抵韩国时已经严重腐烂。为此,中国新绿公司与韩国 YUNO 公司发生争议。依据双方签订的合同条款,该争议被中国新绿公司提交中国国际经济贸易仲裁委员会仲裁。裁决结果为:韩国 YUNO 公司应承担水果腐烂损失的风险。

请问:

(1)如果韩国 YUNO 公司对裁决结果不服,是否可以向有关法院起诉或者要求更换仲裁机构重新仲裁?

(2)如果韩方拒不执行仲裁裁决,中方是否可以申请有关机构予以强制执行?

【解析】

(1)如果韩方对裁决结果不服,原则上不能再向有关法院起诉或者要求更换仲裁机构重新仲裁。因为国际经济贸易仲裁具有终局性特点，其裁决是终局的，对仲裁双方均具有约束力。除特别规定外，败诉方应执行仲裁裁决，既不能向有关法院起诉，也不能要求更换仲裁机构，重新仲裁。

(2)如果韩方拒不执行仲裁裁决，中方可以申请有关法院对仲裁裁决予以强制执行，这是国际经济贸易仲裁国际性的体现。当仲裁裁决做出后，如果败诉一方不执行仲裁裁决，另一方当事人可以凭仲裁裁决及有关文件到其他国家法院申请执行就像执行本国法院判决或仲裁裁决一样。

(三)仲裁机构

如果双方当事人商定提交常设仲裁机构的，应当写明该仲裁机构的名称；如果双方决定由临时仲裁庭仲裁，则要在仲裁协议中规定其组成、仲裁规则等有关事项。在一般情况下，确定在某地仲裁就是指在该地的常设仲裁机构仲裁，只有在该地无常设仲裁机构时，才需要组织临时仲裁庭。但是，指定在某一常设仲裁机构仲裁，却不一定是在该机构所在地进行，还有的仲裁机构在不同地方设立分会，因此，签订仲裁协议时应分别订明仲裁地点和仲裁机构。

(四)仲裁规则

仲裁规则是指双方当事人和仲裁庭在整个仲裁过程中所应遵循的程序和规则。它包括仲裁申请的提出、答辩的方式、仲裁员的指定、仲裁庭的组成、仲裁的审理、仲裁裁决的做出以及裁决的效力等内容。选择仲裁规则的一般原则是：将争议提交某一常设仲裁机构解决，就意味着适用该仲裁机构的仲裁规则。但有一些仲裁机构，除适用自己的仲裁规则外，允许当事人选择其他的仲裁规则。

(五)仲裁的法律适用

在仲裁协议中，当事人还应选择解决他们之间纠纷所应当适用的法律，即准据法(指实体法)。世界上大多数国家的法律规定，对于案件程序上的事项适用仲裁地法。而对于处理当事人之间的具体争议所适用的法律，一般都允许当事人自愿选择，这就是“当事人意思自治”原则。仲裁庭依据当事人自愿选择的法律解决当事人之间的争议。如果当事人没有指定适用何种法律，则由仲裁庭根据某种规则来确定准据法。具体有三种做法：①仲裁庭认为合适的冲突规范所指向的法律；②依照仲裁庭所在地冲突规则确定准据法；③运用仲裁地法律。除上述做法外，仲裁机构有时根据公平原则仲裁。我国《民法典》第 467 条规定，本法或者其他法律没有明文规定的合同，适用本编通则的规定，并可以参照适用本编或者其他法律最相类似合同的规定。在中华人民共和国境内履行的中外合资经营企业合同、中外合作经营企业合同、中外合作勘探开发自然资源合同，适用中华人民共和国法律。

(六)裁决效力

世界上大多数国家的法律承认仲裁裁决的终局性，除非有明显地或实质性地违反法律的强制性规定的情况。否则，法院将不再受理已经仲裁裁决的争端。我国国际经济贸易仲裁委员会的仲裁规则也规定，仲裁裁决是终局性的，任何一方当事人都不得向法院起诉，也不得向其他机构提出变更裁决的请求。

同步案例 9—1　　欺骗下形成的仲裁协议案

A 公司以欺骗的手段诱使 B 公司与其订立了一份买卖合同，并在合同中约定有仲裁条款。事后 A 公司以伪造的议付单据骗取了 B 公司的货款。B 公司在了解事实真相后，向所在地法院起诉。A 公司抗辩法院无管辖权。A 公司的抗辩是否成立?

【案例精析】 仲裁的前提是双方之间订立有仲裁协议，该仲裁协议应当是双方意思表示真实的产物，而不应当是欺诈、胁迫、误解的结果。本案中的仲裁协议(其表现形式是合同中的仲裁条款)是 B 公司在 A 公司欺骗下订立的，不能反映当事人的真实意思表示，因此是无效的，法院享有对此案的管辖权。

四、仲裁协议的效力

（一）对当事人的法律效力

这是仲裁协议效力的首要表现。仲裁协议约定的特定争议发生后，当事人就该争议的起诉权受到限制，只能将争议提交仲裁解决，不得单方撤销协议而向法院起诉。当事人必须依仲裁协议所确定的仲裁范围、仲裁地点、仲裁机构等内容进行仲裁，不得随意更改。仲裁协议对当事人还产生基于前两项效力之上的附随义务：①任何一方当事人不得随意解除、变更已发生法律效力的仲裁协议；②当事人应履行仲裁委员会依法做出的裁决等。

（二）对仲裁机构的法律效力

有效的仲裁协议是仲裁机构行使管辖权、受理案件的唯一依据。没有仲裁协议的案件，即使一方当事人提出仲裁申请，仲裁机构也无权受理。仲裁协议对仲裁管辖权还有限制的效力，并对仲裁裁决的效力具有保证效力。当然，仲裁机构对仲裁协议的存在、效力及范围也有裁决权。

（三）对法院的法律效力

首先，有效的仲裁协议排除了法院的管辖权。其次，对仲裁机构基于有效仲裁协议做出的裁决，法院负有执行职责。这体现了法院对仲裁的支持。最后，有效的仲裁协议是申请执行仲裁裁决时必须提供的文件。

做中学 9—1　　合同解除后，仲裁条款是否有效？

英国比特公司向美国玛雅公司出口一批机器设备，价值 50 万美元。双方在合同中约定：如出现纠纷不能解决，自愿提交国际商会国际仲裁院仲裁。后双方因机器设备的质量等级问题发生争议。英国比特公司宣布解除合同，美国玛雅公司依据合同中的仲裁条款向国际商会国际仲裁院申请仲裁。而英国比特公司认为合同已经被解除，仲裁条款已经失去效力，因而向英国法院起诉。

请问：

(1)在英国比特公司宣布解除合同后，该合同中所包含的仲裁条款是否还有效？

(2)该争议应该是由仲裁机构解决，还是由法院解决？

【解析】

(1)在英国比特公司宣布解除合同后，该合同中所包含的仲裁条款仍然有效，这就是仲裁协议的独立性。合同中的仲裁条款一般被视为与合同其他条款分离、独立存在的一个部分。合同的变更、解除、终止、失效或无效以及存在与否，均不影响仲裁协议或仲裁条款的效力。

(2)该争议应该由国际商会国际仲裁院仲裁机构解决。该仲裁协议仍然有效，而仲裁协议的效力之一，就是排除法院的管辖权。因此，该争议应当由仲裁机构国际商会国际仲裁院来解决，任何法院都没有管辖权。

第三节 国际商事仲裁程序

国际商事仲裁的自愿性也体现在争议双方当事人对仲裁程序的选择上。这一特点已被有关公约所接受，《联合国国际商事仲裁示范法》第 19 条规定："根据本法规定，当事人可以自由地就仲裁庭进行仲裁所依循的程序达成协议。"

一、国际商事仲裁的申请

国际商事仲裁的申请，是指仲裁协议中约定的争端事项发生后，仲裁协议的一方依据该协议将有关争端提交所选定的仲裁机构，提出仲裁申请的行为。提出仲裁申请是开始仲裁的必要环节。一般来讲，各仲裁机构仲裁规则均明确规定当事人提起仲裁程序必须采用书面形式。

二、国际商事仲裁的受理

申请人在提交仲裁申请后就进入了仲裁受理阶段。仲裁庭应对仲裁申请进行审查，审查的内容一般包括：①仲裁条款或仲裁协议是否有效，该仲裁机构对该争端是否有管辖权。②请求仲裁事项是否属于仲裁协议范围之内或是否能进行仲裁。③是否超过仲裁时效，如《联合国国际货物销售合同公约》规定买卖合同的时效为 4 年。我国《民法典》第 594 条规定，因国际货物买卖合同和技术进出口合同争议提起诉讼或者申请仲裁的时效期间为 4 年。④仲裁协议当事人的名称与仲裁申请书中申诉人和被申诉人的名称是否一致等。

仲裁机构受理案件后，应立即向申请人发出受案通知，同时将仲裁申请书副本及其附件送达给被诉人，并向被诉人发出仲裁通知，如有必要，还应将仲裁机构的仲裁规则及仲裁员名册同时送达给被诉人。被诉人在收到仲裁申请书后，应在一定期限内提出答辩书及有关证据材料。答辩书的内容应对申请人在仲裁申请书中提出的请求、陈述的事实和依据的理由加以回答、抗辩和反驳。

三、国际商事仲裁庭的组成

仲裁庭一般由 3 名仲裁员组成，其中 1 名为首席仲裁员。首席仲裁员一般由当事人共同指定或由仲裁委员会主席指定。在仲裁过程中，仲裁裁决以仲裁庭意见为准，实行少数服从多数的原则。根据各国仲裁立法，仲裁员的指定通常有以下两种方式：

1. 由当事人协商确定

这是由当事人在仲裁员名册中各自指定或委托仲裁机构指定一名仲裁员，第三名仲裁员由当事人共同指定或委托仲裁委员会主席确定，由第三名仲裁员担任首席仲裁员。

2. 由商会或行业机构或法院指定

这种方法往往是与本行业有关的争端案件，如国际贸易联盟、国际毛织品组织等。此外，英国等国家的法律还规定，在当事人没有就关于仲裁员的选择达成一致意见的情况下，可由既有管辖权又有任命权的法院指定仲裁员，而不是强行的司法干预。

四、国际商事仲裁裁决的做出

国际商事仲裁庭如果是由独任仲裁员组成，裁决就由其独立做出；如果是一个合议仲裁庭，则存在着仲裁庭多个仲裁员的意见出现分歧的可能，此时，就需要一套完善的表决制度来保障仲裁裁决的做出。

根据各国商事仲裁法的规定和仲裁实践，仲裁裁决的表决方式主要有以下几种：①采取多数仲裁员的意见做出裁决；②采取首席仲裁员的意见做出裁决；③采取当事人协议的方式做出裁决。

仲裁裁决根据其内容和参加主体的不同，可以分为以下几种：①中间裁决(Interim Award)。仲裁庭做出最终裁决前就案件中某个具体问题做出的裁决是中间裁决。中间裁决一般不对当事人的责任或者实体权利做出结论。②部分裁决(Partial Award)。它是指在审理过程中，在最终裁决前，仲裁庭对于已经审理清楚的部分实体问题做出的裁决。部分裁决具有终局裁决的性质，一旦做出即发生终局的法律效力。对于已经进行了部分裁决的事项，在终局裁决中不再进行裁决。③终局裁决(Final Award)。它是指仲裁庭对提交仲裁的案件进行审理后做出的全部的、最后的裁决。裁决一经做出后，当事人不得向法院上诉，也不可以向其他机构提出变更裁决的请求，即经过适当的、合法的仲裁审理做出的仲裁裁决具有法律强制执行力，当事人应当按照裁决的内容自动切实地加以履行。

有些国家允许仲裁机构对其受理的案件进行调解。经调解达成和解协议的案件，仲裁庭应当根据双方当事人和解协议的内容做出裁决书。这类裁决书不需要说明所依据的理由。

仲裁庭的裁决为终局裁决，对双方当事人均有约束力，不许起诉，这是当前国际商事仲裁的一般规定，也是总的发展趋势。有的国家虽然规定当事人不得就仲裁裁决起诉，但允许当事人按法律规定的条件请求法院撤销裁决。概括起来，这些条件是：①无有效的仲裁协议；②仲裁员行为不当；③仲裁程序不当，裁定不符合法律要求；④裁决内容超出协议所规定的范围或仲裁机构的受案范围；⑤裁决所依据的证据是伪造的，或发现了新的足以推翻原有证据的证据。

五、国际商事仲裁中的财产保全

为了保护一方当事人的利益，可根据仲裁案件当事人的申请，就有关当事人的财产采取临时性的强制措施，以保证将来做出的裁决能够得到执行。一般来讲，采取强制措施应当具备以下条件：

（一）仲裁案件的当事人应提出申请

如果当事人不提出申请，仲裁机构不会主动做出采取保全措施的决定。这与诉讼保全不同，在诉讼程序中，除了当事人的申请外，法院考虑到审理案件的需要，也可以依照职权做出诉讼保全的决定。这一区别来自仲裁机构与法院是两种不同性质和法律地位的裁判机构，管辖权的性质和权力内容各不相同。

（二）申请保全措施应有正当理由

当事人申请保全措施时，一般都要求对对方当事人的财产采取强制性的保护措施，或禁止当事人对财产进行处分。这样采取保全措施之后，对方的民事行为会因此受到限制。因此，保全措施事关重大，必须有充分、正当的理由。

（三）申请人要提供担保

由于强制措施是根据当事人的申请、根据事态的可能性做出的，目的在于保全申请人的合法权益。因此，如果事后证明根本没有保全的必要，或者仲裁庭裁决申请人并无需要保全，甚至申请人在案件审结后败诉，则申请人均应承担保全不当的责任。也就是说，如果申请有错误，申请人应当赔偿被申请人因财产保全所遭受的损失。为了保证申请人能够有效地承担可能发生的责任，避免保全措施的滥用，做出采取保全措施决定的法院通常要求申请人提供担保，不提供担保的，驳回申请。

仲裁中财产保全的决定应由仲裁机构转交由法院做出。《中国国际经济贸易仲裁委员会仲裁规则》第 23 条规定，当事人依据中国法律申请保全的，仲裁委员会应当依法将当事人的保全申请转交当事人指明的有管辖权的法院。仲裁委员会可依据当事人的请求，将其提交的保全措施申请在仲裁通知发出前先行转交上述法院。我国《民事诉讼法》也做了相同的规定。

由此可以看出：①将申请提交法院裁决的是仲裁委员会，而不是由当事人直接提交法院。②决定涉外仲裁财产保全的法院必须是中级人民法院。因为涉外仲裁较复杂，影响也大，所以要由中级人民法院对财产保全做出裁决。③做出了财产保全的决定后，也由该法院对其决定予以执行。

第四节 国际商事仲裁裁决的承认与执行

一、国际商事仲裁裁决的承认与执行的概念

国际商事仲裁裁决的承认与执行是指法院或其他法定的有权机关承认国际商事仲裁裁决的终局约束力,并对不自觉执行的一方经申请予以强制执行的制度。

仲裁机构本身没有强制执行的权力,因此仲裁裁决主要靠当事人即败诉方自觉执行。当败诉方拒不执行裁决时,胜诉方就得通过有关国内法院申请强制执行。这时裁决的执行就是一个比较复杂的问题,可能出现以下两种情况:①本国仲裁机构做出裁决,且败诉方在本国或在本国有可以执行的财产,则胜诉方可向本国法院申请强制执行;②由外国仲裁机构做出裁决,败诉方在外国,需要向外国法院申请强制执行。

二、对本国的国际商事仲裁裁决的承认和执行

包括我国在内的世界上大多数国家对确认本国国际商事仲裁的效力和执行处理得很简单,通常是胜诉的一方当事人向有管辖权的法院提出强制执行的申请,法院在收到申请后只对裁决作形式审查。经审查,法院认为裁决在形式上和程序上符合法律要求,即发布强制执行的命令,对裁决予以强制执行。但是,在执行过程中,若对方当事人依法提出了有效的异议,强制执行应中止,待法院审查后,再决定继续执行或宣布异议成立,裁决不得执行。

我国《民事诉讼法》第 288 条规定,涉外经济贸易、运输和海事中发生的纠纷,当事人在合同中订有仲裁条款或者事后达成书面仲裁协议,提交中华人民共和国涉外仲裁机构或者其他仲裁机构仲裁的,当事人不得向人民法院起诉。当事人在合同中没有订有仲裁条款或者事后没有达成书面仲裁协议的,可以向人民法院起诉。第 289 条规定,当事人申请采取保全的,中华人民共和国的涉外仲裁机构应当将当事人的申请,提交被申请人住所地或者财产所在地的中级人民法院裁定。第 290 条规定,经中华人民共和国涉外仲裁机构裁决的,当事人不得向人民法院起诉。一方当事人不履行仲裁裁决的,对方当事人可以向被申请人住所地或者财产所在地的中级人民法院申请执行。

经涉外仲裁机构做出的裁决,当事人不得再向人民法院起诉。如一方当事人不履行仲裁裁决的,当事人可以向败诉人住所地或财产所在地中级人民法院申请执行。但被申请人提出证据证明仲裁裁决有下列情形之一的,经人民法院组成合议庭审查核实,裁定不予执行:

(1)当事人在合同中没有订立仲裁条款或事后没有达成书面仲裁协议;

(2)被申请人没有得到指定仲裁员或者进行仲裁程序的通知,或者由于其他不属于被申请人负责的原因未能陈述意见;

(3)仲裁庭的组成或者仲裁的程序与仲裁规则的规定不符;

(4)裁决的事项不属于仲裁协议的范围或者仲裁机构无权仲裁。

此外,人民法院如执行该裁决将会违背社会公共利益的,也裁决不予执行。

我国《民事诉讼法》第 292 条规定,仲裁裁决被人民法院裁定不予执行的,当事人可以根据双方达成的书面仲裁协议重新申请仲裁,也可以向人民法院起诉。

三、对外国的国际商事仲裁裁决的承认和执行

对外国的国际商事仲裁裁决的承认和执行相对要复杂得多,原因在于这不仅涉及双方当事人的利益,而且涉及本国的利益以及与外国的关系等。因此,世界上很多国家对承认和执行外国的国

际商事仲裁裁决作了严格的限制，主要表现为：以互惠为条件；本国有承认和执行该类裁决的条约义务；对外国的国际商事仲裁裁决的承认和执行不违反本国的“公共秩序”。

此外，还有些国家要求“双重许可”，即要求当事人必须先在做出裁决的国家取得可以在该国执行的法院命令，然后据此取得申请执行国家法院发出的准许执行的命令。如果外国的国际商事仲裁裁决不符合执行国法律的要求，执行国的法院就可以拒绝执行。

四、关于承认和执行外国仲裁裁决的国际公约

为解决各国在承认和执行外国仲裁裁决问题上的分歧，国际上先后有 3 个公约对此作出了规定，分别是：1923 年制定的《日内瓦仲裁条款议定书》、1927 年缔结的《关于执行外国仲裁裁决的公约》、1958 年由联合国主持在纽约缔结的《联合国承认和执行外国仲裁裁决的公约》（简称《纽约公约》）。《纽约公约》放弃了前两个公约的互惠要求，原则上它可以适用于任何一个外国的仲裁裁决。目前，《纽约公约》实际上已取代了前两个公约，包括美国、英国、法国、德国、日本在内的众多国家参加了该公约。我国也于 1986 年 12 月正式加入了《纽约公约》，但有两项保留：一是仅适用于缔约国间做出的裁决；二是只适用于商事法律关系所引起的争端。

对外国仲裁裁决的承认和执行是一个非常重要的问题，《纽约公约》规定，各缔约国互相承认仲裁裁决具有约束力，申请在其他缔约国境内执行仲裁裁决时，应向被申请国提交用该国文字做成的裁决书译本，并且依照执行地的程序规则予以执行。对承认或执行本公约所适用的仲裁裁决不应该有比承认或执行本国的仲裁裁决规定实质上更复杂的条件或更昂贵的费用。

《纽约公约》以排除的方式规定了承认和执行外国仲裁裁决的条件，即凡属于下列情况之一的外国仲裁裁决，被请求承认与执行的国家的机关可以依据被申请人的请求拒绝承认和执行：

（1）签订仲裁协议的双方当事人，根据对他们适用的法律，当时处于某种无行为能力的情况之下；或者根据双方当事人选定适用的法律或在没有这种选定的时候，根据做出裁决的国家的法律，仲裁协议无效。

（2）作为仲裁执行对象的当事人，没有接到关于指定仲裁员或者进行仲裁程序的通知，或者由于其他情况未能对案件提出意见。

（3）仲裁裁决涉及仲裁协议所没有提及的，或者不包括在仲裁协议规定之内的事项，或者裁决内含有仲裁协议范围以外的事项。

（4）仲裁庭的组成或仲裁程序同当事人之间的协议不符，或者当事人之间没有这种协议时，与进行仲裁的国家的法律不符。

（5）仲裁裁决对当事人还没有产生法律效力，或者裁决已经由做出裁决的国家或据其法律由做出裁决的国家的管辖当局撤销或停止执行。

此外，被请求承认和执行外国仲裁裁决的国家的主管机关如果认为按照该国法律，裁决的事项是不能以仲裁方法处理的，或者裁决的内容违反该国公共秩序的，也可以拒绝承认和执行。

我国《民事诉讼法》对外国仲裁裁决的承认和执行的规定在第 298 条，外国法院作出的发生法律效力的判决、裁定，需要人民法院承认和执行的，可以由当事人直接向有管辖权的中级人民法院申请承认和执行，也可以由外国法院依照该国与中华人民共和国缔结或者参加的国际条约的规定，或者按照互惠原则，请求人民法院承认和执行。

我国《仲裁法》第 70 条、71 条则明确规定，涉外仲裁裁决如果有《民事诉讼法》第 291 条第 1 款情形，即当事人在合同中没有订有仲裁条款或者事后没有达成书面仲裁协议的，经人民法院组成合议庭审查核实，裁定不予执行。根据 2022 年 3 月 22 日最高人民法院审判委员会第 1866 次会议通过的《最高人民法院关于修改〈最高人民法院关于适用《中华人民共和国民事诉讼法》的解释〉的决

定》第二次修正，该修正自2022年4月10日起施行。2022年4月10日起施行的《最高人民法院关于适用〈中华人民共和国民事诉讼法〉的解释》第539条规定，被执行人以有《民事诉讼法》第291条第1款的情形为由提出抗辩的，人民法院应当对被执行人的抗辩进行审查，并根据审查结果裁定执行或不予执行。

关键术语

仲裁　国际商事仲裁　一般仲裁　友谊仲裁　常设机构仲裁　临时仲裁　国际商事仲裁协议

本章练习

一、单项选择题

1.《纽约公约》的全称为(　　)。

A.《联合国国际贸易法委员会仲裁规则》

B.《联合国承认和执行外国仲裁裁决的公约》

C.《国际商会调解与仲裁规则》

D.《联合国国际贸易法委员会调解规则》

2. 中国国际经济贸易仲裁委员会是我国的常设仲裁机构，成立于1956年，当时的名称为(　　)。

A. 对外经济贸易仲裁委员会　B. 中国国际商会仲裁院

C. 对外贸易仲裁委员会　D. 海事仲裁委员会

3. 按照我国《仲裁法》规定，在仲裁活动中，有权做出财产保全措施的机构是(　　)。

A. 人民法院　B. 仲裁机构　C. 仲裁庭　D. 仲裁委员会秘书长

4. 根据是否有常设仲裁机构负责组织管理的角度，国际商事仲裁可被分成(　　)。

A. 常设机构仲裁和临时仲裁　B. 国内仲裁和涉外仲裁

C. 合法仲裁和衡平仲裁　D. 民间仲裁和行政仲裁

5. 主要解决工业、贸易和运输领域的国际争议，尤以解决涉及远东或中国的争议而著称的是(　　)。

A. 英国伦敦国际仲裁院　B. 美国仲裁协会

C. 斯德哥尔摩商会仲裁院　D. 日本商事仲裁协会

6. 上海市兴隆公司与宁波市西宁公司在东台市签订了一份合同，该合同履行地在温州市。合同中的仲裁条款约定：如本合同发生争议，提交东台市仲裁委员会仲裁。现兴隆公司与西宁公司发生合同纠纷，兴隆公司欲申请仲裁，得知东台市未设仲裁委员会，而上海、宁波、温州三个市均设立了仲裁委员会。请问：兴隆公司应当(　　)。

A. 向上海市仲裁委员会申请仲裁　B. 向宁波市仲裁委员会申请仲裁

C. 向温州市仲裁委员会申请仲裁　D. 向宁波市或温州市的法院起诉

7. 在下列仲裁机构中，属于国际性常设仲裁机构的是(　　)。

A. 日本商事仲裁协会　B. 伦敦国际仲裁院

C. 解决投资争端国际中心　D. 中国香港国际仲裁中心

8.(　　)是仲裁协议最基本和最常见的形式。

A. 仲裁的事项　B. 仲裁地点　C. 仲裁条款　D. 仲裁协议书

9. 国际商事仲裁庭一般由(　　)名仲裁员组成。

A. 3　B. 4　C. 5　D. 6

10. 1698 年,(　　)国会制定第一部《仲裁法》。

A. 英国　B. 瑞典　C. 法国　D. 德国

二、多项选择题

1. 国际商事仲裁的特点有(　　)。

A. 涉外性　B. 自愿性　C. 灵活性　D. 终局性

2. 国别性常设仲裁机构的有(　　)。

A. 英国伦敦国际仲裁院　B. 美国仲裁协会

C. 日本商事仲裁协会　D. 新加坡国际仲裁中心

3. 国际商事仲裁协议的形式有(　　)。

A. 口头仲裁协议　B. 书面仲裁协议　C. 仲裁条款　D. 单独仲裁协议

4. 有效的仲裁协议的法律效力有(　　)。

A. 对当事人的约束力　B. 对仲裁机构的效力

C. 对法院的制约力　D. 以上都不对

5. 根据各国仲裁立法,仲裁员的指定通常由(　　)方式确定。

A. 当事人协商　B. 商会制定　C. 行业机构制定　D. 法院指定

6. 国际商事仲裁中的财产保全,应当具备的条件有(　　)。

A. 仲裁案件的当事人应提出申请　B. 申请保全措施应有正当理由

C. 申请人要提供担保　D. 由法院提出

7. 仲裁裁决根据其内容和参加的主体的不同,可以分为(　　)。

A. 中间裁决　B. 部分裁决

C. 终局裁决　D. 部分与中间结合裁决

8. 仲裁协议的基本内容包括(　　)。

A. 仲裁事项　B. 仲裁机构　C. 仲裁规则　D. 仲裁裁决

9. 仲裁协议对当事人的附随义务有(　　)。

A. 任何一方当事人不得随意解除、变更已发生法律效力的仲裁协议

B. 当事人应履行仲裁委员会依法做出的裁决

C. 除非当事人另有协议,不得向法院起诉

D. 是否超过仲裁时效

10. 仲裁协议对仲裁机构的法律效力主要包括(　　)。

A. 除非当事人另有协议,不得向法院起诉

B. 是仲裁机构受理案件的依据

C. 限定仲裁机构的审案范围

D. 排除法院的司法管辖权

三、判断题

1. 仲裁包括国际仲裁、国内仲裁、国际商事仲裁。　(　　)

2. 一般仲裁又称友谊仲裁,即依照法律进行仲裁。　(　　)

3. 伦敦国际仲裁院是目前英国最主要的国际商事仲裁机构。 （ ）
4. 国际商事仲裁协议对双方当事人有严格的约束力。 （ ）
5. 仲裁庭一般由3名仲裁员组成，其中1名为首席仲裁员。 （ ）

四、简答题

1. 简述国际商事仲裁的概念和特点。
2. 简述国际商事仲裁协议的作用。
3. 简述仲裁协议的基本内容。
4. 简述仲裁协议的效力。
5. 简述国际商事仲裁的程序。

五、案例分析题

海南省天南公司与海北公司于2024年3月签订了一份融资租赁合同，约定由天南公司进口一套化工生产设备，租给海北公司使用，海北公司按年交付租金。海南省A银行出具担保函，为海北公司提供担保。后来，天南公司与海北公司因履行合同发生争议。

请根据以下的假设条件回答：

(1)如果天南公司与海北公司签订的合同中约定了以下仲裁条款："因本合同的履行所发生的一切争议，均提交珠海仲裁委员会仲裁"，天南公司因海北公司无力支付租金，向珠海仲裁委员会申请仲裁，将海北公司和A银行作为被申请人，请求裁决被申请人给付拖欠的租金。天南公司的行为是否正确？为什么？

(2)如果存在上面(1)中所说的仲裁条款，天南公司能否向人民法院起诉海北公司和A银行，请求支付拖欠的租金？为什么？

(3)如果本案通过仲裁程序处理，天南公司申请仲裁委员会对海北公司的财产采取保全措施，仲裁委员会应当如何处理？

(4)如果本案通过仲裁程序处理后，在对仲裁裁决执行的过程中，法院裁定对裁决不予执行，在此情况下，天南公司可以通过什么法律程序解决争议？

六、实训题

根据国际商事争议几种解决方式的特点，我们在实践中应当如何运用？应该注意什么问题？

参考文献

1. 沈四宝,刘刚仿. 国际商法[M]. 5 版. 北京:中国人民大学出版社,2021.
2. 屈广清. 国际商法[M]. 6 版. 大连:东北财经大学出版社,2022.
3. 李贺. 经济法概论[M]. 2 版. 上海:上海财经大学出版社,2021.
4. 张圣翠. 国际商法[M]. 9 版. 上海:,上海财经大学出版社,2023.
5. 左海聪. 国际商法[M]. 3 版. 北京:法律出版社,2023.
6. 周黎明. 国际商法理论与实务[M]. 北京:北京大学出版社,2023.
7. 姜作利. 国际商法[M]. 4 版. 北京:法律出版社,2020.
8. 吴兴光. 国际商法[M]. 2 版. 北京:清华大学出版社,2020.
9. 刘一展,杨子江. 国际商法[M]. 北京:高等教育出版社,2021.
10. 吴建斌,肖冰等. 国际商法[M]. 北京:高等教育出版社,2017.
11. 曹祖平. 新编国际商法[M]. 7 版. 北京:中国人民大学出版社,2022.
12. 李贺,王海涛. 国际贸易实务[M]. 3 版. 上海:上海财经大学出版社,2024.
13. 李贺. 国际贸易理论与实务[M]. 3 版. 上海:上海财经大学出版社,2024.
14. 李贺. 国际货物运输与保险[M]. 5 版. 上海:上海财经大学出版社,2024.
15. 王玉春,李贺. 国际商法[M]. 2 版. 上海:上海财经大学出版社,2021.
16. 潘银坪,党伟等. 国际商法教学案例[M]. 大连:东北财经大学出版社,2023.
17. 党伟,魏方. 国际商法[M]. 6 版. 大连:东北财经大学出版社,2023.
18. 韩玉军. 国际商法[M]. 4 版. 北京:中国人民大学出版社,2023.
19. 谢怀栻. 票据法[M]. 2 版. 北京: 法律出版社,2022.
20. 江伟,肖建国. 仲裁法[M]. 4 版. 北京:中国人民大学出版社,2023.
21. 范健,王建文. 商法总论[M]. 2 版. 北京: 法律出版社,2019.
22. 李贺,胡聪. 海商法[M]. 四川: 西南财经大学出版社,2015.
23. 李贺. 国际结算[M]. 上海: 上海财经大学出版社,2016.